Hans-Joachim Maempel
Klanggestaltung und Popmusik

Hans-Joachim Maempel

Klanggestaltung und Popmusik

Eine experimentelle Untersuchung

Die Deutsche Bibliothek – CIP-Einheitsaufnahme

Maempel, Hans-Joachim:
Klanggestaltung und Popmusik : eine experimentelle Untersuchung /
Hans-Joachim Maempel. –
Heidelberg : Synchron, Wiss.-Verl. der Autoren, 2001
(Labor Synchron)
ISBN 3-935025-23-8

© 2001 Synchron Wissenschaftsverlag der Autoren
Synchron Publishers GmbH, Heidelberg

Umschlaggestaltung: Reinhard Baumann, München
Titelbild: R. Baumann, *Sound Machine* (2001)

Druck und Weiterverarbeitung: Hofmann DigiPrintCenter, München

Gedruckt auf der *Indigo turbo stream*
mit freundlicher Unterstützung der Indigo n. v. & Co. Deutschland KG

Printed in Germany

Meinen Eltern und Sophia

Danksagung

Die vorliegende Untersuchung wurde am Institut für Kommunikationswissenschaft, Medienwissenschaft und Musikwissenschaft / Fachgebiet Musikwissenschaft des Fachbereichs 1 der Technischen Universität Berlin als Dissertation erarbeitet und durch ein Promotionsstipendium des Verbands Deutscher Tonmeister e.V. und ein Abschlußstipendium nach dem NaFöG finanziell gefördert. Den Institutionen sei an dieser Stelle für die Unterstützung und die Gewährung der Stipendien gedankt.

Herzlich bedanke ich mich bei Frau Prof. Dr. Helga de la Motte-Haber für die intensive Betreuung der Arbeit, insbesondere die ausführlichen und stets anregenden Diskussionen, sowie bei Herrn Prof. Dr. Reinhard Kopiez für die Zusendung seines Manuskripts zur Bedeutung der Klangfarbe.

Ohne die engagierte Beteiligung einer Vielzahl weiterer Personen bzw. Institutionen wäre die vorliegende Untersuchung, in deren Rahmen ein zum Teil beträchtlicher experimenteller Aufwand betrieben wurde, nicht ansatzweise durchführbar gewesen. Außerordentlicher Dank sei daher den Musikproduzenten bzw. Produktionsfirmen Volker Hinkel / Fool's Garden, Klaus Jankuhn / Low Spirit Recordings, Eberhard Köhler, Chris von Rautenkranz / Lado Musik und Juni Schmitz / White Wall Production für die vertrauensvolle Überlassung von Mehrspurversionen teilweise äußerst erfolgreicher Musikproduktionen sowie VIVA TV und Intercord Tonträger GmbH für die Zurverfügungstellung der entsprechenden Musikvideos ausgesprochen.

Besonderer Dank ergeht an die Produzenten bzw. Tonmeister Gerd Bluhm, Ralph-Peter Brinkmann, Joachim Goßmann, Wolfram Klingele, Niels Müller, Juni Schmitz, Andreas Schwacke, Holger Schwark, Peter Sonntag und Bettina Weinert für die unentgeltliche, kreative und zumeist zeitaufwendige Anfertigung von Abmischungen sowie an die Tonmeister David Hadad, Christian Hagitte, Philipp Knop, Alexander Lerch, Michael Leverkus, Andreas Schwacke, Ulrike Schwarz, Stephan Sippel und Martin Wurmnest für die Teilnahme an den Expertenhörversuchen.

Besonders gedankt sei weiterhin der Rheingau-Oberschule, der Robert-Blum-Oberschule und der Sophie-Scholl-Oberschule, den Fachlehrern für Musik Michael Ganzer, Christiane Herrmann, Margit Jacobsen, Susanne Jüdis, Marita Köhn und Angelika Spiewak, die die Durchführung der Erhebungen und Experimente ermöglichten und organisatorisch unterstützten, sowie allen Versuchsteilnehmern.

Für die Zurverfügungstellung von technischem Equipment oder sonstige Hilfen und Anregungen möchte ich schließlich Gerd Bluhm, Oliver Dähmke, Dr. Michael Dickreiter, Deacon Dunlop, EMI MMC Musikverlag, Low Spirit Music Musikverlag, Monika und Klaus Evert, Prof. Martin Fouqué, Finn Höck, Carmen Höner, Ralf Ilgenfritz / Hanfgarn&Ufer Film- und TV-Produktion, Heinrich Keinert, Steffen Kosul, Frank Maaß / Turbobeat Music, Prof. Johann-Nikolaus Matthes / Tonmeister-Institut der Hochschule der Künste Berlin, Clemens Matznick, Siegfried Nehls / tonstudio tempelhof, Fabian Scheidler, Juni Schmitz, Andreas Schwacke, Holger Schwark, Ulrike Schwarz, Peter Sonntag, White Wall Musikverlag, Wilhelm Stegmeier, Dr. Günther Theile, Volker Uri und Marcus Wegner danken.

Vorwort

Der richtige ‚Sound' von Popmusik ist unter Fachleuten, Musikinteressierten und anderen mit der Materie Befaßten eine häufig diskutierte Frage. Unter anderem wird die Ansicht vertreten, der ‚Mix' bestimme im wesentlichen den Erfolg eines Popmusiktitels. Zunächst möchte ich daher dem erwartungsvollen Leser mitteilen, was die vorliegende Arbeit weder explizit noch implizit enthält: Hinweise auf die Produktion von Hits. Vielmehr mag die Untersuchung dazu beitragen, dem Interessierten einen grundsätzlichen Einblick in einen wesentlichen Arbeitsschritt der Musikproduktion und seine klangästhetischen Zusammenhänge zu geben, dem Musikproduzenten bzw. Tonmeister die Wirkung klanggestalterischer Maßnahmen auf den Rezipienten zu verdeutlichen und das Bewußtsein für die Vielfalt und unterschiedliche Bedeutsamkeit von Klangparametern zu schärfen. Möglicherweise gilt es dabei, die eine oder andere liebgewonnene Vorstellung in bezug auf ‚Sound' zu relativieren; eine Erfahrung, die mir, selbst beruflich mit der Musikproduktion befaßt, während der Arbeit an der Untersuchung zuteil wurde.

Der Versuch, die ästhetische Wahrnehmung künstlerischer Objekte mit wissenschaftlicher Methodik anzugehen, ist so traditionsreich wie gewagt. Derartige Untersuchungsgegenstände sind aufgrund ihrer Komplexität dafür prädestiniert, die Grenzen wissenschaftlicher Zugänglichkeit aufzuzeigen. Ebensolche Grenzen werden auch in der vorliegenden Arbeit sichtbar. Vor dem Hintergrund dieser Komplexität, die im Experiment als das Zusammenwirken vielfältiger Störfaktoren aufgefaßt werden muß, habe ich besonderen Wert auf eine detaillierte und transparente Darstellung der angewandten Methoden und Untersuchungsbedingungen gelegt in dem Sinne, daß theoretisch eine Replikation der durchgeführten Experimente möglich sein sollte. Zwecks Entschlackung insbesondere der Fußnoten habe ich mich des Literaturverweisungssystems Autor/Jahr bedient, das zunehmend auch in geisteswissenschaftlichen Arbeiten Verwendung findet.

Berlin, im November 2000   Hans-Joachim Maempel

Inhaltsverzeichnis

1 **Einleitung: Zur Problemstellung** *1*
   1.1 *Themenrelevanz* *3*
   1.2 *Stand der Forschung* *4*
       1.2.1 Experimentelle und sonstige empirische Untersuchungen 5
       1.2.2 Theoretische Abhandlungen 10
       1.2.3 Kritik der Forschung zum ‚Sound' in der Popmusik 13
   1.3 *Fragestellung* *17*
       1.3.1 Klanggestaltung und Hörerurteil bei auditiver Darbietung 18
       1.3.2 Klanggestaltung und Hörerurteil bei audiovisueller Darbietung ... 18
       1.3.3 Darbietungsform und Hörerurteil 18
       1.3.4 Ergänzende Fragen 18

2 **Klanggestaltung in der Popmusikproduktion** **21**
   2.1 *Vorbemerkungen* *21*
       2.1.1 Zum Verhältnis von Klang und musikalisch-strukturellen Komponenten 21
       2.1.2 Zur Terminologie 24
   2.2 *Produktionsschritte von Popmusik* *28*
   2.3 *Klanggestalterische Mittel in Abmischung und Nachbearbeitung* ... *31*
       2.3.1 Nicht-additive Klangbearbeitung 32
       2.3.2 Additive Klangbearbeitung 36
   2.4 *Funktion und klangästhetische Ziele der Klanggestaltung* *40*

3 **Untersuchungsmethode** **45**

4 **Exploration: Expertenbefragung** **49**
   4.1 *Interview* *49*
   4.2 *Angaben der Produzenten* *49*
   4.3 *Interpretation* *53*
   4.4 *Zusammenfassung* *53*

5 **Voruntersuchung: Erstellung des Meßinstruments** **55**
   5.1 *Fragestellung* *55*
   5.2 *Methode* *56*
       5.2.1 Stichprobe 56
       5.2.2 Textaufgabe 56
       5.2.3 Fragebogen 58
       5.2.4 Durchführung 58
   5.3 *Angaben der Jugendlichen* *59*
       5.3.1 Textaufgabe 59
       5.3.2 Fragebogen 62
       5.3.3 Geschlechtsspezifische Differenzen 70
   5.4 *Skalenkonstruktion* *70*
   5.5 *Zusammenfassung* *73*

Experiment I: Bekannte Musikstücke

6 Herstellung der Testbeispiele I: Bekannte Musikstücke 75
- 6.1 *Auswahl der Musikstücke* 76
  - 6.1.1 Auswahlkriterien 76
  - 6.1.2 Auswertung der Charts-Listen 80
  - 6.1.3 Beschaffung des Mehrspurmaterials 80
  - 6.1.4 Beschaffung der Videoclips 81
- 6.2 *Klangliche Modifikation* 82
  - 6.2.1 Variationsprinzip 82
  - 6.2.2 Variationskriterien 83
  - 6.2.3 Anfertigung der Abmischungen 84
  - 6.2.4 Bestimmung der Klangeigenschaften der Abmischungen durch Expertenhörer 90
  - 6.2.5 Auswahl der Testbeispiele 99
- 6.3 *Zusammenfassung* 103

7 Hörversuch I: Bekannte Musikstücke 105
- 7.1 *Hypothesen* 105
- 7.2 *Methode* 105
  - 7.2.1 Stichprobe 105
  - 7.2.2 Versuchsdesign 106
  - 7.2.3 Auswertungsverfahren 108
  - 7.2.4 Versuchsaufbau 109
  - 7.2.5 Durchführung 114
- 7.3 *Ergebnisse* 115
  - 7.3.1 Bekanntheit 115
  - 7.3.2 Hörerurteil 115
  - 7.3.3 Kaufbereitschaft 122
- 7.4 *Interpretation* 124
- 7.5 *Zusammenfassung* 127

Experiment II: Unbekanntes Musikstück

8 Herstellung der Testbeispiele II: Unbekanntes Musikstück 129
- 8.1 *Auswahl des Musikstücks* 130
  - 8.1.1 Auswahlkriterien 130
  - 8.1.2 Beschaffung des Mehrspurmaterials 131
- 8.2 *Klangliche Modifikation* 131
  - 8.2.1 Auswahl der Testmischer 132
  - 8.2.2 Anfertigung der Abmischungen 132
  - 8.2.3 Bestimmung der Klangeigenschaften der Abmischungen durch Expertenhörer 133
  - 8.2.4 Auswahl der Testbeispiele 135
- 8.3 *Zusammenfassung* 138

9 Hörversuch II: Unbekanntes Musikstück und bekannte Musikstücke ... 139
9.1 Hypothesen ... 139
9.2 Methode ... 139
9.2.1 Stichprobe ... 140
9.2.2 Versuchsdesign ... 140
9.2.3 Auswertungsverfahren ... 142
9.2.4 Versuchsaufbau ... 142
9.2.5 Durchführung ... 144
9.3 Ergebnisse ... 144
9.3.1 Bekanntheit ... 144
9.3.2 Hörerurteil ... 144
9.3.3 Kaufbereitschaft ... 150
9.4 Interpretation ... 153
9.4.1 Externe Validität und praktische Bedeutsamkeit ... 155
9.4.2 Hochrechnung der Kaufbereitschaft ... 155
9.5 Zusammenfassung ... 157

Ergänzende Analysen

10 Analysen zur Produktionsseite: Protokollierungen der Testmischer ... 159
10.1 Erhobene Daten ... 159
10.2 Auswertungsverfahren ... 160
10.3 Ergriffene Maßnahmen der Klanggestaltung ... 160
10.3.1 Zeitaufwand ... 160
10.3.2 Stummschaltungen ... 163
10.3.3 Lautstärkeverhältnisse ... 165
10.3.4 Einsatz klanggestalterischer Mittel in der Abmischung ... 167
10.3.5 Diversifikation der Effekte ... 172
10.3.6 Panoramaverteilung ... 173
10.3.7 Besondere Effekte, Schaltungen und Vorgehensweisen ... 180
10.3.8 Einsatz klanggestalterischer Mittel in der Nachbearbeitumg ... 181
10.4 Interpretation ... 184
10.5 Zusammenfassung ... 185

11 Analysen zur Rezeptionsseite: Beurteilungsverhalten ... 187
11.1 Einfluß der Kontrollvariablen ... 187
11.2 Spezifische Zusammenhänge von Klangeigenschaften und Beurteilung ... 191
11.2.1 Diskriminanzanalyse der Beurteilungsmerkmale ... 192
11.2.2 Trendtests ... 195
11.3 Zusammenhänge von Beurteilungsmerkmalen ... 205
11.3.1 Faktorenanalyse der Beurteilungsmerkmale ... 205
11.3.2 Zusammenhang zwischen Kaufbereitschaft und Beurteilungs- sowie persönlichen Merkmalen ... 207
11.4 Zusammenfassung ... 208

12 Diskussion und Ausblick	211

Zusammenfassung **219**

English Abstract *220*

13 Anhang 221
13.1 *Fragebogen* *221*
    13.1.1 Protokollvorlage zur Abmischung 221
    13.1.2 Protokollvorlage zur Nachbearbeitung 224
    13.1.3 Fragebogen zum Expertenrating 225
    13.1.4 Fragebogen zur Voruntersuchung 226
    13.1.5 Fragebogen zum Hörversuch I und II 229
13.2 *Instruktionen und Informationen* *230*
    13.2.1 Hinweise zur Mischung 230
    13.2.2 Checkliste 231
    13.2.3 Informationen zum Expertenrating 232
    13.2.4 Instruktionen zum Hörversuch I und II 235
13.3 *Meßwerte* *236*
    13.3.1 Protokollierte klanggestalterische Maßnahmen 236
    13.3.2 Verwendete Mischpulte und Charakteristiken ihrer Panorama-Regler ... 237
    13.3.3 Klangeigenschaften der Abmischungen 238
    13.3.4 Beurteilung der Testbeispiele im Hörversuch I 239
    13.3.5 Beurteilung der Testbeispiele im Hörversuch II 241
13.4 *Statistische Auswertungen* *242*
    13.4.1 Multivariate Varianzanalysen des Hörversuchs I 242
    13.4.2 Multivariate Varianzanalysen des Hörversuchs II 248
13.5 *Spurenpläne* *251*
    13.5.1 „Lemon Tree" 251
    13.5.2 „Sonic Empire" 252
    13.5.3 „Love Song" 253
13.6 *Abbildungsverzeichnis* *254*
13.7 *Tabellenverzeichnis* *255*
13.8 *Literaturverzeichnis* *257*
13.9 *Audio-CDs* .... *U*
    13.9.1 CD 1: Bekannte Musikstücke U2
    13.9.2 CD 2: Unbekanntes Musikstück U3

1   Einleitung: Zur Problemstellung

Zu den wichtigsten massenkulturellen Phänomenen unserer Zeit gehört sicherlich die Popmusik. Sie erreicht ein Ausmaß an Omnipräsenz und Multimedialität, das sonst nur mit dem von Werbung vergleichbar ist: Popmusik ist nicht nur dominierender Inhalt der klassischen Hörmedien Radio und Tonträger. Sie durchdringt vielmehr nahezu alle elektronischen Kommunikationsformen: Fernsehen, Film, Internet, Multimedia, Telefonansagen und funktionelle Beschallung, und zwar sowohl Werbe- als auch redaktionelle Programmteile. Entsprechend hoch ist die wirtschaftliche Bedeutung von Popmusik im Vergleich zu anderen Musiksparten: Von den rund 4,9 Mrd. DM, die die Musikwirtschaft 1999 durch den Verkauf von knapp 273 Mio. Tonträgern in Deutschland – dem weltweit drittgrößten Tonträgermarkt – umsetzte, entfallen mehr als 45% auf die Sparte Popmusik im engeren Sinne.[1] Berücksichtigt man zusätzlich die Sparten Dance, Rock, Schlager und Volksmusik, so entfallen sogar mehr als drei Viertel des Tonträgerumsatzes auf einen Bereich, den man allgemeiner als populäre Musik bezeichnen kann (vgl. Abbildung 1).

Popmusik[2] wird vor allem durch die herkömmlichen auditiven Medien von Jugendlichen rezipiert: „Hörmedien nehmen für Jugendliche vor allen Medien eine herausragende Stellung ein und können nach wie vor als die Jugendmedien bezeichnet werden" (Six et al. 1995, S.84), wobei Videoclips „eher den auditiven als den audiovisuellen Medien zuzurechnen sind" (S.9). Diese mit etwa 15 Jahren beginnende Hinwendung zu den auditiven Medien ist unter anderem auf identitätsbildende und soziale Funktionen zurückzuführen, die Popmusik für Jugendliche erfüllen kann.[3]

So verwundert es nicht, daß Jugendliche in bezug auf neu produzierte Musik die Hauptzielgruppe der Popmusikindustrie und der Popmusik verwertenden Medien darstellen: Während die 20- bis 29jährigen die größte Käufergruppe für Tonträger bilden, orientieren sich gerade die reinen Musikfernsehprogramme MTV und VIVA nach eigenen Angaben hauptsächlich am Musikgeschmack der 14- bis 19jährigen,[4] ebenso viele Hörfunkprogramme.

Angesichts der umfangreichen Geräteausstattung[5] Jugendlicher und der damit gestiegenen Bedeutung eines selbstbestimmten[6] Medienkonsums wird mit Hochdruck um die Gunst des Hörers geworben. Im Gegensatz zu den Verwertern von Popmusik, denen es darum geht, Hörer eines bestimmten Profils an bestimmte Medien, Programme und Formate zu binden, ist für die Hersteller von Popmusik von Interesse, wie der Hörer für ein einzelnes Popmusikstück, also das Produkt im engeren Sinne, gewonnen werden kann. Damit stellt sich die Frage, welche Eigenschaften eines Popmusikstücks ausschlaggebend für seine Beurteilung durch den Hörer sind. Inwiefern das, was gemeinhin als ‚Sound' bezeichnet wird, diese Beurteilung bestimmt, untersucht die vorliegende Arbeit.

---

[1] Vgl. Bundesverband der Phonographischen Wirtschaft e.V. et al. (2000).
[2] Die Verwendung des Begriffs *Popmusik* schließt in der vorliegenden Arbeit die Sparte *Dance* mit ein.
[3] Vgl. etwa Flender und Rauhe (1989), Stadler (1990) und Müller (1993).
[4] Vgl. Schmidbauer und Löhr (1996).
[5] 1999 verfügte jeder deutsche Haushalt über durchschnittlich 1,0 CD-Spieler, 1,9 Kassettenrekorder und 0,4 Plattenspieler (vgl. Bundesverband der Phonographischen Wirtschaft e.V. et al. 2000). Vgl. auch van Eimeren und Klingler (1995).
[6] Vgl. Schönbach (1993).

Umsatzanteile der einzelnen Repertoiresegmente 1999 in Deutschland am Gesamtumsatz[7]

(Endverbraucherpreise inklusive Mehrwertsteuer)

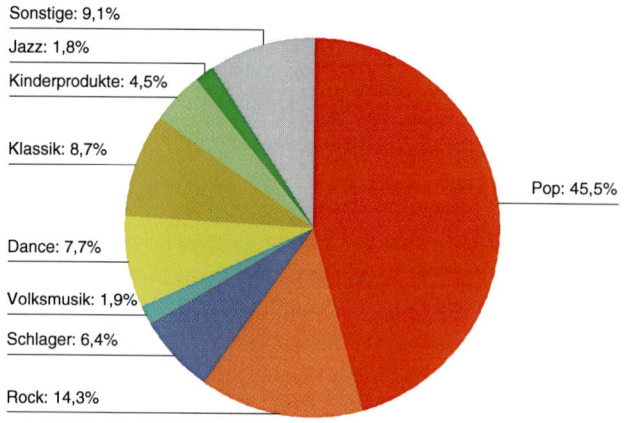

Abbildung 1

Ein Popmusikstück ist infolge seiner nahezu ausschließlich medialen Vermittlung in besonderem Maße ein *selbstwerbendes Produkt*. Während ein materielles Gebrauchsgut, beispielsweise ein Fahrrad, trotz schlechten Werbespots von guter Qualität sein mag (oder umgekehrt) und vom Verbraucher vor dem Kauf in gewissem Rahmen auf ebendiese Qualität überprüft werden wird, fallen die durch Radio, Fernsehen oder Internet vermittelten Eigenschaften eines Popmusikstücks, welche eine werbende Funktion erfüllen müssen, weitestgehend mit den Eigenschaften des tatsächlich in Form eines Tonträgers erwerbbaren Popmusikstücks zusammen.[8] Verglichen mit materiellen Gebrauchsgütern oder Werbung für diese kommt den Eigenschaften eines Popmusikstücks also schon allein deshalb eine besonders hohe Bedeutung zu, weil sie zugleich eine Werbe- und eine Gebrauchsfunktion erfüllen müssen. Die Tatsache, daß Popmusik zusätzlich durch Videoclips und ‚echte' Werbespots beworben wird, ändert nichts an dieser Doppelfunktion. Bilder können lediglich die Selbstwerbung der Musik unterstützen. Sie erfüllen in der Regel weder eine Gebrauchsfunktion, noch wäre ein rein visuelles Bewerben eines Popmusikstücks wirksam. Die auditive Komponente steht somit auch bei audiovisueller Darbietung sowohl in bezug auf ihre funktionelle Bedeutung als auch in bezug auf ihre unverzichtbare Präsenz im Mittelpunkt (vgl. hierzu auch 5.3.2).

---

[7] (Tonträger.) Quelle: GfK Panel Services (zit. in Bundesverband der Phonographischen Wirtschaft e.V. et al. 2000).

[8] Im Falle von *Music-On-Demand* (Erwerb in elektronischer Form über Internet) besteht sogar eine nahezu vollständige Kongruenz, denn hier entfällt der portable Tonträger und die Gestaltung seines Aufdrucks, Booklets, Cases, Trays usw.

Gemäß der Auffassung eines Popmusikstücks als Produkt, das konkurrenzfähig sein muß, wird zu seiner Herstellung ein erheblicher Aufwand betrieben, es wird regelrecht *designed*. Dies betrifft in erster Linie seine klangliche Gestaltung, den ‚Sound'[9]. Zur Klangerzeugung und -bearbeitung stehen heute umfangreiche Gerätschaften der Musik- und Audiotechnologie und „entsprechende Spezialisten" zur Verfügung: „Produzenten, Engineere und andere, die den Tonmeister verdrängen und/oder neu definieren." (Diedrichsen 1996, S.53). In der Tat ist das Tätigkeitsfeld des Tonmeisters im Wandel begriffen, dies allerdings schon seit geraumer Zeit: Dessen einstige Hauptaufgabe der künstlerischen Einflußnahme auf den Musiker und auf die Bedingungen der Musikübertragung wurde zu einem großen Teil abgelöst durch die Möglichkeit und zugleich Notwendigkeit der künstlerischen Einflußnahme auf das Produkt selbst. Diese kann sich heute vom Bereich Komposition und Arrangement über die Einspielung und künstlerisch-technische Qualitätskontrolle der Aufnahme bis hin zur Mischung und Nachbearbeitung auf nahezu alle Produktionsschritte von Popmusik erstrecken. Die Erweiterung der technischen Möglichkeiten der Musikproduktion um Mehrspurverfahren, elektronische Klangerzeugung, MIDI[10] und digitale Signalverarbeitung und die damit einhergehenden umfassenden Möglichkeiten der Einflußnahme des Tonmeisters bzw. Produzenten auf die Beschaffenheit des musikalischen Produkts ließen viele wissenschaftliche Autoren zu der Einschätzung gelangen, daß dem ‚Sound' in der Popmusik eine höhere Bedeutung zukomme als den sogenannten Primärkomponenten Melodik, Harmonik und Rhythmik (vgl. 1.2.2). Daß in der Popmusik keine Orientierung an einem ‚natürlichen' Klangbild erfolgen muß, soll und vielfach kann (vgl. 2.4) und somit nicht nur die technologischen, sondern auch die ästhetischen Grenzen klanglicher Gestaltung im Vergleich zur Produktion von Kunstmusik relativ weit gesteckt sind, wird zur Stützung dieser Auffassung beigetragen haben.

Inwieweit die Ableitung einer besonderen Bedeutung des ‚Sounds' aus dem Umfang und Technisierungsgrad der Mittel, die zu seiner Beeinflussung verwendet werden können, berechtigt ist, soll hier nicht thematisiert werden. Von diesem Problem zu trennen ist allerdings die Frage, ob dem ‚Sound' auch rezeptionsseitig eine entsprechend hohe Bedeutung zukommt. Diese grundsätzliche Frage ist bislang wissenschaftlich nicht untersucht worden und steht im Zentrum der vorliegenden Arbeit. Eine Erforschung der *Wirkung* von ‚Sound' macht natürlich die Einbeziehung des Hörers erforderlich und bedingt eine methodische Anlage der Arbeit als experimentelle Untersuchung.

1.1 Themenrelevanz

Schon aus den bisher genannten Aspekten geht die Relevanz der Untersuchungsthematik hervor: Indem Popmusik die verschiedensten Bereiche des täglichen Lebens durchdringt, den weitaus größten Anteil rezipierter und wirtschaftlich verwerteter Musik ausmacht und eine besondere Rolle für die (nicht nur musikalische) Entwicklung Jugendlicher spielt,

---

[9] Zur Problematik des Begriffs ‚Sound' vgl. 1.2.3, zur Definition gemäß seiner Verwendung in der vorliegenden Arbeit vgl. 2.1.2. Zum hiervon begrifflich abgegrenzten Untersuchungsgegenstand *Klanggestaltung* vgl. 1.3 und 2.1.2.
[10] Musical Instrument Digital Interface. Format zur Ansteuerung von elektronischen Klangerzeugern, Effektgeräten, usw.

liegt die generelle Notwendigkeit von Popmusikforschung auf der Hand. Die Stellung eines Popmusikstücks als selbstwerbendes Produkt, die zentrale Bedeutung der auditiven Komponente auch bei audiovisueller Darbietung und der zur Produktion des Stücks betriebene Aufwand legen es insbesondere nahe, seine musikimmanenten Eigenschaften näher zu untersuchen. Da bestehende wissenschaftliche Publikationen dem ‚Sound' eine herausragende Bedeutung unter den musikalischen Parametern zusprechen, diese Einschätzung in bezug auf die Rezeptionsseite aber nicht belegt ist, ist speziell eine Untersuchung des Phänomens ‚Sound' hinsichtlich seiner Wirkung auf den Hörer von Interesse.

Eine Einordnung der Untersuchungsthematik in eine bestehende Forschungsrichtung ist nicht eindeutig möglich. So wäre eine Subsumption unter Bereiche verschiedener Ausrichtung und Ausdehnung wie Popularmusikforschung, Präferenzforschung, Diskologie (Tonträgerforschung) oder „Soundforschung" (Deutsch et al. 1996, Sp.159) denkbar. Innerhalb der systematischen Musikwissenschaft fällt die Untersuchungsthematik in die Disziplin der Musikpsychologie, wenngleich sie auch andere Bereiche tangiert: psychologische Akustik und Musikästhetik. Dessenungeachtet kann die vorliegende Untersuchung als Baustein einer neu zu begründenden Forschungsrichtung angesehen werden, die unter begrifflicher Bezugnahme auf die Tradition der New Experimental Aesthetics[11] am treffendsten als *Experimentelle Klangästhetik* zu bezeichnen wäre.

Über die genannten Forschungsgebiete hinaus kann die Erforschung der Wirkung von ‚Sound' für weitere wissenschaftliche und praktische Bereiche von Belang sein. So beschäftigt sich beispielsweise die Kognitionspsychologie unter anderem mit der grundsätzlichen Frage, in welcher Weise hochkomplexe akustische Reize wie Musik wahrgenommen und verarbeitet werden; in der Musikpädagogik ist die Frage von Bedeutung, wovon die Zugänglichkeit der Schüler für bestimmte Sparten von Musik abhängt; Tonmeister bzw. Musikproduzenten mögen der vorliegenden Arbeit Anregungen in bezug auf die vieldiskutierte Frage entnehmen können, was wirksame Klanggestaltungen ausmacht; und musikwirtschaftlich ist von Interesse, inwieweit die Entscheidung des Kunden für ein bestimmtes Stück auf dessen klangliche Gestaltung zurückgeht und welcher technische Aufwand für diese angemessen ist.

Ein grundsätzliches Ziel der Arbeit besteht in der Präzisierung der Vorstellung, was unter ‚Sound' bzw. Klang eigentlich zu verstehen ist und was seine Gestaltung in bezug auf Popmusik zu bewirken, aber auch nicht zu bewirken vermag. Zur Veranschaulichung kann dabei das konkrete klangliche Material beitragen, das im Verlauf der Untersuchung hergestellt wurde und das der Arbeit in Form zweier Audio-CDs beigelegt ist (vgl. 13.9).

1.2 Stand der Forschung

Vor dem Hintergrund des Umfangs der Rezeption von Popmusik, der fortschreitenden technologischen Entwicklung im Benutzer- wie professionellen Bereich und ausgefeilter Marketingstrategien der Anbieter kann der Forschungsstand im Bereich Popmusik nur als defizitär bezeichnet werden. Die Untersuchung von Popmusik macht nur einen geringen

---

[11] Vgl. 1.2.1, Fußnote 14.

Bruchteil musikwissenschaftlicher Aktivitäten aus. Die Forschung, die sich mit Popmusik befaßt, kann formal in zwei Kategorien unterteilt werden: 1. experimentelle und sonstige empirische Untersuchungen und 2. theoretische Abhandlungen.

1.2.1 Experimentelle und sonstige empirische Untersuchungen

Vergleichsweise wenige Beiträge gehen die im Zusammenhang mit Popmusik stehenden Fragen experimentell oder überhaupt empirisch an; es sind meist Untersuchungen, die der Präferenzforschung zuzuordnen sind, also solche, die den Einfluß verschiedener Faktoren auf die Bevorzugung bestimmter Musiken zu ergründen versuchen. Eine Zusammenschau der untersuchten unabhängigen Variablen zeigt allerdings, daß die Anzahl von Arbeiten, die musikimmanente Faktoren untersuchen, im Verhältnis zu denen, die sich etwa mit Sozialisationen, Einstellungen, Situationen, Darbietungsweisen, Expositionshäufigkeiten, Peergruppeneinflüssen usw. befassen, verschwindend gering ist. Vor dem Hintergrund der besonderen Bedeutung der Reizeigenschaften gerade von Popmusik (vgl. S.2 und 3) und dem Umstand, daß sich regelmäßig ein bestimmter Musikstil bzw. das Musikstück selbst als die stärkste Einflußgröße auf die Reaktion von Versuchspersonen erweist,[12] scheint die empirische Popmusikforschung von einer Überbewertung sozialpsychologischer Faktoren geprägt zu sein.[13]

Die empirischen Arbeiten, die sich der Wirkung bestimmter musikimmanenter Reizeigenschaften widmen, untersuchen diese hauptsächlich anhand von Kunstmusik oder konstruierten Stimuli und nur ausnahmsweise anhand von Popmusik. Dabei wird in der Regel gemäß der Tradition der Neuen Experimentellen Ästhetik mit schwer objektiv bestimmbaren Reizeigenschaften wie *Komplexität* gearbeitet,[14] die die musikimmanenten Eigenschaften eines Musikstücks nicht weiter auflösen. In solchen Untersuchungen werden also verschiedene Musikstücke als Hörbeispiele verwendet, meist Vertreter unterschiedlicher

---

[12] „The strongest common effect, however, was that for ‚piece' in both experiments; [...] it seems that the rank order of preferences between styles cannot be changed." (Hargreaves 1984, S.44). Auch in zahlreichen anderen Untersuchungen erweist sich der Stil oder das Musikstück im Vergleich zu äußeren Faktoren als stärkerer Einfluß auf das emotionale Empfinden, die Präferenz oder das Qualitätsurteil; vgl. hierzu etwa LeBlanc (1981), Frego (1999) und Iwanaga und Moroki (1999).

[13] Zu dieser Überbewertung mag LeBlancs (1980) „Proposed Model of Sources of Variation in Musical Taste" beigetragen haben (S.30), auf das vielerorts Bezug genommen wird. Mit dem Modell wurde der Versuch unternommen, alle präferenzbestimmenden Parameter zu erfassen und in einem achtstufig-hierarchischen Flußdiagramm in Beziehung zu setzen. Es unterscheidet Filter-, Verarbeitungs- und Entscheidungsprozesse, denen reiz-, kultur-, situations- und persönlichkeitsbezogene Variablen zugrunde liegen. Die Diversifikation der Einflußgrößen suggeriert in Verbindung mit der geringen Häufigkeit von Kategorien für Stimuluseigenschaften eine geringe Bedeutsamkeit ebendieser Stimuluseigenschaften für die Musikpräferenz. Tatsächlich läßt LeBlanc (1980) aber völlig offen, wie die einzelnen Einflußgrößen bezüglich ihrer Bedeutsamkeit zu gewichten sind, es handelt sich also um ein rein qualitatives Modell.

[14] Die Forschungstradition der Neuen Experimentellen Ästhetik geht auf Berlyne (1974a, 1974b, 1974c) zurück und ist ausführlich diskutiert worden. In dieser Tradition stehende Arbeiten untersuchen hauptsächlich den Zusammenhang zwischen den Variablen *Stimuluskomplexität, Ambiguität, Bekanntheit, Neuartigkeit* bzw. *Vertrautheit, Expositionshäufigkeit, subjektiv empfundene Komplexität, Interessantheit* und *Gefallen*. Die Annahme, daß das Gefallensurteil umgekehrt U-förmig von der subjektiv empfundenen Komplexität abhängt, wurde häufig, wenngleich nicht immer, bestätigt. Mit diesem Fragenkomplex befassen sich unter anderen folgende Untersuchungen: Crozier (1974), Heyduk (1975), Steck und Machotka (1975), Hargreaves (1980, 1984), Arkes et al. (1986), Russell (1982, 1986, 1987), Burke und Gridley (1990), Stevens und Latimer (1991), North und Hargreaves (1995) und Sommerer (1995) sowie unter expliziter Bezugnahme auf die Schema- und Prototypentheorie Smith und Melara (1990) und Niketta (1989, 1991).

stilistischer Sparten. Sofern Teile eines Musikstücks variiert werden, betrifft dies vor allem musikalisch-strukturelle Komponenten,[15] kaum aber ‚Sekundärkomponenten' wie z.B. die klangliche Gestaltung oder die (interpretative) Ausführung durch den oder die Musiker.[16] Dem Forschungsgebiet *Experimentelle Klangästhetik* (vgl. S.4) sind nur wenige ähnlich gelagerte Arbeiten (Boss 1995, Braun und Rose 1999, Nordbrock 1999) zuzurechnen, wenngleich derartige Untersuchungen in jüngster Zeit häufiger durchgeführt werden. Für die Sparte Popmusik im weitesten Sinne konnten gerade zwei Untersuchungen ermittelt werden, die überhaupt musikimmanente Reizeigenschaften – gleich ob ‚Primär-' oder ‚Sekundärkomponenten' – zum Gegenstand haben: Eine nicht-experimentelle empirische Erhebung nach der Methode des Selbstreports (Boyle et al. 1981), in der die mutmaßliche Einflußgröße ‚Sound' jedoch nicht berücksichtigt wurde, und eine experimentelle Untersuchung von Einbrodt (1997), die sich speziell dem ‚Gitarrensound' in der Rockmusik widmet, allerdings hauptsächlich produktionsseitig. Die beiden letztgenannten Arbeiten und der Beitrag von Boss (1995) stehen der Thematik der vorliegenden Untersuchung am nächsten; sie werden im folgenden kurz referiert und diskutiert. Von den genannten Arbeiten abgesehen scheint es, als würde das Popmusikstück in der empirischen Forschung fast ausnahmslos als klanglich und musikalisch nicht näher spezifiziertes Definitivum hingenommen, dessen musikimmanente Eigenschaften es über eine grobe stilistische Einordnung hinaus nicht weiter zu untersuchen gilt.

- Boyle et al. untersuchten 1981, welche Faktoren die Popmusikpräferenz von Jugendlichen bestimmen. Die Arbeit nimmt auf verschiedene Präferenzmodelle Bezug, darunter das von LeBlanc (1980)[17]. Ermittelt wurde unter anderem, welche präferenzbestimmenden Faktoren die Jugendlichen selbst angeben. 397 Jugendliche sollten auf einem Fragebogen drei favorisierte Popmusikstücke nennen und anhand von fünfstufigen Ratingskalen zu jedem Titel schätzen, inwieweit 11 vorgegebene Merkmale am Zustandekommen der persönlichen Präferenz beteiligt sind. Die zur Verfügung gestellten Merkmale waren: *Melodie, Rhythmus, Harmonie, Instrumente, Stimmung, Text, Sänger oder Gruppe, Peergruppeneinfluß, den Song im Radio hören, Tanzbarkeit* und *Gefühl*. Der potentielle Faktor ‚Sound' wurde nicht einbezogen.[18] Es wurde aber die Möglichkeit gegeben, frei weitere Faktoren anzugeben. Die Erhebung ergab als Rangfolge der fünf wichtigsten Faktoren: *Melodie, Stimmung, Rhythmus, Text* und *Instrumente*. Boyle et al. erwarteten hohe Ratings für *Peergruppeneinfluß, Tanzbarkeit* und *den Song im Radio hören*, dies war aber nicht der Fall: Strukturelle Faktoren wurden von den Versuchspersonen insgesamt höher beurteilt als soziokulturelle. Obgleich die Befragung anonym erfolgte, erklärten die Autoren die Diskrepanz zwischen Theorie und Empirie im Falle von *Peergruppeneinfluß* damit, daß sich insbesondere die älteren Versuchspersonen weigerten, den Einfluß dieses Faktors zuzugeben.

---

[15] Vgl. etwa Conley (1981), Nielzen und Cesarec (1982), Raab und Ebner (1982), Smith und Melara (1990), Kamenetsky et al. (1997), Kellaris und Rice (1993).
[16] Vgl. Morgan und Lindsley (1966), Alpert (1982), Wheeler (1985), Repp (1997), Wapnick et al. (1998).
[17] Vgl. S.5, Fußnote 13.
[18] Eine Einbeziehung des Faktors ‚Sound' wäre vor dem Hintergrund einer von Robinson und Hirsch (1969) durchgeführten Erhebung angebracht gewesen, in der die meisten der befragten amerikanischen Jugendlichen angaben, den Text aktueller Popmusik-Hits nicht zu verstehen, sondern die Popmusikstücke vielmehr aufgrund des ‚Sounds' auszuwählen.

Diese Begründung der Ergebnisse durch die Autoren weist auf eine Unterschätzung des Einflusses musikimmanenter Eigenschaften auf die Musikpräferenz hin, welche bereits in bezug auf die Quantität entsprechender Untersuchungen festgestellt wurde (s.o.). Gleichwohl ist eine subjektive Einschätzung der Bedeutsamkeit bestimmter musikalischer Merkmale durch jugendliche Hörer sowohl theoriebildend als auch zur Entwicklung urteilerspezifischer Skalen von Interesse. Deswegen wird die Kernfrage der Untersuchung von Boyle et al. (1981) im Rahmen der Voruntersuchung der vorliegenden Arbeit anhand einer modifizierten und um das Merkmal *Klang* ergänzten Zusammenstellung von Items erneut aufgegriffen (vgl. Kapitel 5).

- Einbrodt (1997) untersuchte den Einfluß instrumentenbaulicher, spieltechnischer und übertragungstechnischer Variablen des Gitarrenspiels bzw. der Gitarrenaufnahme in der Rockmusik auf die Frequenzspektren, Hüllkurven und Zeitverläufe der resultierenden elektrischen Signale anhand eigener Experimente und einer Vielzahl von existierenden Musikbeispielen. Hierbei wurden Zusammenhänge zwischen den produktionsseitig variierten Größen und den gemessenen, grafisch dargestellten physikalischen Größen deutlich. Die Auswertung der quantitativen Werte erfolgte deskriptiv-statistisch. Anhand von Diagrammen der Frequenz über das Erscheinungsjahr der Musikbeispiele wurde hierbei eine epochenabhängige, wellenförmige Veränderung der oberen Grenzfrequenzen von verwendeten Gitarrensounds sichtbar. Der Autor definiert ‚Sound' implizit, und zwar hauptsächlich als Klangfarbe, zum Teil aber auch als Entfernungseindruck oder als die empfundene Größe der Schallquelle.

Obgleich thematisch verwandt, ist die beschriebene Arbeit für die vorliegende Untersuchung nicht von Relevanz, denn eine Wirkung der produktionsseitig variierten Größen bzw. der daraus resultierenden elektrischen Signalverläufe auf eine etwaige abhängige Variable, die – wie der Titel der Arbeit vermuten läßt – das Wahrnehmungsphänomen ‚*Sound*' erfaßt, wurde nicht ermittelt, also weder belegt noch spezifiziert; die grafisch dargestellten Signalverläufe, Spektren usw. lassen jedenfalls nur einen äußerst groben Schluß auf die entsprechenden Perzepte zu.[19] Eine Spezifizierung von Klangeindrücken erfolgt – mit Ausnahme der Unterscheidung zwischen verzerrten und unverzerrten Klängen – unsystematisch durch vereinzelte subjektive Beschreibung der Fallbeispiele als z.B. „leicht näselnd[...]" (S.46), oder „typisch elektrisch[...]" (S.47); Hörversuche mit mehreren Personen zur Bestätigung der Eindrücke wurden nicht durchgeführt.

Diese hauptsächlich equipment- und spieltechnikorientierte Untersuchung läßt in Anbetracht des äußerst speziellen Untersuchungsgegenstandes kaum weiterführende Implikationen für eine ‚Soundforschung' oder Klangästhetik erkennen und dürfte vor allem für praktizierende Rockgitarristen von Interesse sein; jedoch macht sie unter anderem ein Definitions- und Differenzierungsdefizit des Begriffs *‚Sound'* deutlich, das auch in vielen theoretischen Abhandlungen offenbar wird (vgl. 1.2.2 und 1.2.3).

---

[19] Zusätzlich verringert wird die Aussagekraft der Grafiken im Hinblick auf Klangfarbeneindrücke durch die nicht wahrnehmungsadäquate Darstellung: Die Frequenzachsen der Diagramme wurden linear, also nicht im Sinne des Fechnerschen Gesetzes, skaliert.

- Motiviert durch die Feststellung unterschiedlicher Klangwahrnehmungen von Musikern und Tonmeistern führte Boss (1995) ein Experiment durch, das den Einfluß des Klangs auf das Beurteilungsverhalten von Musikern ermitteln sollte. Im Gegensatz zur vorliegenden Arbeit wurden Testbeispiele aus dem Bereich Kunstmusik verwendet, der Hörversuch wurde mit Musik-Experten (Studenten und Professoren von Musikhochschulen) durchgeführt, und als abhängige Variablen wurden nur Merkmale erfaßt, die sich auf die musikalische Interpretation beziehen. Ein und derselbe Klavier- bzw. Gesangsvortrag zweier Musikstücke[20] wurde parallel mit zwei unterschiedlichen Mikrofonierungen aufgezeichnet (durch Mehrspurverfahren realisiert) und so nachbearbeitet, daß sich anders klingende Versionen derselben Aufführung ergaben, die dann als Testbeispiele verwendet wurden. Die beiden Versionen unterschieden sich vor allem hinsichtlich ihrer vermeintlichen Entstehungszeit. So klangen die ‚neuen' Versionen „reich[...]" und „warm[...]", die ‚alten' Versionen, die durch Verwendung alter Mikrofone, Monoausspielung und das Zumischen von Knackgeräuschen einer Schellack-Platte hergestellt worden waren, hingegen „arm[...]" und „geräuschvoll[...]" und wiesen eine geringere technische Dynamik auf (S.233). Die beiden Versionen wurden insgesamt 180 Versuchspersonen zur Beurteilung vorgeführt, denen die Tatsache der identischen Aufführung nicht bekannt war. Die Versionen konnten abwechselnd dreimal hintereinander gehört werden, davon das zweite Mal mit Noteneinsicht. Folgende Beurteilungsmerkmale standen in Form fünfstufiger Ratingskalen zur Verfügung: *Tempo, Artikulation, Agogik, Dynamik, Technik, Phrasierung, Struktur, Ausdruck, Stilgerechtigkeit* und (bei Schubert) die gesangsbezogenen Items *Intonation, Textauslegung* und *Begleitung*; des weiteren die Gegensatzpaare *langweilig—interessant, gleichgültig—faszinierend, spielerisch—stilistisch, prätentiös—überlegt, kitschig—ästhetisch, statisch—lebhaft, emotional—rationalistisch* und *amateurisch—professionell*. Außerdem wurde nach der favorisierten Version gefragt (ohne Enthaltungsmöglichkeit). Die beiden Versionen riefen unterschiedliche Ratings auf den Skalen hervor. Die zweite (‚alte') Version wurde jeweils deutlich bevorzugt (Haydn 78%, Schubert 81%). Offenbar scheinen sogar Musik-Experten die Klangeigenschaften einer Aufzeichnung der Interpretation des Künstlers zuzuschreiben: „Die Botschaft von aufgezeichneter Musik wird als ein Komplex von Aufführung und Klang wahrgenommen. Das Auseinandernehmen dieser beiden Elemente, wie es Gang und Gäbe unter respektierten Schallplatten-Kritikern ist, ist per Definition irrtümlich" (S.234). Boss kommt zu dem Schluß, daß eine interpretatorische Einflußnahme des Tonmeisters unvermeidlich sei,[21] da die akustische Realität einer Aufführung nicht vermittelt werden könne, und vergleicht diese mit dem Einfluß, den Regisseure oder Fotografen auf ihr Produkt ausüben.

Zwar ist an Boss' Untersuchung methodische Kritik angebracht: So wurden keine unabhängigen Stichproben untersucht und keine Signifikanztests zur Überprüfung geringer Mittelwertunterschiede, die auf einzelnen Skalen zu beobachten sind, durchgeführt. Indem der Autor nicht erklärt, warum ausgerechnet die Mono-Versionen mit geringer Dynamik und „arme[m]" Klang (S.233) von den Musik-Experten bevorzugt

---

[20] Haydn, Klaviersonate Nr. 59, 3. Satz (Hob. XVI/49) und Schubert, „Ständchen", Nr. 4 aus *Schwanengesang*.
[21] Vgl. auch Gernemann (1999).

wurden, läßt er außerdem die Möglichkeit unberücksichtigt, daß das Ergebnis auf ein die Messung störendes Urteilerverhalten (*self-serving bias*) zurückzuführen sein könnte: Die ‚alt' klingenden Versionen könnten impliziert haben, daß es sich um historisch besonders wertvolle Aufnahmen (bzw. renommierte Interpreten) handelt, und möglicherweise mochte sich kaum ein Musik-Experte die vermeintliche Blöße geben, ebendiese nicht zu kennen. Die Kanalisierung des Beurteilungsverhaltens auf interpretatorische Aspekte durch die Vorgabe entsprechender Skalen könnte diesen Vorgang unterstützt haben.

Jedoch weist auch eine vorsichtige Interpretation der Ergebnisse dieses Experiments darauf hin, daß sich die klangliche Gestaltung, wenn nicht in spezifischer Weise und auf die Beurteilung der Interpretation, so doch zumindest unspezifisch und auf die Beurteilung des wahrgenommenen Ganzen auswirkt. Hierauf stützt sich die Grundannahme der vorliegenden Arbeit, daß auch im Bereich Popmusik die – dort ja wesentlich aufwendigere und in weiteren ästhetischen Grenzen mögliche – Klanggestaltung die subjektive Beurteilung eines Musikstückes beeinflußt. Darüber hinaus spricht Boss (1995) einen wesentlichen Aspekt zum Verhältnis von Klang und musikalischem Inhalt an, der in der wissenschaftlichen Literatur zu Popmusik regelmäßig unberücksichtigt bleibt (vgl. 1.2.2) und unter 2.1.1 ausgeführt wird.

Der vorliegenden Untersuchung thematisch weniger nahestehende, aber für diese gleichwohl indirekt relevante Arbeiten lassen sich in solche untergliedern, die 1. sich grundsätzlich mit der menschlichen Wahrnehmung von Klang befassen, d.h. vor allem ihre Dimensionalität zu ergründen versuchen,[22] 2. sich dem Problem der Beschreibung von Klangeindrücken widmen[23] oder 3. die Wirkung physikalischer Einflußgrößen auf die Klangwahrnehmung untersuchen[24]. Sie befassen sich nicht mit Popmusik. Eine zusammenfassende Darstellung der Ergebnisse dieser Untersuchungen ist nicht möglich, denn sie sind schlichtweg unvereinbar: In den Untersuchungen zu 1. wurden sowohl verschiedene Quantitäten von Dimensionen (1 bis 7) als auch verschiedene Qualitäten von Dimensionen ermittelt (z.B. *Lautstärke, Helligkeit, Nasalität, Komplexität, Bewertung, Schärfe, Klarheit, Rauhigkeit, Tonhöhe, Dichte*). Anzahl und Qualität der Dimensionen hängen offensichtlich von Anzahl und Art der verwendeten Reize bzw. Beurteilungsobjekte ab (z.B. Instrumente, Lautsprecher, Musikstücke). Am häufigsten treten die Dimensionen *Lautstärke/Volumen* und die beiden klangfarblichen Merkmale *Helligkeit/Schärfe* und *Rauhigkeit*) auf.[25] Des weiteren konnten in Untersuchungen zu 3. – ungeachtet der Gültigkeit einfacher psychophysikalischer Beziehungen – keine Übereinstimmungen physikalischer und psychologischer Faktorenstrukturen festgestellt werden (vgl. v.a. Nitsche 1978), worauf bereits die Inhomogenität der jeweils ermittelten psychologischen Merkmalsräume hindeutet. Auch die Untersuchungen zu 2. erbrachten eine Vielzahl unterschiedlicher Beurteilungsmerkmale zur Beschreibung von Klang, welche sich einer Vereinheitlichung entziehen.

---

[22] Vgl. Rahlfs (1966), Jost (1967), Gabrielsson et al. (1974), Grey (1977), Nitsche (1978), Furmann et al. (1990), Kendall und Carterette (1991) und Samson et al. (1997).
[23] Vgl. Belayeva und Nosulenko (1983) und Kendall und Carterette (1993a, 1993b). Speziell zur Auswahl von Merkmalen für die Klangbildbeschreibung durch Expertenhörer vgl. 6.2.4.
[24] Vgl. Nitsche (1978), Furmann et al. (1990), Samson et al. (1997) und Niewiarowicz et al. (1998).
[25] Diese Dimensionen nennt auch Kleinen (1975). Sie sind interkulturell relativ konstant.

Ebenfalls nicht als generalisierbar bezeichnet werden können die Ergebnisse des Versuchs, Klangfarben bestimmte Bedeutungen bzw. Emotionen zuzuordnen. Zwar treten verschiedene Klangeigenschaften häufig gemeinsam mit bestimmten musikalisch ausgedrückten Emotionen auf, z.B. *laut, hell, strahlend* mit Freude; *leise, dunkel, verschmelzend* mit Trauer; *laut, voluminös, massiv* mit Dominanz; und *leise, hell, durchhörbar* mit Submission (vgl. Rösing 1993b). Die Klangeigenschaften wurden allerdings gemeinsam mit anderen musikalischen Parametern ermittelt und können daher nicht eindeutig auf die entsprechenden Emotionen abgebildet werden.

Da den gesichteten Publikationen keine annähernd konsistente Klassifikation oder Zusammenstellung von klangbildbeschreibenden Parametern – erst recht nicht in bezug auf Popmusik – zu entnehmen war, wurde im Rahmen der vorliegenden Arbeit ein Meßinstrument konstruiert und überprüft, das der Erfassung wichtiger Klangeigenschaften von Popmusik durch Expertenhörer dient.

Zusammenfassend ist eine geringe Quantität experimenteller oder empirischer Untersuchungen zu popmusikimmanenten, klangbezogenen Wirkungsfaktoren festzustellen. Es ist unumgänglich, daß eine Wirkungs- und Ästhetikforschung immer der technischen Entwicklung hinterherhinkt, da mit neuartigen Techniken und Inhalten stets erst entsprechende Erfahrungen gemacht werden müssen. (So zielen die Bemühungen der heutigen technologischen Forschung, der Gerätehersteller und der Praktiker der Musikproduktion bereits auf die neuen Surround-Übertragungsformate[26] ab.) Auffällig ist jedoch, daß nach vielen Jahrzehnten der Existenz von Popmusik und der Verbreitung stereophoner Tonübertragung auch die Musikindustrie offenbar keine Tradition einer Wirkungsforschung pflegt. Möglicherweise ist in der musikwirtschaftlichen Praxis die Kenntnis des Verhältnisses von musikimmanenten Einflußgrößen und rezeptionsseitiger Wirkung deshalb von untergeordneter Bedeutung, da es sich permanent durch das trial-and-error-Prinzip selbst optimiert. Dies ist nur durch eine zeitlich enge Rückkopplung zwischen erkannten Trends im Massen-Kaufverhalten und der Entscheidung von Plattenfirmen über die Investition in bestimmte Stilrichtungen, Ästhetiken und Interpreten möglich, sowie durch das enorme Angebot an Musikproduktionen, aus denen die Plattenfirmen auswählen können. Verwunderlich ist das mutmaßliche Desinteresse der Musikindustrie an Untersuchungen zu musikimmanenten Einflußgrößen der Musikpräferenz, von denen man höchstens annehmen könnte, daß sie „Gegenstand von Geheimforschung" (Behne 1993, S.351) seien, dennoch: „It is particularly surprising that although much of pop music industry is geared to the production of best-selling recordings the factors contributing to a ‚hit' record remain largely unstudied" (Russell 1986, S.33).

1.2.2 Theoretische Abhandlungen

Beim weitaus größten Teil der Beiträge, die sich mit Popmusik auseinandersetzen, handelt es sich um theoretische Abhandlungen.[27] Sofern diese die Thematik *Klang* behandeln, zielen sie vor allem auf zwei Aspekte ab: den Stellenwert des ‚Sounds' und den Zusam-

---

[26] Einen Überblick zu dieser Thematik gibt Steinke (2001).
[27] Den Beiträgen liegen zum Teil andere primäre Fragestellungen zugrunde, etwa zur Mediennutzung oder Musikpädagogik.

menhang von ‚Sound' und Technologie. In typischer Weise äußert sich hierzu Pfeiler (1992):

> Für den Erfolg eines Songs oder eines Musikstückes wurde früher in der Musikindustrie ein strukturbildendes Prinzip angewandt, das vor allem am Aufbau eines melodischen Konzepts orientiert war. An erster Stelle standen die musikalischen Parameter Melodie, Harmonie und Rhythmus. Durch den zunehmenden Einfluß der Technik wurden diese Parameter zugunsten eines neuen, von den technologischen Möglichkeiten determinierten Produktionskonzepts zurückgedrängt. Um den kommerziellen Erfolg kalkulierbar zu machen, setzte man ein soundorientiertes Konzept ein, in dem der aufnahmetechnische Vorgang im Tonstudio sowie die technische Qualität der Musik in den Vordergrund traten. (S.40)

Zu dieser oder einer ähnlichen Einschätzung gelangen nahezu einmütig auch die übrigen mit der Thematik befaßten Autoren. Nach Diedrichsen (1996) ist der ‚Sound' gar „zum integrativen, konstitutiven Paradigma von Popmusik geworden" (S.54). Abgeleitet werden dieserart Einschätzungen aus den Anwendungsmöglichkeiten, die die verfügbaren technischen Gerätschaften eröffnen. Für die Anwendungsmöglichkeiten werden in der Regel Beispiele angeführt, hinsichtlich der Funktionsweise technischer Geräte zum Teil sogar vollständige Aufstellungen versucht. Neben Autoren, die sich vor allem der Beschreibung ebendieser Geräte widmen und sich einer musikästhetischen Bewertung weitgehend enthalten (vgl. Bickel 1992, Einbrodt und Pape 1992, Schiffner 1991 und 1994), sehen andere Autoren in der Verbindung von ‚Sound' und Musiktechnologie deutliche Wirkungsmechanismen. So ist Shea (1990), der den technologischen Einfluß der Musikelektronik historisch[28] untersuchte, der Auffassung, daß die Technologie aufgrund ihrer außerordentlichen Möglichkeiten eine selbständige kreative Kraft in der Popularmusikindustrie darstelle, wenngleich eine spezifische Technologie den ‚Sound' für eine gewisse Zeit konventionalisiere. Zwei Autoren sehen einige Auswirkungen der Technologie kritisch und benennen Wege der Einflußnahme der Musikgeräteindustrie auf den musikalischen Klang: Sie geschehe zum einen durch die große Menge industriell vorfabrizierten Soundmaterials (vgl. Theberge 1993) und zum anderen durch die Beschränkung der Bedienbarkeit von Instrumenten und Geräten (vgl. Jones 1987), welche die Kreativität in ähnlicher Weise behindere oder zumindest kanalisiere.[29] Vielleicht liegt hierin eine der Ursachen einer klangästhetischen Verarmung, die Pfeiler (1992) ausmacht: „Es entstand das paradoxe Phänomen, daß die Musikstücke trotz der vielen Klangbearbeitungs-möglichkeiten [!] im Großen und Ganzen einander klanglich immer ähnlicher wurden" (S.43).[30] Dazu könnte außerdem der Umstand beitragen, daß Laienhörer eine zu große Abweichung von der klanglichen Norm als störend empfinden (vgl. Zehner 1997a). Indem Enders (1983) „von einer totalen Vorherrschaft der Elektronik in diesem Genre" spricht (S.266) und darin die Gefahr einer ästhetischen Vorprägung Jugendlicher sieht (vgl. S.291), wird ein Regelkreis deutlich, den schon Robinson und Hirsch (1969) – wenngleich allgemeiner – thematisierten: „Does the music business manipulate its audience or is it really responsive to their wishes? The answer, unsurprisingly, is both." (S.45).

---

[28] Jahre 1945-1964.
[29] Die Autoren stellen auf die werksseitig programmierten und vom Musiker nicht veränderbaren Sounds, die sogenannten Preset-Sounds ab. Vgl. hierzu auch Pfeiler (1992).
[30] Auch Schneider (1988) äußert, Popmusik werde „nach quasi standardisierten Konzepten produziert" (S.59).

Nach Rösing steht in „der gesamten Unterhaltungsmusikbranche [...] an erster Stelle die Technik, erst an zweiter die Interpretation und an dritter die Komposition [...]: Technik und technikgenerierte Sounds beeinflussen die musikimmanent-strukturellen Vorstellungen der Musiker, sind entscheidend für alle Arten des Arrangements, für den Klang der Musikinstrumente, den Speichervorrang [!] am Regiepult, die mediale Vermittlung (Tonträger, Rundfunk, Fernsehen, Video) und die klangästhetischen Erwartungen der Konsumenten" (Deutsch et al. 1996, Sp.158).

Die Auffassung, dem ‚Sound' komme unter den musikalischen Parametern die größte Bedeutung zu, wird auch von Kopiez (im Druck) vertreten: „Nicht nur die Faszination der Technomusik wäre ohne einen solchen Bedeutungswandel kaum zu verstehen. Dieser Wandel betrifft auch viele Varianten der Popmusik [...]" (o.S.). Deutlicher als die zuvor aufgeführten Beiträge thematisiert Kopiez (im Druck) die *Wirkung* von ‚Sound', indem er ihm explizit eine „herausragende[...] Bedeutung für das Geschmacksurteil" zuschreibt (o.S.). Die Klangfarbe diene als Informationsträger und ermögliche so im Alltag z.B. die schnelle Auswahl eines Radiosenders. Der Autor weist darauf hin, daß unterschiedliche Untersuchungsmethoden die Vergleichbarkeit von Ergebnissen der Klangfarbenforschung verhindern und daß bislang keine Vermittlung zwischen psychologischen und psychophysikalischen Merkmalsräumen stattgefunden habe. Er konstatiert das Fehlen einer „Semantik der Klangfarben" und fordert entsprechende Untersuchungen, etwa den Vergleich von „*Topologien* physikalisch ähnlicher Klangfarben [...] mit entsprechenden Strukturen des semantischen Raumes" (o.S.). Auf methodische Schwierigkeiten geht auch Stolla (1995a, 1995b) ein, allerdings im Zusammenhang mit der Klangbildbestimmung von Kunstmusikaufnahmen. Er unterscheidet zwischen physikalisch und psychometrisch bestimmbaren Klangparametern und macht auf Probleme der Skalierung aufmerksam.

Der Versuch, das Verhältnis von Klang und musikalisch-strukturellen Parametern modellhaft zu veranschaulichen, führt häufig zur Beschreibung des Klangs als etwas Äußeres, Umhüllendes: Für Kopiez (1998) bildet der ‚Sound' die „akustische ‚Außenhaut'" (S.7), die oft wichtiger als der musikalische Inhalt sei, Schneider (1988) verwendet den Begriff „Verpackung", die das „im Grunde immer Gleiche[...]" präsentiere (S.58). Diese Vergleiche berühren die Frage nach den Funktionen des ‚Sounds', um deren Differenzierung Schädler (1986) bemüht ist: Auch er spricht dem ‚Sound' eine herausragende rezeptionsseitige Bedeutung zu: „Die Sinnlichkeit, die Farben, mit denen die Unterhaltungsmusik das Repetitive umgibt, sind das, was primär rezipiert wird." (S.324). Über eine Farbwirkung hinaus besitze der ‚Sound' jedoch auch eine strukturierende Funktion. „Der Begriff Klangfarbe [...] kann deshalb ‚Sound' nicht beschreiben. Was geschieht, ist Verräumlichung, d.h. die Einordnung der Elemente." (S.324). ‚Sound' stehe für das Außergewöhnliche und die musikalisch-strukturellen Parameter für das Alltägliche. Populäre Musik versuche, diesen Widerspruch aufzulösen.

Wie die aufgeführten Beiträge zeigen, bilden die theoretischen Abhandlungen zum ‚Sound' in der Popmusik eine schwer strukturierbare Ansammlung unvermittelter Perspektiven, Gesichtspunkte und Einschätzungen. Hinsichtlich der hauptsächlich fokussierten Aspekte *Stellenwert des ‚Sounds'* und *Technologie* lassen sich jedoch zwei Kernaussagen extrahieren:

- ‚Sound' sei in großem Maße technologieabhängig.
- ‚Sound' sei heute in der Popmusik von weitaus größerer Bedeutung als die musikalisch-strukturellen Komponenten Melodik, Harmonik und Rhythmik.

Vor der übereinstimmenden Einstufung des ‚Sounds' hinsichtlich seiner Bedeutsamkeit ist die terminologische Frage, ob er nach wie vor im Sinne von Rauhe (1974) den sekundären ‚Komponenten' zugerechnet werden sollte oder ob „musikelektronisch erzeugte Klangwirkungen und -effekte als primärfaktorielle Phänomene aktueller Popularmusik einzuordnen wären" (Enders 1983), eine nachrangige; ebenso die Frage, ob die übereinstimmend festgestellten Aspekte positiv im Sinne einer Eröffnung künstlerischer Gestaltungsmöglichkeiten bewertet werden oder negativ im Sinne einer ästhetischen Beeinträchtigung.

Anzeichen einer Veränderung bzw. Ausdifferenzierung der recht groben Kernaussagen sind erst in den letzten Jahren zu erkennen: Wurde die anonyme Größe Technologie in den achtziger Jahren noch häufig als selbständig wirkende Kraft – gleich, ob als kreative oder ästhetisch regressive – empfunden, was entsprechende Bewertungen nach sich zog, wird sie zunehmend als Mittel zum Zweck begriffen: „Wie alle Technik muß auch Musiktechnik wertfrei betrachtet werden; der ästhetische Wert eines Musikstücks, einer Interpretation hängt nicht von dem verwendeten Gerät, Instrument oder Apparat ab, sondern von der künstlerischen Intention des Musikers." (Enders und Rocholl 1992, S.113). Die zu Beginn der umfassenden Technologisierung der Musikproduktion behandelte Frage, welche Eingriffe am musikalischen Material möglich sind, tritt damit in den Hintergrund zugunsten der Frage, wofür Musiktechnologie in der Praxis tatsächlich eingesetzt wird und welchen Maßgaben dieser Einsatz folgt.

1.2.3 Kritik der Forschung zum ‚Sound' in der Popmusik

Gerade in bezug auf den ‚Sound' ist leicht festzustellen, daß nicht alle technischen Möglichkeiten, etwa starke Verfremdungseffekte, in der Popmusikproduktion ausgeschöpft werden: Technologie determiniert die Klangästhetik nicht; sie ist allenfalls eine Einflußgröße unter mehreren. Wie weit der Bereich, der zwischen standardisiertem ‚Sound' und dem technologisch sowie kreativ Möglichen liegt, beschritten wird, hängt natürlich von der Zielsetzung der Popmusikproduktion ab, die, wie eingangs geschildert, hauptsächlich im wirtschaftlichen Erfolg besteht. Damit dieser Erfolg eintritt, muß das Musikstück, das als Ganzes gehört und gekauft wird, in den Ohren der Rezipienten ‚funktionieren', worin auch immer diese Funktion bestehen mag. Der Versuch einer rein theoretischen Bestimmung des Stellenwerts und der Funktion des ‚Sounds', welche überdies bei den technologischen Mitteln seiner Gestaltung ansetzt, läßt den für Popmusik wesentlichen Aspekt der Wirkungsästhetik außer acht; denn „Musik wird überwiegend nicht um ihrer selbst willen gehört, sondern wegen ihrer affektauslösenden und erregenden Wirkung."[31] Der sukzessiven Bildung einer konsistenten Theorie kann dieser Ansatz daher nur bedingt förderlich sein. Daß eine solche Theoriebildung bislang quasi nicht stattgefunden hat, ist aber auch auf ein bereits unter 1.2.1 festgestelltes Definitions- und Differenzierungsdefizit zurückzuführen. Diesbezüglich ist an der Qualität der meisten theoretischen Abhandlungen zum

---

[31] Motte-Haber (1996b), S.171.

,Sound' in der Popmusik erhebliche Kritik zu üben, wobei einige Kritikpunkte aus anderen folgen:

1. Definitionsdefizit. Rösing weist in der MGG auf die unscharfe Definition des Begriffs *,Sound'* hin und unterscheidet

> 1. Sound als Kategorisierung für Stile oder Stilelemente [...], 2. Sound als Kriterium von Personalstilen [...], 3. Sound als Kennzeichen bestimmter Produktionsstätten und Labels [...], 4. Sound zur Erläuterung technischer Verfahrensweisen [...], 5. Sound zur Umschreibung musikalischer Grundstimmungen [...] und 6. Sound als Mittel der qualitativen Bewertung [...]. (Deutsch et al. 1996, Sp.158).

Trotz dieser Bedeutungsvielfalt wird in den meisten Abhandlungen nicht definiert, was jeweils unter ,Sound' zu verstehen ist.

2. Differenzierungsdefizit. Wird ,Sound'[32] dennoch definiert, so erfolgt seine Definition unter Bezug auf verschiedene Klassifikationsprinzipien, zumeist auf die Technologie, die zur Klanggestaltung verwendet wird, aber auch auf Produktionsschritte, Berufe usw.[33] Zumeist wird jedoch auch der Bereich, an den die Bedeutung von ,Sound' gekoppelt wird, nicht weiter oder nicht dem Klassifikationsprinzip entsprechend differenziert. Dadurch werden die Definitionsmöglichkeiten nicht ausgeschöpft und der Untersuchungsgegenstand bleibt unklar. Folgende Differenzierungen können und sollten bei der Definition von ,Sound' vorgenommen werden:

a) Eingrenzung der Bedeutung von ,Sound' über die Mittel seiner Gestaltung. Die Mittel können bezüglich ihrer Funktion klassifiziert werden. Eine einfache Unterscheidung zwischen Klangerzeugung (z.B. Gitarre, Synthesizer) und Klangbearbeitung (z.B. Equalizer, Effektgeräte) ist in jedem Falle möglich.[34]

b) Eingrenzung der Bedeutung von ,Sound' über ihn beeinflussende Arbeitsschritte im musikalischen Produktionsprozeß. Hier wäre zu unterscheiden zwischen Komposition, Instrumentation/Arrangement, Einspielung, Abmischung, Nachbearbeitung/Mastering. Häufig wird in die Abfolge der Produktionsschritte zusätzlich die Interpretation eingeordnet. Der Begriff gehört jedoch einer anderen logischen Ebene an, weil mit ihm die

---

[32] Ziegenrücker und Wicke (1987) definieren ,Sound' als „Gesamtheit aller die sinnliche Qualität von Musik bestimmenden Faktoren" (S.368).
[33] Die Möglichkeiten einer Definition von ,Sound' im engeren Sinne bestehen lediglich darin, 1. ihn in seinen spezifischen Ausprägungen zu beschreiben: entweder unter Bezug auf andere Sinneserfahrungen, assoziativ, lautmalerisch oder als emotionale Wirkung, z.B. durch Klangeindrücke wie *rauh, luftig, mumpfig* oder *lustig* (vgl. die unter 1.2.1 aufgeführten Untersuchungen zur Ermittlung der Dimensionalität der Klangfarbenwahrnehmung und von Merkmalen zur Klangfarbenbeschreibung); oder 2. ,Sound' entweder durch diejenigen musikalisch-strukturellen Funktionsgefüge zu definieren, denen er zueigen ist, z.B. Melodien und Akkorde, oder durch Gegebenheiten, von denen er hervorgebracht oder beeinflußt werden kann, z.B. Musikinstrumente, Geräte, Personen, Produktionsschritte (vgl. hierzu 2.2), Produktionsstätten usw.
[34] In diesem Zusammenhang sei angemerkt, daß z.B. keine einheitliche Vorstellung darüber herrscht, was als (klanglicher) Effekt bzw. Effektgerät zu gelten hat: Im Gegensatz zu der in einschlägigen Handbüchern (vgl. etwa Dickreiter 1997a) vermittelten Systematik werden stellenweise etwa Regelverstärker zu den Effekten (vgl. Schiffner 1991) und Gitarrenverzerrer nicht zu den Effekten gezählt (vgl. Einbrodt 1997). Vgl. hierzu 2.3.

künstlerischen Einflußnahmen verschiedener Produktionsschritte (durchaus aber auch die des Wahrnehmungsprozesses durch den Hörer)[35] charakterisiert werden können.

c) Eingrenzung der Bedeutung von ‚Sound‘ über Personen, Tätigkeitsbereiche oder Berufsgruppen. Hier kann zwischen Komponist, ausübendem Künstler (Musiker), Toningenieur und Tonmeister bzw. Produzent unterschieden werden. Werden selbst verhältnismäßig scharf voneinander abgrenzbare Kategorien (z.B. Musiker und Tonmeister) nicht klar voneinander getrennt, schafft dies vor allem dort Unklarheit, wo inhaltlich auf die Verschiebung oder Überlappung von Tätigkeitsbereichen abgestellt wird.

d) Eingrenzung der Bedeutung von ‚Sound‘ über bestimmte Interaktionen von Gerätschaften und Personen. Hierzu gehören angewandte Spieltechniken oder an Klangerzeugern bzw. klangbearbeitenden Geräten eingestellte Parameter.

e) Eingrenzung der Bedeutung von ‚Sound‘ über die Repräsentationsebene. Hier sollte mindestens zwischen der technisch-physikalischen und der Wahrnehmungsebene differenziert werden.[36] Häufig wird implizit die Existenz eindeutiger Beziehungen zwischen den Ebenen vorausgesetzt, z.B. zwischen Frequenzspektren und Klangfarbeneindrücken.[37] Derartige Annahmen sind jedoch, außer im Falle einfachster Stimuli und Parameter, nicht von vornherein zulässig. Weiterhin kann zwischen verschiedenen Integrationsebenen der Wahrnehmung[38] und dem Vorgang der Urteilsbildung[39] unterschieden werden.

f) Eingrenzung der Bedeutung von ‚Sound‘ über die Menge bzw. Art von Bezugsobjekten. Es sollte benannt werden, ob sich ‚Sound‘ auf die Klangeigenschaften eines Instruments bezieht oder auf mehrere gleichzeitig erklingende Instrumente, die gemeinsam ein *Klangbild* oder eine *Klanggestaltung* (vgl. 2.1.2) konstituieren. Zur Beschreibung eines Klangbilds etwa müssen zusätzliche Merkmale herangezogen werden, die die Verhältnisse zwischen den Klangmerkmalen der einzelnen Instrumente beschreiben.

3. Begriffliche Vermischung. ‚Sound‘ wird nicht nur nicht oder undifferenziert definiert, sondern darüber hinaus häufig mit anderen Begriffen oder Phänomenen vermischt oder gleichgesetzt, etwa mit Klangfarbe oder Elektronik. Damit wird die ohnehin große semantische Unschärfe des Begriffs ‚Sound‘ weiter vergrößert.

4. Fraglicher Erkenntnisgewinn. Ab einer gewissen semantischen Ausdehnung des Begriffs ‚Sound‘ erreichen Thesen zu seiner Bedeutung den Rang trivialer Feststellungen und entbehren der Notwendigkeit einer Verifizierung: Daß sich Änderungen an unter dem Begriff ‚Sound‘ subsumierten Parametern, die im Sinne der Definition von Ziegenrücker und Wicke (1987)[32] praktisch die gesamte Musikausführung mit Ausnahme der zugrunde liegenden Noten betreffen, etwa das Werturteil beeinflussen, braucht z.B. kaum empirisch belegt zu werden. Insofern stellt sich die grundsätzliche Frage nach dem theoriebildenden Wert bzw. dem Erkenntnisgewinn allgemein gehaltener Statements.

---

[35] Vgl. Motte-Haber (1995).
[36] Dies fordert auch Nitsche (1978).
[37] Vgl. z.B. die unter 1.2.1 referierte Untersuchung von Einbrodt (1997).
[38] Vgl. etwa Kebeck (1994) und Perrig et al. (1993).
[39] Vgl. Niketta (1993).

5. Annahme von Vergleichbarkeit. Es erfolgt keine Klärung des Verhältnisses von Klang und musikalisch-strukturellen Komponenten: ‚Sound' wird in gleicher Weise wie die Melodik, Harmonik oder Rhythmik als *Komponente* von Musik (im Sinne des Wortes *componere*, zusammensetzen) begriffen, was impliziert, daß ‚Sound' von den musikalisch-strukturellen Komponenten gleich einem Baustein getrennt werden könne. Diese Auffassung wird nicht in Frage gestellt und bildet wiederholt die Grundlage für ein Verständnis von ‚Sound' als einem autonomen musikalischen Bedeutungsträger sowie für die Aufstellung von Rangfolgen bezüglich der Bedeutsamkeit der ‚Komponenten', wobei im übrigen häufig unklar bleibt, worauf sich Begriffe wie Bedeutsamkeit oder Stellenwert überhaupt beziehen (denkbar wären etwa technologischer Aufwand, Zeitaufwand oder Wirkung beim Hörer).[40]

6. Mangelnde Objektivität. Die Darstellung von Sachverhalten und ihre subjektive Bewertung werden häufig vermischt. Dies bezieht sich sowohl auf bestimmte Musikstile als auch auf bestimmte musikalische Strukturen oder Klangeindrücke. Hierzu ein Beispiel:

> Was ist los mit unseren Jugendlichen, was ist los mit der Popmusik? So dürften sich manche Beobachter der aktuellen Musikszene Ende der 80er Jahre gefragt haben angesichts der wachsenden Rezeption einer Musik, die in ihrem äußeren Erscheinungsbild geradezu das Gegenteil von dem abgibt, was man gemeinhin unter diesem Wort versteht. Auf den ersten Blick [...] - dominiert ein ausgesprochen simpler Baß-Beat, der, synthetisch erzeugt, stumpfsinnig-maschinengemäß und völlig unvariant in Anschlag, Klangverlauf und Lautstärke auf den Grundschlägen daherkommt; [...] - vernimmt man nur Klänge, denen man sofort anhört, daß auch sie nicht von Menschen gespielt, sondern von Maschinen bzw. Computern hervorgebracht werden [...]. Sie klingen obendrein nach Technologie-Maßstäben der Zeit nicht selten regelrecht primitiv [...] ; - besteht die Musik nur aus Reihungen von gleichen, besser: von völlig identischen Mustern [...]. Ihre penetranten Wiederholungen klingen auf Dauer, als habe sich ein Sequenzermuster oder eine CD-Rille verhakt und der Bediener wisse sich nicht zu helfen [...]; (Jerrentrup 1992, S.46-47)

In bezug auf Technologie und Popmusik überwiegen, sofern vorgenommen, negative ästhetische Bewertungen. Neben dem Definitions- bzw. Differenzierungsdefizit scheint es aber nicht die Bewertungsrichtung als solche, sondern ihre Vermischung mit an sich wertfreien Sachverhalten zu sein, die die Popularmusikforschung im allgemeinen und die Abhandlungen zu Technologie und ‚Sound' im besonderen in die Kritik rückt:

> Allerdings muß man auch sagen, daß die Diskussionen zum Teil auf eine sehr irrationale Weise geführt werden und die jeweiligen Standpunkte oft sehr einseitig und verhärtet erscheinen. Häufig mangelt es an Sachverstand, und es werden Begründungen vorgebracht, die auf Fehlinformationen oder leicht zu widerlegenden Vorurteilen beruhen. (Enders und Rocholl 1992, S.96).

Enthalten vereinzelte explizit wissenschaftliche Publikationen neben hier thematisierten Ungenauigkeiten auch noch eindeutige sachliche Fehler, so läßt sich schwerlich ein positives Bild der Forschung zum ‚Sound' in der Popmusik zeichnen, welche von vielen Autoren gefordert, aber kaum je mit wissenschaftlichem Instrumentarium begonnen wurde.

---

[40] Zum Verhältnis von Klang und musikalisch-strukturellen Parametern vgl. 2.1.1.

Ohne genauere Kenntnis des verwendeten Instrumentariums und der apparativen Gegebenheiten im Tonstudio sind Analysen ebensowenig sinnvoll durchführbar wie ohne exakte Darstellung der musikalisch-strukturellen Faktoren in horizontaler wie vertikaler Hinsicht [...]. Obwohl Sound als konstitutives Element populärer Musik gilt, befindet sich die Soundforschung noch im Anfangsstadium. (Deutsch et al. 1996, Sp.159).

1.3 Fragestellung

Gemäß der Ausführungen in 1.2 sind vor Beginn der experimentell-empirischen Untersuchung folgende Fragen theoretisch zu klären (vgl. Kapitel 2):

- Wie verhalten sich Klang bzw. ‚Sound' und die musikalisch-strukturellen Komponenten Melodik, Rhythmik und Harmonik zueinander?
- Welche Bedeutungen können die Begriffe *Klang, Sound, Klangfarbe, Klangbild* und *Klanggestaltung* haben und in welchem Sinne werden sie in der vorliegenden Untersuchung verwendet?

In Abgrenzung zum unscharf umrissenen Begriff *‚Sound'* wird der Untersuchungsgegenstand der vorliegenden Arbeit als *Klanggestaltung* bezeichnet; es ist also zunächst zu klären, was unter dem Terminus zu verstehen ist: *Klanggestaltung* bezieht sich nicht auf die Klangerzeugung, sondern auf die Klangbearbeitung bestehender Einspielungen von Musik. Es wird nicht der Klang isolierter Instrumente, sondern die Klanggestaltung des gesamten Musikstücks untersucht, also eine Ebene, auf der klangliche Eigenschaften am stärksten mit der musikalischen Struktur verzahnt sind (vgl. 2.1.2). *Klanggestaltung* schließt produktionspraktisch alle diejenigen klangbestimmenden Faktoren ein, die im Rahmen der Produktionsschritte *Abmischung* und *Nachbearbeitung* kontrolliert werden. Es ist sinnvoll, die Klanggestaltung an diesen beiden Produktionsschritten festzumachen, da die Möglichkeiten komplexer klanglicher Einflußnahme auf diese konzentriert sind. Eine genauere Einordnung des Untersuchungsgegenstandes erfolgt in Kapitel 2 unter Behandlung folgender Fragen:

- Welche technischen Mittel stehen für die Klanggestaltung zur Verfügung?
- Welche Merkmale der Klangwahrnehmung können durch die klanggestalterischen Mittel beeinflußt werden?
- Worin bestehen die Funktion und die klangästhetischen Zielsetzungen der Klanggestaltung?

Die Fragestellung der anschließenden experimentellen Untersuchung umfaßt drei Bereiche: 1. die Überprüfung eines generellen Effekts der Klanggestaltung auf das Hörerurteil unter der rein auditiven Bedingung, 2. die Untersuchung des Einflusses der audiovisuellen Darbietungsform auf den überprüften Effekt (falls vorhanden) und auf das Hörerurteil und 3. den Versuch einer Spezifizierung gefundener Zusammenhänge.

1.3.1 Klanggestaltung und Hörerurteil bei auditiver Darbietung

Die experimentelle Untersuchung muß vor dem Hintergrund des defizitären Forschungsstands zunächst auf die Frage abzielen, ob sich die Klanggestaltung überhaupt auf die Beurteilung eines Popmusikstücks auswirkt. Auf der Grundlage der in der Literatur vertretenen Einschätzung (vgl. 1.2) wird folgende ungerichtete und unspezifische Hauptuntersuchungshypothese formuliert: Die Klanggestaltung kann das Hörerurteil beeinflussen.

Die Verifizierung oder Falsifizierung dieser Hypothese ist zentrales Anliegen der vorliegenden Arbeit. Neben der abhängigen Variable *Hörerurteil* wird zusätzlich die (angegebene) Kaufbereitschaft erhoben und auf den fraglichen Effekt hin überprüft.

1.3.2 Klanggestaltung und Hörerurteil bei audiovisueller Darbietung

Da Popmusik zur Unterstützung der Werbewirkung heute häufig audiovisuell vermittelt wird (vgl. S.2), liegt es nahe zu untersuchen, ob unter der audiovisuellen Darbietungsbedingung (mit Videoclip) der Effekt der Klanggestaltung (falls vorhanden) unverändert wirksam ist. Daß die Einflußgrößen *Klanggestaltung* und *Darbietungsform* in Wechselwirkung treten, kann nicht ausreichend begründbar vermutet werden. Die Frage dient somit der Theoriebildung und wird nicht als Hypothese formuliert:

- Kann das zusätzliche Sehen eines Videoclips den Effekt der Klanggestaltung auf das Hörerurteil beeinflussen ? (Interaktionseffekt erster Ordnung)

1.3.3 Darbietungsform und Hörerurteil

Zur Prüfung eines Interaktionseffekts ist es methodisch unumgänglich, die interagierenden Einflußgrößen auch als Haupteffekte zu erfassen. Insofern ermöglicht die Untersuchung als Nebenergebnis eine Aussage darüber, ob die Darbietungsform das Hörerurteil direkt beeinflußt. Hierzu liegen bereits Erkenntnisse vor, die ggf. gestützt werden können. In ihrem Sinne kann der Effekt als ungerichtete Hypothese formuliert werden: Die audiovisuelle Darbietungsform kann das Hörerurteil beeinflussen.

Auf die bestehende Forschung zur Rezeption von Videoclips wird nur punktuell im Rahmen der Überprüfung dieser Hypothese Bezug genommen (vgl. 7.4).

1.3.4 Ergänzende Fragen

Im Rahmen der durchgeführten Befragungen und der Herstellung der Stimuli nach festzulegenden Kriterien werden ergänzend Aussagen zu folgenden Fragen ermöglicht:

- Wie wird die Bedeutung der Klanggestaltung von Popmusikproduzenten eingeschätzt?
- Nach welchen Kriterien bewerten Schüler Popmusik?
- Wie valide und zuverlässig beurteilen Expertenhörer Klangeigenschaften?

Neben der Prüfung einer unspezifischen Hypothese zur Klanggestaltung (H_K) soll außerdem versucht werden, einen diesbezüglich nachgewiesenen Effekt durch die Ermittlung von Zusammenhängen zu spezifizieren:

- Welche spezifischen Zusammenhänge bestehen zwischen Klanggestaltung und Hörerurteil?
- Welcher spezifische Zusammenhang besteht zwischen der Kaufbereitschaft und den erhobenen Beurteilungs- sowie persönlichen Merkmalen?

Aus musik- und klangästhetischer Perspektive sind außerdem folgende Fragen von Interesse:

- Steht der Einsatz klanggestalterischer Mittel im Zusammenhang mit dem Musikstil, instrumentatorischen Gegebenheiten oder der Persönlichkeit des Tonmeisters bzw. Produzenten?
- Wird der künstlerische Spielraum, den die mittlerweile äußerst umfangreichen technischen Möglichkeiten hinsichtlich klanglicher Gestaltung eröffnen, tatsächlich genutzt, oder besteht eher eine Tendenz zur Standardisierung, wie sie z.B. Pfeiler (1992) diagnostiziert (vgl. 1.2.2)?
- Gibt es Anzeichen dafür, daß die Klanggestaltung auf eine Aktivierung des Hörers abzielt?

Um die Behandlung insbesondere der fünf letztgenannten Fragen zu ermöglichen, wurden an den im Rahmen der Experimente erhobenen Daten ergänzende Analysen vorgenommen (vgl. Kapitel 10 und 11).

2 Klanggestaltung in der Popmusikproduktion

Die Untersuchung der Wirkung des Klangs von Popmusik erfordert die gezielte Variation der Einflußgröße *Klanggestaltung*, d.h. einen experimentellen Eingriff an bestimmten Schritten des Produktionsprozesses. In diesem Kapitel soll zunächst eine phänomenologische (vgl. 2.1.1), terminologisch-definitorische (vgl. 2.1.2), prozessuale (vgl. 2.2), technologische (vgl. 2.3) und klangästhetische (vgl. 2.4) Einordnung des Untersuchungsgegenstandes vorgenommen werden.

2.1 *Vorbemerkungen*

Die bestehende Forschung zum ‚Sound' in der Popmusik zeigte in ihrer Auffassung des Verhältnisses von Klang und musikalisch-strukturellen Komponenten Uneindeutigkeiten, ebenso bezüglich der Verwendung bestimmter Begriffe (vgl. 1.2). Zum besseren Verständnis des Untersuchungsgegenstandes sind daher einige Überlegungen und Definitionen angebracht.

2.1.1 Zum Verhältnis von Klang und musikalisch-strukturellen Komponenten

Ein Aspekt, der das Verhältnis von ‚Sound' bzw. Klang und musikalisch-strukturellen Komponenten grundlegend bestimmt, ist das Prinzip der *Inhärenz*. Der Begriff beschreibt den Umstand, daß zweierlei nicht unabhängig voneinander bestehen kann.

So, wie einem Gegenstand immer eine Oberflächenstruktur zueigen ist, die nicht selbständig bestehen kann, so haftet einem Hörereignis qua Erklingen immer eine klangliche Qualität, unter anderem eine Klangfarbe, an: Ein Hörereignis kann nicht *nicht* irgendwie klingen. Dies gilt sowohl für nicht-musikalische Hörereignisse (etwa ein einzelnes Geräusch) als auch für Hörereignisse sämtlicher Integrationsebenen von Musik, z.B. für aufeinanderfolgende Geräusche oder Sprachlaute (reine Rhythmen), aufeinanderfolgende Hörereignisse mit hinreichender Tonigkeit (Folgen musikalischer Töne bzw. Melodien), gleichzeitig erklingende Töne (Zusammenklänge, Akkorde), gleichzeitig erklingende Melodien und Rhythmen sowie Musikstücke als Gesamtgebilde.

Notwendige Bedingung für das Zustandekommen von Musik im traditionellen Sinne ist zum einen die Existenz von Hörereignissen mit ihren jeweiligen Klangeigenschaften, und zum anderen, daß diese Hörereignisse nach bestimmten intendierten Ordnungsprinzipien zueinander in Beziehung stehen bzw. auf diese Weise begriffen werden, wie oben angedeutet. Diese Ordnungsprinzipien oder musikalischen Strukturen werden gemeinhin mit den Begriffen Rhythmik, Melodik und Harmonik unterschieden (wobei letzteren beiden die Bedingung zugrunde liegt, daß die Hörereignisse eine ausreichende Tonigkeit besitzen, welche wiederum als Ordnungsprinzip, nämlich das der Periodizität, verstanden werden kann). Für das Zustandekommen von Musik spielt es nun keine Rolle, ob alle dieser drei Ordnungsprinzipien gemeinsam auftreten oder erkennbar sind. So kann Musik nur aus einem Trommelrhythmus bestehen oder nur aus einer Melodie ohne das implizite oder explizite Vorhandensein von Harmonik. Da diese Prinzipien gleichsam wie Bausteine hinzugefügt oder entfernt werden können (wenngleich auch dies nicht in beliebigen Kombinationen geschehen kann, da etwa eine Melodie immer auch einen Rhythmus besitzt), dürfen sie als Komponenten bezeichnet werden. Indem jedoch unabhängig vom Einsatz oder Ausschluß bestimmter solcher sogenannter Primärkomponenten nach wie vor die Existenz von Hörereignissen und damit das Vorhandensein von Klangfarbe notwendige Bedingung für das Zustandekommen von Musik ist, ist Klangfarbe nicht von der musikalischen Struktur ablösbar: Die Struktur kann nicht entfernt werden, und die Klangfarbe bleibt übrig – und umgekehrt. Wird neben Rhythmik, Melodik und Harmonik die Klangfarbe gleichermaßen als ‚Komponente' bezeichnet, ist dies irreführend.

Speziell für das Verhältnis von Klangfarbe und den auf die menschliche Fähigkeit zur Tonhöhenempfindung bezugnehmenden Parametern Melodik und Harmonik gilt darüber hinaus, daß Klangfarbe nicht von den *jeweils ganz spezifischen* melodischen und harmonischen Gegebenheiten zu trennen ist: Melodien und Harmonien eines Musikstücks können nicht nur nicht unter Beibehaltung von Klangfarbe entfernt, sondern auch nicht unter Beibehaltung *derselben* Klangfarbe gegen andere ausgetauscht werden.[1] So kann ein Ton nicht mit einer dunklen, baßhaltigen, massiven Klangfarbe erklingen, wenn es sich bei dem Ton etwa um ein viergestrichenes cis handelt.

Vor diesem Hintergrund ist die in der Literatur aufgeworfene Frage nach spezifischen Bedeutungen von spezifischen Klangfarben in der Musik leicht zu behandeln, wenngleich nicht klar ist, was genau unter Bedeutung verstanden werden soll.

Im Falle nicht-musikalischer Hörereignisse sind es allein die Klangeigenschaften als solche, die für einen Menschen Bedeutung haben bzw. haben können, wobei verschiedene Arten von Bedeutung vorstellbar sind: Ein nicht-musikalisches Hörereignis kann der reinen Objekterkennung dienen (so gibt etwa die Klangfarbe eines auftreffenden Wassertropfens über die Art der Schallquelle Auskunft), es kann Signalwirkung haben (wie etwa bei einer Klingel oder Hupe), es kann emotional-zwischenmenschliche Bedeutungen tragen (wie ein Seufzer oder ein Freudenschrei), es kann Assoziationen hervorrufen und anderes mehr. Das einzelne Hörereignis ist hier kraft seiner spezifischen Klangeigenschaften Bedeutungsträger.

Im Falle von Musik können nun außermusikalische Bedeutungen (wie z.B. die Signalwirkung einer Hupe) zwar prinzipiell weiterhin bestehen bleiben, jedoch trägt nun auch die musikalische Struktur Bedeutung. Letzteres ist weitgehend klangfarbenunabhängig möglich, etwa im Falle eines Trugschlusses. Da die Ebenen *Struktur* und *Klangfarbe* jedoch nicht additiv wirken, sondern klingende strukturelle Einheiten unter anderem auf-

---

[1] Die größtmögliche Trennung von Klangfarbe und Tonhöhenempfindung kann mit sogenannten Tonhöhenklassentönen erreicht werden. Tonhöhenklassentöne sind Töne, die weitestmöglich auf die reine Tonigkeit reduziert, d.h. um ihre lineare Dimension der Tonhöhe (Oktavidentität) bereinigt sind. Nur in speziell angelegten Experimenten mit unkomplexen, synthetischen Tönen läßt sich diese Quasi-Isolation der Tonhöhe tatsächlich wahrnehmbar vollziehen (zu dieser Thematik vgl. z.B. Deutsch 1994). Tonhöhenklassentöne besitzen zwar eine Klangfarbe, jedoch ist diese invariabel. Dennoch kann mit solchen Tönen eine Melodie gespielt, also Musik gemacht werden. Auch umgekehrt ist es möglich, potentiellen musikalischen Hörereignissen unter Zuhilfenahme entsprechender Algorithmen die Periodizität(en) zu nehmen, die eine Tonhöhen- oder Rhythmusempfindung bedingen würden, in diesem Falle handelt es sich bei dem resultierenden Hörereignis aber nicht mehr um Musik, sondern um ein Geräusch.

grund des Inhärenzprinzips als musikalische Gestalten (vgl. 2.4) wahrgenommen werden, entstehen hauptsächlich neue Bedeutungen, meistens emotionaler Art, eben musikalische Bedeutungen im engeren Sinne. Darüber hinaus können nun die autonomen nicht-musikalischen Bedeutungen und die musikalisch-strukturellen Bedeutungen nicht nur nebeneinander bestehen, sondern sich auch überlagern, verändern, ersetzen oder komplex interagieren, was wiederum zu völlig neuen Bedeutungen oder Metabedeutungen führt. Die allgemeine Diskussion um Faktoren, die musikalische Semantik bedingen sollen, ist offensichtlich prekär und soll hier nicht weiter zu vertiefen versucht werden. Wichtig ist für die in dieser Arbeit behandelte Thematik, daß Klangfarbe kein *selbständiger* Träger *musikalischer* Bedeutung ist, sondern ein *strukturabhängiger*. Klangfarbe ist allenfalls *selbständiger* Träger *außermusikalischer* Bedeutung (und selbst dies nicht unbedingt).

Über das spezielle Verhältnis von Klang und musikalisch-strukturellen Komponenten hinaus muß grundsätzlich festgestellt werden, daß Tonhöhe, zeitlicher Ablauf und Klangfarbe verschiedene Dimensionen der Wahrnehmung darstellen; Melodik, Harmonik, Rhythmik und Klangfarbe sind also *inkommensurabel*: In derselben Weise, wie nicht gesagt werden kann, ob etwa ein Ton rauher ist als hoch, kann auch nicht gesagt werden, ob Klangfarbe für die Wirkung von Musik bedeutsamer ist als Melodik (oder Rhythmik bedeutsamer als Harmonik).[2] Ein quantitativer Vergleich der verschiedenen Einflußgrößen (soweit sie überhaupt extrahierbar sind) – und dazu gehört auch das Erstellen von Rangfolgen – ist nicht möglich.

Die hier am Beispiel des verbreiteten Beurteilungsmerkmals *Klangfarbe* verdeutlichten Prinzipien *Inhärenz* und *Inkommensurabilität* gelten – mit wenigen Ausnahmen bezüglich künstlich erzeugter, in der Musik selten verwendeter Schalle (z.B. reiner Sinustöne) – weitestgehend für sämtliche Merkmale, die klangliche Qualitäten beschreiben, etwa die Lautstärke oder die Lokalisation (vgl. 2.1.2), also für die Eigenschaft ‚Sound' schlechthin.

Die betrachteten Aspekte *Inhärenz* und *Inkommensurabilität* sind bei der Bewertung von Aussagen zum Thema *Klang* hilfreich. So muß die in der Literatur zu Popmusik häufig getroffene Aussage, der Komponente *Sound* komme für die Wahrnehmung eine höhere Bedeutung zu als den musikalisch-strukturellen Komponenten Melodik, Harmonik und Rhythmik, als unsinnig bezeichnet werden.[3] Dabei verleitet die Definition von ‚Sound' durch Technologie oder Elektronik ohne nähere Spezifizierung dazu, denselben als musikalisch-strukturell zu begreifen, denn durch Musiktechnologie können neben rein klanglichen Veränderungen (z.B. durch Equalisierung) natürlich auch musikalisch-strukturelle Eingriffe vorgenommen werden (etwa durch das Samplen und Zusammenfügen von Tönen oder Harmonien). Verständlich erscheint dagegen der Versuch, den Klang modellhaft als etwas Äußeres, Umhüllendes zu veranschaulichen (vgl. S.12); in ihm spiegelt sich das

---

[2] Zwar kann sicherlich eine Einschätzung der Bedeutsamkeit beider Einflußgrößen vorgenommen werden, obgleich diesbezüglich große interindividuelle Unterschiede bestehen dürften (so wird einem Hörer, dem ein Transistorradio genügt, die Klangfarbe in der Regel unbedeutender erscheinen als einem Käufer audiophiler Wiedergabegeräte). Diese subjektive Bedeutsamkeit bezieht sich jedoch nicht auf die unspezifischen Einflußgrößen, sondern auf ihre *Ausprägungen*: Der Käufer audiophiler Wiedergabegeräte erwartet nicht mehr Klangfarbe, sondern ganz bestimmte Klangfarben, die er z.B. als naturgetreu bezeichnen mag.
[3] Gemeint ist wohl, daß die klanglichen Qualitäten von Popmusik andere *Ausprägungen* aufweisen als die von traditioneller Kunstmusik und diese zudem *stärker variieren*.

Prinzip der Inhärenz. Neben der von Boss (1995) experimentell ermittelten Untrennbarkeit des Komplexes von Aufführung und Klang (vgl. Zitat auf S.8) kann auch die Feststellung Rösings, die Klangfarbenwahrnehmung sei „deutlich kontextabhängig und kontextbezogen" (Deutsch et al. 1996, Sp.155) in diesem Sinne interpretiert werden: Der „Kontext" ist zunächst die musikalische Struktur, der die Klangfarbe zueigen ist – ungeachtet der Existenz eines ferneren ‚echten' Kontextes, an dem die Klangfarbenwahrnehmung ggf. relativiert wird. Indem Klangfarbe in der Musik keinen selbständigen, sondern einen strukturabhängigen musikalischen Bedeutungsträger darstellt, wird eine einigermaßen konsistente Klangfarbensemantik nicht ermittelbar sein. Dies zeigen bereits die bisherigen dahingehenden Forschungsbemühungen insoweit, als sie stark konzeptabhängige Ergebnisse lieferten (vgl. 1.2.1). Hier sei die Prognose gewagt, daß, sofern überhaupt Beziehungen zwischen Reiz und Reaktion annähernd im Sinne der Konstanzannahme bestimmbar sein werden, diese nur zwischen dem *komplexen* musikalischen und psychologischen Merkmalsraum hergestellt werden können, d.h. unter Einbeziehung auch der strukturellen Einflußgrößen; von den im Zusammenhang mit ihrer Ermittlung zu erwartenden beträchtlichen methodischen Schwierigkeiten einmal abgesehen.

Aus den angestellten Überlegungen ergeben sich weiterhin Folgerungen für die vorliegende Untersuchung: Wahrscheinlich kann ein Verständnis klanglicher Qualitäten in der Musik nur unter dem Gesichtspunkt ihrer Unselbständigkeit erfolgen. Klang stellt hier also, entgegen einer verbreiteten Auffassung, keinen Selbstzweck dar. Eine experimentell-empirische Untersuchung der Wirkung der Einflußgröße *Klang* sollte zur Maximierung der externen Validität somit nicht anhand von kurzen Musikausschnitten oder künstlichen Stimuli, sondern anhand natürlicher, vollständiger Musikstücke erfolgen. Aus dem gleichen Grunde müssen bei der Spezifizierung von Effekten, sofern diese von externer Validität sein soll, stilistisch divergierende Musikstücke Verwendung finden, um die Abhängigkeit der Klangbeurteilung von der musikalischen Struktur wenigstens ansatzweise zu relativieren. Aufschlußreich wird vor allem eine Untersuchung derjenigen Integrationsebene von Klang sein, die am engsten mit dem musikalischen Funktionsgefüge verzahnt ist. Es ist dies die Ebene der Klanggestaltung (vgl. 2.1.2). Schließlich bringt das Prinzip der Inhärenz die methodische Einschränkung mit sich, daß die unabhängigen Variablen *Klanggestaltung* und *Stil (Musikstück)* nicht in ein streng hierarchisches Versuchsdesign integrierbar sind: Letztere Variable kann nicht unter Konstanthaltung ersterer variiert werden (vgl. 7.2.2).

2.1.2 Zur Terminologie

Wie unter 1.2 deutlich wurde, kann in der Klangästhetik nicht auf einhellig definierte Termini zurückgegriffen werden. Im folgenden werden daher die Begriffe *Klang*, *Sound*, *Klangfarbe*, *Klangbild* und *Klanggestaltung* hinsichtlich ihrer ggf. bestehenden Bedeutungen untersucht und eingegrenzt. Die Begriffsbestimmungen folgen der unter 2.1.1 getroffenen Unterscheidung zwischen der musikalisch-strukturellen und der klanglichen Ebene und bilden die terminologische Grundlage der vorliegenden Arbeit; sie sind auch als Vorschläge im Hinblick auf weitere klangästhetische Betrachtungen oder Untersuchungen zu verstehen.

Klang

Der Begriff *Klang* ist denkbar weit gefaßt. Er erstreckt sich von der klangfarblichen Ebene („heller Klang") bis zur Ebene sprachinhaltlicher Interpretation („das klingt ja, als meinte er ..."). Es können wenigstens vier musikalisch relevante Bedeutungen von Klang unterschieden werden:

1. Antwort auf die Frage „*Was* klingt?"
   a) Im nicht-musikalisch-strukturellen Bereich der auditiven Objekterkennung kann der Begriff *Klang* gebraucht werden, um die Existenz von Hörereignissen zu beschreiben bzw. die sie auslösende Schallquelle zu identifizieren (z.b. „Glockenklang"). Dieses Bedeutungsfeld ist auch im musikalischen Bereich von Belang; es wird hier hauptsächlich zur Verständigung unter Musikern verwendet. So kann Klang das Hörereignis bezeichnen, das etwa durch das Schlagen auf ein Vibraphon oder ein Tamtam ausgelöst wird. Klang kann hier im Plural verwendet werden (z.B. „beim Stimmen sind Klänge verschiedener Instrumente zu hören").
   b) Im Bereich der Beschreibung musikalischer Strukturen tritt Klang in einigen Komposita zur Bezeichnung einfacher Strukturelemente auf (z.B. „Dreiklang", „Mehrklang", „Zusammenklang"). Auch hier kann Klang im Plural verwendet werden (z.B. „ich höre verschiedene Dreiklänge").

2. Antwort auf die Frage „*Wie* klingt etwas?"
   a) Im nicht auf die musikalische Struktur bezugnehmenden Bereich beschreibt Klang die Qualitäten eines Hörereignisses bzw. einer Schallquelle (z.B. „der verzerrte Klang einer E-Gitarre"). Klang kann hier nicht sinnvoll in den Plural gesetzt werden (etwa „die E-Gitarren haben verzerrte Klänge", wohl aber: „beide E-Gitarren haben einen verzerrten Klang").
   b) Im Bereich der Beschreibung musikalischer Strukturen kann Klang die klanglichen Qualitäten musikalischer Funktionsgefüge bezeichnen (z.B. „der zweite Satz hat einen warmen Klang"). Auch hier kann Klang nicht in den Plural gesetzt werden (etwa „die zweiten Sätze haben warme Klänge").

Klang wird in der vorliegenden Arbeit nicht gemäß Bedeutung 1.b) gebraucht. Die Bedeutungen 1.a) und 2.a/b) sind grammatisch unterscheidbar. Zwischen 2.a) und 2.b) kann nach dem Kontext unterschieden werden.

Sound

Im deutschen Sprachgebrauch besitzt Sound eine ähnliche Bedeutung wie Klang, allerdings zum einen auf den Bereich populäre Musik begrenzt und zum anderen um die Charakterisierung bestimmter Stilistiken oder Gestaltungsmittel erweitert (vgl. 1.2.3, Punkt 1). Sound im engeren Sinne wird analog zu den obigen Bedeutungen für Klang 1.a), 2.a) und 2.b), nicht aber 1.b), verwendet. Um die beiden Termini voneinander abzugrenzen, wird der Begriff *Sound* im vorliegenden Falle – falls überhaupt bemüht – in seiner verbreitetsten Bedeutung im Sinne von Grundsound, also von Klang gemäß Bedeutung 1.a) (s.o.) verwendet. Demnach bezeichnet Sound ein zu einer bestimmten Schallquelle (Klangerzeuger bzw. Instrument) gehöriges Hörereignis und wird durch die Benennung derselben spezifiziert (z.B. „Tambourine").

Klangfarbe

Da in der Literatur zur klanglichen Charakterisierung einzelner Hörereignisse oft als einziges Merkmal die Klangfarbe herangezogen wird, sei hier ausdrücklich darauf hingewiesen, daß zu einer auch nur grundlegenden Beschreibung der klanglichen Qualität von Hörereignissen auch andere Dimensionen herangezogen werden müssen: *Lautstärke* bzw. (bei musikalischen Gestalten größerer zeitlicher Ausdehnung zusätzlich) *Dynamik, räumliche Ausdehnung, Position im Raum* (Lokalisation) und *Raumeindruck*[4]. (Diese Dimensionen sollen, sofern sie sich auf kleinteilige musikalische Gestalten beziehen, als differenziertklangliche Merkmale bezeichnet werden; vgl. 4.2.) Die Klangfarbe bildet also nur einen Teil klanglicher Eigenschaften. Gleichwohl beinhaltet sie mehrere Beurteilungsmerkmale. Die wichtigsten Merkmale der Klangfarbenwahrnehmung sind *Helligkeit* (z.B. *hell— dumpf*), *„Abgeschlossenheit"*[5] (durch Resonanzeffekte verursacht, z.B. *hohl, nasal*), und *Rauhigkeit* (z.B. *rauh—glatt*). Sie korrelieren bedingt mit verschiedenen physikalischen Schallmaßen oder Verbindungen von diesen.[6] In der vorliegenden Arbeit sind besonders diejenigen Merkmale von Interesse, auf die mit den studiotechnischen Mitteln der Klangbearbeitung Einfluß genommen werden kann. Die weitaus häufigste Einflußnahme erfolgt hierbei über den Verlauf des mittleren Frequenzspektrums auf das Merkmal *Helligkeit*. Expertenhörer differenzieren dieses Beurteilungsmerkmal weiter, indem sie den Verlauf des Frequenzspektrums durch die energetische Ausprägung verschiedener Frequenzbänder beschreiben, im einfachsten Fall die der Bässe, Mitten und Höhen. Die Beschreibung der Klangfarbe von Beurteilungsobjekten durch Expertenhörer erfolgt in der vorliegenden Arbeit unter Verwendung ebendieser Parameter.

Klangbild

Treten mehrere musikalische Hörereignisse in nicht-zufälliger Weise gleichzeitig auf, z.B. mehrere Instrumente in einem Musikstück, so konstituieren ihre mittleren klanglichen Eigenschaften ein Klangbild. Dieses Klangbild enthält neben der Information über die mittleren Klangeigenschaften jedes einzelnen Hörereignisses auch die Information über die mittleren *simultanen Verhältnisse* der Klangeigenschaften der einzelnen Hörereignisse, also etwa die Lautstärkeverhältnisse, die Lokalisationsverhältnisse (z.B. *Tiefenstaffelung*) und die klangfarblichen Verhältnisse. Verändern sich die Verhältnisse in der Zeit, so ist dies nur auf die musikalische Ausführung durch die Musiker zurückzuführen, d.h. die komplexe Klangbeeinflussung durch den Tonmeister bzw. Produzenten erfolgt einmalig durch die Festlegung der mittleren Verhältnisse der Klangeigenschaften und wird im Verlauf des Musikstücks nicht verändert; sie ist zeitlich konstant.[7] Dieses klangliche Bezie-

---

[4] Die klangliche Dimension *Raumeindruck* kann weiter in *Raumgröße, Halligkeit* und *Räumlichkeit* differenziert werden.
[5] Nitsche (1978), S.27.
[6] Vgl. ibid. sowie zum Merkmal Rauhigkeit im nichtmusikalischen Bereich Fastl (1997).
[7] Veranschaulicht werden die einmal eingestellten Bedienelemente des Mischpults während des Ablaufs der Musik nicht mehr bewegt.

hungsgefüge bildet die grundlegende Erscheinungsform des musikalischen Funktionsgefüges und darf daher nicht isoliert, sondern nur in Verbindung mit letzterem beurteilt werden. Wird der Wahrnehmungsfokus weiter vergrößert, kann das Klangbild als ein einziges musikalisch komplexes Hörereignis aufgefaßt werden, das durch dieselben Klangmerkmale beschrieben werden kann wie ein einzelnes musikalisch unkomplexes Hörereignis (z.B. durch *Klangfarbe* und *räumliche Ausdehnung*) sowie zusätzlich durch Merkmale, die auf die Gestalterkennung seiner Bestandteile Bezug nehmen, etwa *Transparenz* oder *Ausgewogenheit*. Diese Merkmale, die der Beschreibung des Ganzen dienen, sollen als globalklangliche Merkmale bezeichnet werden (vgl. auch 4.2 und 6.2.4). Auf der Integrationsebene des Klangbilds tritt im Unterschied zu der eines einzelnen Instruments in besonderem Maße die Verzahnung von musikalischer Struktur und klanglichen Eigenschaften zutage: Das Klangbild bildet quasi die perzeptive Statik des musikalischen Funktionsgefüges. Inwieweit diese Statik dem musikalischen Funktionsgefüge angemessen ist, entscheidet darüber, wie gut ein spezifisches musikalisches Funktionsgefüge erkannt werden kann und damit über die grundlegende Konsistenz, Stabilität und Plastizität des musikalischen Wahrnehmungserlebnisses.

Klanggestaltung

Kann das Klangbild als statisches Gefüge aufgefaßt werden, auf das – gleich einem Bild – in der zeitlichen Dimension (ungeachtet der bestehenden spieltechnischen Veränderungen) kein verändernder Einfluß genommen wird, so soll unter Klanggestaltung das sich mit der Zeit dynamisch verändernde Klangbild verstanden werden. Der Begriff soll dabei nicht nur den kreativen Vorgang sondern auch das klangliche Ergebnis bezeichnen. Über die im Klangbild enthaltenen Informationen hinaus enthält die Klanggestaltung also solche über die Einflußnahme auf die *zeitlichen Verhältnisse* der Klangeigenschaften der einzelnen Hörereignisse sowie solche über die Einflußnahme auf die *zeitlichen Verhältnisse der simultanen Verhältnisse* der Klangeigenschaften der einzelnen Hörereignisse. Die Veränderungen der Verhältnisse in der Zeit sind nicht nur auf die musikalische Ausführung durch die Musiker zurückzuführen, sondern auch auf die gezielten klanglichen Eingriffe im Verlauf des Musikstücks, d.h. die komplexe Klangbeeinflussung ist zeitlich variabel. Indem die Klanggestaltung sowohl die vertikale als auch die horizontale Dimension klanglich kontrolliert, also sowohl die perzeptive Statik als auch die perzeptive Dynamik des musikalischen Funktionsgefüges, sind auf dieser Integrationsebene musikalische Struktur und klangliche Erscheinungsform am engsten miteinander verzahnt: Klanggestalterische Einflußnahme wird am ehesten musikalischen Prinzipien folgen müssen, die Einflußnahme etwa auf die Klangeigenschaften eines isolierten, kurzen musikalischen Hörereignisses hingegen am wenigsten. Für die Beschreibung der musikalischen Bezugnahme einer Klanggestaltung stehen eigene Beurteilungsmerkmale zur Verfügung, z.B. *Rhythmusorientiertheit*, *Musikalität*, *Stilechtheit*, die als musikalisch-klangliche Merkmale bezeichnet werden sollen (vgl. auch 4.2 und 6.2.4).

Für einige einschlägige, eindeutige Begriffe sind im deutschen Sprachgebrauch mehrere (auch die englischen) Bezeichnungen üblich. Infolge der historisch in Deutschland verankerten Entwicklung und Lehre der Musikübertragung existieren für die meisten diesbezüglichen Gegebenheiten jedoch deutsche Bezeichnungen, so daß nicht auf englische Termini zurückgegriffen werden muß. Folgende Begriffe werden hier synonym verwendet: Mischung≡Abmischung≡Mix,[8] Pegelsteller≡Fader, Entzerrer≡Equalizer, Stummschaltung≡Mute. Auch die Berufsbezeichnungen Tonmeister und Produzent werden in der vorliegenden Untersuchung in demselben Sinne gebraucht, wenngleich nach Culshaw (1980) der Tonmeister die Tätigkeitsbereiche des künstlerischen Produzenten und des Balance-Engineers abdeckt.

2.2 *Produktionsschritte von Popmusik*

Die Definition unspezifischer klanglicher Qualitäten erfolgt meist über technische Mittel, Personen und Produktionsschritte (vgl. 2.1.1). Wie diese Ebenen im zeitlichen Ablauf einer Popmusikproduktion zusammenhängen, zeigt Tabelle 1.[9] Da die in Frage kommenden technischen Mittel weitestgehend durch die technischen Produktionsschritte determiniert und zudem sehr umfangreich sind, wurden sie in der Aufstellung nicht im einzelnen berücksichtigt, sondern nur grob kategorisiert dargestellt (drittletzte Zeile). In Tabelle 1 sind außerdem diejenigen Integrationsebenen bzw. Aspekte aufgeführt, die Ziel der klanglichen Beeinflussung sind, sowie die Verknüpfung der unabhängigen Variable *Klanggestaltung* mit den Produktionsschritten.[10]

Der Produktionsprozeß läßt sich grob in vier Abschnitte einteilen. Hinsichtlich der Übergänge zwischen dem ersten und zweiten sowie dem zweiten und dritten Abschnitt stimmen musikalische und technische Gliederung überein. Der erste Abschnitt stellt die Kompositionsphase einschließlich der Instrumentation dar. Klangliche Einflußnahme geschieht hier durch die Fixierung einer grundlegenden Klangvorstellung durch die Auswahl von Instrumentalsounds. Durch diese Auswahl wird naturgemäß der mit Abstand größte Einfluß auf die klanglichen Charakteristika der Sounds während des Produktionsprozesses genommen.

---

[8] Im Gegensatz zur im vorliegenden Fall synonymen Verwendungsweise differenziert Schlemm (1997) semantisch zwischen Mischung und Abmischung. Demnach kann unter Mischung der gleichzeitig mit der Aufführung durchgeführte Mischvorgang und unter Abmischung der zeitlich verzögerte, auf einer Mehrspuraufzeichnung basierende Mischvorgang verstanden werden.
[9] Der dargestellte Ablauf ist nicht als starres Gefüge, sondern als Modell zu verstehen: In der Produktionspraxis sind durchaus Überlappungen oder Verschiebungen von Tätigkeitsbereichen oder Arbeitsschritten möglich. Beispielsweise werden häufig schon während der musikalischen Arbeitsschritte *Komposition* und *Instrumentation* provisorische oder gar sukzessiv endgültige Abmischungen angefertigt, um die Wirkung musikalischer Gestalten oder ausgewählter Sounds im klanglichen und musikalischen Verbund überprüfen und gegebenenfalls korrigieren zu können. Des weiteren setzt die Trennung von Aufnahme und Abmischung die Anwendung des Mehrspurverfahrens voraus; diese kann jedoch in der Popmusikproduktion als Standard angesehen werden.
[10] Weitere Parameter der Klangbeeinflussung werden im Reproduktionsprozeß wirksam. Die wichtigsten davon sind die Übertragungseigenschaften der Abspielanlage (insbesondere der Lautsprecher), die akustischen Eigenschaften des Abhörraumes (inklusive etwaige Störgeräusche) und die Positionen der Lautsprecher und des Hörers zueinander. Von diesen Faktoren beeinflußt werden – gewisse übertragungsqualitative Mindeststandards vorausgesetzt (z.B. ‚HiFi') – hauptsächlich die global-klanglichen Merkmale; das ein Klangbild bzw. eine Klanggestaltung ergebende gewichtungsmäßige Verhältnis musikalischer Gestalten zueinander ist davon wenig betroffen, allenfalls in den Außenbereichen des Frequenzspektrums (daher sollte eine erfolgsorientierte Popmusikproduktion hinsichtlich ihrer musikalischen Wirkung nicht von den äußeren Oktaven abhängen; vgl. Moulton 1990).

Produktionsablauf

Personen, Arbeitsschritte und Klangbeeinflussung in zeitlicher Abfolge und experimentelle Variation

Komponist							
Arrangeur (optional)							
Musiker							
Produzent/ Tonmeister							
Toningenieur (optional)							
Musikalische Arbeitsschritte	Idee/Komposition	Instrumentation/ Arrangement	Einspielung	Herausarbeiten oder Einarbeiten musikalischer Gestalten		mediale Anpassung	
Technische Arbeitsschritte	Notenfixierung (schriftlich o. elektronisch)		Aufnahme	Abmischung	Nachbearbeitung	Mastering	Endfertigung
Klangliche Einflußnahme durch	Klangvorstellung		Klangerzeugung	Klangbearbeitung		Klangübertragung	
Integrationsebene/ Klanglicher Aspekt	Klanggerüst Musikalische Funktionen und klangliche Grundstruktur der Teile		Einzelklänge Klangeigenschaften der Teile: differenziert-klangliche Merkmale	Klanggestaltung Musikalisches und klangliches Zusammen- und Wechselwirken der Teile: differenziert-klangliche, musikalisch-klangliche und global-klangliche Merkmale		Klangqualität Klangeigenschaften des Ganzen: global-klangliche Merkmale	
Abschnitt/ Experimentelle Variation	1		2	3 Unabhängige Variable *Klanggestaltung*		4	

Tabelle 1

Im zweiten Abschnitt erfolgt die Einspielung der Sounds (live oder durch MIDI-Programmierung in Verbindung mit Sampling)[11]. Besonderes Augenmerk liegt hierbei auf der Fehlervermeidung, der Ausführungspräzision hinsichtlich ‚Timing' und Intonation, dem individuell-interpretatorischen Aspekt (besonders bei akustischen Instrumenten und Gesang) sowie den Klangeigenschaften, welche durch Spieltechniken, Instrumental-Equipment und Aufnahmeverfahren beeinflußt werden können. Die künstlerische Kontrolle der vier Parameter muß zwar bereits im Hinblick auf das klangliche und musikalische Gesamtgefüge erfolgen; gerade die Einflußnahme auf die Klangeigenschaften der Sounds durch das Aufnahmeverfahren ist aber vor allem an dem pragmatischen Gesichtspunkt der größtmöglichen klanglichen Variabilität in der nachfolgenden Abmischung ausgerichtet. So werden die Sounds (wenn nicht elektronisch durch Synthesizer, Sampler u.ä. erzeugt, wie heute überwiegend der Fall) in der Regel trocken aufgezeichnet, da Reflexionen oder Diffushall im Rahmen der Abmischung zwar hinzugefügt, aber kaum mehr aus einem aufgezeichneten Signal entfernt werden können (vgl. hierzu 2.3). Generell zielt die in der Popmusik fast ausschließlich angewendete[12] Einzel- oder Polymikrofonie[13] in Verbindung mit Mehrspuraufzeichnung und Playbackverfahren unter anderem darauf ab, die Möglichkeiten der Klangbeeinflussung auf den Produktionsschritt der Abmischung zu konzentrieren:[14] Die Sounds sollen dort nicht nur unabhängig vom Aufnahmeraum, sondern auch unabhängig voneinander in ihren klanglichen Eigenschaften bearbeitet werden können.[15]

---

[11] Zur hauptsächlich computergestützten Klangerzeugung, Zusammenstellung und zeitgenauen Festlegung musikalischer Hörereignisse vgl. Bickel (1992).
[12] Vgl. Schlemm (1997).
[13] Das Verfahren der Polymikrofonie impliziert Nahabnahme.
[14] Vgl. Zehner (1997a).
[15] Die mit derartigen Aufnahmeverfahren verbundenen klangästhetischen Unzulänglichkeiten werden zugunsten des genannten Vorteils in der Regel in Kauf genommen, zumal Situationen, in denen sich diese be-

In den ersten beiden Abschnitten erfolgt noch keine konkrete Klanggestaltung im unter 2.1.2 definierten Sinne, sie bilden in den Experimenten eine Konstante.

Mit dem dritten Abschnitt beginnt eine Phase, die als Postproduktion bezeichnet werden kann.[16] Die weitestgehend als getrennte Aufzeichnungen auf dem Mehrspurmedium vorliegenden, meist nur auf je einem Sound basierenden Einzelstimmen werden zeitlich synchron dem Mischpult zugeführt und dort in der Regel ohne Vormischung auf das Endformat (zumeist Stereo) zusammengemischt. Während dieses Vorgangs kann der klangliche Einfluß ausgeübt werden, der hier als Klanggestaltung bezeichnet wird: Indem die Einzelstimmen gemeinsam gehört, aber getrennt voneinander bearbeitet werden können, sind neben den Klangeigenschaften der einzelnen Sounds auch die oben beschriebenen simultanen und zeitlichen Verhältnisse der Klangeigenschaften gezielt veränderbar. Die im Verlauf der Aufnahme festgelegten Klangeigenschaften einzelner Sounds können dabei in gewissen Grenzen überschrieben bzw. korrigiert werden, vorausgesetzt, sie wurden trocken, sauber, spektral vollständig und voneinander getrennt aufgenommen.[17] Für die Klanggestaltung stehen zahlreiche technische Mittel zur Verfügung (vgl. 2.3). Diese Mittel ermöglichen nicht nur eine zeitkontinuierliche Beeinflussung klanglicher Eigenschaften, sondern auch Eingriffe in die musikalische Struktur, etwa durch das Stummschalten kurzer Hörereignisse, längerer Passagen und ganzer Stimmen, das Erzeugen von neuen Rhythmen durch die Verwendung von Delaygeräten bzw. -programmen oder das Ändern von Tonhöhen. Zum Teil dem dritten Abschnitt kann auch der technische Arbeitsschritt der klanglichen Nachbearbeitung zugerechnet werden. Die Durchführung einer Nachbearbeitung[18], welche aus hörpsychologischen Gründen oft erst nach einem gewissen zeitlichen Abstand zu der Abmischung oder durch eine andere Person erfolgt, ist zwar prinzipiell optional, heute aber die Regel. Dabei werden die Klangeigenschaften der fertigen, im Endformat (zumeist Stereo) vorliegenden Abmischung nochmals verändert. Dies geschieht erstens unter dem Gesichtspunkt geringfügiger Korrekturen der in der Abmischung festgelegten klanglichen Verhältnisse (soweit im Signalgemisch noch möglich), zweitens unter dem Gesichtspunkt der Gestaltung bzw. Korrektur der globalen klanglichen Erscheinungsform des Musikstücks und drittens unter dem Gesichtspunkt der Unzulänglichkeiten der medialen Übertragungskette, der anzunehmenden Abhörsituationen der Verbraucher und den Erfordernissen einer Werbewirkung des Produkts in der Konkurrenzsituation mit anderen Popmusikproduktionen (vgl. 2.4). Gelegentlich werden auch während dieses Arbeitsschritts noch musikalisch-strukturelle Eingriffe vorgenommen (z.B. durch das Herausschneiden eines Formteils); Hauptaugenmerk liegt jedoch auf dem ‚letzten Schliff'. Der dritte Abschnitt beinhaltet die Einflußnahme *Klanggestaltung* und bildet daher in den

---

merkbar machen, im popmusikalischen Bereich selten auftreten. (Beispielsweise ist die reflexionsfreie Nahabnahme von Streichinstrumenten oder von Schallquellen, die später mit großem Abstand zum Hörer erscheinen sollen, im klanglichen Ergebnis problematisch.)

[16] In der Musikproduktion wird gelegentlich erst die Nachbearbeitung als Beginn der Postproduktion angesehen.

[17] Eine Änderung klanglicher Grundstrukturen, also der Strukturen, die eine Objekterkennung ermöglichen und durch die Instrumentation festgelegt wurden, ist ohne das Auftreten von Artefakten nicht möglich: So kann ein Streicherklang zwar bis zur Unkenntlichkeit verfremdet, nicht aber in einen Blechbläserklang umgewandelt werden. Ein solcher Austausch ist nur durch die partielle Wiederholung des Arbeitsschritts Einspielung/Aufnahme möglich bzw. in speziellen Fällen durch das Antriggern von Samples.

[18] Die Nachbearbeitung wird häufig unter den Arbeitsschritt des Masterings subsumiert, hier aber als eigenständiger Arbeitsschritt betrachtet, da im Rahmen der vorliegenden Untersuchung nur der klangliche Aspekt von Belang ist.

Experimenten die unabhängige Variable. Im Hinblick auf den uneindeutigen Übergang vom dritten zum vierten Abschnitt erfolgt die Abgrenzung auf der Ebene der technischen Arbeitsschritte, da sie im Gegensatz zu den musikalischen Arbeitsschritten abgeschlossene und genau zu definierende Einheiten bilden. Der technische Arbeitsschritt der Nachbearbeitung überschneidet sich zwar mit dem klanglichen Aspekt der Klangqualität; da die Nachbearbeitung aber teilweise zur Klanggestaltung im obigen Sinne beiträgt, indem sie eine Abmischung ‚abrundet', überwiegend nach musikalischen und hörpsychologischen Kriterien vorgenommen wird und die zu ihrer Durchführung eingesetzten technischen Mittel weitgehend den in der Abmischung verwendbaren Mitteln entsprechen (Kompression, Equalisation usw.), wird die Definition der unabhängigen Variable *Klanggestaltung* an die beiden technischen Arbeitsschritte *Abmischung* und *Nachbearbeitung* geknüpft. Sie werden in den Experimenten als eine Einheit betrachtet. Daß im Rahmen dieser Produktionsschritte auch gewisse strukturelle Eingriffe in das musikalische Material vorgenommen werden können (s.o.), wird zugunsten der Einfachheit, Klarheit und Nachvollziehbarkeit dieser Eingrenzung in Kauf genommen: Detaillierte Vorgaben, welche im Rahmen einer Abmischung üblichen Maßnahmen nicht zum Untersuchungsgegenstand gehören, erscheinen im Hinblick auf die experimentelle Umsetzung unpraktikabel.

Im vierten Abschnitt wird das akustische Material keinen künstlerisch motivierten Eingriffen mehr unterzogen. Alle Bemühungen des Masterings und der Endfertigung von Tonträgern konzentrieren sich auf die Erhaltung der Signalqualität (d.h. im hörbaren Bereich auf die Vermeidung von Artefakten wie Clicks und dergleichen) und übertragungstechnische Notwendigkeiten (z.B. PQ-Encoding, Einhaltung von Toleranzen). Der vierte Abschnitt des Produktionsprozesses ist daher für die vorliegende Untersuchung irrelevant.

2.3 Klanggestalterische Mittel in Abmischung und Nachbearbeitung

Der durch die Produktionsschritte *Abmischung* und *Nachbearbeitung* repräsentierten Klanggestaltung kommt sowohl im Hinblick auf ihre Verzahnung mit dem musikalischen Funktionsgefüge als auch im Hinblick auf die Konzentration von Möglichkeiten klanglicher Einflußnahme im Produktionsprozeß eine besondere Bedeutung zu. Aber welche technischen Mittel stehen in Abmischung und Nachbearbeitung für die Klanggestaltung zur Verfügung und welche Dimensionen der Klangwahrnehmung können durch diese Mittel beeinflußt werden?

Die für die Klanggestaltung zur Verfügung stehenden Mittel sind technische Mittel und beeinflussen die Verlaufsform des elektrischen Signals, das eine akustische Schwingung, ein Schallereignis, repräsentiert. Es wurde erwähnt, daß zwischen einfachen Kenngrößen der Signalverlaufsform und den resultierenden Klangeindrücken nur bedingt Zusammenhänge bestehen.[19] Es ist also zwischen einem technischen und einem perzeptiven Klassifikationsprinzip zu unterscheiden; beide Prinzipien sind infolge komplexer Wechselwirkungen inkongruent: So kann die Veränderung eines technischen Parameters (z.B. *Frequenz-*

---

[19] Vgl. Nitsche (1978).

spektrum) die Veränderung der Ausprägung mehrerer Klangmerkmale zur Folge haben (z.B. *Klangfarbe, Lautheit, Entfernungseindruck*), oder zur Veränderung der Ausprägung eines Klangmerkmals (z.B. *Entfernungseindruck*) müssen mehrere technische Parameter verändert werden (*Pegel, Frequenzspektrum, D/R-Verhältnis*[20]). Lediglich wenige grundlegende Wahrnehmungsgrößen wie z.b. die Lautstärke können quasi-deterministisch auf Kenngrößen der Signalverlaufsform zurückgeführt werden; diesbezüglich sei auf die entsprechende psychoakustische Grundlagenforschung verwiesen. Obwohl sich die Ausprägung komplexer klangästhetischer Beurteilungsmerkmale (z.B. *Durchsichtigkeit*) einer direkten Vorhersage durch einfache Kenngrößen der Signalverlaufsform entzieht, kann eine zielgerichtete Klanggestaltung nur in Kenntnis der psychoakustischen Zusammenhänge vorgenommen werden, denn der komplexe Klangeindruck basiert natürlich auf den grundlegenden Wahrnehmungsgrößen, deren Ausprägungen über die Signalverlaufsform variiert werden. Zum besseren Verständnis der zur Variation der Klanggestaltung von Popmusik eingesetzten ‚Werkzeuge' werden im folgenden die wichtigsten technischen Mittel der Signalbeeinflussung und die durch diese mehr oder weniger veränderbaren grundlegenden Wahrnehmungsgrößen ohne weitere technische Vertiefung und Berücksichtigung der oben erwähnten komplexen Wechselwirkungen skizziert.[21] Dabei erfolgt die Gliederung wegen größerer Eindeutigkeit anhand der technischen Mittel. Diese können nach physikalisch-technischen Gesichtspunkten klassifiziert werden. Eine grundlegende Klassifikation besteht in der Unterscheidung zwischen Mitteln der nicht-additiven und Mitteln der additiven Klangbearbeitung. Einen nach Dimensionen der Klangwahrnehmung gegliederten Überblick gibt Tabelle 2 (vgl. S.40).

2.3.1 Nicht-additive Klangbearbeitung

In der Kategorie der nicht-additiven Klangbearbeitung sollen diejenigen Mittel zusammengefaßt werden, die Einfluß auf die Verlaufsform des Nutzsignals nehmen, ohne seine grundlegende Struktur zu verändern. Derartige Mittel vergrößern den Zeit- oder Frequenzbereich des Nutzsignals nicht,[22] die durch ihren Einsatz bedingte Signalveränderung ist in gewissen Grenzen reversibel. Dementsprechend werden diese Mittel direkt in den Signalweg eingeschliffen (Insert-Betrieb). Zwar können prinzipiell auch veränderte Signale einem bestehenden Originalsignal addiert werden (Zumischung), dies ist aber nicht sinnvoll, denn dasselbe Ergebnis wäre durch eine geringere Veränderung des ursprünglichen Signals erreichbar. Zu den Mitteln der nicht-additiven Klangbearbeitung gehören Geräte, die Pegelveränderungen und lineare Verzerrungen ermöglichen, also die Stummschaltung (wenngleich hier die Reversibilität nicht gegeben ist), der Pegelsteller, der Regelverstärker, der Panoramaregler, der Richtungsmischer, das Filter und der Equalizer.

---

[20] Verhältnis von direktem und reflektiertem Schall.
[21] Detaillierte Darstellungen der hörakustischen Wahrnehmung und der Funktionsweise studiotechnischer Geräte finden sich bei Dickreiter (1997a, 1997b) und Webers (1999). Für einen eher musikästhetisch orientierten Überblick vgl. außerdem z.B. Enders (1997) und Wicke et al. (1997) sowie für anwendungs- und produktbezogene Beiträge die Fachmagazine für Musikelektronik.
[22] Von Phasenverschiebungen abgesehen.

Pegelveränderung

- Stummschaltung: Stummschaltungen oder Mutes werden mit Schaltern oder Tastern am Mischpult ausgeführt und stellen den einfachsten und zugleich wirksamsten Eingriff im Rahmen einer Abmischung dar: Die Signale einzelner Spuren können temporär abgeschaltet und damit unhörbar gemacht werden (Pegel L=-∞). Meistens werden Stummschaltungen in Spielpausen eingesetzt, um während dieser Zeit auftretende unerwünschte Nebengeräusche zu eliminieren. Ein derartiger Einsatz betrifft weniger die Klangästhetik, sondern vielmehr einen Teil der technischen Klangqualität einer Produktion, die Störgeräuschfreiheit. Mit diesem Gestaltungsmittel kann aber auch Einfluß auf die musikalische Struktur genommen werden: Durch das Stummschalten nahezu beliebig klein- oder großteiliger musikalischer Gestalten können Bestandteile eines Musikstücks entfernt werden, die das kompositorische Gefüge maßgeblich konstituieren, was im allgemeinen eine gravierende Änderung des musikalischen Gestus, des Grundcharakters, und/oder des Assoziationspotentials des Musikstücks zur Folge hat. Bei der Stummschaltung handelt es sich um ein im musikalisch-materialen Sinne – nicht jedoch im ästhetischen oder strukturellen Sinne – rein dekonstruktives Mittel.
- Pegelsteller: Auf die empfundene Lautstärke einer Instrumental- oder Gesangsstimme wird in der Musikübertragung gezielt über die Signalamplitude Einfluß genommen, welche mit dem am Mischpult als Flachbahnregler ausgeführten Pegelsteller vergrößert oder verkleinert wird. Die mittlere Lautstärkeempfindung hängt außerdem von der Dauer des Schallereignisses, seinem Frequenzspektrum, seiner Dynamik sowie von Verdeckungseffekten ab, die bei gleichzeitiger Wahrnehmung mehrerer Hörereignisse auftreten. Während der klanggestalterischen Arbeit verändern sich die Ausprägungen der drei letztgenannten Einflußgrößen in der Regel und müssen durch Pegeländerung kompensiert werden, sofern die empfundenen Lautstärkeverhältnisse unverändert bleiben sollen. Neben der mittleren empfundenen Lautstärke wird durch zeitliche Pegelveränderungen weiterhin die mittel- und langfristige technische, sowie geringfügig die empfundene musikalische Dynamik kontrolliert.[23] Der relative Pegel wirkt sich außerdem auf die Tiefenlokalisation (Entfernungswahrnehmung) aus.
- Regelverstärker: Regelverstärker sind selbsttätig arbeitende Verstärker, die in Abhängigkeit von der Spannung des Eingangssignals ihren Verstärkungsfaktor ändern, entweder gleichsinnig (man spricht dann von Expandern) oder gegensinnig (Kompressoren). Einstellbar sind neben der Ansprechschwelle (threshold) und dem Kompressionsverhältnis (ratio) bzw. dem Expansionsverhältnis (ratio, range) auch die Reaktionszeit (attack time) und die Abklingzeit (release time). Werden bestimmte, extreme Einstellungen gewählt, wird der Expander als Gate (Tor) und der Kompressor als Limiter (Begrenzer) bezeichnet. Expander dienen der Vergrößerung, Kompressoren der Verringerung der technischen Dynamik, welche nicht mit der musikalischen Dynamik bzw. Spieldynamik zu verwechseln ist.[23] Expander werden hauptsächlich zur Störgeräuschunterdrückung in Spielpausen eingesetzt, Kompressoren eher mit klangästhetischer Zielsetzung: Sie ermöglichen infolge der kurzen Reaktionszeit eine kurzfristige Glättung von Pegelunterschieden, die durch eine Pegelregelung per Hand nicht mög-

---

[23] Zur Unterscheidung zwischen technischer und musikalischer Dynamik vgl. Dickreiter (1997a). Vgl. auch 10.3.7.

lich wäre, oder gar eine klangliche Verdichtung von Sounds.[24] Dabei verursacht der Reaktionsvorgang des Regelverstärkers allerdings (zum Teil hörbare) Artefakte in Form nichtlinearer Verzerrungen des Nutzsignals, welche jedoch in der popmusikalischen Klangästhetik nicht unbedingt unerwünscht sein müssen. Bei perkussiven Sounds kann unter Umständen gezielt Einfluß auf die empfundene Härte des Klangeinsatzes genommen werden. Regelverstärker sind entweder als Peripherie-Geräte ausgeführt oder in die Kanalzüge des Mischpults integriert (zumeist als Expander/Kompressor-Paar). Der den Verstärkungsfaktor steuernde Zweig (Sidechain), dem in der Regel das zu komprimierende Nutzsignal zugeführt wird, kann auch getrennt angesteuert werden, z.B. durch ein spektral stark verändertes Nutzsignal (meist bei Kompressoren angewandt, wodurch sich eine frequenzabhängige Dynamikeinengung ergibt, z.B. die als De-Essing bezeichnete Unterdrückung von Zischlauten bei Gesang), durch das früher eintreffende Signal eines Kontaktmikrofons (dies ermöglicht z.B. das rechtzeitige und damit für das Nutzsignal verlustfreie Öffnen von Gates bei der Übertragung von Trommeln) oder durch völlig andere Signale, z.B. perkussivere Sounds (meist in Verbindung mit Gates angewandt, so daß z.B. ein durchgehender Klang nur während der Präsenz eines Drum-Sounds hörbar ist, also synchron zu letzterem ‚zerhackt' wird). Eine hauptsächlich im Produktionsschritt der Nachbearbeitung eingesetzte Variante von Regelverstärkern ist die Multibandkompression, welche nicht mit der frequenzabhängigen Kompression (s.o.) zu verwechseln ist. Erstere wird durch die getrennte Dynamikkompression dreier oder mehrerer Frequenzbereiche (Bänder) erzeugt. Das ursprüngliche Signal wird hierzu vor der Kompression in wählbare Frequenzbereiche aufgeteilt und nach der Kompression wieder zusammengeführt. Die Multibandkompression wird haupsächlich zur Programmverdichtung und Lautheitserhöhung eingesetzt und ist bei stärkerem Einsatz mit hörbaren Artefakten verbunden (vgl. 10.3.8 sowie Kapitel 12).

- Panoramaregler: Mit dem Panoramaregler wird bestimmt, welche Pegeldifferenz ein ursprünglich monophones Signal zwischen den beiden Stereokanälen aufweist, auf die es gemischt wird, also mit welcher Gewichtung es auf diese verteilt wird. Diese Pegeldifferenzen beeinflussen die horizontale Lokalisation einer wahrgenommenen sogenannten Phantomschallquelle auf der Lautsprecherbasis[25].[26] Die Verteilung der horizontalen Positionen von Phantomschallquellen wirkt sich auf die Korrelation des Stereosignals und die wahrgenommene Abbildungsbreite aus. Die Beeinflussung der Lokalisation über Pegeldifferenzen wird gemeinhin etwas ungenau als Intensitätsstereophonie bezeichnet.[27] Bei allen Fragen der Lokalisation im Zusammenhang mit zwei

---

[24] Nach Wagenaars et al. (1986) sind für die Wahrnehmung der Klangqualität vor allem die technischen Parameter *Kompressionsverhältnis* (*compression ratio*) und *Ansprechzeit* (*attack time*) des Regelverstärkers relevant.
[25] Die Lautsprecherbasis ist die gerade Strecke zwischen den Lautsprechern bzw. die Länge dieser Strecke.
[26] Das im Zusammenhang mit Stereophonie auftretende Phänomen der Empfindung einer Schallquelle an einer Position, an der sich keine reale Schallquelle befindet, und die Lokalisation dieser sogenannten Phantomschallquelle versuchte früher das Modell der Summenlokalisation (nach Warncke, vgl. Blauert 1974) zu erklären, das später durch das gestaltpsychologisch orientierte Assoziationsmodell von Theile (1980) abgelöst wurde.
[27] Die Lokalisation einer Phantomschallquelle kann auch pegelunabhängig durch Laufzeitdifferenzen des Signals zwischen den Stereokanälen beeinflußt werden (Laufzeitstereophonie). Dieses Verfahren findet in der Popmusikproduktion jedoch selten Anwendung, unter anderem, da es eine geringere Monokompatibilität besitzt als die sogenannte Intensitätsstereophonie. Vgl. hierzu auch Gernemann (1995, 1999).

(Wiedergabe-)Schallwandlern muß klar zwischen Kopfhörer- und Lautsprecherstereophonie getrennt werden: Die beiden Abhörformate sind diesbezüglich nicht kompatibel;[28] in der Musikproduktion maßgebend ist die Lautsprecherstereophonie.
- Richtungsmischer: Mit einem Richtungsmischer kann das Verhältnis von gleich- und gegenphasigen Anteilen in einem Stereosignal verändert werden, was eine Korrelationsänderung darstellt. Richtungsmischer sind, falls nicht in den Kanalzügen des Mischpults integriert, unter der Verwendung von Pegelstellern und Phaseninvertierungsschaltern durch Verschaltung realisierbar und können – außer zur Anfertigung von MS- oder XY-Aufnahmen gemäß ihrer ursprünglichen Bestimmung – zur Korrelationskorrektur von Stereosounds oder Effektsignalen verwendet werden. Richtungsmischer werden aber auch in der Nachbearbeitung zur Beeinflussung der fertigen Abmischung eingesetzt und sind daher Bestandteil von Masteringprozessoren oder -systemen. Mit der Korrelation hängt die Empfindung der Abbildungsbreite zusammen; Überbreite führt zu einer Lautstärkeverringerung der in der Mitte zwischen den Lautsprechern ortbaren Phantomschallquellen („Loch in der Mitte') und im Extremfall zu einem völligen Verlust der eindeutigen Ortbarkeit. Bei der Bearbeitung von Abmischungen geht mit der Korrelationsänderung eine Änderung des Mischungsverhältnisses zwischen mittig positionierten Monosignalen (meist Leadgesang, Baß und grundlegenden Rhythmus-Sounds wie Bass Drum oder Snare Drum) und gering korrelierenden außen positionierten Signalen (z.B. Chorgesang und Effektsignalen) einher. Wegen dieses gravierenden Einflusses auf die (Mischungs-)Balance und den Raumeindruck werden Korrelationskorrekturen einer gesamten Abmischung, wenn überhaupt, nur geringfügig vorgenommen.

Lineare Verzerrung

- Filter: Durch Filter werden Signalanteile jenseits einer festzulegenden Grenzfrequenz frequenzabhängig abgesenkt; dies geschieht zumeist mit einer gerätespezifischen, unveränderbaren Flankensteilheit. Je nachdem, ob der Frequenzbereich unterhalb oder oberhalb des verbleibenden Nutzsignals absenkt wird, unterscheidet man zwischen Hochpaßfilter und Tiefpaßfilter. Kommen beide Filtertypen zum Einsatz, ergibt sich in Abhängigkeit der Reihenfolge ihrer Grenzfrequenzen ein Bandpaß oder eine Bandsperre (inverser Bandpaß). Spezielle Peripherie-Geräte stellen eine sehr schmalbandige Bandsperre zur Eliminierung einzelner Störfrequenzen (z.B. Netzbrummen) zur Verfügung, die als Notch-Filter bezeichnet wird. Filter werden hauptsächlich zur Entfernung von Nebengeräuschen (z.B. Trittschall) oder unerwünschten Nutzsignalanteilen in den spektralen Außenbereichen eingesetzt und nur bedingt im kreativ-gestalterischen Sinne. Im letzteren Falle wird auf die generelle Klangfarbe Einfluß genommen (z.B. *heller—dunkler*).

---

[28] Im Gegensatz zur Kopfhörerstereophonie werden bei der Lautsprecherstereophonie von jedem Ohr die von *beiden* realen Schallquellen (Lautsprechern) erzeugten Schallwellen aufgenommen; infolge dieses Überlagerungseffektes verursacht dieselbe Pegeldifferenz bei beiden Abhörformaten eine unterschiedliche relative Auslenkung eines Hörereignisses. Bei Kopfhörerwiedergabe tritt außerdem Im-Kopf-Lokalisation von Phantomschallquellen auf, mit Ausnahme von Kunstkopfaufnahmen oder dem Einsatz HRTF(Head Related Transfer Function)-basierter Verfahren. Vgl. auch Fischetti et al. (1993).

- Equalizer[29]: Auch der Equalizer dient der Gestaltung des Frequenzspektrums. Mit ihm können die Pegel verschiedener Frequenzbereiche (Bänder) verändert werden. Es werden graphische und parametrische Equalizer unterschieden. Die Eckfrequenzen der Bänder graphischer Equalizer sind festgelegt, dafür können zumeist, entsprechend der Anzahl der Bänder (in der Regel 10 oder 30) relativ kleine Frequenzbereiche (Oktaven oder Terzen) beeinflußt werden. Stellen graphische Equalizer hauptsächlich Peripherie-Equipment dar, so sind parametrische Equalizer in der Regel in die Kanalzüge des Mischpults integriert. Letztere lassen üblicherweise die Bearbeitung von drei bis fünf Bändern zu, deren Eckfrequenzen in weiten Bereichen wählbar sind. Die inneren Bänder sind als sogenannte Glockenfilter, die Außenbänder optional oder fest als sogenannte Kuhschwanzfilter ausgelegt; letztere wirken über den gesamten verbleibenden übertragungsrelevanten Frequenzbereich jenseits der gewählten Eckfrequenz zunehmend stärker. Bei den Glockenfiltern ist häufig zusätzlich die Güte (Schmalbandigkeit) veränderbar. Mit parametrischen Equalizern läßt sich der Verlauf des Frequenzspektrums eines Signals effektiv und zugleich differenziert beeinflussen. Da die Ausprägung vor allem der Helligkeits-, aber auch der Abgeschlossenheits-Dimension der Klangfarbe (vgl. 2.1.2) stark vom Verlauf des mittleren Frequenzspektrums abhängt, kann mit dem Equalizer der generelle Klangfarbeneindruck maßgeblich beeinflußt werden.[30] Die auf Modulationseffekten beruhende Rauhigkeit ist durch Equalisierung hingegen kaum veränderbar; des weiteren kann keine getrennte Einflußnahme auf den Einschwingvorgang und den quasistationären Abschnitt (falls definierbar), bzw. generell auf den kurzfristigen Klangfarben*verlauf* eines Hörereignisses erfolgen. Ebensowenig ist eine selektive Bearbeitung von Geräusch- und periodischen Signalanteilen möglich. Der Einsatzzweck des Equalizers reicht von der Entfernung bestimmter Störsignale über die Kompensation störender Formanten, das – in der Popmusik verbreitete – generelle Aufhellen oder ‚Anspitzen' von Sounds, die partielle Beeinflussung der Tiefenlokalisation bis zu starken Verfremdungseffekten, etwa dem in der Dance-Musik häufig angewendeten kontinuierlichen Durchstimmen schmaler Equalizer-Bänder über einen größeren Frequenzbereich (Filter-Sweep). Mit dem Ziel klangfarblicher Korrekturen kommt der Equalizer auch im Produktionsschritt der Nachbearbeitung zur Anwendung.

2.3.2 Additive Klangbearbeitung

Neben den bisher genannten Mitteln der Klangbearbeitung gibt es auch solche, die die klangliche Struktur des Nutzsignals grundlegend verändern, indem sie aus dem ursprünglichen Signal ein neues Signal in anderen Frequenz- oder Zeitbereichen erzeugen, welches dem ursprünglichen Signal addiert oder anstelle des ursprünglichen Signals verwendet

---

[29] Equalizer werden teilweise auch als Filter bezeichnet.
[30] Nach Börja (1978) üben die während einer Abmischung herrschenden Abhörbedingungen einen deutlichen Einfluß auf das klangfarbliche Ergebnis der Klanggestaltung aus: Das Frequenzspektrum von Abmischungen weist tendenziell einen zum Frequenzspektrum des mit rosa Rauschen angeregten Abhörraumes spiegelbildlichen Verlauf auf. Eine weitere Störvariable bei der Equalisierung stellt das ursprüngliche Spektrum des zu bearbeitenden Signals dar: Letowski (1992) fand einen Zusammenhang zwischen dem von Versuchspersonen subjektiv eingestellten Frequenzspektrum und der ursprünglichen spektralen Eigenschaft des Testmaterials. Er erklärt dies mit einem Ankereffekt des Ausgangsspektrums.

wird. Die Addition wird meistens im Mischpult vorgenommen, bei Ersetzung des ursprünglichen Signals wird auch der Insert-Betrieb gewählt. Im Extrem- und Ausnahmefall entsteht durch die additive Klangbearbeitung ein völlig neuer Grundsound, also ein Signal, das nicht mehr als die ursprüngliche Schallquelle (z.B. Klavier) erkannt wird. Zu den Mitteln der additiven Klangbearbeitung gehören Geräte, die für die Erzeugung nichtlinearer Verzerrungen, Verzögerungen und Hall konzipiert sind, also Verzerrer[31], Exciter, Delay- und Hallgeräte, sowie solche, die Signalveränderungen auf der Grundlage komplexer Algorithmen vornehmen, in der Regel also Effektprozessoren; letztere können Kombinationen der ‚klassischen' Effekte erzeugen sowie Effekte, die im musikalisch-strukturellen Sinne sowie hinsichtlich der Objekterkennung stark verfremden (z.B. Pitch Shift und Spezialeffekte). Die Mittel der additiven Klangbearbeitung werden gemeinhin als Effekte im engeren Sinne bezeichnet.

Nichtlineare Verzerrung

- Verzerrer[31]: Nichtlineare Verzerrungen werden am einfachsten durch die elektrische Übersteuerung von Verstärkerstufen hergestellt und verursachen zusätzliche Obertöne.[32] Sie werden meist schon während der Einspielung für die Herstellung verzerrter Gitarrensounds verwendet, gelegentlich aber auch zur Bearbeitung anderer Sounds in der Abmischung; dabei wird in der Regel das ursprüngliche Signal durch das Effektsignal vollständig ersetzt. Speziell für diesen Zweck vorgesehene Geräte oder Programme werden als Distortion, Over Drive o.ä. bezeichnet und unterscheiden sich hauptsächlich in der Form der Kennlinie der Verstärkungsstufe. Diese Form ist für die Härte des pegelabhängigen Effekteinsatzes und – infolge unterschiedlich starker Ausprägungen verschiedener Obertonklassen, z.B. gerad- oder ungeradzahliger Obertöne – die Klangfarbe des Effekts verantwortlich. Bei musikalischen Tönen (mehrere Partialtöne) verursacht eine nichtlineare Verzerrung infolge von Summen- und Differenzfrequenzen Signalanteile, die gemeinsam als geräuschhaft empfunden werden. Verzerrer verursachen somit starke Signaldeformationen bzw. Verfremdungen.
- Exciter: Im Gegensatz zum starken Verzerrer-Effekt soll der Einsatz des Exciters nicht bewußt als Verzerrung wahrgenommen werden, obgleich auch er Obertöne generiert. Sie werden jedoch zum einen aus einem bestimmten hochpaßgefiltertem Teil des Signals und mit kontrollierbarer Ausprägung gebildet und zum anderen dem ursprünglichen Signal in äußerst geringer Dosierung zugemischt. Neben Gesangs- oder sonstigen Einzelsounds werden auch komplette Abmischungen mit Hilfe des als Stereogerät ausgelegten Exciters bearbeitet, mit dem Ziel, den Klang aufzuhellen und zu beleben. Der Effekt wird daher oft im Produktionsschritt der Nachbearbeitung eingesetzt. Alternativ werden ähnliche Processings angewandt, welche z.B. die Übersteuerung von Magnetbändern simulieren (Bandsättigungssimulation), indem sie vor allem ungeradzahlige Harmonische erzeugen (vgl. 10.3.8).

---

[31] Die Bezeichnung *Verzerrer* wird hier, wie in der Popmusik üblich, im klangästhetischen Sinne einer nichtlinearen Verzerrung verwendet. Im technischen Sinne kann mit Verzerrer auch ein lineare Verzerrungen hervorrufendes Gerät (z.B. ein Equalizer) bezeichnet werden.
[32] Mit dem Vorgang ist eine Begrenzung des Signals verbunden.

Verzögerung

- Delayeffekte: Der einfachste Verzögerungseffekt ist eine einmalige Wiederholung eines Signals zu einem späteren Zeitpunkt. Die Verzögerung entsteht dabei durch eine kontinuierliche digitale Zwischenspeicherung des Signals für eine definierbare Dauer (delay time). Wird hierfür ein großer Wert eingestellt ($\Delta t > 30ms$, bis zu mehreren Sekunden), so entsteht unter Beibehaltung des ursprünglichen Signals der Eindruck eines einfachen Rückwurfs, wie er ähnlich in der Natur an großen und mehr oder weniger weit entfernten reflektierenden Flächen auftritt (Stadion, Waldrand, Felswand). Diese Signalwiederholung kann auch mit im Verhältnis zum ursprünglichen Signal gleicher oder höherer Lautstärke erfolgen, so daß sie nicht als Rückwurf, sondern als eigenständiges musikalisches Hörereignis wahrgenommen wird, das den vorhandenen Rhythmus verändert. Kleinere Zeitkonstanten ($\Delta t < 30ms$) verhindern zunehmend (abhängig von der Impulshaftigkeit des Signals und der Schulung des Gehörs) eine Diskrimination zweier getrennter Hörereignisse; der resultierende Effekt wird auch als Dopplung bezeichnet. Durch Rückführung des elektrischen Signals zum Eingang des Gerätes (Feedback) läßt sich die Anzahl der Signalwiederholungen erhöhen, so daß sich bei großen Delay-Zeiten der typische (Mehrfach-)Echo-Effekt ergibt. Unter Einbeziehung weiterer einstellbarer Parameter am Delaygerät oder -programm, welche die Modulation der Geschwindigkeit und Tonhöhe des repetierten Signals hinsichtlich Modulationsfrequenz ($0,05Hz < f_{mod} < 10Hz$) und -tiefe kontrollieren, lassen sich durch die Mischung dieses verzögerten und ‚eiernden' Effektsignals mit dem ursprünglichen Signal die Effekte Chorus ($\Delta t \approx 20ms$) und Flanger/Phaser ($\Delta t \approx 4ms$) erzeugen. Sie verursachen jeweils einen sich ständig verschiebenden Kammfiltereffekt (Klangverfärbung mit Tonhöhencharakter infolge periodischer Auslöschung von Frequenzen)[33]. Beim Flanger/Phaser liegt diese Tonhöhe deutlich im Hörbereich und ist daher bestimmend für den Klangcharakter des bearbeiteten Sounds, während der Chorus-Effekt weniger stark verfremdend wirkt und eher die Erhöhung der Klangfülle zum Ziel hat.

Hall

- Halleffekte: Die Erzeugung von Hall dient der Simulation eines die Schallquelle umgebenden Raumes und erfolgt heute in der Regel digital mit speziell hierfür ausgelegten Hallgeräten bzw. -programmen. Sie können sowohl die diskreten, sogenannten frühen Reflexionen nachbilden, die in natürlichen Räumen durch in der Nähe der Schallquelle befindliche Boden-, Wand- oder sonstige Begrenzungsflächen verursacht werden, als auch den zeitlich darauffolgenden, aus einer Fülle von Raumreflexionen bestehenden Diffushall, der keine bevorzugte Einfallsrichtung mehr aufweist. Der relative Zeitpunkt des Diffushall-Einsatzes wird durch den sogenannten Predelay-Wert festgelegt. Weiterhin stehen eine Fülle von editierbaren physikalischen Parametern zur Verfügung, die indirekt die Simulation verschiedener Raumgrößen und -formen, Klangfärbungen bzw. Oberflächenbeschaffenheiten (z.B. Holz- oder Steinwände) und von in der Natur nicht existenten Räumen sowie Spezialeffekte ermöglichen. Bei der Festlegung der Parameter mit dem Ziel der Schaffung eines geeigneten Raumein-

---

[33] Vgl. Dickreiter (1997a).

drucks muß berücksichtigt werden, daß diese auch andere Klangmerkmale wie z.B. den Entfernungseindruck oder die Zeitdurchsichtigkeit verhallter Sounds beeinflussen.

Komplexe Algorithmen

- Pitch Shift: Neben den eindeutig nach physikalisch-technischen Gesichtspunkten kategorisierbaren Signalbearbeitungen ermöglichen moderne Multieffektgeräte auch Processings, die auf komplexen Algorithmen beruhen. Hierzu gehört unter anderem der wichtige Harmonizer- oder Pitch-Shift-Effekt, der eine fast verzögerungsfreie Tonhöhenveränderung des ursprünglichen Signals bewirkt. Die Tonhöhenverschiebungen können sowohl gering gewählt werden (leichte Verstimmung von wenigen Cents), wodurch sich mit beibehaltenem Originalsignal aufgrund der entstehenden Schwebung ein Chorus-ähnlicher Effekt ergibt bzw. eine natürliche Verdopplung des entsprechenden Sounds simuliert wird, als auch im Bereich von musikalischen Intervallen liegen, was eine Transposition der entsprechenden Stimme bewirkt und somit einen Eingriff in das musikalische Funktionsgefüge darstellt. Aus einer einzelnen Stimme können auch ganze Mehrklänge gebildet werden. Moderne Geräte ermöglichen statt einer intervallstarren Transposition die Berücksichtigung vorgegebener Tonarten. Ein Problem bei der starken Tonhöhenveränderung (z.B. Transposition) ist die gleichzeitige Verschiebung von Formanten, was beispielsweise zu dem bekannten Mickey-Mouse-Effekt führt. Obgleich moderne Algorithmen diese Formantverschiebungen zu kompensieren vermögen, ist die Tonhöhenverschiebung nach wie vor mit für das geschulte Ohr deutlich hörbaren Artefakten verbunden, vor allem beim gebundenen Tonhöhenwechsel. Durch diese Artefakte verrät sich auch der Einsatz der durch eine neue Generation von Geräten ermöglichten und in jüngster Zeit häufig angewandten automatischen geringfügigen Intonationskorrektur von Gesangsstimmen. Bei gezieltem und deutlich hörbarem Einsatz können derartige Artefakte hingegen als eigene Kategorie von Effekten bezeichnet werden, die mittlerweile zum klanggestalterischen Repertoire gehört, womit ein Beispiel für die Beeinflussung der popmusikalischen Klangästhetik durch technologische Innovation gegeben wäre.
- Effektkombinationen und Spezialeffekte: Moderne Effektprozessoren ermöglichen über die Erzeugung der aufgeführten grundlegenden Effekttypen hinaus die Erzeugung von Effektkombinationen sowie verschiedenster stark verfremdender Spezialeffekte; letztere werden allerdings nur in geringem Umfang eingesetzt. Als Spezialeffekt kann auch der Vocoder angesehen werden; da er jedoch nicht nur ausschließlich aus dem Originalsignal gebildete Effektsignale erzeugt, sondern auch eigenständig Töne generiert, ist er zum Teil ein Mittel zur Klang*erzeugung* und kommt in den hier experimentell durchgeführten Klanggestaltungen nicht zur Anwendung.

Alle beschriebenen Processings (auch die früher analog realisierten) sind heute digital durchführbar, d.h. im Hinblick auf die Signalqualität weitgehend verlustfrei sowie dynamisier- bzw. automatisierbar (vorbestimmt zeitlich veränderbar). Da die Processings zudem über Verschaltungen am Mischpult oder im Effektgerät fast beliebig miteinander kombiniert werden können, sind der klanggestalterischen Kreativität von technologischer Seite kaum Grenzen gesetzt. In welcher Weise die aufgeführten Mittel der Klanggestaltung in den Experimenten konkret eingesetzt wurden, wird in Kapitel 10 analysiert.

Klangbeeinflussungsmöglichkeiten in der Abmischung

Vereinfachte Aufstellung unter unvollständiger Berücksichtigung der Wechselwirkungen der Parameter

Klangmerkmal		Physikalische(r) Parameter nicht beeinflußbare unterlegt	Klanggestalterisches Mittel	Bemerkungen
Lautstärke	Existenz des Hörereignisses	Signal vorhanden/ nicht vorhanden	Stummschaltung	
	Lautstärke	Pegel, (Frequenzspektrum), (Dynamik)	Pegelsteller, (Equalizer), (Regelverstärker)	
Dynamik	Musikalische Dynamik	Sequentielle Pegeldifferenzen, Änderungen des Obertongehalts, Einschwingvorgang	Pegelsteller, (dynamischer Equalizer)	Beeinflussung nur geringfügig durch Pegelveränderung möglich
	Technische Dynamik	Sequentielle Pegeldifferenzen	Pegelsteller, Regelverstärker	
Klangfarbe	Klangfarbe	Frequenzspektrum, Signalstruktur	Filter, Equalizer	
Lokalisation	Horizontale Lokalisation (links/rechts)	Pegeldifferenz zwischen den Stereokanälen	Panoramaregler	
		Laufzeitdifferenz zwischen den Stereokanälen	Delaygerät/-programm	Bei Popmusikproduktion unüblich
		Komplexe Spektraldifferenzen	–	Nur für Kopfhörer-Stereophonie sinnvoll
	Vertikale Lokalisation (oben/unten)	(Frequenzspektrum/ ‚Blauertsche Bänder')	(Equalizer)	Elevation in der Medianebene bei Lautsprecher-Stereophonie kaum möglich; nur für Kopfhörer-Stereophonie sinnvoll
	Tiefenlokalisation (nah/fern)	Pegel, Frequenzspektrum, D/R-Verhältnis	Pegelsteller, Equalizer, Delaygerät/-programm, Hallgerät/-programm	D/R-Verhältnis kann nur verringert werden, d.h. Entfernungsverringerung nur bedingt möglich
	Abbildungsbreite	Korrelation	Panoramaregler, Richtungsmischer	
Raumeindruck	Rückwurf, Echo	Signalwiederholung(en)	Delaygerät/-programm	Eliminierung nur unter günstigen Umständen möglich (singuläres Ereignis, große Delayzeiten, usw.)
	Hall	Diffushall	Hallgerät/-programm	Verringerung der Halligkeit schwer möglich
Tonhöhe	Tonhöhe	Frequenzen der Harmonischen	Harmonizer, Pitch Shifter o.ä.	Kaum ohne hörbare Artefakte veränderbar (auch bei Ausgleich von Formantverschiebungen)
Verzerrung	Verzerrung	Nichtlineare Verzerrung	Verzerrer, Exciter	Eliminierung nicht möglich
Verfremdung	Verfremdung	Signalstruktur im weitesten Sinne	Modulationseffekte (z.B. Flanger), Spezialeffekte	Eliminierung nicht möglich

Tabelle 2

2.4 Funktion und klangästhetische Ziele der Klanggestaltung

Für die Klanggestaltung spielen die Beziehungen der Klangeigenschaften einzelner musikalischer Hörereignisse zueinander sowie die Korrespondenz zwischen diesem Beziehungsgeflecht und dem musikalischen Funktionsgefüge eine bedeutende Rolle (vgl. 2.1.2). Da der Musikwahrnehmung auf verschiedenen Integrationsebenen Prinzipien der Gestalterkennung zugrunde liegen,[34] kann durch die Veränderung der klanglichen Erscheinungsform dieser Gestalten Einfluß auf die Wahrnehmung und das Verständnis des musikalischen Inhalts genommen werden. Mit dieser Möglichkeit ist auch die wichtigste klangästhetische Zielsetzung gegeben: Eine sinnvolle Klanggestaltung folgt den Prinzipien[35] der Gestalterkennung dahingehend, daß sie für die Erkennbarkeit, Schärfung, Trennung, Zusammenfassung und Gewichtung musikalischer Gestalten sorgt. Die wichtigsten Mittel hierfür sind die Wahl relativer Lautstärken, die Zuweisung von Frequenzbereichen, die Zuweisung von Lokalisationspunkten oder -bereichen (*links—rechts, vorne—hinten*), die Zuweisung verschiedener Quantitäten von Hall oder sonstigen Effekten (z.B. *mehr Hall—weniger Hall*) sowie die Zuweisung verschiedener Qualitäten von Hall oder sonstigen Effekten (z.B. *kurzer Hall—langer Hall*).

Die Wahl und die Stärke des Einsatzes der Mittel werden sich in der Regel an der musikalischen Intention des jeweiligen Stückes orientieren. Allein die Ermittlung dieser Intention durch den Tonmeister bzw. Produzenten ist bereits ein klarer Akt der Interpretation, der erst ein Bezugssystem für die Bewertung der Ausprägung von Klangmerkmalen bereitstellt: Welche musikalischen Gestalten sind im musikalischen Funktionsgefüge besonders relevant, welche stellen eine eher unwesentliche Ausschmückung dar? Welche gehören zusammen, welche sind zu trennen? Kommen bestimmte Gestalten akustisch so zur Geltung, wie es ihre musikalische Relevanz nahelegt, oder muß durch eine Änderung ihrer Klangeigenschaften ihre Geltung erhöht oder vermindert werden? Die spezifische Festlegung der Ausprägung der Klangmerkmale ist dann ein weiterer, ebenfalls klarer interpretatorischer Akt, denn dasselbe Ziel (z.B. die Hervorhebung einer bestimmten musikalischen Gestalt) kann mit verschiedenen Mitteln erreicht werden. Welches Mittel ist am geeignetsten, einer bestimmten musikalischen Gestalt eine höhere Geltung zu verschaffen und wie stark sollte es angewendet werden? Besonderes Augenmerk wird bei diesen Entscheidungen zum einen darauf liegen, daß sich die Gesangsstimme (falls vorhanden) im Gesamtklangbild ausreichend durchsetzt. Dies läßt sich vor allem durch Lautstärke, prägnante spektrale Gestaltung, mittige und nahe Positionierung und den Einsatz von Effekten erreichen. Zum anderen ist eine feine Gewichtung der kleinteiligen musikalischen Gestalten der Rhythmus-Sektion bzw. die Gestaltung des rhythmischen Gestus dahingehend, daß das Musikstück ‚groovt', ein wesentlicher Aspekt: Von ihm hängt im entscheidenden Maße die Fähigkeit des Stücks ab, den Hörer motorisch zu aktivieren. Eine klangliche Unterstützung der Rhythmik erfolgt hauptsächlich über die Lautstärkeverhältnisse, die spektrale Gewichtung sowie den Einsatz von Mutes und Delayeffekten.

Inwieweit bestimmte Mittel eingesetzt und ausgeschöpft werden dürfen, hängt vor allem von dem Grad der klanglichen Natürlichkeit ab, die durch eine Aufnahme vermittelt werden soll. Was als natürlich gelten kann, orientiert sich gemeinhin an den Klangeigenschaften einer realen Aufführung mit ihren raumakustischen Gegebenheiten oder der Mög-

---

[34] Vgl. etwa Terhardt (1986), Deutsch (1994), Leman (1995), Shepard (1999).
[35] Gestalterkennungsprinzipien sind Gruppierungsregeln, nach denen Elemente im Wahrnehmungsfeld strukturiert werden, etwa Nähe, Ähnlichkeit, gute Fortsetzung, Geschlossenheit, gemeinsames Schicksal. Aufgrund dieser Regeln ergeben sich zumeist Hierarchien mehrerer Gestalten; so kann eine Gestalt den Bezugspunkt für andere bilden oder viele einzelne Elemente können zu einem diffusen Hintergrund verschmelzen, vor dem eine besonders prägnante Gestalt wahrgenommen wird (Figur-Grund-Differenzierung). Diese Prinzipien sollen dem Menschen eine möglichst schnelle und effektive Umweltwahrnehmung ermöglichen (vgl. hierzu z.B. Kebeck 1994 und Deutsch 1994).

lichkeit einer solchen realen Aufführung.[36] Bei der Produktion von Kunstmusik ist der Anspruch an die klangliche Natürlichkeit somit vor allem aufgrund der Tatsache, daß es hier im Gegensatz zur reinen Lautsprechermusik ein Aufführungsoriginal gibt, in der Regel sehr hoch, weswegen sich z.B. der deutlich hörbare Einsatz verschiedener Qualitäten von Hall verbietet, da er die Wahrnehmung von Mehrräumigkeit zur Folge hätte (diese existiert in der Aufführungssituation nicht). Eine völlig andere Klangästhetik liegt der Produktion von Popmusik zugrunde, welche zumeist als reine Lautsprechermusik konzipiert ist. Eventuelle – meist zu Promotionszwecken veranstaltete – Live-Aufführungen folgen in der Regel zeitlich und klangästhetisch dem Tonträger nach, stellen im Grunde also den Versuch einer Reproduktion der auf dem Tonträger enthaltenen akustischen Information dar, welche insoweit – ungeachtet der Tatsache, daß sie ihrerseits in technisch reproduzierter Form vorliegt –, als ‚Original' bezeichnet werden muß.[37] Dieser Umstand erlaubt eine weitaus höhere Diversifikation klanggestalterischer Maßnahmen, was heute in der Regel ‚künstliche' Klangbilder zur Folge hat. Der Vorwurf, dahingehende klanggestalterische Entscheidungen würden sich hauptsächlich am technisch Machbaren orientieren und insofern der Gerätetechnologie folgen, mag stellenweise berechtigt sein, erklärt die vorherrschende Klangästhetik aber nur zu einem geringen Teil, denn der Klang wird weit weniger manipuliert als technisch möglich wäre. Wesentlichstes Kriterium der Klanggestaltung bleibt, inwieweit sie die Rezeption musikalischer Strukturen ermöglicht oder erleichtert. Dabei kann die Freiheit, nicht einem Ideal aufführungsbezogener Natürlichkeit genügen zu müssen, sogar eine besonders effektive perzeptive Unterstützung musikalischer Strukturen ermöglichen, was angesichts der im Bereich Popmusik häufig festzustellenden Unprägnanz letzterer umso notwendiger erscheint. So sind z.B. im Hinblick auf die oben erwähnte gestaltprinzipliche Einflußnahme starke Übertreibungen (z.B. plakatives Gegenüberstellen verschiedener musikalischer Gestalten) möglich.[38]

Allerdings bieten die in der Popmusik weitgesteckten klangästhetischen Grenzen auch punktuell die Möglichkeit, dem Hörer das klanggestalterische Eingreifen als solches so bewußt zu machen, daß er kurzzeitig von der Wahrnehmung der musikalischen Struktur abgelenkt wird. Dieses Mittel ist nicht von vornherein als negativ zu bewerten, kann es doch einen Kontrapunkt zur der in jedem Falle dominierenden Herausarbeitung des musikalisch Wesentlichen darstellen und somit für Abwechslung im Sinne eines Wechselspiels der strukturellen und klanglichen Ebene sorgen. Gleichwohl können in dieser Weise angewendete klanggestalterische Mittel auch zu Kaschierungszwecken benutzt werden.

---

[36] In diesem Zusammenhang muß betont werden, daß es aus mehreren Gründen keine ‚naturgetreue Aufnahme' geben kann, obgleich dieser Begriff oft verwendet wird: 1. Eine exakte Reproduktion eines in einem Konzertsaal auftretenden Schallfeldes über Formate, die auf wenigen Lautsprechern basieren (z.B. Stereo oder Surround-Formate) ist prinzipiell nicht möglich. 2. Wäre es möglich, ein solches in geringer räumlicher Ausdehnung zu reproduzieren, so wäre nicht klar, auf welche Abhörposition im Aufführungsraum Bezug genommen werden soll: Es gibt so viele akustische Realitäten wie Abhörpositionen. 3. In der Aufführungssituation wird in der Regel nicht nur gehört, sondern auch gesehen. Der visuelle Eindruck beeinflußt den auditiven Eindruck. Fehlt ersterer, wie im Falle der Reproduktionssituation, entsteht allein hierdurch ein anderes Perzept. Die Aufgabe der Klanggestaltung besteht also nicht in einer prinzipiellen Zurückhaltung durch die Begrenzung von Mitteln (sogenannte naturreine Aufnahmeverfahren), sondern unter anderem gerade darin, durch eine Überhöhung der akustischen Plastizität musikalischer Hörereignisse etwa das Fehlen eines visuellen Eindrucks zu kompensieren.
[37] Zur Problematik von Original und Reproduktion in der Musik vgl. Stolla (2001).
[38] Ein wichtiges Mittel zur plakativen Trennung von musikalischen Gestalten ist ihre räumliche Positionierung (vgl. Eargle und Streicher 1990, Moulton 1990 sowie 10.3.6). Die Verfahren der Polymikrofonie und der Mehrspurtechnik (vgl. 2.2) bilden auch hierfür die Grundlage.

Eine weitere Dimension klangästhetischer Zielsetzungen, die durch das weite Feld des klangästhetisch Möglichen bzw. Zumutbaren eröffnet wird, besteht in der Anpassung einer Produktion an die psychokulturelle Befindlichkeit bzw. die Bedürfnisse und Hörweisen der potentiellen Zielgruppe: Sofern z.b. die Theorie zugrunde gelegt wird, daß viele Hörer der Zielgruppe infolge von Reizüberflutung ihre Fähigkeit eingebüßt haben, nach (musikalisch-)inhaltlichen Kriterien auszuwählen, kann der klangliche Gesamteindruck einer Produktion auf das mutmaßliche Bedürfnis der Hörer abgestellt werden, ohne großes Involvement von einem beliebigen Hintergrundreiz aktiviert zu werden. Generell kann also entschieden werden, inwieweit man dem Hörer einen roten Faden zur Verfolgung von musikalischen Strukturen an die Hand gibt oder aber eine eher auf physiologischer Ebene wirksame Schallkulisse liefert. Heute wird in der Regel versucht, durch die Schaffung einer gewissen Komplexität ein Mindestmaß aktivierender Eigenschaften sicherzustellen.

Vermutung: Die Wirkung des selbstwerbenden Produkts Popmusik (vgl. S.2) folgt derjenigen ‚normaler' Werbung: Aktivierung gilt als Voraussetzung für die Wirkung von Werbung, da sie innerhalb gewisser Grenzen die Reizaufnahme und -verarbeitung verbessert,[39] und wird durch eine hohe Reizkomplexität zu erzielen versucht. Nun muß der musikalische Inhalt von Popmusik relativ unkomplex gehalten sein, um möglichst viele Hörer zu erreichen. Die notwendige Komplexität kann also nicht auf der musikalisch-strukturellen Ebene geschaffen werden. Da die Wahrnehmung von Klang wenig bewußt erfolgt,[40] wird versucht, die Aktivierung des Hörers über die klangliche Ebene zu erreichen. Dies kann durch eine Erhöhung der perzeptiven Komplexität (z.B. den subtilen Einsatz von Effekten oder die Lenkung der Aufmerksamkeit auf wechselnde musikalische Gestalten)[41] oder durch eine Erhöhung der rein physiologischen Stimulation (z.B. hohe Lautheit und Helligkeit) geschehen.

Die physiologisch stimulierende Wirkung eines Musikstücks wird vor allem im Produktionsschritt der Nachbearbeitung zu erhöhen versucht.

Weitere klangästhetische Zielsetzungen sind neben einem allgemein angenehmen, ausgewogenen Klang des Musikstücks die atmosphärische Unterstützung des musikalischen Inhalts mit klanglichen Mitteln, welche unter Ausnutzung von Assoziationen erfolgen kann.[42] Außerdem sollte die Klanggestaltung möglichen Unzulänglichkeiten der medialen Übertragungskette insoweit Rechnung tragen, als auch unter ungünstigen Abhörbedingungen (wie z.B. beim Hören über ein Transistorradio oder beim Autofahren) das musikalisch Wesentliche deutlich erkennbar übertragen wird.

Es ist leicht ersichtlich, daß die hier aufgeführten klangästhetischen Zielsetzungen nicht sämtlich miteinander vereinbar sind und somit immer gewisse Kompromisse eingegangen werden müssen. Dies ist bei der Beurteilung von Klanggestaltungen zu berücksichtigen, die sich also nicht in dem gezielten Aufspüren der stets vorhandenen klanglichen Unzulänglichkeiten erschöpfen darf, sondern umfangreich bilanzieren muß.

---

[39] Vgl. etwa Tauchnitz (1990, 1993), Vinh (1994) und Krommes (1996).
[40] Vgl. Nitsche (1978) und Deutsch et al. (1996).
[41] Das möglicherweise wichtigste Mittel zur Komplexitätserhöhung ist der Einsatz neuer, unbekannter Grundsounds; es gehört jedoch nicht zum Untersuchungsgegenstand *Klanggestaltung* im hier definierten Sinne (vgl. 1.3, 2.1.2 und 2.3).
[42] So kann die Verwendung bestimmter Qualitäten von Hall etwa dazu beitragen, eine Club-Atmosphäre zu intensivieren, eine entrückt-sakrale Stimmung zu unterstützen oder den Charakter einer Großveranstaltung zu verstärken.

3 Untersuchungsmethode

Wie bereits unter 1.2 beschrieben, liegen für den Bereich Popmusik keine empirisch ermittelten Forschungsergebnisse zum Einfluß der Klanggestaltung auf das Hörerurteil vor. Der Grund hierfür mag unter anderem in dem Umstand liegen, daß dieser Effekt sich einer Beobachtung unter realen Bedingungen, z.B. in einer Felduntersuchung, selbst bei günstigen Voraussetzungen weitestgehend entzieht.

In der Praxis ist der Faktor Klanggestaltung mit anderen urteilsbestimmenden Faktoren untrennbar verbunden: Für den Konsumenten besteht in der Regel nicht die Möglichkeit, ein und dasselbe Musikstück in verschiedenen Abmischungen anzuhören. Meist wird nur eine einzige Mischung auf dem Markt angeboten. Klanglich unterschiedliche Gestaltungen treten also stets in Verbindung mit unterschiedlichen Musikstücken auf. Auch sogenannte Remix-Versionen des gleichen Musikstücks beinhalten weit über die eigentliche Klanggestaltung hinausgehende Veränderungen: So werden in der Regel Form, Arrangement und Grundsounds verändert. Remix-Versionen können sich außerdem auch in Tempo, Tonart und Harmonisierung voneinander bzw. von der Originalversion unterscheiden. Was musikalisch-strukturelle Parameter angeht, stellen Remix-Versionen in der Regel also neue Musikstücke mit Wiedererkennungswert dar.[1] Dies gilt zwar vor allem für Remix-Versionen, die mit dem Ziel einer grundlegenden musikalischen Neubearbeitung (meist älterer Produktionen) bei entsprechenden Spezialisten in Auftrag gegeben werden und weniger für solche, die von dem Produzenten der ‚Originalversion' angefertigt und meist zusammen mit dieser auf einem Tonträger veröffentlicht werden (z.B. auf Maxi-CDs). Letztere repräsentieren jedoch nicht das Spektrum klanggestalterischer Möglichkeiten und Arbeitsweisen, das auf dem Musikmarkt anzutreffen ist, und sie entziehen sich einer Bestimmung der Präferenz über den Tonträgerabsatz. Im Falle einer Veröffentlichung auf unterschiedlichen Tonträgern differieren in der Regel die Zeitpunkte der Veröffentlichungen und damit die Bekanntheit und Vertrautheit zwischen den Versionen,[2] was einen weiteren Störfaktor darstellen und die interne Validität einer solchen Untersuchung stark verringern würde.

Schließlich steht im Feldversuch als Meßinstrument ausschließlich der Tonträgerabsatz zur Verfügung, eine komplexe wie individuelle Erfassung der Präferenz ist nicht möglich. Derartige Daten sind für die Theoriebildung von geringem Wert.

Die Methode der Felduntersuchung muß für die Beobachtung des fraglichen Effekts also vor allem wegen zu geringer interner Validität aufgrund starken Einflusses untersuchungsbedingter Störvariablen in Form verschiedener Musikstücke, aber auch im Hinblick auf Variationskriterien und Meßinstrument als ungeeignet eingestuft werden. Ausgeschaltet werden können die beschriebenen Probleme durch eine experimentelle Vorgehensweise, die eine weitgehende Eliminierung, Konstanthaltung oder Kontrolle untersuchungsbedingter Störvariablen und damit eine hohe interne Validität ermöglicht. Einschränkungen

---

[1] Vgl. Doyle (1990).
[2] Bekanntheit und Vertrautheit beeinflussen die Beurteilung eines Musikstücks. Vgl. hierzu Sommerer (1995).

hinsichtlich der externen Validität können durch geeignete Maßnahmen minimiert werden. Darüber hinaus können die Kriterien zur Variation der Beurteilungsobjekte und die Auswahl des Meßinstruments kontrolliert und so der Fragestellung angepaßt werden.

Zwei ähnliche Experimente bilden den Kern der Untersuchung und werden unter **Hörversuch I** und **Hörversuch II** (Kapitel 7 und 9) beschrieben:[3] Jugendlichen (sie stellen die Hauptzielgruppe der Popmusikindustrie dar)[4] werden verschiedene, in bezug auf die Klanggestaltung veränderte Versionen derselben Musikstücke zur Beurteilung vorgespielt. Außerdem werden die Testbeispiele sowohl mit als auch ohne Videoclip vorgeführt. (Die Einbeziehung der Videoclips bietet die Möglichkeit, mit relativ geringem zusätzlichen Aufwand einen möglichen Interaktionseffekt zwischen Klanggestaltung und audiovisueller Darbietungsform zu ermitteln; vgl. 1.3.2 und 1.3.3.)

Die Durchführung derartiger Experimente erfordert die Verfügbarkeit klanglich modifizierter Testbeispiele, die – wie oben beschrieben – nicht in geeigneter Form auf dem Musikmarkt existieren. Daher wurden sie im Rahmen der Untersuchung gemäß den Erfordernissen der Hörversuche hergestellt, und zwar sowohl was die Auswahl der Musikstücke, als auch was ihre klangliche Modifikation betrifft. Ihre Produktion wird unter **Herstellung der Testbeispiele I** und **Herstellung der Testbeispiele II** (Kapitel 6 und 8) beschrieben.

Zur Durchführung der Hörversuche weiterhin nötig ist ein Meßinstrument zur Erfassung des Hörerurteils. Einschlägige Publikationen liefern hier kein für die Thematik geeignetes methodisches Inventar. Dort verwendete Polaritätsprofile können nicht ohne weiteres auf den vorliegenden Fall übertragen werden, da sie entweder Kategorien des Klangs oder solche der Popmusikrezeption nicht abdecken oder ihre Begrifflichkeit veraltet bzw. nicht jugendgerecht ist. Da sichergestellt sein muß, daß Eigenschaften von Popmusik, die für Jugendliche relevant sind, vom in den Hörversuchen verwendeten Fragebogen erfaßt werden, wurden in einer **Voruntersuchung** inhaltsanalytisch[5] Bewertungskriterien von Jugendlichen für Popmusik ermittelt.[6] Aus den Beurteilungskriterien wurden Skalen konstruiert und diese zu einem komplexen Meßinstrument gruppiert, das mit drei Zusatzfragen den Fragebogen bildet (vgl. Kapitel 5).

Unter 1.2.2 wurde berichtet, daß die Literaturdurchsicht keine ausreichenden bzw. konsistenten theoretischen Ansätze zur Wirkung des Klangs in der Popmusik zutage förderte. In einem solchen Falle ist vor der Durchführung eines als hypothesenprüfende Untersuchung angelegten Experiments ein exploratives Vorgehen angezeigt. Diesem Umstand trägt der Untersuchungsabschnitt **Exploration** (Kapitel 4) Rechnung: Anhand eines kurzen Fragenkatalogs wurden Produzenten im Rahmen eines Interviews um eine persönliche Einschätzung der Bedeutung von Klang und um Angaben zur eigenen Arbeit gebeten. Die sich daraus ergebende Stichprobe von individuellen Experten-Theorien ergänzt die in der Literatur vertretenen Ansätze und Thesen.

---

[3] Aus Gründen der Validitätsüberprüfung wurde das Experiment unter variierten Bedingungen wiederholt durchgeführt, deshalb ergeben sich zwei Untersuchungsabschnitte.
[4] Vgl. S.1.
[5] Zur Methode der Inhaltsanalyse vgl. etwa Merten (1983) und Früh (1991).
[6] Auch Hargreaves und Colman (1981) gingen auf der Suche nach Dimensionen ästhetischer Reaktionen auf Musik zunächst inhaltsanalytisch vor.

Die zuletzt genannten Untersuchungsabschnitte **Exploration**, **Voruntersuchung** und **Herstellung der Testbeispiele I und II** sind notwendige Voraussetzung für die Durchführbarkeit der beiden Hörversuche, liefern aber auch eigenständige Ergebnisse, auf deren Grundlage die Bedeutung der Klanggestaltung aus verschiedenen Perspektiven beleuchtet werden kann. So bringt etwa die Voruntersuchung über eine Auswahl geeigneter Merkmale für den Fragebogen hinaus ein Spektrum von Bewertungskriterien Jugendlicher für Popmusik hervor (vgl. 5.3). Auch die Herstellung der Testbeispiele liefert nicht nur die wenigen in den Hörversuchen eingesetzten Testbeispiele, sondern vermittelt anhand von insgesamt 24 verschiedenen Abmischungen ein weites Feld klanggestalterischer Möglichkeiten (vgl. 13.9), ermöglicht Aussagen über Art und Häufigkeit der konkret eingesetzten klanggestalterischen Mittel (vgl. Kapitel 10) und gibt methodische Aufschlüsse zur Bestimmung von Klangeigenschaften durch Experten-Hörtests (vgl. 6.2.4). Nebenergebnisse zu den Hörversuchen werden in Kapitel 11 berichtet.

Die vier Untersuchungsabschnitte repräsentieren die möglichen Kombinationen der Gegensatzpaare *Produzent—Rezipient* und *Äußerung—Verhalten*.[7] Die durch diese Gegensatzpaare festgelegten Achsen bilden die methodische Struktur der Untersuchung. Sie gestattet – in einem gewissen Rahmen und soweit es sinnvoll erscheint – eine vergleichende Gegenüberstellung der gefundenen Ergebnisse: So kann zum Beispiel untersucht werden, ob die Einschätzungen von Produzenten und Rezipienten bezüglich der Bedeutung von Klang Ähnlichkeiten bzw. Diskrepanzen aufweisen, oder inwieweit sich die von den Produzenten angegebenen klanggestalterischen Kriterien in den an konkreten Musikstücken durchgeführten klanggestalterischen Maßnahmen niederschlagen.

Abbildung 2 zeigt den Untersuchungsverlauf. Es sind nur Untersuchungsabschnitte berücksichtigt, in denen Datenerhebung erfolgt, d.h. die Untersuchungsabschnitte **Ergänzende Analysen** (vgl. Kapitel 10 und 11) sind nicht getrennt ausgewiesen, sondern unter diejenigen Untersuchungsabschnitte subsumiert, deren Daten die Grundlage der entsprechenden Analysen bilden. Eine detaillierte Beschreibung des methodischen Vorgehens erfolgt in den Darstellungen der jeweiligen Untersuchungsabschnitte.

---

[7] Also: **Exploration**: Äußerungen der Produzenten; **Voruntersuchung**: Äußerungen der Rezipienten; **Herstellung der Testbeispiele I und II** (sowie ergänzend Kapitel 10): Verhalten der Produzenten; **Hörversuch I und II**: (Beurteilungs-)Verhalten der Rezipienten.

Untersuchungsverlauf

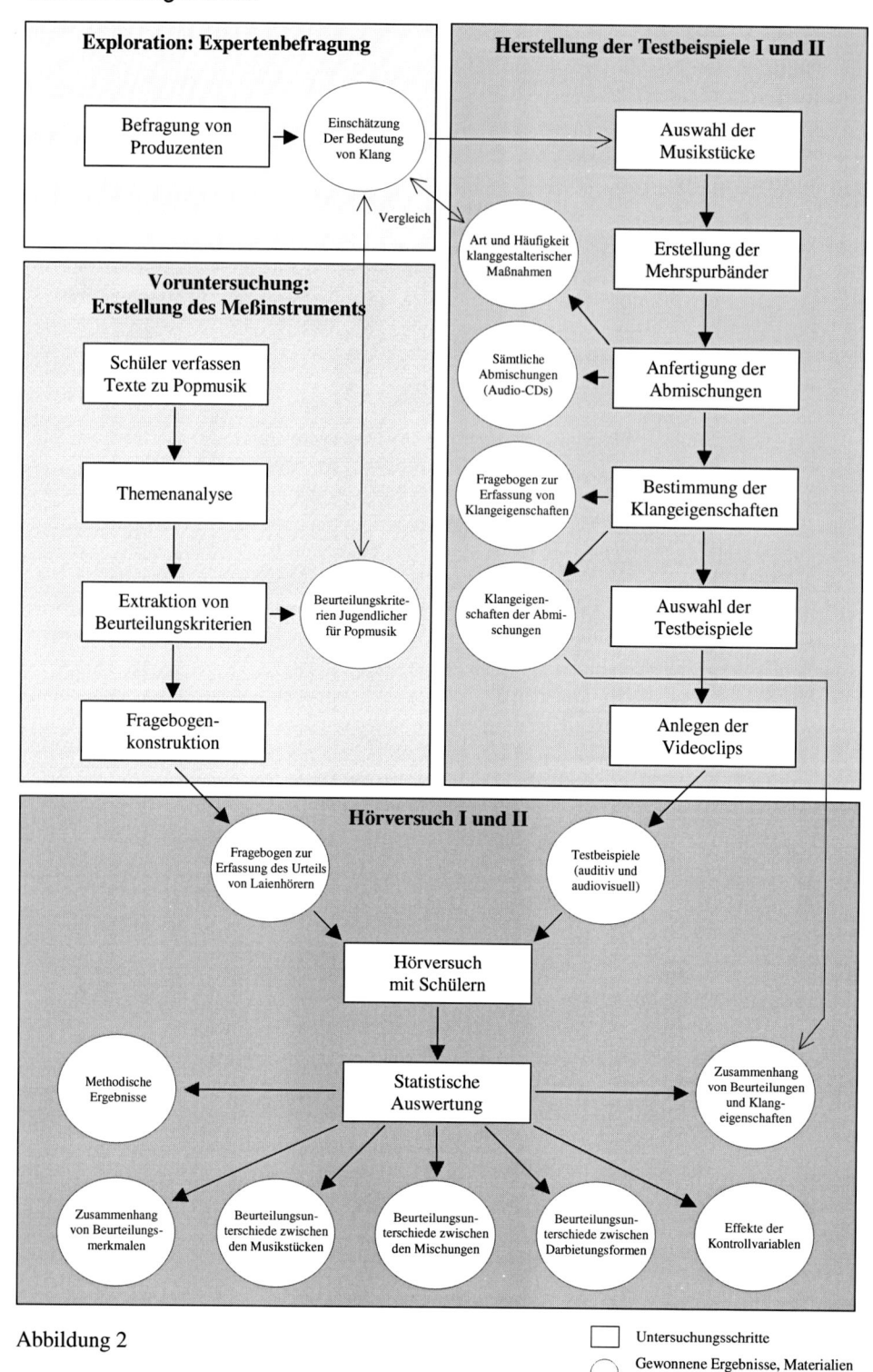

Exploration: Expertenbefragung

- Befragung von Produzenten → Einschätzung der Bedeutung von Klang

Voruntersuchung: Erstellung des Meßinstruments

- Schüler verfassen Texte zu Popmusik
- Themenanalyse
- Extraktion von Beurteilungskriterien → Beurteilungskriterien Jugendlicher für Popmusik
- Fragebogenkonstruktion

Herstellung der Testbeispiele I und II

- Auswahl der Musikstücke
- Erstellung der Mehrspurbänder
- Anfertigung der Abmischungen
- Bestimmung der Klangeigenschaften
- Auswahl der Testbeispiele
- Anlegen der Videoclips

Ergebnisse/Materialien:
- Art und Häufigkeit klanggestalterischer Maßnahmen (Vergleich)
- Sämtliche Abmischungen (Audio-CDs)
- Fragebogen zur Erfassung von Klangeigenschaften
- Klangeigenschaften der Abmischungen

Hörversuch I und II

- Fragebogen zur Erfassung des Urteils von Laienhörern
- Testbeispiele (auditiv und audiovisuell)
- Hörversuch mit Schülern
- Statistische Auswertung

Ergebnisse:
- Methodische Ergebnisse
- Zusammenhang von Beurteilungen und Klangeigenschaften
- Zusammenhang von Beurteilungsmerkmalen
- Beurteilungsunterschiede zwischen den Musikstücken
- Beurteilungsunterschiede zwischen den Mischungen
- Beurteilungsunterschiede zwischen den Darbietungsformen
- Effekte der Kontrollvariablen

Abbildung 2

☐ Untersuchungsschritte
○ Gewonnene Ergebnisse, Materialien und methodisches Inventar

4 Exploration: Expertenbefragung

Im Untersuchungsabschnitt **Exploration** sollten Informationen gewonnen werden, die zu einem besseren Verständnis der Bedeutung von Klang beitragen können, jedoch weder der Literatur zu entnehmen noch klar aus der Produktionspraxis ersichtlich sind. Es sollten Entscheidungshilfen für das detaillierte methodische Vorgehen sowie die Möglichkeit einer groben Gegenüberstellung von produktions- und rezeptionsseitigen Bewertungskriterien für Popmusik geschaffen werden. Zu diesem Zweck wurden Musikproduzenten um ihre Einschätzung zur Bedeutung von Klang und um Angaben zur eigenen Arbeitsweise gebeten. Die Befragung erfolgte in Form eines Interviews.

4.1 Interview

Die Produzenten sollten Auskunft zu den Fragen geben,
1. was ein jugendlicher Hörer ihrer Meinung nach von einem Popmusiktitel erwartet,
2. welche Rolle die Klanggestaltung eines Popmusiktitels für seine Bewertung durch jugendliche Hörer spielt,
3. ob zwischen den musikalisch-inhaltlichen[1] und den klanglichen Eigenschaften eines Popmusiktitels ein das Hörerurteil beeinflussender Interaktionseffekt besteht,
4. worauf sie in der Abmischung besonderen Wert legen,
5. wieviel Zeit sie in der Regel für die Abmischung aufwenden,
6. auf welche Arten von Klangquellen sie bei der Musikproduktion zurückgreifen.

Die Gruppe der Befragten umfaßte zehn professionell tätige Produzenten, darunter sieben mit dem ausschließlichen Schwerpunkt Popmusik und drei mit den jeweiligen Schwerpunkten Filmmusik, Jazz und Kunstmusik, jedoch mit Interesse und Erfahrung im popmusikalischen Bereich.[2] Die Stichprobe ist nicht repräsentativ, verschafft jedoch einen tendenziellen Überblick.

4.2 Angaben der Produzenten

1. Zur Frage, was jugendliche Hörer vermutlich von einem Popmusiktitel erwarten, fielen die Statements relativ einmütig aus. Es wurden bewußte und unbewußte Erwartung unterschieden. Die meisten Befragten nahmen an, daß melodische und rhythmische Qualität die mit Abstand wichtigsten bewußt erwarteten Eigenschaften eines Stücks darstellen. Weiterhin wurden eine allgemeine Gefälligkeit, ein akzeptables Image der Gruppe sowie akti-

---
[1] Unter musikalisch-inhaltlichen Eigenschaften wird hier das Komplement zu den klanglichen Eigenschaften verstanden: die grundlegende Idee, der Text, die musikalische Struktur, die Instrumentierung und die interpretatorische Ausführung durch den oder die Musiker.
[2] Drei der Befragten befanden sich zum Zeitpunkt der Untersuchung in Ausbildung (Studiengang *Tonmeister* an der Hochschule der Künste Berlin). Acht Produzenten nahmen an der späteren Anfertigung der Mischungen teil.

vierende Qualitäten des Stücks genannt. Als wichtigste unbewußte Erwartung wurde eine auffällige Idee bzw. ein Wiedererkennungswert vermutet. Aber auch ein guter Klang, eine verständliche Struktur, ein gefälliger erster Eindruck sowie ein emotionaler Gehalt bzw. eine emotionale Identifikationsmöglichkeit stellen nach Ansicht der Befragten nicht zu vernachlässigende unbewußt erwartete Eigenschaften eines Popmusiktitels dar. Ein Produzent formulierte, der Hörer sei am besten durch „die richtige Mischung von Vertrautem und Neuem" zu erreichen.[3]

2. In der Einschätzung, welche Rolle der Klang für die Bewertung eines Popmusiktitels spiele, herrschte ebenfalls weitgehend Einigkeit. Die sich aus den Antworten der Befragten ergebende Theorie steht im Widerspruch zu den in der Literatur vertretenen Ansichten (vgl. 1.2.2). Sie läßt sich folgendermaßen zusammenfassen: Der Klang sei in seiner Bedeutung den musikalisch-inhaltlichen Parametern nachgeordnet und wirke vor allem unterbewußt. Ein guter Klang sei aber dennoch eine wichtige Voraussetzung für einen guten Popmusiktitel, da er zu dem ersten, oft entscheidenden Eindruck beitrage. Indem er die musikalischen Elemente perzeptiv gewichte, könne er Einfluß auf den Charakter des Stücks nehmen. Er sei dann mit einer Interpretation vergleichbar oder erlange sogar eine Bedeutung auf der Ebene des Arrangements.[4] Eine Befragte vertrat die Ansicht, daß die interpretatorische Einflußnahme durch Klanggestaltung bis auf die subjektive Bewertung der Person des Künstlers rückwirken könne. Als weitere Funktionen des Klangs wurden vereinzelt die Erhöhung der Interessantheit des Stücks, die Bedienung bestehender Hörgewohnheiten, die Anpassung des Materials an verschiedene Qualitäten von Übertragungsketten und seine Funktion als zeitstilbildendes Mittel genannt.

3. Die Frage zur Interaktion musikalisch-inhaltlicher und klanglicher Eigenschaften wurde unterschiedlich beantwortet.
Drei Befragte vermuteten eine Unabhängigkeit musikalisch-inhaltlicher und klanglicher Faktoren am Zustandekommen des Hörerurteils. Zwei Befragte waren der Ansicht, daß die Klanggestaltung umso weniger ins Gewicht falle, je mehr einem Hörer die Musik musikalisch-inhaltlich zusage. Vier Befragte vertraten die umgekehrte Auffassung: Die klangliche Gestaltung beeinflusse das Hörerurteil umso stärker, je mehr einen Hörer ein Stück aufgrund seines musikalischen Inhalts überzeuge.[5]
Tendenziell wird also ein Synergieeffekt zwischen musikalisch-inhaltlichen und klanglichen Eigenschaften vermutet, wobei letztere als nachgeordnet angesehen werden (vgl. hierzu 2.1 und 2.4).[6] Hier zeichnet sich eine Analogie zum Einfluß von Videoclips auf die Musikpräferenz ab: Möglicherweise kann ein guter Klang ähnlich einem Videoclip als

---

[3] Dieses Prinzip ist in der Werbepsychologie unter dem Kürzel MAYA bekannt (Most Advanced Yet Acceptable).
[4] Klangliche Eingriffe, die aufgrund ihres starken Verfremdungseffekts quasi einen neuen Instrumentalsound entstehen lassen und denen man daher eine Bedeutung auf Ebene des Arrangements zusprechen kann, stellen z.B. die häufig in der Dance-Musik eingesetzten Filter-Sweeps dar (vgl. 2.3.1). Aber auch mit einfachen Mitteln wie der Stummschaltung von Spuren kann erheblich auf das Arrangement Einfluß genommen werden (vgl. Kapitel 2 und 10).
[5] Einer der zehn Befragten wollte sich zu dieser Frage nicht eindeutig äußern.
[6] „Ein guter Sound kann einen Titel nicht rausreißen, ein schlechter kann einen guten Titel aber vernichten. Ebenso kann ein guter Titel durch einen guten Sound noch deutlich gewinnen. Die Bedeutung des Klangs ist also bei guten Kompositionen größer als bei schlechten." (Befragter Nr. 1)

Präferenzverstärker[7] wirken, was allerdings etwas zu Verstärkendes voraussetzt, also vom Hörer grundsätzlich positiv erlebte musikalisch-inhaltliche Eigenschaften des Stücks.

4. Die Antworten auf die Frage, worauf bei der Anfertigung einer Mischung persönlich besonderer Wert gelegt werde, spiegeln die Tatsache wider, daß sich Klang auf verschiedenen Ebenen beschreiben läßt: Die Nennungen umfassen zu etwa gleichen Teilen, was unter 2.1.2 als musikalisch-klangliche, global-klangliche und differenziert-klangliche Merkmale bezeichnet wurde.

Zu den als wichtig erachteten musikalisch-klanglichen Aspekten gehörten das Herausarbeiten wichtiger Bestandteile wie Stimme, Melodieinstrumente oder Rhythmus, sowie die allgemeine Unterstützung des musikalischen Ablaufs. Als wesentliche global-klangliche Aspekte wurden vor allem Transparenz und technische Sauberkeit, außerdem ein volles Klangbild und Druck[8] angeführt. Differenziert-klangliche Aspekte wurden sämtlich als Relative verwendet: Es wird auf eine feine Abstimmung der Lautstärkeverhältnisse, ein ausgewogenes Frequenzspektrum sowie die Aufteilung von Instrumenten und Instrumentalgruppen auf Frequenzbänder Wert gelegt. Die Verwendung von Effekten und die räumliche Gestaltung wurden kaum, Aspekte der Lokalisation überhaupt nicht thematisiert.

Auf die Frage des Innovationspotentials zielten die Anmerkungen zweier Produzenten ab: Ein Befragter legte auf die klangliche Vergleichbarkeit mit anderen kommerziellen Produktionen Wert, ein anderer vertrat die Ansicht, daß eine Mischung auch gegen vermeintliche Regeln verstoßen dürfe, um auf klanglicher Ebene einen Wiedererkennungswert (vgl. Punkt 1) zu schaffen.

5. Die Angaben zur Frage nach dem durchschnittlichen Zeitaufwand für die Anfertigung einer Abmischung variierten zwischen 4 und 30 Stunden. Der Mittelwert beträgt 14 Stunden und 21 Minuten. Legt man einen Zeitaufwand von 5 bis 10 Tagen für die gesamte Audioproduktion eines Popmusiktitels zugrunde, wie von den Befragten angegeben, so entfällt grob geschätzt ein Viertel des Zeitaufwands auf die Abmischung. Der Stellenwert, der der Abmischung im Produktionsprozeß zeitlich eingeräumt wird, stützt die vorangegangenen subjektiven Einschätzungen der Bedeutung der Klanggestaltung quantitativ.

6. Die Frage, auf welche Formen von Klangquellen bei Popmusik-Produktionen zurückgegriffen wird, betrifft zwar nicht direkt die auf den Bereich Klangbearbeitung eingeschränkte Untersuchungsthematik, sondern vielmehr den Bereich Klangerzeugung; gleichwohl stellen die hierzu ermittelten Größenordnungen indirekt einen Anhaltspunkt zur Beantwortung der Frage dar, welche Bedeutung dem Produktionsschritt der Abmischung in bezug auf die Klanggestaltung zuteil wird. Es wurden drei Kategorien zur Auswahl gestellt:

---

[7] Vgl. 7.4.
[8] Der für die Beschreibung einer bestimmten Klangeigenschaft von Popmusik verwendete Terminus *Druck* ist so populär wie unscharf. Er bezieht sich überwiegend auf den Baßbereich und beinhaltet vermutlich folgende differenzierten Klangeigenschaften: Im Vergleich zum übrigen Klangbild leicht überhöhter Pegel und geringe Dynamik des unteren Frequenzbereichs sowie impulshafte und präsente Einschwingvorgänge der den unteren Frequenzbereich repräsentierenden Instrumente (z.B. E-Baß, Bass Drum). Auch eine wohldosierte Verdichtung des klanglichen Materials durch Dynamikprozessoren (vgl. 10.3.8) kann zur Empfindung von ‚Druck' beitragen.

a) Industriell vorgefertigte synthetische Sounds: Es spielt keine Rolle, ob die Klänge ein natürliches Instrument nachahmen sollen oder nicht. Sounds dieser Kategorie liegen meistens als sogenannte Preset-Sounds elektronischer Klangerzeuger oder als Samples synthetisch erzeugter Klänge vor und werden ohne größere klangliche Veränderungen in die Produktion übernommen.

b) Natürliche Klangquellen: Alle mit Mikrofonen aufgenommenen Klänge, die also natürlichen Instrumenten oder Schallquellen entspringen. Die Klänge liegen als eigene Aufzeichnung oder als erworbene oder selbst angefertigte Samples vor und werden ohne größere klangliche Veränderungen in die Produktion übernommen.

c) Selbst kreierte oder deutlich modifizierte Sounds: Alle Sounds, die mit Hilfe synthetischer Klangerzeuger oder anderen Methoden selbst kreiert werden, sowie alle synthetischen oder natürlichen Sounds, deren Charakter bzw. Erkennungswert durch klangliche Manipulation so stark verändert wird, daß sie zu neuen Grundsounds werden.

Die Produzenten sollten schätzen, zu welchem durchschnittlichen prozentualen Anteil[9] Sounds der entsprechenden Kategorien bei ihren Produktionen zum Einsatz kommen. Die Angaben, die in Abhängigkeit vom jeweils vorzugsweise produzierten Musikstil variieren, sind in Tabelle 3 zusammengefaßt.

Verwendete Arten von Klangquellen in der Popmusikproduktion
Geschätzte relative Häufigkeit

Art der Klangquellen	Mittelwert[10]	Minimum	Maximum
a) Industriell vorgefertigte synthetische Sounds	42%	0%	80%
b) Natürliche Klangquellen	34%	10%	70%
c) Selbst kreierte oder deutlich modifizierte Sounds	25%	0%	70%

Tabelle 3

Das Ergebnis bestätigt die in der Literatur vertretene Einschätzung, daß heute in der Popmusikproduktion vornehmlich industriell vorgefertigte Sounds zum Einsatz kommen.[11] Die Notwendigkeit, die verwendeten Sounds während des Produktionsschritts der Abmischung klanglich in die Gesamtproduktion zu integrieren bzw. aufeinander abzustimmen, nimmt von a) bis c) ab.[12] Der hohe Anteil an industriell vorgefertigten Sounds weist darauf hin, daß die Möglichkeiten differenzierter klanglicher Gestaltung – nicht nur im Rahmen der differenzierten Abstimmung des Klangbilds, sondern auch im Rahmen einer deut-

---

[9] *Anteil* bezieht sich auf die Anzahl verschiedener Sounds, nicht auf die Dauer ihres Erklingens.
[10] Die Summe von 101% ergibt sich aufgrund von Rundungsfehlern.
[11] Einige Autoren sehen daher die Klangästhetik durch die Musikgeräteindustrie beeinflußt (vgl. 1.2.2).
[12] Natürliche Klangquellen werden im Gegensatz zu industriell vorgefertigten Sounds bereits bei der Aufnahme unter anderem durch die Mittel der Mikrofonierung in ihren Klangeigenschaften auf die Erfordernisse der jeweiligen aktuellen Produktion abgestimmt. Dies gilt in noch größerem Maße für selbst kreierte oder deutlich modifizierte Sounds: Hier erfolgt die klangliche Abstimmung nicht durch die Mittel der Mikrofonierung, sondern durch die Wahl grundlegender Parameter am elektronischen Klangerzeuger bzw. -prozessor, was eine stärkere klangliche Einflußnahme ermöglicht. Es ist daher unwahrscheinlicher, daß die Notwendigkeit besteht, derartige Sounds zwecks Anpassung an das Klangbild bzw. die Klanggestaltung während der Abmischung noch wesentlichen Klangbearbeitungen zu unterziehen.

lichen Charakterveränderung einzelner Sounds – vor allem während der klanggestalterischen Produktionsschritte *Abmischung* und *Nachbearbeitung* ausgeschöpft werden.

4.3 Interpretation

Die von den Befragten wiederholt verwendeten begrifflichen Gegenüberstellungen bewußt/unbewußt, vor-/nachgeordnet sowie die tendenziell überwiegende Vorstellung einer präferenzverstärkenden Funktion von Klang deuten darauf hin, daß die Klanggestaltung vornehmlich als akzidentieller Parameter eines Musikstücks begriffen wird. Die für die positive Wirkung eines *Musikstücks* wichtige Eigenschaft der „richtige[n] Mischung von Vertrautem und Neuem" (S.50) ist auch den teilweise widersprüchlichen Äußerungen zu den Funktionen des *Klangs* implizit, wie sich in der gemeinsamen Nennung der Eigenschaften ‚Erhöhung der Interessantheit des Stücks' vs. ‚Bedienung bestehender Hörgewohnheiten', oder ‚Vergleichbarkeit mit anderen Produktionen' vs. ‚Regelverstoß zwecks Schaffung von Wiedererkennung' zeigt. In der Verwendung musikalischer Termini werden die unauflösbare Verbindung von Klang und musikalischer Struktur und dementsprechend die klanggestalterische Funktion einer perzeptiven Unterstützung dieser Struktur deutlich (vgl. 2.1).

4.4 Zusammenfassung

Es wurden zehn Musikproduzenten zur Bedeutung der Klanggestaltung in der Popmusik befragt. Nach Ansicht der Experten bildet die Klanggestaltung einen präferenzbestimmenden Faktor unter vielen. Es wird vermutet, daß der Popmusik-Hörer zwar einen guten Klang erwarte, diese Erwartung jedoch unterbewußt bestehe – im Gegensatz zur Erwartung bestimmter musikalisch-struktureller Qualitäten. Analog hierzu wirke der Klang unterbewußt, trage dabei aber zum ersten, oft entscheidenden Eindruck eines Musikstücks bei. Tendenziell wird die Auffassung vertreten, daß die Bedeutsamkeit der Klanggestaltung davon abhänge, inwieweit der musikalische Inhalt vom Hörer grundsätzlich positiv erlebt wird. Klanggestaltung könne also als Präferenzverstärker fungieren. Unter anderem diese Einschätzung deutet darauf hin, daß Klanggestaltung von den Befragten überwiegend als akzidentieller Parameter begriffen wird. Die vielfältigen Funktionen der Klanggestaltung, insbesondere die der perzeptiven Unterstützung der musikalischen Struktur, werden an ihren Beschreibungen insoweit deutlich, als sie sich immer auf mehreren Ebenen – unter anderem der musikalischen – bewegen. Als wichtigste Eigenschaften einer Klanggestaltung werden die Unterstützung der Musik in Statik und Ablauf sowie aktivierende Qualitäten angesehen. Die klanglichen Gestaltungsmöglichkeiten konzentrieren sich im Produktionsprozeß – unter anderem infolge der häufigen Verwendung industriell vorgefertigter Sounds – auf die Abmischung, der auch im Hinblick auf den zeitlichen Arbeitsaufwand ein vergleichsweise hoher Stellenwert eingeräumt wird.

5 Voruntersuchung: Erstellung des Meßinstruments

5.1 Fragestellung

Ziel der Voruntersuchung ist die Konstruktion eines Fragebogens, der in den Hörversuchen als Erhebungsinstrument zum Einsatz kommt. Zentraler Bestandteil des Fragebogens ist ein Meßinstrument zur Erfassung des Hörerurteils (vgl. Kapitel 3). Da die Variable *Hörerurteil* der grundsätzlichen Multidimensionalität[1] der Musikwahrnehmung Rechnung tragen soll und im übrigen nicht klar ist, auf welche Beurteilungsmerkmale sich klanggestalterische Unterschiede in den Hörversuchen auswirken, wird sie komplex operationalisiert, d.h. durch einen Satz mehrerer Indikatorvariablen. Diese Operationalisierung muß in einer Weise geschehen, die der Fragestellung sowie den untersuchten Objekten und Subjekten gerecht wird, also konzept- und beurteilerspezifisch sein.[2] Das bedeutet konkret, daß die Indikatorvariablen geeignet sein müssen, speziell das Hörerurteil von Jugendlichen zu Popmusik zu erfassen, und dies unter Berücksichtigung klangbeschreibender Merkmale. Ein naheliegender, zuverlässiger und zugleich praktikabler Weg, diesen Anforderungen genügende Merkmale zu ermitteln, ist, Statements von Jugendlichen zu Popmusik zu erheben, sie inhaltlich zu kategorisieren und besonders häufig auftretende Inhalte als valide Beurteilungskriterien für Popmusik aufzufassen. Mit der Ermittlung dieser Beurteilungskriterien ist die inhaltliche Fragestellung der Voruntersuchung gegeben. Im Anschluß an die Ermittlung der Kriterien werden auf ihrer Grundlage Skalen konstruiert und zu dem Meßinstrument für die Erfassung der Variable *Hörerurteil* gruppiert, das gemeinsam mit Zusatzfragen den Fragebogen bildet.

Die im Rahmen der Ermittlung von Beurteilungskriterien durchgeführte schriftliche Befragung von Schülern wird ferner dazu genutzt, ergänzende Informationen zu Vorstellungen und Hörgewohnheiten Jugendlicher zu gewinnen, die einschlägigen Publikationen teilweise nicht zu entnehmen sind. So ist es im Rahmen der Untersuchungsthematik von Interesse,

- wie häufig ein Popmusikstück gehört wird, bevor eine Kaufentscheidung (oder eine Entscheidung zur Verfügbarmachung wie z.B. Überspielen) getroffen wird,
- in welchen Aufmerksamkeitssituationen Popmusik gehört wird,
- welche Bedeutsamkeit Jugendliche verschiedenen Parametern eines Popmusikstücks beimessen und
- inwieweit Jugendlichen der klangliche Aspekt eines Musikstücks bewußt ist und was sie gegebenenfalls unter Klang bzw. ‚Sound' verstehen.

Die Klärung der vorletzten Frage kommt dem Versuch einer partiellen und modifizierten Replizierung der Untersuchung von Boyle et al. (1981) gleich. Dabei werden neben den von Boyle et al. unter anderem verwendeten Beurteilungskategorien *Melodie*, *Stimmung*, *Rhythmus* und *Text* auch die Kategorien *Klang* und *Videoclip* einbezogen (vgl. dazu 1.2.1).

---
[1] Vgl. etwa Carterette und Kendall (1989), Wedin (1983) und Kebeck (1994).
[2] Nach Schäfer und Fuchs (1975) wird diese Anforderung in der Forschungspraxis häufig nicht erfüllt.

5.2 Methode

Der Erhebung der Statements und die Gewinnung der ergänzenden Informationen erfolgte durch schriftliche Befragung von Schülern. Dabei kamen zwei unterschiedliche Instrumente zur Anwendung: Eine Textaufgabe zur Erhebung der Beurteilungsmerkmale, bestehend aus zwei allgemein gehaltenen, offenen Assoziationsfragen, und ein Fragebogen zur Gewinnung der ergänzenden Informationen, der hauptsächlich geschlossene Fragen enthielt. Um die mit den offenen Fragen bezweckte freie Reproduktion zu ermöglichen, wurden keine Hörbeispiele vorgeführt.

5.2.1 Stichprobe

An der Textaufgabe nahmen 53 Schüler zweier achter Klassen der Rheingau-Oberschule in Berlin-Friedenau teil, den Fragebogen füllten 54 Schüler (28 Mädchen, 26 Jungen) aus.[3] Obwohl geplant war, den Hörversuch I an einer Gesamtschule durchzuführen, wurden für die Voruntersuchung Schüler eines Gymnasiums gewählt, da hier am ehesten erwartet werden konnte, daß sie sich in freier Formulierung differenziert äußern würden. Das Alter der Versuchspersonen lag zwischen 14 und 16 Jahren (∅=14,7 Jahre).

5.2.2 Textaufgabe

Die Versuchsteilnehmer wurden gebeten, einen kurzen Text zu den Fragen 1. *Hörst Du gerne Popmusik? Wenn ja, was?* und 2. *Was ist Dir bei einem Popmusiktitel wichtig?* zu verfassen. Die erste Frage diente dazu, das beliebte Nennen von konkreten Gruppennamen und Musiktiteln zu ermöglichen und somit weitgehend aus der zweiten Frage herauszuhalten, die ja auf verallgemeinerbare Gegenstände und Eigenschaften abzielte. Die für die Ermittlung von Beurteilungsmerkmalen relevante zweite Assoziationsfrage wurde bewußt sehr allgemein gehalten, um nicht die Häufung von Antworten auf einer Beurteilungsdimension zu provozieren.

Die Texte wurden mit dem inhaltsanalytischen Verfahren der Themenanalyse ausgewertet. Die Themenanalyse operiert auf der semantischen Ebene und soll im vorliegenden Fall einen Schluß auf den Kommunikator ermöglichen. Dazu wird die Gültigkeit des Repräsentationsmodells angenommen, d.h. es wird unterstellt, „daß das, was als Inhalt abgebildet wird, [...] vom Kommunikator und Rezipienten für wahr und richtig gehalten wird" (Merten 1983, S.147). Da die Versuchspersonen die Gelegenheit hatten, auf konkrete Fragen individuell (also weitgehend ohne Gruppendruck) und anonym zu antworten und während des Versuchs größtenteils einen interessierten und motivierten Eindruck machten, kann dieser Inferenzschluß als zulässig angesehen werden, wenngleich aufgrund der konkreten Fragestellung und der Anwesenheit des Untersuchungsleiters eine gewisse interaktive Reaktivität nicht auszuschließen ist.

---

[3] Die höhere Teilnehmeranzahl für den Fragebogenteil kommt durch die Wertung eines Vorab-Versuchs mit einer Person zustande.

Als komplementäre inhaltsanalytische Strategien kommen qualitative und quantitative Vorgehensweise zum Einsatz: Als erster, qualitativer Schritt wird durch Induktion ein offenes Kategoriensystem entwickelt, das die Merkmalsdimensionen berücksichtigt und alle in den Statements vorkommenden Inhalte abdeckt. Die Kategorien müssen nach Merten (1983) folgenden Anforderungen genügen: theoretische Ableitung, Vollständigkeit, wechselseitige Exklusivität, Unabhängigkeit, einheitliches Klassifikationsprinzip, eindeutige Definition. Sodann werden die latenten Merkmale der Erhebungseinheiten den entsprechenden Kategorien zugeordnet, wodurch sich für jede Kategorie eine absolute Häufigkeit ergibt (quantitativer Schritt). Die quantitative Vorgehensweise ist unter der Annahme sinnvoll, daß die Häufigkeit von Zeichen als Maß der ihnen entgegengebrachten Aufmerksamkeit dienen kann.

Als Merkmalsdimensionen ergeben sich in den Niederschriften einerseits Beurteilungsobjekte und andererseits Beurteilungsqualitäten, die den Objekten beigemessen werden. Die beiden Dimensionen finden mit einigen Ausnahmen ihre Entsprechung in den grammatischen Funktionen Subjekt und Attribut bzw. Subjekt und Verb.

Die Kategorienbildung für die *Objekte* kann im vorliegenden Fall nach zwei hierarchischen Klassifikationsprinzipien erfolgen. Erstens nach dem Abschnitt der Kommunikationskette: *Kommunikator—Inhalt—Rezipient* bzw. *Akteur—Musikstück—Hörer*; zweitens nach den Komponenten der einzelnen Abschnitte: Mit *Akteur* können Gruppe, Sänger, Instrumentalisten oder Tänzer gemeint sein. Das *Musikstück* kann als Ganzes beurteilt werden, aber auch sein Stil, Text, Rhythmus, Videoclip usw. Der *Hörer* kann sich zwar prinzipiell sowohl auf die eigene als auch auf andere Personen beziehen, taucht in den Texten aber ausschließlich in Form der eigenen Person auf. Da das Ziel der Voruntersuchung die Ermittlung von Beurteilungskriterien für Musikstücke ist, wird nur das *Musikstück* entsprechend seinen Komponenten in weitere Kategorien unterteilt.

Die Kategorienbildung für die Beurteilungs*qualitäten* genügt zwar einem einheitlichen Klassifikationsprinzip nach Eigenschaftsgruppen, kann aber nicht allen Anforderungen der Themenanalyse gerecht werden. So sind die Kategorien nicht voneinander unabhängig und wechselseitig exklusiv angelegt. Dies ist im Hinblick auf die in komplexer Wechselwirkung stehenden Eigenschaften von Musik unvermeidbar und vor dem Hintergrund, daß die Voruntersuchung nicht der Hypothesenprüfung, sondern explorativen Zwecken dient, zulässig, zumal sonst gänzlich auf die Anwendung des Verfahrens verzichtet werden müßte. Zur Erfüllung der Vollständigkeitsbedingung wird für Objekte wie Qualitäten zusätzlich die Residualkategorie *Sonstiges* eingeführt.

Zur quantitativen Auswertung werden eine Auswahleinheit (sampling unit) und Erhebungseinheiten (recording units) definiert. Die Auswahleinheit wird durch die Summe der Aussagen aller Untersuchungsteilnehmer zu beiden Fragen gebildet.[4] Als Erhebungseinheit wird jeder Satz oder Satzteil definiert, der paarweise Inhalte zu den beiden Merkmalsdimensionen enthält, z.B. „Die Instrumente müssen mir gefallen". Dabei werden Merkmalspaare, die von der gleichen Person mehrmals genannt werden, nur einmal berücksichtigt. Die Merkmalspaare werden nun in der eigentlichen Analyse jeweils einer Objekt- und einer Qualität-Kategorie zugewiesen. Das Zuweisen der Merkmale kommt

---

[4] Es zeigte sich, daß schon zu der ersten Frage häufig Objekte und Qualitäten genannt wurden. Deswegen wurde sie in die Auswertung einbezogen.

einer Messung auf Nominalskalenniveau gleich. Da keine konkreten Einstellungen ermittelt werden sollten, sondern nur Beurteilungskriterien, wurden keine Beurteilungsrichtungen und Intensitäten erhoben, d.h. es kamen nur die Meßoperationen *gleich* und *ungleich* zur Anwendung. Allerdings wurde zu jedem Merkmal als Zusatzinformation das Geschlecht der Versuchsperson registriert.

Einheitenbildung und Zuweisung mußten je nach konkreter Formulierung mehr oder weniger interpretativ vorgenommen werden und warfen angesichts diffuser Formulierungen manches Entscheidungsproblem auf. Diese Form der Reaktivität ist bei der semantischen und pragmatischen Inhaltsanalyse meist unumgänglich. Hier zeigt sich das Dilemma, daß die zum ‚Verstehen' notwendige Interpretation manifester Textmerkmale der Objektivitätsforderung zuwiderläuft.

5.2.3 Fragebogen

Der Fragebogen[5], den die Schüler im Anschluß an die erste Aufgabe ausfüllen sollten, erfaßte mittels geschlossener Fragen grundlegende Persönlichkeitsmerkmale (*Alter, Geschlecht*), sodann Angaben zur Art der Beschäftigung mit Musik, zum Interesse für verschiedene Musikstile und zur Beliebtheit von Popmusik sowie Angaben zu den auf S.55 zusammengestellten Aspekten besonderen thematischen Interesses. Außerdem enthielt der Fragebogen zwei offene Fragen zur Stimmungsveränderung beim Hören von Popmusik und zu ‚klanglichen Vorstellungen'. Diese Fragen sind als Ergänzung zur Textaufgabe zu verstehen und stellen den Versuch dar, die Statements der Jugendlichen auf die Aspekte Emotion und Klang zu fokusieren.

Der Fragebogen hat inhaltlich den Aufbau eines Trichters, der sich immer dann empfiehlt, wenn „das Ziel der Befragung darin [besteht], Beurteilungen oder Bewertungen von Sachverhalten möglichst unbeeinflußt von Aktualisierungen zu erhalten" (Tränkle 1983, S.271). So wurde z.B. die explizit auf den Klang abzielende Frage am Ende des Fragebogens gestellt, so daß die Schüler erst zu diesem Zeitpunkt wissen konnten, welche wissenschaftliche Fragestellung hauptsächlich von Interesse war. Der sechsten und der neunten Frage wurde je eine Filterfrage vorangestellt.

Die Angaben zu den geschlossenen Fragen wurden mit den Mitteln der deskriptiven Statistik, die Antworten zu den offenen Fragen mittels Themenanalyse ausgewertet.

5.2.4 Durchführung

Der Versuch wurde am 24.3.98 in der Klasse 8FE$_2$ und am 12.5.98 in der Klasse 8E durchgeführt. Der Ablauf der für die Versuchsdurchführung vorgesehenen Unterrichtsstunde wurde zuvor mit der verantwortlichen Fachlehrerin abgestimmt. Es wurde als sinnvoll erachtet, die Schüler sowohl auf das Thema Popmusik als auch auf frei-assoziatives Denken einzustimmen, indem zunächst das Prinzip Assoziation bzw. ‚Brainstorming' erklärt, anhand eines Alltagsbegriffs mündlich geübt und dann am Begriff *Popmusik* schriftlich angewendet wurde. Erst dann wurden die beiden Fragen der Textaufgabe gestellt. Es

---

[5] Vgl. 13.1.4.

wurde ausdrücklich auf die bestehende Quasi-Anonymität[6] und Vertraulichkeit hingewiesen. Bezüglich der Textaufgabe mußte klargestellt werden, daß mit *Popmusiktitel* das Musikstück gemeint ist. Da die zweite Frage einigen Schülern sehr unkonkret erschien – was aber beabsichtigt war –, wurde außerdem erklärt, daß es kein Richtig oder Falsch gäbe und daß es kein Problem darstelle, wenn die Frage interindividuell unterschiedlich verstanden würde; Ziel der Untersuchung sei die Erfassung der ganz persönlichen Meinung jedes Einzelnen. Damit sollte auch die Motivation zum Abschreiben gesenkt werden. Es wurde ein Zeitrahmen von 10 Minuten gesetzt. Den Schülern, die die Textaufgabe beendet hatten, wurde der Fragebogen ausgehändigt. Im Verlauf der Bearbeitung von Textaufgabe und Fragebogen kamen keine weiteren Verständnisprobleme auf.

5.3 Angaben der Jugendlichen

5.3.1 Textaufgabe

Die absoluten Häufigkeiten der Erhebungseinheiten wurden in eine Kontingenztafel eingetragen und zur Ermittlung der Objekt- und Qualität-Häufigkeiten Spalten- und Zeilensummen gebildet. Die Tabellen 4 und 5 zeigen für die Beurteilungsobjekte bzw. -qualitäten jeweils die gebildeten Kategorien und die absoluten Häufigkeiten der ihnen zugewiesenen Nennungen. Merkmalskategorien, die mittlere und hohe Zuordnungshäufigkeiten aufweisen, sind hell- und dunkelgrau hervorgehoben.

Wie Tabelle 4 zeigt, sind vor allem das Musikstück als solches sowie die eigene Person Gegenstand von Beurteilungen. Differenzierungen beziehen sich zunächst auf die Person oder die Stimme des Sängers, des weiteren auf die wichtigsten musikalisch-strukturellen Merkmale *Text*, *Rhythmus* und *Melodie* sowie auf den Musikstil. *Klang/Sound* und *Videoclip* stellen offenbar nachrangige Beurteilungsobjekte dar.

Unter den Beurteilungsqualitäten tauchen mit Abstand am häufigsten Nennungen in der undifferenziertesten Kategorie *Evaluation* auf. Außerdem werden Qualitäten genannt, die im weitesten Sinne emotionale Empfindungen beschreiben (*Stimmungsbeeinflussung*, *Motorik*, *Eskapismus*), sowie solche, die sich auf musikalisch-strukturelle Parameter oder deren Interaktion beziehen: So wird von einem Popmusikstück ein relevanter (textlicher) Inhalt erwartet. Dieser Inhalt oder die grundlegende Idee des Musikstücks soll darüber hinaus deutlich vermittelt werden. Weiterhin soll das Stück den Gestaltungsprinzipien *Ausgewogenheit* und *Abwechslungsreichtum* genügen. Im Sinne eines Wunsches nach Intensität kann die Bedeutung der vergleichsweise häufigen Nennung der Beurteilungsqualität *Lautstärke/Quantität* verstanden werden: In sieben Statements wurde eine große Lautstärke gefordert. Allerdings standen diesen immerhin zwei Statements mit gegenteiliger Forderung gegenüber.

---

[6] Die Versuchspersonen sollten lediglich Geschlecht und Geburtsdatum, nicht aber ihren Namen angeben.

Beurteilungsobjekte
(Textaufgabe)

Absolute Häufigkeit der Nennungen (in Rangfolge gebracht)

f	Beurteilungsobjekt
38	Musikstück allgemein
35	Rezipient
29	Gruppe/Sänger
24	Text
23	Gesang/Stimme
11	Stil
10	Rhythmus
10	Melodie
9	Instrumente (Σ aus 4 Kategorien)
7	Aufbau/Form
6	Klang/Sound
4	Tempo
2	Videoclip
1	Sonstiges

Tabelle 4

Beurteilungsqualitäten
(Textaufgabe)

Absolute Häufigkeit der Nennungen (in Rangfolge gebracht)

f	Beurteilungsqualität
41	Evaluation
14	Ohne Beschreibung
14	Sonstiges
11	Stimmungsbeeinflussung
10	Ausgewogenheit
9	Lautstärke/Quantität
9	Inhalt/Thema
8	Deutlichkeit
8	Abwechslungsreichtum
7	Motorik (des Rezipienten)
7	Eskapismus
6	Stilistische Sparte
6	Qualifikation (der Akteure)
5	Textur/Gewicht/Konsistenz
5	Innovation/Originalität
4	Tempo
4	Einprägsamkeit
4	Musikalische Aktivität (des Rezipienten)

f	Beurteilungsqualität (Fortsetzung)
4	Performance
4	Entspannung
3	Aktivierung
3	Informationsgehalt
3	Stimmung (des Stücks)
3	Ursprünglichkeit/Natürlichkeit
2	Bekanntheit
2	Ordnung/Komplexität
2	Sprache (englisch/deutsch)
2	Gestus
2	Tonlage
1	Motivation (der Akteure)
1	Interpretation
1	Klangfarbe
1	Image
1	Produktionsweise
1	Assoziation
1	Identifikation

Tabelle 5

Kombinationen von Beurteilungsobjekten und Beurteilungsqualitäten (Auswahl)
(Textaufgabe)

Absolute Häufigkeit der Nennungen

Beurteilungsobjekt	f	Beurteilungsqualität	Formulierung (f)
Rezipient	10	Stimmungsbeeinflussung	gute Laune bekommen/Stimmung bringen (4); zu Stimmung passen (2); Freude bringen (1); anheizen (1); Spaß auf Feten haben (1); sich in melancholischen Zustand versetzen können (1)
	7	Motorik	tanzen können (7)
	7	Eskapismus	träumen können (3); abschalten können (1); vergessen können (1); sich frei fühlen können (1); in eine andere Welt versetzt werden (1)
Musikstück allgemein	9	Evaluation	gut (4); gefallen (5)
	4	Abwechslungsreichtum	abwechslungsreich (4)
	4	Ausgewogenheit	Harmonie zwischen Text, Rhythmus, Instrumenten und Sänger (1); Harmonie zwischen Stimme und Musik muß stimmen (1); Zusammenstellung von Gesang (oder Rap) und Musik muß gefallen (1); Rhythmus, Melodie und Art des Liedes müssen zusammenpassen (1)
Text	9	Inhalt/Thema	nicht rassistisch (1); nicht sexistisch (1); nicht faschistisch (1); über Liebe (1); problematisierend (1); kritisch (1); interessantes Thema (1); wichtiges Thema (1); links (1)
Gesang/Stimme	7	Evaluation	gut (5); schön (2)
	5	Deutlichkeit	verständlich (3); deutlich (1); klar (1)
Gruppe/Sänger	6	Evaluation	gut (2); gefallen (2); sympathisch (2)
	6	Qualifikation	singen können (5); tanzen können (1)
Stil	6	Stilistische Sparte	Rapelemente enthalten (1); kein Techno (1); Liebeslied (1); keine Schnulze (1); rockig (1); HipHop (1)
Klang/Sound	5	Evaluation	gut (4); gefallen (1)
Rhythmus	3	Evaluation	gut (3)
Melodie	3	Evaluation	gut (3)

Tabelle 6

Indem das Prinzip der hier vorgenommenen Klassifikation der Beurteilungsqualitäten Kategorien von Beurteilungsobjekten folgt, wird der triviale Umstand augenfällig, daß die gewählten Beurteilungsqualitäten immer von dem Objekt abhängen, dem sie beigemessen werden. Daher müssen auch Kombinationen beider Merkmalsdimensionen betrachtet werden, wobei aufgrund ihrer Fülle eine Auswahl zu treffen ist. Tabelle 6 zeigt Kombinationen von Objekten und Qualitäten hoher und mittlerer Häufigkeit, sowie zusätzlich deren konkrete Formulierungen und ihre Häufigkeiten. Die Formulierungen sind für die schülergerechte sprachliche Umsetzung der Beurteilungskriterien im Rahmen der Fragebogenkonstruktion von Bedeutung.

Wie aus Tabelle 6 ersichtlich, werden die weitestgehend emotionalen Qualitäten dem Rezipienten zugeschrieben; das Musikstück oder Komponenten desselben (wie *Gesang/ Stimme* oder *Klang/Sound*) werden, mit Ausnahme des Textes, in erster Linie evaluativ beurteilt. Letzterer wird daran gemessen, welche inhaltlichen Qualitäten er aufweist.

Die Objekt-Qualität-Kombinationen sind, da sie die Konzentration von Beurteilungsqualitäten auf bestimmte Objekte offenlegen, für die Fragebogenkonstruktion von besonderer Relevanz.

5.3.2 Fragebogen

Geschlossene Fragen

Die Auswertung des Fragebogens ergab zunächst, wie kaum anders zu erwarten war, daß sich alle Befragten passiv mit Musik beschäftigen. Immerhin 46% gaben an, Musik auch selbst zu spielen;[7] 14% beschäftigen sich auf eine andere Art und Weise mit Musik (z.B. *Komponieren, Tanzen*). Daß dabei Popmusik im Vergleich zu anderen stilistischen Sparten eine herausragende Rolle spielt, zeigt Abbildung 3 (vgl. hierzu auch S.2, Abbildung 1).[8] Den Angaben zur Frage nach der Beliebtheit von Popmusik (hier nicht graphisch veranschaulicht) zufolge hören sogar 97% der Versuchsteilnehmer zumindest teilweise gerne Popmusik im weitesten Sinne. Die Angaben zu den Fragen nach der Art der Beschäftigung mit Musik, nach Stilpräferenzen und der Beliebtheit von Popmusik spiegeln die große Bedeutung von Musik und insbesondere von medial vermittelter Popmusik für Jugendliche wider und unterstreichen dabei den Forschungsbedarf auf diesem Sektor.

Die Filterfrage *Kaufst (oder überspielst) Du Dir Popmusik?* beantworteten 87% mit *ja, manchmal oder häufig* und nur 13% mit *nein, eigentlich nie*. Bei der Beschäftigung mit bzw. beim Hören von Popmusik ist also die Verfügbarmachung derselben verbreitete Praxis. Dieses Ergebnis war insofern zu erwarten, als insbesondere Popmusik überwiegend zum Stimmungsmanagement eingesetzt wird,[9] was ihre unmittelbare Verfügbarkeit voraussetzt. Diejenigen Versuchspersonen, die mit *ja* geantwortet hatten, sollten weiterhin angeben, wie oft sie einen Popmusiktitel hören, bevor sie ihn sich verfügbar machen. Das Ergebnis zu dieser Frage veranschaulicht Abbildung 4. Demnach scheinen sich etwa zwei Drittel der betreffenden Jugendlichen mit einem Stück vergleichsweise gut vertraut zu machen, bevor sie eine Kaufentscheidung oder eine Entscheidung zu seiner Verfügbarmachung treffen.

Bei der Frage nach der subjektiven Wichtigkeit einiger ‚Elemente' eines Popmusiktitels wurden fast alle Parameter als *eher wichtig* oder *sehr wichtig* eingestuft. Nur der Videoclip wurde fast durchgehend als *eher unwichtig* erachtet (vgl. Abbildung 5). Die klar nachgeordnete Bedeutsamkeit des Videoclips fügt sich in das Bild der Ergebnisse einer schriftlichen Befragung von Reetze (1989) und ergibt sich wohl unter anderem daraus, daß ein Musikvideo sowohl formal und inhaltlich als auch im zeitlichen Produktionsablauf der eigentlichen Musikproduktion nachfolgt. Nach Vernallis (1994) vermag es musikalische Prozesse nicht zu zeigen sondern lediglich zu reflektieren und wird dementsprechend von Jugendlichen Rezipienten als „Zugabe" begriffen (Reetze 1989, S.101);[10] so ist die Erklärung eines im Interview zu Videoclips befragten 16jährigen Jugendlichen wohl typisch:

---

[7] Auch in einer von Reetze (1989) durchgeführten Befragung gab mehr als ein Drittel der Jugendlichen an, aktiv zu musizieren.
[8] Auffällig war, daß die offene Stil-Kategorie häufig verwendet wurde, und zwar meistens für *HipHop*. Der vorgegebenen groben stilistischen Einteilung wollten sich viele Schüler also offenbar nicht bedienen. Im Rahmen der Datenbereinigung wurde aus Konsistenzgründen *HipHop* unter *Pop* subsumiert. Danach ergab die offene Kategorie nur noch einen Prozentsatz von 13%, meistens versehen mit der Angabe *Punk*.
[9] Vgl. z.B. Eckhardt (1986), Kleinen (1986), Harrer (1993), Schönbach (1993), Lehmann (1994) und Schmidbauer und Löhr (1996), Rösing (1997).
[10] Zum sekundären Stellenwert bzw. der begleitenden Funktion von Videoclips vgl. auch Schönbach (1993) sowie Schmidbauer und Löhr (1996).

„Ich persönlich interessiere mich selten für die Bilder, eigentlich nur für die Musik." (*Televizion* 1996, S.42).[11]

Stilpräferenzen

"Mit welcher Musik beschäftigst Du Dich?"

Relative Häufigkeit der Angaben

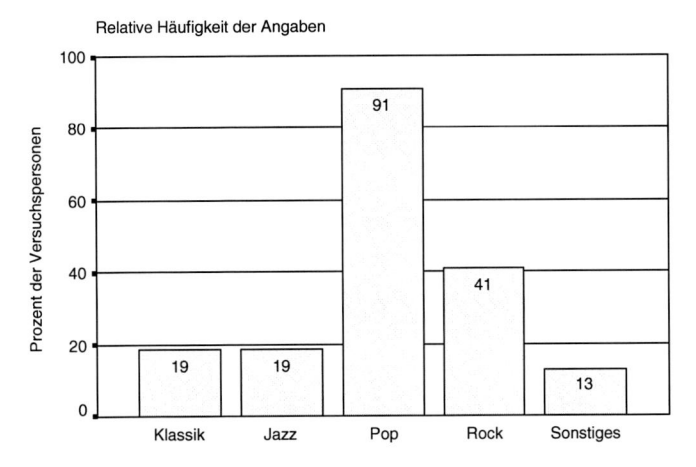

Prozent der Versuchspersonen

Klassik	Jazz	Pop	Rock	Sonstiges
19	19	91	41	13

Abbildung 3

Hörhäufigkeit vor Kaufentscheidung

"Wie oft hörst Du einen Popmusiktitel, bevor Du ihn Dir kaufst?"

Relative Häufigkeit der Angaben

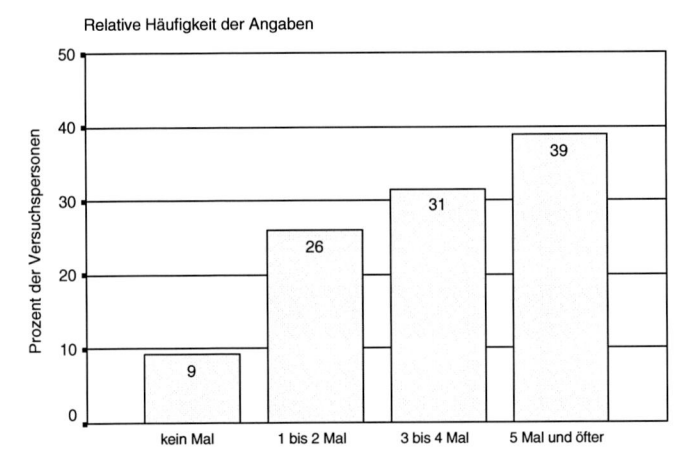

Prozent der Versuchspersonen

kein Mal	1 bis 2 Mal	3 bis 4 Mal	5 Mal und öfter
9	26	31	39

Abbildung 4

---

[11] Nur vereinzelt wird die These einer hohen Bedeutsamkeit des Videoclips vertreten (vgl. etwa Willander 1996).

Bedeutsamkeit reizbezogener Parameter

"Wie wichtig sind Dir diese Elemente in einem Popmusiktitel?"

Mittelwerte der Urteile (in Rangfolge gebracht)

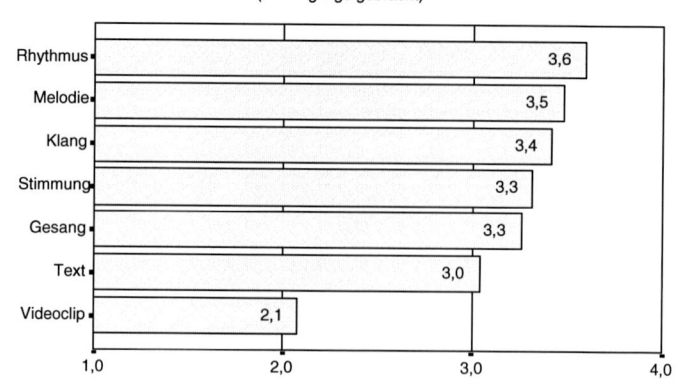

- Rhythmus: 3,6
- Melodie: 3,5
- Klang: 3,4
- Stimmung: 3,3
- Gesang: 3,3
- Text: 3,0
- Videoclip: 2,1

1=völlig unwichtig, 2=eher unwichtig, 3=eher wichtig, 4=sehr wichtig

Abbildung 5

Hörsituationen

"In welchen Situationen hörst Du Popmusik?"

Relative Häufigkeit der Angaben (in Rangfolge gebracht)

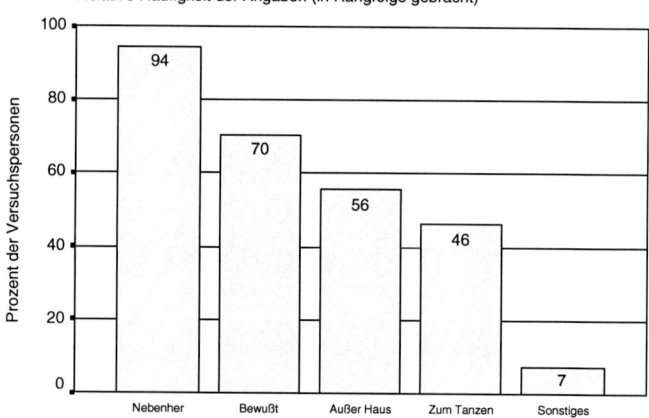

- Nebenher: 94
- Bewußt: 70
- Außer Haus: 56
- Zum Tanzen: 46
- Sonstiges: 7

(Prozent der Versuchspersonen)

Abbildung 6

Im Hinblick auf den Versuch einer partiellen und modifizierten Replizierung der Untersuchung von Boyle et al. (1981) ist festzustellen, daß ungeachtet der im vorliegenden Fall einbezogenen Komponenten *Klang* und *Videoclip* die gefundene Rangfolge der übrigen Komponenten nicht mit der von Boyle et al. (1981) ermittelten Rangfolge (*Melodie, Stim-*

mung, Rhythmus, Text) übereinstimmt. Dies dürfte vor allem auf die unterschiedliche Merkmalsauswahl, Instruktion[12], Stichprobengröße und -beschaffenheit sowie darauf zurückzuführen sein, daß in beiden Fällen die Mittelwerte der am höchsten beurteilten Komponenten nahe beieinander liegen. Wie die Mittelwerte der Beurteilungen ungeachtet ihrer relativen Ränge zeigen, weisen jedoch beide Erhebungen dahingehend Ähnlichkeiten auf, daß jugendliche Hörer die musikalisch-strukturellen Komponenten *Melodie* und *Rhythmus* als besonders bedeutsam einstufen. Mit diesem Ergebnis wird die Einschätzung der befragten Produzenten bestätigt, daß melodische und rhythmische Qualitäten die wichtigsten bewußt erwarteten Eigenschaften eines Musikstücks darstellen (vgl. 4.2). In der Textaufgabe weisen *Melodie* und *Rhythmus* allerdings nur mittlere Häufigkeiten auf (vgl. 5.3.1, Tabelle 4).

Direkt hinter den Komponenten *Melodie* und *Rhythmus* rangiert die neu einbezogene Komponente *Klang* auf Platz drei der subjektiven Bedeutsamkeit. Auch hier ist eine Diskrepanz zu der Bedeutsamkeit, die dem Beurteilungsobjekt *Klang* in freier Reproduktion beigemessen wurde (vgl. Tabelle 4), festzustellen. Die vergleichsweise hohen Ratings dürfen nicht in der Weise interpretiert werden, daß den Befragten die Klanggestaltung im Sinne des hier behandelten Untersuchungsgegenstandes bedeutsam erscheint (auf die Unschärfe des Begriffs *Klang* wurde unter 2.1.2 eingegangen). Einen Hinweis darauf, ob Klang überhaupt als eigenständige Komponente begriffen wird, kann die Untersuchung der Interkorrelationen der zu den verschiedenen Komponenten abgegebenen Urteile geben. Die Berechnung bivariater Korrelationen (nach Pearson) ergab lediglich zwischen *Klang* und *Melodie*, *Klang* und *Rhythmus* sowie *Melodie* und *Gesang* signifikante statistische Zusammenhänge. Sie fallen jedoch sämtlich gering aus (r<0,29), was dafür spricht, daß unter den vorgegebenen Komponenten wirklich Verschiedenes verstanden wird. Dennoch bleibt offen, *was* die Befragten unter Klang verstehen. Hinweise darauf wird die Auswertung der letzten (offenen) Frage des Fragebogens liefern (vgl. S.67-69).

Zur Beantwortung der Frage *In welchen Situationen hörst Du Popmusik?* standen vier geschlossene Kategorien und eine offene zur Auswahl. Die relativen Häufigkeiten der Angaben zeigt Abbildung 6. Auch wenn mit den Situationen keine Hördauern erhoben wurden, spricht die Häufigkeit der Angaben zu der Antwortoption *bewußt und ohne Nebentätigkeit* dagegen, Popmusik als reine ‚Nebenbeihörmusik' zu verstehen. Vielmehr läßt sie darauf schließen, daß sich Jugendliche nicht nur quantitativ (vgl. Abbildung 4), sondern zumindest zeitweise auch *qualitativ* intensiv mit Popmusik befassen.[13]

Offene Fragen

Auf die Frage, ob das Hören eines guten Popmusiktitels stimmungsverändernd wirkt, antworteten 81% der Befragten mit *ja*. Diejenigen Personen, die mit *ja* geantwortet hatten, sollten außerdem angeben, *wie* sich ihre Stimmung verändert, gegebenenfalls unter Aufzählung mehrerer Möglichkeiten. Wegen der hohen Anzahl positiver Angaben zu der Filterfrage wurde die nachfolgende offene Frage themenanalytisch ausgewertet.

---

[12] Boyle et al. (1981) forderten ihre Probanden auf, die Beurteilung an drei selbstgewählten ‚Lieblingsstükken' vorzunehmen.
[13] Six (1995) relativiert die Einschätzung, Hörmedien seien für Jugendliche ‚Nebenbeihörmedien'.

Der Fragestellung entsprechend taucht in den Niederschriften nur eine Merkmalsdimension *Stimmung* auf. Tabelle 7 zeigt die Kategorien von Beurteilungsqualitäten und die dazugehörigen Häufigkeiten ihrer Nennungen sowie die konkreten Formulierungen mit ihrer jeweiligen Häufigkeit. Da die Kategorien emotionale Qualitäten erfassen, sind sie zum Teil nicht mit einem einzigen Überbegriff, sondern nur mit Gegensatzpaaren zu beschreiben.

Stimmungsveränderung beim Hören von Popmusik
Absolute Häufigkeit der Nennungen (in Rangfolge gebracht)

f	Beurteilungsqualität	Formulierung (f)
26	Freude—Trauer	fröhlich (9); froh (1); lustig (3); glücklich (2); traurig (5); betrübt (1); deprimiert (1); depressiv (1); mitgenommen (1); melancholisch (2)
24	Evaluation	positiv (4); gut (4); gut drauf (3); gutgehen (1); gute Laune (7); aufmuntern (3); freundlich (1); schlecht (1)
12	Sonstiges	Erinnerungen geweckt (2); an Film erinnern (1); aggressiv (2); sich aufregen (1); Mut machen (1); aufgeschlossen (1); trösten (1); powerful (1); klingt mehr (1); Trauer in Wut oder Gelassenheit verwandeln (1)
9	Aktivierung—Entspannung	aufgekratzt (1); aufgedreht (1); ausgelassen (1); unternehmungslustig (1); nicht langweilig (2); aufgeheizte Lage (1); entspannen (1); locker (1)
7	Musikalische Aktivität	singen (3); mitsingen (3); mitsummen (1)
4	Eskapismus	träumen (2); in Musik hineinrutschen (1); vergessen (1)
4	Motorik (des Rezipienten)	tanzen (3); bewegen (1)
4	Nachdenklichkeit	nachdenklich (4)

Tabelle 7

Am häufigsten wurden Stimmungsqualitäten genannt, die zu den gegensätzlichen Primäremotionen[14] Freude und Trauer gezählt werden können und solche, die die Stimmung des Rezipienten lediglich evaluativ beschreiben, also auf ihre Spezifizierung durch die Benennung von Affekten verzichten. Beide Kategorien sind nicht scharf zu trennen und könnten auch zusammengefaßt werden. Während in der Kategorie *Evaluation* fast ausschließlich positive Statements abgegeben wurden, sind in der Kategorie *Freude—Trauer* Statements beider Urteilsrichtungen zu verzeichnen, und zwar bezüglich ihrer Häufigkeit in ähnlicher Größenordnung (15 positive, 11 negative). Demnach stellen traurige, depressive oder melancholische Gefühlszustände beim Hören von Popmusik keine Randerscheinung dar. Mit mittlerer Häufigkeit wurden Stimmungsqualitäten in den Kategorien *Aktivierung—Entspannung* und *Musikalische Aktivität* genannt. Eine geringe, aber nicht zu vernachlässigende Häufigkeit weisen die Nennungen in den Kategorien *Eskapismus*, *Motorik* und *Nachdenklichkeit* auf.

Die hier ermittelten emotionalen Beurteilungsmerkmale stellen eine sinnvolle Ergänzung zu den Ergebnissen der Textaufgabe dar, da sie sich ausschließlich auf das Objekt *Rezipient* beziehen und in ihren Qualitäten vergleichsweise differenziert sind.

---

[14] Die Annahme von Primär- oder Basisemotionen wird unter anderem von McDougall und Plutchik vertreten. Plutchik postuliert außerdem die Gegensätzlichkeit je zweier Primäremotionen. Freude und Trauer können demnach als Pole einer dichotomen Emotionsqualität begriffen werden. Daher wurden sie im vorliegenden Fall unter eine Kategorie subsumiert. Einen ausführlichen Überblick über emotionspsychologische Theorien geben Meyer et al. (1993, 1997).

Die Auswertung der Niederschriften zu der abschließenden Frage *Wie sollte ein Popmusiktitel Deiner Meinung nach klingen? Versuche, den Klang (den Sound) in ganzen Sätzen zu beschreiben* erbrachte die in den Tabellen 8 und 9 aufgeführten Beurteilungsobjekte und -qualitäten.

Beurteilungsobjekte
(Frage nach klanglichen Vorstellungen)

Absolute Häufigkeit der Nennungen (in Rangfolge gebracht)

f	Beurteilungsobjekt
41	Musikstück allgemein
12	Rezipient
11	Tempo
10	Gesang/Stimme/Sänger
9	Melodie
9	Baß
8	Klang/Sound
7	Rhythmus/Beats
7	Dramaturgie/Form
4	Text
4	Schlagzeug
3	Instrumente allgemein
3	klassische Instrumente
2	Stil
1	Akteure
0	Sonstiges

Tabelle 8

Die angegebenen Eigenschaften beziehen sich vor allem auf das Beurteilungsobjekt *Musikstück allgemein*. Mit mittlerer Häufigkeit werden auch differenziertere musikalisch-strukturelle Objekte genannt, die den Kategorien *Melodie, Gesang/Stimme/Sänger, Rhythmus/ Beats, Baß, Tempo, Dramaturgie/Form* und natürlich *Klang* zugeordnet werden können. Auffällig ist, daß auch unter der hier gegebenen Fragestellung die Kategorie *Rezipient* vergleichsweise stark besetzt ist. Dies spiegelt, unabhängig davon, was die Versuchsteilnehmer unter Klang verstehen, die bedürfnisbefriedigende Funktion von Popmusik im Sinne des auf S.62 erwähnten Stimmungsmanagements wider, an deren Erfüllung ein Musikstück oder Teile von ihm gemessen werden.

Beurteilungsqualitäten
(Frage nach klanglichen Vorstellungen)

Absolute Häufigkeit der Nennungen (in Rangfolge gebracht)

f	Beurteilungsqualität	f	Beurteilungsqualität (Fortsetzung)
23	Deutlichkeit	3	Vorhandensein
18	(Laut)stärke/Quantität	3	Informationsgehalt
10	Tempo	3	Motorik (des Rezipienten)
10	Evaluation	2	Interpretation
9	Textur/Gewicht/Konsistenz	2	Innovation/Originalität
7	Stimmung (des Stücks)	2	Stilistische Sparte
7	Stimmungsbeeinflussung	2	Musikalische Aktivität (des Rezipienten)
5	Spannungsverlauf	1	Sprache (englisch/deutsch)
4	Ausgewogenheit	1	Motivation
4	Abwechslungsreichtum	1	Gestus
4	Einprägsamkeit	1	Geschlossenheit
4	Klangfarbe	1	Länge
4	Sonstiges		

Tabelle 9

Im Gegensatz zur Textaufgabe (vgl. 5.3.1, Tabelle 5) dominieren in den Statements zur vorliegenden Frage nicht mehr Beurteilungsqualitäten der Kategorie *Evaluation*, sondern solche, die als mehr oder weniger klangbeschreibend bezeichnet werden können. Auf welche Objekte sich diese Qualitäten beziehen, wird aus den in Tabelle 10 aufgeführten Kombinationen von Objekt- und Qualität-Kategorien hoher und mittlerer Häufigkeit ersichtlich.

Die klangbeschreibende Qualität *(Laut)stärke/Quantität* wird vor allem auf das Beurteilungsobjekt *Musikstück allgemein* bezogen; überwiegend ist eine hohe Lautstärke erwünscht. Dies gilt auch für das Objekt *Baß*, wobei der Kontext der Formulierungen in den Niederschriften darauf schließen läßt, daß mit *Baß* eher der untere Bereich des Frequenzspektrums als das Musikinstrument gemeint ist. Dem Objekt *Klang* werden ausschließlich Klangfarben wie *hell* und *dumpf* attribuiert. Sie beschreiben den oberen Bereich des Frequenzspektrums. Im Gegensatz zu diesen drei klar miteinander in Beziehung stehenden Objekt-Qualitäts-Kombinationen verteilt sich die Anwendung der am häufigsten auftretenden Beurteilungsqualität *Deutlichkeit* auf mehrere musikalisch-strukturelle Komponenten sowie *Musikstück allgemein*. Indirekt als klangbeschreibend können die unter der Qualität-Kategorie *Struktur/Gewicht/Konsistenz* zusammengefaßten Formulierungen *weich*, *leicht*, *hart* oder *rauh* interpretiert werden. Sie beziehen sich ausschließlich auf das Objekt *Musikstück allgemein*.[15]

---

[15] Den genannten Begriffen ist ihre haptische Erfahrbarkeit gemein. Neben dem Bildlichen wird auch diese Dimension von Sinneseindrücken häufig zur Beschreibung klanglicher Eindrücke herangezogen (vgl. 1.2.3, Fußnote 33).

Kombinationen von Beurteilungsobjekten und Beurteilungsqualitäten (Auswahl)

(Frage nach klanglichen Vorstellungen)

Absolute Häufigkeit der Nennungen

Beurteilungsobjekt	f	Beurteilungsqualität	Formulierung (f)
Musikstück allgemein	7	(Laut)stärke/Quantität	leise (1); nicht zu leise (1); laut (3); sehr sehr laut (1); kräftig (1)
	7	Stimmung	Stimmung drin sein (1); nicht zu traurig (1); traurig (2); fröhlich (1); cool (1); Stimmung soll gut rüberkommen (1)
	6	Struktur/Gewicht/Konsist.	weich (1); leicht (1); hart (2); sanft (1); rauh (1)
	4	Evaluation	gefallen (1); schnell gefallen (1); gut klingen (1); irgendwie schön (1)
	4	Deutlichkeit	klar (2); deutlich (2)
Tempo	10	Tempo	schnell (5); nicht zu schnell (1); langsam (3); nicht zu langsam (1)
Rezipient	7	Stimmungsbeeinflussung	Stimmung bringen (1); soll Stimmung stark verändern (1); soll bewegen (1); soll Ekstase verursachen (1); aufmuntern (1); soll zu Laune passen (1); der Laune entsprechend (1)
Baß	6	(Laut)stärke/Quantität	laut (3); stark (2); nicht übermäßig viel (1)
Rhythmus/Beats	5	Deutlichkeit	gut hörbar (1); Stück soll rhythmisch sein (1); Stück soll groovig sein (1); Stück soll rhythmisch klingen (1)
Dramaturgie	5	Spannungsverlauf	Höhepunkt drin (1); Inhalt des Liedes nicht verraten (2); neugierig machen (2)
Klang/Sound	4	Klangfarbe	nicht hell (1); nicht dumpf (1); viele Bässe enthalten (2)
Gesang/Stimme/Sänger	3	Deutlichkeit	verständlich (1); klar (1); deutlich (1)
Melodie	3	Deutlichkeit	deutlich (1); Stück soll melodisch sein (2)

Tabelle 10

Wie schon die emotionalen, so stellen auch die durch die Frage nach ‚klanglichen Vorstellungen' ermittelten Beurteilungsmerkmale eine sinnvolle Ergänzung zu den Ergebnissen der Textaufgabe dar. Sie beziehen sich zwar nur zum Teil auf klangliche Eigenschaften, beschränken sich aber immerhin größtenteils auf das Musikstück und seine Parameter, was bei der Textaufgabe nicht in dem Maße der Fall war. Des weiteren werden viele der in der Textaufgabe ermittelten Kriterien durch erneute Nennung gestützt.

Wie die letzte offene Frage zeigt, scheinen für die meisten jugendlichen Versuchspersonen *Klang* bzw. *Sound* recht diffuse Begriffe zu sein, unter die sie alle diejenigen musikalisch-strukturellen Komponenten subsumieren, die auch bei nicht spezifizierter Fragestellung als Beurteilungsobjekte genannt werden. Auch die genannten Beurteilungsqualitäten sind denen der Textaufgabe ähnlich. Dennoch konnte der Fokus der Statements hinsichtlich der Objekte und Qualitäten im Vergleich zur Textaufgabe merklich eingeengt werden, wie anhand der Rangfolgenänderungen erkennbar ist. Der Fokus zeigt sich nur in beiden Fällen deutlich größer, als durch die jeweilige Frage gefordert war. In der Subsumtion musikalisch-struktureller Eigenschaften unter den Begriff *Klang* wird wiederholt die Verbindung von Klang und musikalischem Inhalt deutlich (vgl. 2.1 und 4.3).

5.3.3 Geschlechtsspezifische Differenzen

Während der Auswertung der Niederschriften fielen deutliche geschlechtsspezifische Unterschiede im Antwortverhalten auf. Sowohl bei der Bearbeitung der Textaufgabe als auch bei der Beantwortung der offenen Fragen des Fragebogens zeigten sich die Mädchen wesentlich auskunftsfreudiger oder -fähiger. Auf sie entfallen etwa doppelt so viele Statements wie auf männliche Versuchspersonen. Außerdem äußerten sie sich differenzierter: Statements von Mädchen verteilten sich auf nahezu alle, Statements von Jungen nur auf etwa zwei Drittel der Merkmalskategorien.[16]

Auch die Wahl der Beurteilungsmerkmale unterscheidet sich geschlechtsabhängig. So gaben die Jungen in den Niederschriften zur Textaufgabe meistens evaluative Urteile ab, und zwar vor allem zu den Objekten *Gruppe/Sänger*, *Musikstück allgemein*, *Rhythmus* und *Klang/Sound*. Weibliche Versuchsteilnehmer wandten hingegen gehäuft emotionale Kriterien an und wählten als Beurteilungsobjekte in erster Linie Personen. Typisch weibliche Kategorienkombinationen sind demnach *Gesang/Stimme—Evaluation*, *Rezipient/Hörer—Motorik*, *Rezipient/Hörer—Eskapismus*, *Rezipient/Hörer—Entspannung*, *Gruppe/Sänger—Performance* und *Gruppe/Sänger—Qualifikation*. Daß weibliche Versuchteilnehmer eher bereit sind, emotionale Beurteilungsqualitäten zu äußern, tritt auch bei der offenen Frage zur Stimmungsveränderung zutage, nämlich in Form klarerer und stärkerer Benennungen der Affekte: Insbesondere in der gegenüber *Evaluation* eindeutiger emotionalen Kategorie *Freude—Trauer* sowie in den Kategorien *Motorik* und *Nachdenklichkeit* finden sich hauptsächlich oder ausschließlich Statements von Mädchen, in der Kategorie *Aktivierung* dominieren hingegen Nennungen von Jungen.[17] Passend zu diesem Bild ergeben sich für die offene Frage nach ‚klanglichen Vorstellungen' *Tempo* und *Lautstärke/Quantität* als typisch männliche und *Stimmungsbeeinflussung* als typisch weibliche Beurteilungsqualitäten.

5.4 Skalenkonstruktion

Trotz der hohen Anzahl von Statements, die undifferenzierten bis nahezu tautologischen Charakter haben (*Was ist Dir bei einem Popmusiktitel wichtig?*: „Ich finde es wichtig, daß mir das Lied gefällt") oder die über die Fragestellung hinausgehen, ergibt sich eine große Diversifikation von Beurteilungsobjekten und -qualitäten, welche eine gute Grundlage zur Skalenkonstruktion darstellt. Indes sollte die Bedeutung der ermittelten absoluten Häufigkeiten nicht überschätzt werden, da insbesondere bei der Kategorienbildung nicht alle Anforderungen der Themenanalyse eingehalten werden konnten (vgl. 5.2.2). Für die Konstruktion der Skalen sind die Häufigkeiten eher als Anhaltspunkte aufzufassen. Diese Einschränkung der Interpretierbarkeit der quantitativen Ergebnisse tangiert jedoch nicht die der qualitativen Ergebnisse wie die Diversifikation der Kategorien und die konkreten Formulierungen der Schüler.

---

[16] Dies ist nur bedingt auf die geringere Anzahl von Erhebungseinheiten männlicher Versuchsteilnehmer zurückführbar.
[17] Es wurden relative Häufigkeiten verglichen.

In den Niederschriften wird deutlich, daß *Musikstück allgemein* und *Rezipient* die wichtigsten Beurteilungsobjekte darstellen. Sie müssen im Meßinstrument vertreten sein. Aus den differenzierteren Objekten (Unterkategorien von *Musikstück allgemein*) werden, insbesondere vor dem Hintergrund der in Abbildung 5 veranschaulichten Ergebnisse, *Melodie* und *Rhythmus* ausgewählt, sowie aufgrund der Untersuchungsthematik *Klang/Sound*. Eine gleichzeitige Einbeziehung der Stimme als musikalisches Element einerseits und personifiziert in Form des Sängers andererseits erscheint nicht sinnvoll, daher findet nur das ‚Instrument' *Gesang* im Meßinstrument Berücksichtigung. Da die Anzahl der Indikatorvariablen aus erhebungspsychologischen und -praktischen Gründen nicht zu groß sein sollte, werden keine weiteren Merkmalskategorien, die mit hoher oder mittlerer Häufigkeit besetzt sind, einbezogen. Ausgeschlossen bleiben aus diesem Grunde die Objekte *Text* und *Stil*, deren Beurteilung auf einem vergleichsweise hohen Abstraktionsniveau erfolgt. Sie erscheinen in Verbindung mit den auf sie hauptsächlich angewendeten Beurteilungsqualitäten *Inhalt* bzw. *Stilistische Sparte* als am wenigsten geeignet, Änderungen von Sinneseindrücken und Befindlichkeiten anzuzeigen.

Jedem der ausgewählten Beurteilungsobjekte werden nun häufig auftretende und verschiedenartige Beurteilungsqualitäten zugewiesen. Dies sind zu *Musikstück allgemein* die Qualitäten *Evaluation* und *Abwechslungsreichtum*, zu *Rezipient* die Qualitäten *Stimmungsbeeinflussung*, *Motorik* und *Eskapismus* und zu *Gesang* die Qualität *Deutlichkeit*[18].

Für die Objekte *Melodie* und *Rhythmus* stehen ebenfalls die Qualitäten *Evaluation* und *Deutlichkeit* zur Wahl. Spätestens an diesem Punkt wird die Problematik offensichtlich, daß nicht beide Merkmalsdimensionen explizit in dem Meßinstrument aufgeführt werden können, ohne Unübersichtlichkeit und Redundanz zu erzeugen. Eine Lösung dieses Problems besteht in der Implikation der Objekte durch die Qualitäten. So ist z.B. selbstverständlich, daß sich die Qualität *Eskapismus* auf das Objekt *Rezipient* bezieht. Dies wird anhand der konkreten Formulierungen noch deutlicher, wie – um das gegebene Beispiel zu ergänzen – der Begriff *Träumen* zeigt. Im Falle von *Melodie* und *Rhythmus* wird die beschriebene Objekt-Implikation durch Verwendung der von den Versuchsteilnehmern häufig genannten Begriffe *melodisch* bzw. *rhythmisch* erreicht. Eine Festlegung auf eine der bestehenden Qualität-Kategorien erübrigt sich damit.

Das Beurteilungsobjekt *Klang* wurde gemäß Tabelle 10 in Zusammenhang mit der Qualität *Klangfarbe* genannt. Wie auf S.68 beschrieben, ergeben sich ungeachtet der Einteilung in Objekte und Qualitäten als weitere klangliche Beurteilungsmerkmale *Lautstärke* und *Baß*. Bei der Skalenbenennung wird dem Umstand Rechnung getragen, daß in den Niederschriften *Baß* größtenteils als Beurteilungs*objekt* auftaucht, dem die Qualität *Lautstärke/Quantität* attribuiert wurde. Auch das den Klang indirekt beschreibende Merkmal *Textur/Gewicht/Konsistenz* wird in das Meßinstrument aufgenommen.

Die Auswahl der Beurteilungsmerkmale, die aufgrund der Häufung ihrer Nennungen als Beurteilungs*kriterien* bezeichnet werden können, trägt auch den geschlechtsspezifischen Differenzen im weitesten Sinne Rechnung und ist damit abgeschlossen. Auf der Grundlage

---

[18] Im Gegensatz zu der bereits für *Musikstück allgemein* verwendeten Qualität *Evaluation* bietet sich für das Objekt *Gesang* die Wahl der Qualität *Deutlichkeit* unter anderem deswegen an, weil durch diese Kombination der klangästhetische Aspekt der Sprachverständlichkeit erfaßt wird.

der Kriterien werden nun unter Berücksichtigung der konkreten Formulierungen und, wie eben beschrieben, unter Zulassung oder gezieltem Einsatz von Objekt-Implikationen die Skalenbenennungen festgelegt. Aus welcher Formulierung eine Skalenbenennung abgeleitet wird, richtet sich weitgehend danach, wie häufig eine Formulierung in den Niederschriften verwendet wurde (vgl. Tabellen 6 und 10). Im Hinblick auf die möglichst unverfälschte Übernahme der Formulierungen der Jugendlichen erfolgt bei der Skalenbenennung keine Festlegung auf Adjektive bzw. Partizipien (wie es z.B. im klassischen Hofstätterschen Polaritätsprofil der Fall ist). Gegebenenfalls werden bestimmte Beurteilungsobjekte, deren Implikation unpraktikabel ist, explizit genannt (z.B. *deutlicher Gesang*). Es ergibt sich der in Tabelle 11 dargestellte Indikatorvariablensatz zur Erfassung des Hörerurteils Jugendlicher zu Popmusik unter Berücksichtigung klanglicher Merkmale.

Einige der extrahierten Beurteilungskriterien werden auch in der Literatur genannt (vgl. 1.2.1). Unter Vernachlässigung geringfügiger sprachlicher Abweichungen, die zum Teil auf Übersetzung, zum Teil auf eine Diskrepanz zwischen veralteter und zeitgemäßer Begrifflichkeit zurückzuführen sind, können außerdem einige der ermittelten Kriterien als gute Indikatoren für die Dimensionen der sogenannten EPA-Struktur gelten, und zwar *gefallen—nicht gefallen* für die *Evaluation*-Dimension, *hart—weich* für die *Potency*-Dimension und *abwechslungsreich—eintönig* für die *Activity*-Dimension bzw. für die mit ihr korrelierende Komplexität (vgl. etwa Osgood et al. 1979, Ertel 1965a und Buss 1971). Das ebenfalls die *Evaluation*-Dimension repräsentierende Merkmal *Helligkeit* wird nicht in diesen Zusammenhang gestellt, da es von den Versuchsteilnehmern klanglich verstanden und dementsprechend begrifflich umgesetzt wurde (*hell—dumpf*). Auch das Verständnis des üblicherweise *Activity* repräsentierenden Merkmals *schnell—langsam* kann im vorliegenden Fall nicht als im Osgoodschen Sinne konnotativ-affektiv bzw. als „indirekt, uneigentlich und metaphorisch" (Ertel 1964, S.3) bezeichnet werden; vielmehr dient *schnell—langsam* der direkten Tempobezeichnung des zu beurteilenden Musikstücks. Es wird daher als im weitesten Sinne musikalisch-strukturelles Merkmal aufgefaßt.

Im weiteren Untersuchungsverlauf ist stellenweise, insbesondere in Zusammenhang mit der Interpretation von Ergebnissen, eine Klassifikation von Merkmalen innerhalb des Variablensatzes hilfreich. Daher werden vereinfachend die drei erstgenannten Merkmale als EPA-Indikatoren bezeichnet. Weiterhin werden *melodisch—unmelodisch*, *rhythmisch—unrhythmisch* und wie erwähnt *schnell—langsam* als musikalisch-strukturelle Merkmale, die auf die Befindlichkeit des Rezipienten bezogenen Kriterien als emotionsbeschreibende Merkmale und die übrigen Kriterien als klangbeschreibende Merkmale bezeichnet (vgl. Tabelle 11).

Die Skalen wurden als bipolare, symmetrische Ratingskalen konstruiert. Obwohl umstritten ist, inwieweit Beurteilungen auf Ratingskalen intervallskaliert sind, wird für die Indikatorvariablen im Hinblick auf die statistische Auswertung Intervallskalenniveau angenommen. Dies wird in der Forschungspraxis durch die Einschätzung gerechtfertigt, „die Verletzungen der Intervallskaleneigenschaften seien bei Rating-Skalen nicht so gravierend, als daß man auf die Verwendung parametrischer Verfahren gänzlich verzichten müßte"[19]. Der neutrale Skalenursprung und die Urteilseinheiten sind durch die Bipolarität der Skalen sowie die begriffliche Festschreibung der Skalenpole auch ohne Verankerung an zu

---

[19] Bortz und Döring (1995), S.168. Zur Problematik des Skalenniveaus von Ratingskalen vgl. ibid.

diesem Zwecke vorgeführten Beurteilungsobjekten weitgehend implizit. Die Skalen wurden fünfstufig ausgelegt.[20] Obwohl verschiedene Skalenpolungen im wesentlichen nicht zu unterschiedlichen Ergebnissen führen (vgl. Bortz und Döring 1995), wurden die Polungen bei der graphischen Anordnung auf dem Fragebogen nach dem Zufallsprinzip variiert.[21]

Operationalisierung der komplexen Variable *Hörerurteil*
Klassifikation und Kurzbezeichnungen der Indikatorvariablen sowie Benennungen der Skalenpole

Klassifikation	Kurzbezeichnung	Positiver Skalenpol	Negativer Skalenpol
EPA-Indikatoren	Gefallen	gefällt mir —	gefällt mir nicht
	Abwechslung	abwechslungsreich —	eintönig
	Härte	hart —	weich
musikalisch-strukturelle Merkmale	Melodie	melodisch —	unmelodisch
	Rhythmus	rhythmisch —	unrhythmisch
	Tempo	schnell —	langsam
klangbeschreibende Merkmale	Lautstärke	laut —	leise
	Helligkeit	hell —	dumpf
	Baß	lauter Baß —	leiser Baß
	Deutlichkeit	deutlicher Gesang —	undeutlicher Gesang
emotionsbeschreibende Merkmale	Laune	macht gute Laune —	macht schlechte Laune
	Tanzen	gut zum Tanzen —	nicht gut zum Tanzen
	Träumen	gut zum Träumen —	nicht gut zum Träumen

Tabelle 11

Neben der komplex operationalisierten Variable *Hörerurteil* enthält der Fragebogen zwei Zusatzfragen zur Bekanntheit des Musikstücks und zur Kaufbereitschaft, die mit *ja* oder *nein* zu beantworten sind. Um die Bildung eines differenzierten Urteils zu fördern, bekamen die Urteiler außerdem Gelegenheit, sich formlos zu dem Testbeispiel zu äußern (nicht obligatorisch).[22] Der vollständige Fragebogen ist unter 13.1.5 abgebildet.

5.5 Zusammenfassung

In diesem Untersuchungsabschnitt wird die Herstellung des Fragebogens beschrieben, der in den Hörversuchen zur Anwendung kommt. Es wurde festgestellt, daß das den zentralen Bestandteil des Fragebogens bildende Meßinstrument zur Erfassung des Hörerurteils auf-

---

[20] Nach Rohrmann (1978) präferieren Versuchspersonen fünfstufige Skalen.
[21] Der unsystematische Wechsel von Merkmalsrichtungen soll über den Weg wiederholter Aufmerksamkeitsforderung beim Urteiler die bedeutungsmäßige Abgrenzung der Merkmale unterstützen und so Halo-Effekten entgegenwirken.
[22] Nach Tränkle (1983) besitzen offene Fragen eine wichtige Ventilfunktion und sollten stets zur Ergänzung geschlossener Fragen eingesetzt werden.

grund der grundsätzlichen Multidimensionalität der Musikwahrnehmung komplex zu operationalisieren sei. Da die Literatur kein Meßinstrument bereitstellt, das den Anforderungen Konzept- und Urteilerspezifität genügt, wurde auf der Basis von Beurteilungskriterien Jugendlicher für Popmusik und unter Berücksichtigung klanglicher Aspekte ein auf die Untersuchung zugeschnittenes Meßinstrument konstruiert. Zur Ermittlung der Beurteilungskriterien wurden die Niederschriften von 53 Gymnasiasten unter anderem zu der Frage *Was ist Dir bei einem Popmusiktitel wichtig?* inhaltsanalytisch ausgewertet. Außerdem wurden die Antworten zu offenen Ergänzungsfragen nach Stimmungsveränderung und ‚klanglichen Vorstellungen' in die Auswertung einbezogen. Die am häufigsten genannten Beurteilungsmerkmale wurden als valide Beurteilungskriterien Jugendlicher für Popmusik aufgefaßt. Unter Berücksichtigung der in den Niederschriften verwendeten konkreten Formulierungen wurden aus den Beurteilungskriterien 13 Skalen konstruiert, die gemeinsam die komplexe Variable *Hörerurteil* bilden. Die von den einzelnen Indikatorvariablen erfaßten Merkmale lassen sich in EPA-Indikatoren, musikalisch-strukturelle Merkmale, klangbeschreibende Merkmale und emotionsbeschreibende Merkmale unterteilen. Neben dem Instrument zur Erfassung des Hörerurteils enthält der Fragebogen zwei geschlossene Zusatzfragen zur Kaufbereitschaft und Bekanntheit sowie eine offene Antwortoption *Bemerkungen*, deren Nutzung nicht obligatorisch ist. Im Rahmen der Voruntersuchung ergänzend erhobene Daten deuten darauf hin, daß sich Jugendliche nicht nur quantitativ, sondern zeitweise auch qualitativ intensiv mit Popmusik befassen. Übereinstimmend mit Boyle et al. (1981) wurden unter abstrakt vorgegebenen popmusikalischen Parametern wie z.B. *Text* oder *Stimmung* die musikalisch-strukturellen Komponenten *Rhythmus* und *Melodie* als besonders bedeutsam eingestuft, sowie außerdem der im vorliegenden Falle einbezogene Parameter *Klang*. Das Urteilsverhalten der Versuchsteilnehmer läßt darauf schließen, daß *Klang* eine weitgehend eigenständige Beurteilungskategorie bildet, jedoch ist nicht klar, was genau unter *Klang* verstanden wird. *Klang* oder *Sound* scheinen für die Jugendlichen recht diffuse Begriffe zu sein, unter die sie auch musikalisch-strukturelle Komponenten subsumieren.

Experiment I: Bekannte Musikstücke

6 Herstellung der Testbeispiele I: Bekannte Musikstücke

Vorrangiges Ziel der in diesem Kapitel beschriebenen Vorarbeiten ist die Anfertigung von Testbeispielen für den Hörversuch I. Gemäß 1.3 müssen sich die Testbeispiele sowohl in ihren klanglichen Eigenschaften als auch in ihrer audiovisuellen Darbietungsform (mit oder ohne Videoclip) unterscheiden. Die fraglichen Effekte werden außerdem anhand zweier Musikstücke unterschiedlichen Stils getestet (vgl. hierzu 2.1.1). Vor dem Hintergrund der Verwendung zweier Musikstücke und zweier Darbietungsformen können im Hörversuch I maximal drei klanglich veränderte Versionen pro Musikstück zum Einsatz kommen, da die Höhe des im Hörversuch I verfügbaren Gesamtstichprobenumfangs begrenzt ist.[1] Insgesamt ergeben sich so zwölf Testbeispiele, die im Hörversuch I verschiedenen Gruppen von Hörern zur Beurteilung vorgespielt werden:

Variierte Eigenschaften der Testbeispiele (TB)

Musikstück A							Musikstück B					
Stil A							Stil B					
Klang A_1		Klang A_2		Klang A_3		Klang B_1		Klang B_2		Klang B_3	
audio	video	audio	video	audio	video	audio	video	audio	video	audio	video
TB 1	TB 2	TB 3	TB 4	TB 5	TB 6	TB 7	TB 8	TB 9	TB 10	TB 11	TB 12

Tabelle 12

Das Variationsprinzip der Darbietungsform ist dichotom (auditiv vs. audiovisuell) und daher eindeutig: Die Herstellung der audiovisuellen Testbeispiele erfolgt durch synchrones Anlegen des Audiomaterials an den entsprechenden Videoclip.

Für die Auswahl der Musikstücke und deren klangliche Modifikationen hingegen müssen aufgrund der Vielzahl von Entscheidungsmöglichkeiten Kriterien definiert werden. Sie werden in den entsprechenden Abschnitten näher beschrieben.

---

[1] Die Anzahl der Mischungen entspricht der Anzahl der Faktorstufen des Faktors *Klanggestaltung* in dem zweifaktoriellen varianzanalytischen Versuchsdesign des Hörversuchs I. Sie wird durch den voraussichtlich verfügbaren Gesamtstichprobenumfang (ca. N=170), die Anzahl der Faktorstufen des zweiten Faktors *Darbietungsform* (zwei Stufen) und den optimalen Stichprobenumfang pro Faktorstufenkombination (n=27 bei $\alpha=0,05$ und mittlerer Effektstärke) begrenzt. Für den Faktor *Klanggestaltung* ergeben sich so maximal drei Faktorstufen.

6.1 Auswahl der Musikstücke

Die Auswahl der Musikstücke richtet sich primär nach den beabsichtigten Treatments[2] des Hörversuchs I, von denen eines in der stilistischen Divergenz der Testbeispiele besteht. Weiterhin müssen sinnvolle Auswahlkriterien bezüglich der Eigenschaften *generelle Beurteilung*, *Bekanntheit* und *Aktualität* der Musikstücke gefunden werden, sofern hierfür Entscheidungsspielräume gegeben sind. Die Kriterien werden im Hinblick auf den Hörversuch mit dem Ziel einer maximalen Empfindlichkeit der Messung, einer hohen externen und internen Validität sowie nach Gesichtspunkten der Praktikabilität definiert. Aus den Kriterien werden konkrete Auswahlbedingungen abgeleitet.

6.1.1 Auswahlkriterien

Stil

Für die Eigenschaft Stil werden ein Konvergenz- und ein Divergenzkriterium festgelegt.

Das Konvergenzkriterium wird mit dem Ziel einer hohen externen Validität definiert: Die Musikstücke sollen einer möglichst breiten stilistischen Sparte angehören, damit die gefundenen Ergebnisse praktische Relevanz besitzen und so weit wie möglich generalisiert werden können. Als Konvergenzkriterium wird die Zugehörigkeit zur Sparte *Mainstream* festgesetzt. Unter *Mainstream* soll im vorliegenden Falle Musik verstanden werden, die eine vergleichsweise hohe Medienpräsenz und hohe Verkaufszahlen aufweist bzw. aufgewiesen hat. Musiktitel, die die sogenannten Charts[3] erreicht haben, erfüllen diese Anforderungen: Die Auswahl beider Musikstücke soll daher aus den Top 100 der deutschen Single-Charts erfolgen.

Durch das Divergenzkriterium soll erreicht werden, daß die Musikstücke die stilistische Vielfalt innerhalb des durch das Konvergenzkriterium gesteckten Rahmens repräsentieren und so der Stil als Treatment in den Hörversuch I eingeht. Ein Divergenzkriterium in Bezug auf Stil läßt sich vorab nicht eindeutig definieren, sondern muß sich am verfügbaren Angebot orientieren. Aus den stilistischen Bezeichnungen für Popularmusik ist nicht abzuleiten, welche Stile am stärksten divergieren, unter anderem deswegen, weil ihnen keine Systematik zugrunde liegt, sie häufig unscharf umrissen sowie unterschiedlich stark zergliedert sind (vgl. hierzu Ehlers 1985). Auf eine Diskussion dieser Bezeichnungen wird daher verzichtet (vgl. hierzu etwa Wicke 1997b). Stilistische Divergenzen lassen sich am ehesten an musikalisch-strukturellen und instrumentatorischen Eigenschaften festmachen. Als augenfällige Eigenschaften kommen in Frage:

---

[2] Experimentell variierte Einflußgrößen.
[3] Die Charts sind eine Aufstellung der meistverkauften Tonträger, werden von Media-Control im Auftrag des Bundesverbands der Phonographischen Wirtschaft e.V. wöchentlich ermittelt und ausführlich in der Zeitschrift *Der Musikmarkt* (und anderen) veröffentlicht (vgl. Zombik 1997). Für die vorliegende Untersuchung sind die Single-Charts maßgeblich, da nur sie Rückschlüsse auf den Erfolg einzelner Musikstücke zulassen.

- Tempo,
- Melodik,
- Harmonik,
- Instrumentarium,
- Gesangs- vs. Instrumentaltitel,
- Art der Klangquellen: natürlich vs. künstlich,
- Produktionsaufwand: minimal vs. ‚überproduziert'.

Mit Hinblick auf den starken präferenzbestimmenden Effekt der Einflußgröße *Stil* (vgl. 1.2.1) erfüllen Stücke, die sich in den aufgeführten Eigenschaften maximal unterscheiden – d.h. sowohl in bezug auf die Anzahl als auch auf die Ausprägung der Merkmale –, das Divergenzkriterium hinreichend.

Generelle Beurteilung

Vor dem Hintergrund der Ergebnisse des Untersuchungsabschnitts **Exploration** kann nicht von einem großen und leicht meßbaren Effekt der Klanggestaltung ausgegangen werden. Da die der Ermittlung spezifischer Zusammenhänge vorangestellte Frage darin besteht, ob der entsprechende Effekt *überhaupt* nachgewiesen werden kann (vgl. 1.3.1), ist es sinnvoll, daß die Kriterien für die Auswahl der Musikstücke das Treatment *Klanggestaltung* begünstigen. Die befragten Produzenten vertraten tendenziell die Ansicht, daß die Bedeutung der Klanggestaltung dann am größten ist, wenn dem Hörer ein Popmusiktitel hinsichtlich seiner musikalisch-inhaltlichen Eigenschaften zusagt (vgl. 4.2). Daher sollen Musikstücke verwendet werden, die im allgemeinen positiv beurteilt werden. Die generelle Beurteilung beliebiger in Frage kommender Musikstücke ist zunächst nicht bekannt und ihre Ermittlung würde einen unangemessenen Erhebungsaufwand bedeuten. Von einer positiven Beurteilung kann jedoch mit Sicherheit für solche Titel ausgegangen werden, die die Charts erreicht haben, da ein positives Gefallensurteil im allgemeinen die Voraussetzung für eine Kaufentscheidung ist. Als Auswahlbedingung für das Kriterium *generelle positive Beurteilung* wird daher ebenfalls die Auswahl der Musikstücke aus den Top 100 der deutschen Single-Charts festgelegt.

Videoclip

Die Darbietung der Testbeispiele mit und ohne Videoclip stellt neben der stilistischen und der klanglichen Variation der Testbeispiele eines der experimentellen Treatments dar. Die Wahrscheinlichkeit der Existenz eines professionellen Videoclips ist bei erfolgreichen Popmusiktiteln wesentlich höher als bei wenig erfolgreichen, da Plattenfirmen die kostenintensive Produktion eines Videoclips – sofern es sich nicht um einen bereits bekannten Interpreten handelt – im allgemeinen nicht vorab, sondern in Abhängigkeit von einer positiven Entwicklung des Tonträgerverkaufs finanzieren. Die Notwendigkeit der Verfügbarkeit eines Videoclips läuft daher auf die Auswahl von Stücken hinaus, die die oberen Chart-Positionen erreicht haben.

Bekanntheit und Vertrautheit

Die Bekanntheit bzw. die sich infolge häufigen Hörens einstellende Vertrautheit eines Musikstücks beeinflußt das Hörerurteil und stellt somit für den Hörversuch I eine Störvariable dar, da die Originalversion bekannt ist. Es stellt sich die Frage, inwieweit ein Urteil über ein bekanntes bzw. vertrautes Musikstück durch die Konfrontation des Hörers mit demselben, allerdings – unter weitgehender Belassung seiner grundlegenden Struktur – modifizierten Musikstück veränderbar ist. Die Literatur liefert zu diesem speziellen Problem nur Anhaltspunkte. Da Bekanntheit und Vertrautheit das Musikurteil nachweislich verändern,[4] ist eine Überlagerung dieser Effekte mit dem experimentellen Treatment wahrscheinlich. Andererseits kann angenommen werden, daß die Empfindlichkeit der Wahrnehmung musikalisch-struktureller und klanglicher Details mit der Vetrautheit eines Musikstücks steigt, da seine subjektiv empfundene Komplexität sinkt. So schließt etwa Sommerer (1995) aus den Ergebnissen seiner Untersuchung, daß die Aufnahmebereitschaft für vertraute Musik höher ist.

Werden die Musikstücke nach den bisher definierten Bedingungen ausgewählt, ist ihre Bekanntheit unvermeidlich. Die Verwendung besonders bekannter und somit höchstwahrscheinlich vertrauter Stücke birgt sowohl die Gefahr, daß im Experiment möglicherweise gefestigte oder mit persönlichen Erlebnissen konnotierte Urteile zu den Musikstücken erfaßt werden und so die Empfindlichkeit der Messung sinkt, als auch die Chance einer Erhöhung der Meßempfindlichkeit aufgrund einer erhöhten Sensitivität der Probanden. Eine zuverlässige Abschätzung der Stärke der beiden Effekte kann vorab nicht erfolgen. Um die Erfüllung der übrigen Auswahlkriterien zu gewährleisten, werden bekannte Musikstücke verwendet.

Kann nicht die Bekanntheit selbst, so kann doch der Bekanntheitsunterschied zwischen den beiden Musikstücken, der zu Lasten der internen Validität des Experiments gehen würde, minimiert werden: Für jeweils besonders bekannte oder jeweils völlig unbekannte Stücke kann ohne zusätzliche Erhebungen von einem geringen Bekanntheitsunterschied ausgegangen werden. Da die Verwendung völlig unbekannter Musikstücke mit den bisher definierten Auswahlbedingungen nicht vereinbar ist, kommen nur bekannte Stücke in Frage. Um den geforderten geringen Bekanntheitsunterschied zu erreichen, werden die bisher formulierten Auswahlbedingungen eingeengt: Es werden Musikstücke ausgewählt, die eine mehrwöchige oder -monatige Plazierung in den Top 10 der deutschen Single-Charts aufweisen, also Stücke, die als Hits bezeichnet werden können.

Aktualität

Die Aktualität der Musikstücke muß sich zwangsläufig am Untersuchungsablauf orientieren: Er bringt durch die Voraussetzung mehrmonatiger Chart-Präsenz der Musikstücke und ihre erforderliche klangliche Modifikation einen zeitlichen Abstand von etwa einem Jahr zwischen dem Zeitraum erhöhter Medienpräsenz und der Durchführung des Hörversuchs I mit sich. Im übrigen scheint die Verwendung hochaktueller Stücke insofern nicht sinnvoll, als im Experiment mit einer Beeinflussung des Hörerurteils durch die häufig und im gleichen Zeitraum medial vermittelte Originalversion zu rechnen ist, beispielsweise in

---

[4] Vgl. 1.2.1.

Form eines Ankereffekts oder vergleichenden Urteilens. Derartige Urteilsverfälschungen sind für den Fall der Verwendung bekannter Musikstücke zwar grundsätzlich unvermeidbar, jedoch ist davon auszugehen, daß die Hörerurteile zu einem umso größeren Anteil auf das während des Experiments gehörte Testbeispiel zurückgeführt werden können, je länger das entsprechende Stück zuvor nicht als Originalversion gehört wurde. Ein gewisser zeitlicher Abstand des Experiments zum Zeitraum der Medienpräsenz kommt also im Hinblick auf das Urteilsverhalten durchaus der internen Validität der Untersuchung zugute.

Im Rahmen der Expertenbefragung äußerte ein Produzent die Vermutung, daß die Klanggestaltung maßgeblich den ersten Eindruck bestimme (vgl. 4.2). Der Ausnutzung dieses vermuteten Zusammenhangs im Sinne des Treatments läuft die Verwendung bekannter Musikstücke zuwider. Auch diese Problematik wird durch den untersuchungsbedingten Zeitversatz von Medienpräsenz und Experiment relativiert, da ein Stück mit zeitlichem Abstand eher wieder ‚neu gehört' werden kann.

Um dem Kriterium der positiven Beurteilung gerecht zu werden, sollten die auszuwählenden Stücke natürlich prinzipiell so aktuell sein, daß sie dem relativ schnell veränderlichen popmusikalischen Zeitgeist Rechnung tragen. Unter Berücksichtigung des Zeitversatzes soll daher zum Zeitpunkt der Auswahl auf möglichst aktuelle Musikstücke zurückgegriffen werden, wenngleich bei Popmusiktiteln, die sich noch in der Phase hohen Absatzes befinden, mit Problemen bezüglich der Beschaffung des Mehrspurmaterials zu rechnen ist.

Praktikabilität

Die auszuwählenden Musikstücke müssen als Mehrspurkopie verfügbar sein. Da das entsprechende Mehrspurmaterial möglicherweise am Produktionsort überspielt werden muß und daher Reisen und der Transport von technischem Gerät nötig werden können, ist es sinnvoll, zunächst deutsche Produktionen ins Auge zu fassen.

Zusammenfassung der Kriterien

Während der Planungs- und Forschungsarbeiten wurde von interessierter Seite häufig die berechtigte Frage gestellt, warum zunächst erfolgreiche bzw. bekannte anstatt unbekannte Popmusiktitel für die Untersuchung herangezogen werden. Die Gründe hierfür sind im folgenden noch einmal zusammengefaßt:

1. Erfolgreiche Musikstücke können mit Sicherheit der Mainstream-Sparte zugeordnet werden und ermöglichen so eine maximale Generalisierbarkeit der gefundenen Ergebnisse.
2. Aufgrund der Kaufentscheidung vieler Hörer kann für erfolgreiche Stücke von einer hohen positiven Beurteilung ausgegangen werden. Unter dieser Bedingung erhöht sich laut Experteneinschätzung die Bedeutung der Klanggestaltung für das Hörerurteil.
3. Bei extrem erfolgreichen beziehungsweise bekannten Musikstücken kann von einem geringen Bekanntheitsunterschied zwischen beiden Stücken ausgegangen werden.
4. Die Wahrscheinlichkeit der Existenz eines professionellen Videoclips ist für erfolgreiche Popmusiktitel am größten.

Das Risiko, daß bei der Verwendung bekannter Musikstücke gefestigte oder konnotationsbelastete Urteile erfaßt werden, muß in Kauf genommen werden.

Weiterhin wird angenommen, daß sich eine ebenfalls mögliche Beeinflussung des Urteilsverhaltens durch die in den Medien präsenten Originalversionen in Folge des untersuchungsbedingten zeitlichen Abstands von etwa einem Jahr zwischen Medienpräsenz und Experiment auf ein vertretbares Maß reduziert.

Gemäß den formulierten Kriterien kommen prinzipiell zwei möglichst aktuelle, in Deutschland produzierte Popmusiktitel in Frage, die eine mehrwöchige Plazierung in den Top 10 der deutschen Single-Charts aufweisen, deren stilbestimmende Eigenschaften maximal divergieren und deren Mehrspur- und Videomaterial verfügbar ist.

6.1.2 Auswertung der Charts-Listen

Zur Auswertung wurden die deutschen Single-Charts der Wochen 2/1997 bis 5/1998 mit Ausnahme der ersten Woche 1998 herangezogen (vgl. *Musikmarkt* 1997, 1998), also die Aufstellungen von 55 Wochen. Berücksichtigt wurden jeweils die zehn bestplazierten Popmusiktitel, da nur bei Überschreitung der Top-10-Grenze mit einer äußerst hohen Bekanntheit infolge starker Medienpräsenz gerechnet werden kann.[5] Für jedes dieser Musikstücke wurde ein Erfolgsindex gebildet, indem seine Plazierungen gemäß der Formel

$$E = \sum_{w=1}^{55}(11 - P_w) \quad \text{für } P_w \leq 10$$

E Erfolgsindex
P Plazierung
w Woche

invertiert und über die Wochen aufsummiert wurden. Die Höhe des Indicis repräsentiert den Erfolg des jeweiligen Stücks im gesamten zugrundeliegenden Zeitraum.[6] Die Indices wurden in Rangfolge gebracht und die sich so ergebenden erfolgreichsten 15 Musikstücke als Auswahlgrundlage zusammengestellt.

6.1.3 Beschaffung des Mehrspurmaterials

Wie zu erwarten war, gestaltete sich die Beschaffung des Mehrspurmaterials äußerst schwierig. Zunächst erklärte sich nur ein Produzent bereit, das Forschungsprojekt durch die Überlassung von Kopien des Mehrspurmaterials zu unterstützen. Die anderen Produzenten bzw. Produktions- und Plattenfirmen der in Frage kommenden Titel konnten nicht für die Untersuchung gewonnen werden. Hierfür wurden fast immer zeitliche Gründe ge-

---

[5] Vgl. Zombik (1997).
[6] Auf die vorliegenden Jahres-Charts wurde deshalb nicht zurückgegriffen, weil ihrer Ermittlung alle Titel der Top 100 zugrunde liegen. Diese erfüllen nicht zwangsläufig das Kriterium höchster Medienpräsenz und Bekanntheit, selbst wenn sie hohe Jahres-Plazierungen erreichen.

nannt, in zwei Fällen rechtliche. Um wie geplant ein weiteres Musikstück in die Untersuchung einbeziehen zu können, mußte daher der in Betracht kommende Zeitraum vergrößert werden. Die Ermittlung der erfolgreichsten Titel des ersten Halbjahres 1998 und die Kontaktierung der entsprechenden Produzenten schafften jedoch keine Abhilfe. Zwischenzeitlich wurde daher erwogen, weniger bekannte Musikstücke zu verwenden oder auf ausländische Produktionen zurückzugreifen. Eine Ausweitung des Auswahlzeitraums auf das Jahr 1996 eröffnete jedoch noch rechtzeitig die Möglichkeit, das Mehrspurmaterial eines weiteren, den restlichen Auswahlkriterien genügenden Popmusiktitels, verwenden zu können. Das Musikstück ergänzte das bereits zugesagte im Sinne stilistischer Divergenz (vgl. S.76-77) besonders gut. Folgende Titel wurden ausgewählt:

>"Lemon Tree" (Fool's Garden)
>
>Volker Hinkel/Peter Freudenthaler – EMI MMC Musikverlag
>(p) 1995 Fool's Garden
>
>"Sonic Empire" (Members of Mayday)
>
>WestBam/Klaus Jankuhn - WestBam - Low Spirit Music Musikverlag/BMG Ufa
>(p) 1997 Low Spirit Recordings

"Lemon Tree" kann als klassischer, stilistisch zum Teil auf die Musik der Beatles verweisender Pop-Song bezeichnet werden, der mit einem größtenteils konventionellen Instrumentarium arbeitet (wenn auch nur wenige Instrumente wirklich in natura eingespielt wurden). "Sonic Empire" läßt sich in die Kategorie Techno einordnen und verwendet fast ausschließlich künstliche Sounds; sogar der nur aus wenigen Silben bestehende Text wurde vocoderartig verfremdet. Mit Ausnahme der Tatsache, daß der Zeitraum starker Medienpräsenz von "Lemon Tree" weiter zurückliegt (1996) als der von "Sonic Empire" (1997), erfüllen beide Musikstücke die Auswahlkriterien optimal.

Die Verwendung von "Sonic Empire" bedingt eine Besonderheit hinsichtlich der im Untersuchungsabschnitt **Voruntersuchung** operationalisierten Variable *Hörerurteil* (vgl. 5.4, Tabelle 11): Bei der Beurteilung von Testbeispielen, die auf "Sonic Empire" basieren, wird das Merkmal *deutlicher Gesang* aus dem Indikatorvariablensatz entfernt, da in diesem Musikstück kein Gesang im engeren Sinne existiert und dahingehende Verständnisprobleme von Laienhörern vermieden werden sollen.

6.1.4 Beschaffung der Videoclips

An die Testbeispiele des Hörversuchs I wird der Anspruch gestellt, daß sie keinen nennenswert geringeren Standard hinsichtlich der Übertragungsqualität aufweisen sollen als die auf dem realen Musikmarkt anzutreffenden Produkte wie Tonträger oder Rundfunk- und Fernsehsendungen. Dieser Anspruch gilt auch für das Videomaterial. Daher sollten nach Möglichkeit professionelle Videoformate zum Einsatz kommen.

Der Videoclip zu "Lemon Tree" wurde von der entsprechenden Plattenfirma im Betacam-SP-Format zur Verfügung gestellt und zwecks verlustfreien Schnittes auf Digital Betacam kopiert. Der Videoclip zu „Sonic Empire" wurde von dem Musikfernsehsender VIVA zu einem vereinbarten Termin ausgestrahlt und konnte so auf Betacam SP aufgezeichnet werden. Er wurde anschließend ebenfalls auf Digital Betacam kopiert. Die Videoclips[7] wurden digital saubergeschnitten und zu definierten, runden Timecode-Startzeiten hintereinander auf ein Betacam-SP-Band sowie aus Sicherheitsgründen auf zwei VHS-Kassetten aufgezeichnet. Im letzteren Falle wurde der Timecode auf die Tonspur kopiert.

6.2 Klangliche Modifikation

Die unabhängige Variable *Klanggestaltung* wird durch die Modifikation des jeweiligen Musikstücks bezüglich der Arbeitsschritte *Abmischung* und *Nachbearbeitung* variiert (vgl. 1.3 und 2.2). Im folgenden wird festgelegt, in welcher Weise diese Modifikation erfolgt.

6.2.1 Variationsprinzip

Setzt man einen streng hierarchischen Versuchsplan voraus, so müssen experimentelle Treatments in sogenannten Laboruntersuchungen, bei denen Stichproben von Individuen untersucht werden, in den meisten Fällen auf sehr wenige Einflußfaktoren beschränkt bleiben, da andernfalls die Anzahl der Faktorstufenkombinationen und damit der Einzelstichproben schnell die Grenzen des Machbaren übersteigt.[8]

Nun liegt die Anzahl der klangbeeinflussenden technischen Parameter, auf die differenziert Einfluß genommen werden kann, allein für eine statische Mischung (Klangbild) in der Größenordnung von 1000.[9] Die Werte vieler dieser Parameter sind in der Klanggestaltung zudem kontinuierlich oder quasi-kontinuierlich in der Zeit veränderbar (vgl. 2.1.2).[10] Eine systematische Variation einiger weniger dieser Parameter könnte nur hochspezielle Ergebnisse geringer externer Validität liefern und würde der aufgrund des defizitären Forschungsstands (vgl. 1.2) notwendigen *grundlegenden* Fragestellung (vgl. 1.3.1) nicht gerecht. Des weiteren stehen die Parameter in komplexen Wechselwirkungen zu- und Ab-

---

[7] Der Videoclip zu „Lemon Tree" zeigt den Sänger isoliert in einem (in gelbem Licht gehaltenem) ‚Wohncontainer', Außenperspektiven des Transports dieses Containers sowie zeitweise die (in schwarz/weiß gehaltenen) agierenden Musiker, die formatfüllend oder in einem im Container befindlichen Fernsehapparat vom Sänger zu sehen sind. Der Clip enthält sowohl angedeutete Handlungen als auch sichtbar musizierende Akteure und kann daher der Kategorie *Konzept-Performance* zugerechnet werden. Im Videoclip von „Sonic Empire" treten keine Musiker bzw. DJs auf, sondern ausschließlich (tendenziell junge) Hörer in einer Art Fabrikhalle, die die Musik über deutlich sichtbare Kopfhörer oder Lautsprecher auf sich wirken lassen und dabei ruhen, tanzen oder sich sonstwie bewegen. Da die Funktion der Musik und die daraus folgende Handlung (Tanzen, ‚abhängen') illustriert wird, kann dieses Musikvideo als illustrativer Konzept-Clip bezeichnet werden. Zur Klassifikation von Videoclips vgl. Erbring (1990).
[8] Die Anzahl möglicher Faktorstufenkombinationen wurde bereits diskutiert (vgl. S.75). Für den Faktor *Klanggestaltung* ergab sich eine maximal mögliche Anzahl von drei Stufen.
[9] Die hohe Anzahl der Parameter ergibt sich durch die Multiplikation der Anzahl von Spuren (Annahme: 30) mit der Anzahl einstellbarer Parameter pro Spur bzw. Kanalzug im Mischpult (Annahme: 30). Hinzuaddiert werden müssen die Anzahl einstellbarer Parameter der externen Effektgeräte (Annahme: 100).
[10] Mischpult-Automatisierungen erlauben heute die Speicherung und Reproduktion der zeitveränderlichen Werte prinzipiell aller klangrelevanten Parameter und können zumindest für den Parameter Pegel, der auch Stummschaltungen einschließt, als technischer Standard angesehen werden.

hängigkeiten voneinander: Ausgehend von einem stimmigen Klangbild erfordert die Veränderung eines Parameters unter klangästhetischen Gesichtspunkten häufig die zusätzliche, angleichende Veränderung weiterer Parameter, soll die Stimmigkeit des Klangbilds erhalten bleiben (vgl. 2.3 und 2.4). Eine systematische, isolierte Variation einzelner Parameter wäre also realitätsfern und wird daher verworfen. Statt dessen werden das Klangbild bzw. die Klanggestaltung als zusammenhängendes Ganzes begriffen und komplex variiert. Das bedeutet, daß von jedem Musikstück unterschiedliche, aber in sich stimmige Abmischungen und Nachbearbeitungen angefertigt werden.

6.2.2 Variationskriterien

Eine scheinbar naheliegende Verfahrensweise zur Herstellung klanglich divergierender Testbeispiele bestünde in der festen Vorgabe von Divergenzkriterien, gemäß denen die Abmischungen angefertigt werden. Eine solche Vorgabe von klanglichen Kriterien ist jedoch aus mehreren Gründen problematisch: Soll der Ansatz der komplexen Variation (vgl. 6.2.1) beibehalten werden, müßten sich Vorgaben auf *einen* klangbeeinflussenden Parameter beschränken, um die Variabilität der übrigen Parameter mit dem Ziel der oben beschriebenen Stimmigkeit des Klangbilds zu gewährleisten. Eine Festlegung eines bestimmten Parameters und einer bestimmten Stärke seiner Ausprägung stellte jedoch prinzipiell eine der Objektivitätsforderung zuwiderlaufende, theoretisch nicht begründbare Einflußnahme auf den Versuchsablauf dar, sie könnte also nur willkürlich ausfallen. Zum anderen sind klangliche Eigenschaften sprachlich nur ungenau quantitativ beschreib- bzw. vermittelbar und somit nicht zuverlässig umsetzbar: Ihre Vorgabe würde interindividuell unterschiedlich verstanden werden. Im Falle der Anfertigung sämtlicher Abmischungen durch *einen* Produzenten hingegen träte mit großer Wahrscheinlichkeit ein anderes Problem, das der Reaktivität, auf: Da subjektive Präferenz nicht nur unvermeidlicher, sondern konstituierender Bestandteil künstlerischer Entscheidungsprozesse ist, wäre es wahrscheinlich, daß der betreffende Produzent unter dem Zwang einer klanglichen Vorgabe, wenn überhaupt, nur eine der Abmischungen künstlerisch und klangästhetisch vertreten könnte, während die anderen zu unmotivierten oder artifiziellen Produkten mit entsprechend beliebigen oder instabilen Klangbildern gerieten. Eine feste Vorgabe von Variationskriterien ist mit dem Anspruch einer hohen externen Validität also nicht vereinbar.

Sollen sich die Variationskriterien soweit wie möglich an den realen Gegebenheiten orientieren, besteht die Konsequenz aus den beschriebenen Problemen nicht in dem Versuch einer Vermeidung von Subjektivität, sondern darin, sie für die Untersuchung nutzbar zu machen. Unter Berücksichtigung der Tatsache, daß sich bei Produzenten häufig Personalstile herausbilden, wird daher eine vergleichsweise aufwendige Vorgehensweise explorativen Charakters gewählt, die auf die Berücksichtigung einer natürlichen Verteilung der Ausprägung komplexer Klangeigenschaften setzt: Es wird eine Stichprobe von Abmischungen erzeugt, die in Umfang und Diversifikation geeignet erscheint, das klanggestalterische Spektrum, das auf dem Musikmarkt anzutreffen ist, zu repräsentieren. Aus dieser Stichprobe werden dann für das jeweilige Musikstück anhand eines Konvergenz- und eines Divergenzkriteriums die drei Testbeispiele ausgewählt.

Die Mischungen sollen von verschiedenen Produzenten nach eigenen Vorstellungen angefertigt werden. Außer der Aufgabenstellung, eine möglichst gute und professionelle Abmischung herzustellen, erfolgen keine Vorgaben bezüglich der Klanggestaltung. Die Wahl der technischen Mittel, des kreativen Spielraums und des Zeitaufwands ist den betreffenden Produzenten also freigestellt.

Als Kompromiß zwischen Praktikabilität und Repräsentativität bezüglich klanglicher Diversifikation und kreativer Bandbreite wird ein Stichprobenumfang von 9 Mischungen pro Musikstück angestrebt. Es werden also dreimal soviele Mischungen angefertigt wie tatsächlich im Hörversuch I als Testbeispiele benötigt. Die Originalversionen werden unter anderem aufgrund ihrer Bekanntheit nicht berücksichtigt.

Voraussetzung für die Auswahl der drei Testbeispiele, die nach klanglichen Kriterien erfolgt, ist die Kenntnis der Klangeigenschaften jeder Abmischung. Da viele Klangmerkmale, insbesondere global- und musikalisch-klangliche (vgl. 2.1.2), als physikalische Größe nicht definiert und somit nicht mit technischen Mitteln meßbar sind, werden die Ausprägungen der Klangeigenschaften psychometrisch bestimmt: Experten beurteilen die Abmischungen im Hörversuch anhand von Ratingskalen. Auf Grundlage einer statistischen Analyse der Ratings können die Testbeispiele nach den zuvor festgelegten Kriterien ausgewählt werden.

Um nicht nur die Klangeigenschaften der Mischungen, sondern auch die ihnen zugrundeliegenden klanggestalterischen Maßnahmen der beteiligten Produzenten nachvollziehen und analysieren zu können, ist die Protokollierung jeder Abmischung bzw. Nachbearbeitung vorgesehen. Zu diesem Zwecke werden Vordrucke verwendet, die eine weitgehend standardisierte und zeitsparende Protokollierung der wichtigsten klanggestalterischen Eingriffe ermöglichen.

Zur objektiven und zuverlässigen Bestimmung der physikalisch definierbaren Parameter wird außerdem erwogen, sowohl an den vollständigen Abmischungen als auch an den einzelnen Instrumentalgruppen der Abmischungen physikalische Messungen vorzunehmen. Dieser Untersuchungsschritt soll jedoch im nachhinein und nur für die ausgewählten Mischungen erfolgen; er würde Daten zu klangbestimmenden Größen liefern, die mit den Meßwertreihen des Hörversuchs I korreliert werden könnten. Seine Umsetzung wird vom Ausgang des Hörversuchs I abhängig gemacht, weil erst unter der Voaussetzung signifikanter Ergebnisse ein Vergleich mit physikalischen Meßwerten sinnvoll ist.

Die klangliche Modifikation der Musikstücke gliedert sich also in die Anfertigung der Abmischungen durch verschiedene Produzenten, die Bestimmung ihrer Klangeigenschaften durch Expertenhörer und die Auswahl jeweils dreier Testbeispiele mittels statistischer Verfahren.

6.2.3 Anfertigung der Abmischungen

Im Produktionsschritt der Abmischung werden alle Instrumentalsounds einzeln oder in Gruppen nach musikalischen und klangästhetischen Gesichtspunkten in ihren Klangeigenschaften bearbeitet und zugleich aufeinander abgestimmt. Die klanglich bearbeiteten Signale werden zusammengemischt und auf ein Mastermedium aufgezeichnet. Die Nachbearbeitung dient der klangästhetischen Korrektur der Abmischung, vor allem im Hinblick auf die Wiedergabe- und Rezeptionssituation des Hörers. Sie wird unter Verwendung eines Masteringsystems oder -prozessors vorgenommen und ist nicht obligatorisch. Das endgültige Audiosignal wird, in der Regel gemeinsam mit editierten Steuersignalen (PQ-Encoding), auf ein Mastermedium aufgezeichnet, das dann als Vorlage zur CD-Herstellung dienen kann (vgl. dazu 2.2).

Voraussetzungen

Die Möglichkeit zur Abmischung setzt die Verfügbarkeit eines Mehrspurmediums voraus, das alle Instrumentalsounds auf synchron laufenden, aber diskreten Spuren (sogenannten Tracks) enthält. Da das zur Verfügung gestellte Material der ausgewählten Musikstücke nicht auf Mehrspurmedien, sondern unsynchronisiert vorlag, mußten die Mehrspurversionen der Stücke zunächst rekonstruiert und auf Mehrspurmedien überspielt werden.

Rekonstruktion der Mehrspurfassungen

Die Spuren des Musikstücks „Lemon Tree" lagen in nacheinander angeordneten Zweiergruppen auf DAT[11] vor. Die Stereo- bzw. Dual-Mono-Signale waren also nur in sich, aber nicht untereinander synchron. Korrelierte Signale waren davon jedoch nicht betroffen.

Die Stereospuren wurden in mehreren Durchläufen parallel auf 24 Spuren (3×DA-88[12]) aufgezeichnet. Dabei wurden die Spuren unter Berücksichtigung der Originalversion nach Gehör in Synchronlage gebracht. An wenigen Stellen ergaben sich geringfügige zeitliche Ungenauigkeiten, die jedoch auch im Original hörbar waren, somit als intendiert unterstellt und in der rekonstruierten Fassung belassen wurden. Da während der Synchronisation keine nennenswerten Zeitverschiebungen auftraten, wurde die Anwendung von Zeitkompressions- oder -expansionsverfahren nicht für nötig befunden.

Laut Auskunft des Produzenten lag das Material ursprünglich auf einem analogen 16-Spur-Medium vor, von dem es auf das zur Verfügung gestellte DAT kopiert wurde. Aus Kapazitätsgründen waren daher einige Spuren mit mehreren, verschiedenen Instrumentalsounds belegt, entweder nacheinander in wechselnder Abfolge oder parallel als Vormischung. Da für die Untersuchung jedoch ein 24-Spur-Band erstellt wurde, bot sich die Möglichkeit, einige der nacheinander und daher getrennt vorliegenden Sounds zu entflechten und auf verschiedene Spuren aufzuteilen. Die an der Anfertigung der Mischungen beteiligten Produzenten – im folgenden *Testmischer* genannt – konnten so von technisch-logistischen Operationen entlastet werden, da die Aufteilung eine unmittelbare und getrennte Bearbeitung der isolierten Instrumentalsounds ermöglicht.[13] Aufgrund der vorgemischten Sounds waren die klanglichen Gestaltungsmöglichkeiten allerdings nicht völlig frei. Diese geringfügigen Einschränkungen wurden jedoch im Hinblick darauf, daß das Musikstück fast alle Auswahlkriterien optimal erfüllt (vgl. 6.1.3), in Kauf genommen, da

---

[11] Digital Audio Tape. Digitales Schrägspur-Aufzeichnungsverfahren auf speziellen Magnetband-Kassetten ohne Datenkompression oder -reduktion mit üblicherweise 44,1 oder 48 kHz Samplingfrequenz.
[12] Digitales Achtspur-System. Die Aufzeichnung erfolgt im Schrägspurverfahren mit 44,1 oder 48 kHz Samplingfrequenz auf Hi8-Kassetten.
[13] Den Testmischern, die im NN-Studio der HdK abmischten, wurde überdies angeboten, mittels Automation vorbereitete Stummschaltungen zu übernehmen, welche die verbleibenden unterschiedlichen, aber zeitdiskret auf identischen Spuren befindlichen Sounds auf verschiedene Kanäle aufteilten.

nicht davon auszugehen war, daß die Diversifikation der Abmischungen nennenswert gemindert würde.

Die Rekonstruktion von „Sonic Empire" gestaltete sich wesentlich aufwendiger, da als Audiomaterial keine Kopien von Spuren, sondern lediglich diskrete Samples und Parts auf DAT vorlagen. Dies erklärt sich aus dem Umstand, daß der Titel mit Hilfe eines Harddisc-Recording-Systems produziert wurde. Der Produzent stellte jedoch neben dem Audio-Material eine Datei mit MIDI-Daten zur Verfügung. Anhand dieser Daten sowie der Originalversion auf CD war es möglich, aus dem Audiomaterial unter Zuhilfenahme eines geeigneten Sequenzerprogramms sowie Samplern und Synthesizern eine Mehrspurversion von „Sonic Empire" zu erstellen. Die so rekonstruierte Fassung entspricht natürlich nicht genau dem Mehrspurmaterial, das der Originalversion zugrunde lag,[14] jedoch konnte dieses, soweit es aus der abgemischten Originalfassung vorstellbar war, nach Einschätzung zweier Expertenhörer mit Ausnahme zweier Details[15] sehr gut nachgebildet werden, was zu der Annahme berechtigte, daß Laienhörer – gleiche Abmischungen vorausgesetzt – ohne die Möglichkeit eines A/B-Vergleichs keinen Unterschied zwischen den Arrangements wahrnehmen würden. Die via MIDI angesteuerten Klangerzeuger wurden auf 21 Spuren der DA-88-Medien aufgezeichnet. Für „Sonic Empire" liegen alle Sounds getrennt und auf eigenen Spuren vor. Der klanggestalterische Zugriff der Testmischer auf die einzelnen Sounds ist also keinen Einschränkungen unterworfen.

Begriffsänderung

Mit dem Ziel größerer produktionsterminologischer Eindeutigkeit werden im folgenden alle in einem Stück auftretenden unterschiedlichen *Grundsounds* als unterschiedliche *Spuren* begriffen, entsprechend bezeichnet und als solche gezählt. Befinden sich also – wie im Falle von „Lemon Tree" – mehrere verschiedene Sounds hintereinander auf einer physikalischen Spur, so wird dennoch von verschiedenen Spuren bzw. Tracks gesprochen.[16] Diese sind in den Spurenplänen durch entsprechende Buchstaben-Zusätze gekennzeichnet und in den Protokoll-Vordrucken für die Testmischer getrennt aufgeführt. Die Begriffe werden also nicht im physikalischen, sondern im musikalischen Sinne verwendet: Eine Spur entspricht einem System in einer Partitur.

Erstellung der Arbeitskopien

Um zu gewährleisten, daß die Variation der herzustellenden Abmischungen ausschließlich in den interindividuellen klanggestalterischen Divergenzen besteht, erhielten alle Testmischer Kopien desselben Mehrspurbands. Da die Mischungen teilweise zeitgleich und in

---

[14] Auch dieser Umstand bedingte die Entscheidung, die Originalversion nicht in die Experimente einzubeziehen.
[15] 1. Der Sound *Sweep Effect* (Spur 13) stand nicht als Original-Sample zur Verfügung und wurde mit einem Synthesizer (Waldorf Microwave) nachzubilden versucht, was allerdings nur bedingt gelang. 2. Die zwei aufsteigenden Quarten und die absteigende kleine Terz des Sounds *Vocoder Loop* (Spuren 15 und 16, Programmzeit 1′12″ - 1′20″) lagen ebenfalls nicht als Original-Sample vor und wurden vom Grundton mit Hilfe des Pitch-Shift-Algorithmus des Samplers AKAI S1100 abgeleitet, wodurch auch seine Formanten verschoben wurden. Dieses Artefakt ist nicht in allen Abmischungen zu hören, da der betreffende Sound häufig vorher ausgeblendet wurde.
[16] Im dargestellten Sinne definierte Spuren werden gemeinhin auch als virtuelle Spuren bezeichnet.

Studios unterschiedlicher Ausstattung angefertigt werden sollten, wurden die Arbeitskopien auf verschiedenen Medien erstellt: Das DA-88-Medium, das die rekonstruierten 24-Spur-Fassungen beider Musikstücke enthält, wurde auf zwei weitere DA-88-Medien, zwei 2″-Magnetbänder[17] (je ein Band mit und ohne Dolby SR) sowie eine CD-R[18] zur Verwendung in Logic Audio[19] kopiert.[20]

Arbeitsmittel

Im Gegensatz zum Ausgangsmaterial in Form der Mehrspurbänder müssen die Arbeitsmittel und -bedingungen für die Testmischer nicht identisch sein: Ihre Wahl ist bereits Bestandteil klanggestalterischer Entscheidungen. Um diese Entscheidungsfreiheit von Sachzwängen wie z.B. begrenzter Studioausstattung weitgehend zu befreien, wurde allen Testmischern die Möglichkeit der Nutzung zweier Studios der Hochschule der Künste Berlin eingeräumt, von denen wenigstens eines bezüglich der Geräteausstattung[21] zum Zeitpunkt der Untersuchung zwar nicht neuestem, aber etabliertem internationalem Standard entsprach. Etwa ein Drittel der Produzenten entschied sich allerdings dennoch für die Anfertigung der Mischungen im eigenen, meist weniger umfangreich ausgestatteten Studio, und zwar aus Gründen der besseren Einschätzbarkeit der Abhörsituation, der Verfügbarkeit bestimmter Effektgeräte, der Möglichkeit einer voll dynamischen Automatisierung oder der freien Zeiteinteilung.

Aufgabenstellung

Den Testmischern wurden insgesamt drei Aufgaben gestellt:
1. Hauptaufgabe war, von beiden Musikstücken nach eigenen Vorstellungen je eine möglichst gute Mischung bzw. Nachbearbeitung anzufertigen, die professionellem Standard genügen würde, und diese auf ein vorgegebenes Mastermedium (DAT) aufzuzeichnen.
2. Die Untersuchungsplanung sah vor, in Abhängigkeit von dem Ausgang des Hörversuchs I an den Abmischungen physikalische Messungen vorzunehmen (vgl. 6.2.2). Diese sollten zu Vergleichszwecken auch an den Instrumentalgruppen, jeweils mit eingeschalteten und ausgeschalteten Effekten, vorgenommen werden. Die Testmischer wurden daher gebeten, neben der vollständigen Abmischung auch die Instrumentalgruppen auf das Mastermedium aufzuzeichnen, und zwar durch Stummschaltung der nicht benötigten Spuren bzw. Effekte. Als Instrumentalgruppen wurden *Begleitung*, *Rhythmus* und *Gesang* festgelegt. Die Zuordnung der einzelnen Spuren zu den Instru-

---

[17] Die analoge Aufzeichnung auf Magnetband verursacht geringe Änderungen der Klangqualität (z.B. bezüglich Frequenzgang, Klirrfaktor oder Geräuschspannungspegel); jedoch sind diese im Vergleich zu den durch die Testmischer vorgenommenen, gestalterisch motivierten Klangveränderungen vernachlässigbar, zumal das Entstehen von Bandsättigungseffekten durch defensive Aussteuerung vermieden wurde.
[18] Nur für „Sonic Empire".
[19] Computergestütztes Mehrspur-System.
[20] Die Kopien auf DA-88 und CD-R erfolgten digital.
[21] Als für die Abmischung relevante Geräte standen zur Verfügung: Mehrspurmaschinen: OTARI MTR-100 (2″), 3 × DA-88; Mischpult: Solid State Logic SL 4000E; Mastermaschinen: 2 × DA-30 MKII; Abhörlautsprecher: B+W 801, Yamaha NS-10; Peripherie: Lexicon 480L, Dynacord DRP-20, 2 × Yamaha SPX-1000, t.c. electronics 2290, Eventide H3000 SE, Hughes&Kettner Access, UREI Model 1178, Roland E-660, Behringer SNR 2200.

mentalgruppen wurde durch eine Tabelle auf dem Spurenplan verbindlich geregelt. Die Spurenpläne aller verwendeten Musikstücke sind unter 13.5 zusammengestellt.
3. Die Testmischer wurden gebeten, während bzw. nach ihrer Arbeit einige Einstellungen von Mischung und Nachbearbeitung zu protokollieren. Zu diesem Zweck wurden den Testmischern Vordrucke ausgehändigt, die die Protokollierung erleichtern und standardisieren sollten (vgl. 13.1.1 und 13.1.2). Im Protokoll wurden nur solche Daten erfaßt, die sich sinnvoll deskriptiv-statistisch auswerten lassen: verwendete Geräte, Arbeitszeit und der Status klangwirksamer Sektionen der einzelnen Kanalzüge. Die Protokollierung der Mischungen erfolgte mit dem Ziel, einen Überblick über die Häufigkeit des Einsatzes verschiedener klanggestalterischer Mittel zu ermöglichen.

Neben der Arbeitskopie, den dazugehörigen Spurenplänen, den Protokollierungs-Vordrucken sowie dem nötigen Band- und Kleinmaterial wurde den Testmischern das Papier *Hinweise zur Mischung* ausgehändigt (vgl. 13.2.1). Die Hinweise beinhalten im einzelnen

- die Hauptaufgabenstellung,
- die ausdrückliche Freistellung der Wahl der klanggestalterischen Mittel,
- eine definitorische Abgrenzung der klangbearbeitenden Abmischung zu den klangerzeugenden Produktionsschritten im Sinne der Fragestellung der Untersuchung,
- die Festlegung des technischen Ablaufs,[22]
- Anforderungen an Art und Nutzung des Mastermediums,
- Festlegung der Instrumentalgruppen,
- Erklärungen zur Protokollierung des Mischvorgangs.

Um den Testmischern die Kontrolle über die Einhaltung der Vorgaben zu erleichtern, wurde außerdem eine Checkliste zusammengestellt (vgl. 13.2.2).

Unter 6.1.1 wurde die Problematik einer möglichen Beeinflussung des Urteilsverhaltens der Schüler durch die Bekanntheit der Musikstücke angesprochen. Diese Problematik besteht prinzipiell auch in bezug auf die Anfertigung der Mischungen. Es wurde als möglich erachtet, daß die Testmischer in ihren klanggestalterischen Entscheidungen durch die Originalversion beeinflußt werden würden, sofern sie ihnen bekannt war. Ein solcher Effekt kann sich darin niederschlagen, daß die Testmischer bewußt oder unbewußt auf eine der Originalversion ähnliche oder – insbesondere vor dem Hintergrund der Kenntnis der experimentellen Vorgehensweise – gegensätzliche Klanggestaltung hinarbeiten. Die mögliche Beeinflussung wurde zu minimieren versucht, indem die Hinweise zur Mischung zusätzlich die Aufforderungen enthielten,

- nicht gezielt auf die Originalversion bezug zu nehmen und in diesem Sinne keinen ‚Remix' anzufertigen, der die Erwartungshaltung des Hörers ausnutzt, sowie
- die Originalversion bis zum Abschluß der Mischung nicht anzuhören.

---

[22] Beispielsweise mußte bei „Lemon Tree" die Geschwindigkeit der Mehrspurmaschine um 2,4% erhöht werden, um Tonhöhe und Länge der Abmischungen an die Originalversion anzugleichen, was insbesondere im Hinblick auf die spätere Synchronisation mit dem Videoclip von Bedeutung war.

Die Wirkung der Originalversion auf die Testmischer sollte allerdings nicht überbewertet werden, denn ausgebildete und künstlerisch eigenständige Produzenten sind normalerweise in der Lage, sich ggf. von äußeren Einflüssen abzugrenzen. Im übrigen gaben vier Testmischer an, die klanglichen Eigenschaften der Originalmischung nicht detailliert erinnern zu können; zwei Testmischern war ein Musikstück unbekannt.

Stichprobe

Insgesamt erklärten sich elf Produzenten bereit, Abmischungen der Musikstücke anzufertigen.[23] Die Testmischer sind beruflich hauptsächlich oder ausschließlich im Bereich Popmusik tätig, mit Ausnahme zweier Produzenten, die sich jeweils vorwiegend mit Jazz und Kunstmusik befassen.[24]

Es entstanden zehn Abmischungen von „Lemon Tree" und neun Abmischungen von „Sonic Empire" (vgl. Tabelle 13); sie liegen der Untersuchung bei (CD 1).[25] Die Auswertung der Protokolle der Testmischer wird in Kapitel 10 beschrieben.

Angefertigte Abmischungen von „Lemon Tree" und „Sonic Empire"

Testmischer Nummer	„Lemon Tree"			„Sonic Empire"		
	Mischung Nummer	Studio Abmischung	Studio Nachbearbeitung	Mischung Nummer	Studio Abmischung	Studio Nachbearbeitung
1	1	NN	ABS	1	NN	ABS
2	2	NN	ABS	2	NN	ABS
3	3	A-Trane-Studio	A-Trane-Studio	3	A-Trane-Studio	/
4	4	NN	ABS	4	NN	ABS
5	5	NN	Soundplanet	5	Soundplanet	Soundplanet
6	6	NN	ABS	6	ABS	ABS
7	7	NN	/	7	NN	/
8	8	NN	ABS	8	NN	ABS
9	-	-	-	9	NN	ABS
10	9	NN	ABS	-	-	-
11	10	Beatstudio	/	-	-	-

NN = Innenhofstudio der HdK Berlin
ABS = Altbaustudio der HdK Berlin

Tabelle 13

---

[23] Die Anzahl der für die gestellte Aufgabe geeigneten und gleichzeitig verfügbaren Testmischer war relativ knapp bemessen. Daher erfolgte die Anfertigung der Mischungen auch unter Beteiligung des Autors. Um eine Beeinflussung durch die Arbeiten der übrigen Testmischer zu vermeiden, fertigte der Autor seine Mischungen der Musikstücke jeweils als erster an.
[24] Fünf Testmischer befanden sich zum Zeitpunkt der Untersuchung noch in der Ausbildung (Studiengang *Tonmeister* an der Hochschule der Künste Berlin), waren jedoch bereits beruflich aktiv.
[25] Vgl. 13.9.1.

6.2.4 Bestimmung der Klangeigenschaften der Abmischungen durch Expertenhörer

Wegen des begrenzten Gesamtstichprobenumfangs des Hörversuchs I können je Musikstück nur drei Testbeispiele zum Einsatz kommen (vgl. S.75). Sie müssen aus den zehn bzw. neun vorhandenen Abmischungen ausgewählt werden.

Zunächst werden die Kriterien umrissen, die die Auswahl der Testbeispiele bestimmen (vgl. 6.2.5): Sie erfolgt anhand eines Konvergenz- und eines Divergenzkriteriums. Das Divergenzkriterium bildet das Treatment des Hörversuchs I. Es werden die drei Abmischungen ausgewählt, die die größte klangliche Divergenz aufweisen. Das Konvergenzkriterium dient als Filterkriterium, das die externe Validität der Untersuchung optimieren soll: Die Abmischungen werden daraufhin überprüft, ob ihre Existenz auf dem realen Musikmarkt in bezug auf Klangästhetik und technische Qualität denkbar wäre. Das Kriterium besitzt also eine Funktion, die – neben anderen – unter realen Bedingungen von der Filterinstanz *Plattenfirma* erfüllt wird, ohne deren Engagement Tonträger in der Regel nicht vertrieben werden (können). Operationalisiert wird dieses Kriterium durch das dichotome Merkmal *Genügt professionellem Mindeststandard (ja—nein)*.

Zur Ermittlung der klanglichen Divergenz ist es nötig, das komplexe Merkmal *Gesamtklang* aller Mischungen quantitativ zu erfassen und zu vergleichen. Aus Gründen der Machbarkeit wird nur der Gesamtklang der Mischungen ermittelt, also die Ausprägung von Klangmerkmalen im zeitlichen Mittel. Eine differenzierte Beschreibung der Klanggestaltungen wäre zwar prinzipiell möglich, aber unverhältnismäßig aufwendiger: Um neben den Mittelwerten auch Streuungen von Klangmerkmalen innerhalb eines Beurteilungsobjekts bestimmen, und damit z.B. auch die Wirkung kontrastierend eingesetzter klanggestalterischer Mittel erfassen zu können, müßten nicht nur die Mischungen als Einheit, sondern auch verschiedene Instrumentalgruppen und Formabschnitte durch differenziertklangliche Merkmale beschrieben werden. Des weiteren wäre eine umfangreichere Merkmalsauswahl als die im folgenden vorgenommene denkbar. Vor dem Hintergrund der vergleichsweise großen Anzahl der Beurteilungsobjekte und der Durchführung einer Meßwiederholung, welche aufgrund der Unerprobtheit des Meßinstruments angezeigt ist, muß ein derartiger Aufwand jedoch als unpraktikabel eingestuft werden.

Ziel dieses Untersuchungsabschnittes ist also die quantitative Bestimmung nur der wichtigsten derjenigen Klangparameter, die gemeinsam geeignet sind, den Gesamtklang von Abmischungen zu beschreiben.

Zur möglichst objektiven Bestimmung der klanglichen Eigenschaften der Beurteilungsobjekte bietet sich ein als Expertenrating bezeichneter Hörversuch an, in dessen Verlauf mehrere Expertenhörer die Mischungen abhören und sie bezüglich verschiedener klanglicher Merkmale auf vorgegebenen Skalen quantitativ beurteilen. Die Mittelwerte der Urteile werden als Eigenschaften der jeweiligen Beurteilungsobjekte aufgefaßt. Im konkreten Fall wurden als Expertenhörer acht Tonmeisterstudenten höheren Semesters mit Interesse bzw. Erfahrung im Bereich Popmusik herangezogen. Probleme derartiger Hörversuche sind vor allem die Beeinflussung eines Urteils durch vorangegangene Beispiele und die Hörermüdung. Um solche Sequenz- und Gewöhnungseffekte zu minimieren, wurden drei Maßnahmen ergriffen:

1. Vor jedem Beispiel wurde ein etwa 20sekündiger immer identischer Ausschnitt eines völlig anderen Musikstücks eingespielt. Er sollte einerseits der Erholung und Auflockerung dienen und andererseits als Ankerreiz fungieren, der es den Urteilern erlaubt, ihre Wahrnehmung in regelmäßigen Abständen quasi zu justieren.
2. Es wurden mehrere 15minütige Pausen vorgesehen.
3. Sämtliche Beispiele wurden zweimal vorgeführt. Eine solche Meßwiederholung führt in der Regel zu einer valideren Bestimmung der Eigenschaften der Beurteilungsobjekte und ermöglicht außerdem Schätzungen darüber, wie zuverlässig gehört wurde (Retest-Reliabilität).

Meßinstrument

Bislang gibt es nur wenige Erfahrungen mit der psychometrischen Bestimmung von Klangbildern unter klangästhetischen Gesichtspunkten, und diese gehen auf Versuche im Bereich Kunstmusik zurück. Da deren Beurteilungskriterien nur eingeschränkt auf den popmusikalischen Bereich übertragen werden können, muß ein für die vorliegende Zielsetzung adäquates Meßinstrument zusammengestellt werden.

Die Skalenkonstruktion erfolgte auf Grundlage von in der Fachliteratur[26] verwendeten Beurteilungsmerkmalen, Erfahrungen aus der Produktionspraxis, sowie der Ergebnisse des Untersuchungsabschnitts **Exploration** (vgl. 4.2). Es wurde deutlich, daß Klang auf verschiedenen Integrationsebenen beschrieben wird: So gibt es differenziert-klangliche bzw. (je nach Beurteilungsfokus) global-klangliche Merkmale, die in der Produktionspraxis als Standardkriterien gelten und die auch schon in Hörtests angewendet wurden (z.B. *Dynamik, Höhenanteil, Halligkeit*). Viele dieser Merkmale beschreiben den Klang auf einer eher technischen Ebene, und einige von ihnen könnten auch sinnvoll physikalisch bestimmt werden (z.B. durch die Messung von Pegelperzentilen oder Frequenzspektren). Die für den Versuch ausgewählten Merkmale werden zu einer ersten Gruppe zusammengefaßt:

Gruppe 1: Global-klangliche Merkmale
1. Lautstärke, 2. Dynamik, 3a. Tiefen, 3b. Höhen,
4. Abbildungsbreite, 5. Tiefenausdehnung, 6. Effektanteil, 7. Raumgröße.

Der allgemein gebräuchliche Begriff *Halligkeit* oder *Hallanteil* wurde durch *Effektanteil* ersetzt, da in der Popmusik nicht nur Räumlichkeit durch die Übertragung der entsprechenden Eigenschaften des Aufnahmeraums oder durch die Verwendung von Hallgeräten geschaffen, sondern allgemein mit verschiedensten Effekten wie z.B. Delays gearbeitet wird (vgl. 2.3).

Nun gibt es eine Reihe von Merkmalen, die zwar in vielen fachlichen Diskussionen über konkrete Produktionen auftauchen, aber meist relativ unsystematisch verwendet werden und weniger einhellig definiert sind: Eine Mischung kann z.B. mehr oder weniger ge-

---

[26] Vgl. vor allem Meyer (1972), Fouqué (1984), Szmal (1996) und Stolla (1995b, 1997), ergänzend aber auch Gabrielsson (1974), Börja (1978), Wilkens (1978), Fasold und Kraak (1984), Wagenaars et al. (1986), Eargle und Streicher (1990), Elste (1991), Stolla (1995a), Thiemel (1995), Beranek (1996), Deutsch et al. (1996) und Wagner (1997).

sangsorientiert, abwechslungsreich, stilecht usf. sein. Derartige Merkmale setzen Merkmale im Sinne der Gruppe 1 in Beziehung zueinander, zum musikalischen Material oder zum stilistischen Kontext und können als musikalisch-klangliche Merkmale (vgl. 2.1.2) bezeichnet werden. Sie können nicht physikalisch gemessen werden. Man könnte vermuten, daß solche Merkmale aufgrund ihrer weniger scharf umrissenen Definition psychometrisch unzuverlässiger bestimmbar sind als Merkmale der Gruppe 1, und möglicherweise liegt in dieser Annahme der Grund dafür, daß sie bislang in Hörtests keine Verwendung fanden. Da jedoch laut Einschätzung von Experten (vgl. 4.2) eine wesentliche Funktion der Klanggestaltung in der Unterstützung der Musik in Statik und Ablauf besteht (vgl. auch 2.1.2), wurden derartige Merkmale in dem hier beschriebenen Expertenrating probeweise einbezogen. Die für den Versuch ausgewählten musikalisch-klanglichen Merkmale werden zu einer zweiten Gruppe zusammengefaßt.

Gruppe 2: Musikalisch-klangliche Merkmale
8. Gesangsorientiertheit, 9. Rhythmusorientiertheit, 10. Musikalität,
11. Mix als eigener musikalischer Faktor,[27] *12. Abwechslungsreichtum,*
13. Klangliche Komplexität, 14. Experimenteller Charakter, 15. Stilechtheit.

Das Problem der teilweise unscharfen Definition insbesondere der Merkmale dieser Gruppe und die damit verbundene Gefahr von Urteilsfehlern wie z.B. Halo-Effekten wurde für den konkreten Versuch dadurch zu vermindern versucht, daß sämtliche Merkmale in einem vorab an die Urteiler verschickten Brief erklärt, an Beispielen veranschaulicht und gegeneinander abgegrenzt wurden. Des weiteren wurden Rückfragen vor dem Hörversuch im Kreis aller Urteiler geklärt. Die Erklärungen, die die Urteiler vorab erhalten hatten, sind unter 13.2.3 aufgeführt.

Durch die Einbeziehung von Merkmalen der Gruppe 2 kann erreicht werden, daß die Diversifikation der ausgewählten drei Mischungen auf einem breiten Fundament steht: Sie beruht so nicht nur auf ‚Standardmerkmalen', sondern auch auf solchen, die für die Beurteilung von Musik durch Laienhörer von größerer Relevanz sein können.

Neben Merkmalen im Sinne der Gruppen 1 und 2 gibt es auch solche, die die Untersuchungsobjekte wertend beschreiben. Außer dem stark auf subjektive Beurteilung abzielenden Merkmal *Gesamturteil (gut—schlecht)* wurde versucht, den Urteilern auch ein möglichst objektives globales Urteil abzuverlangen, das, wie bereits dargestellt wurde, als Konvergenzkriterium dient, und zwar *Genügt professionellem Mindeststandard (ja—nein)*. Zusätzlich bekamen die Urteiler die Gelegenheit, sich formlos zu dem Testbeispiel zu äußern. Diese Merkmale sind nicht Bestandteil des komplexen Merkmals *Gesamtklang*. Sie werden in einer dritten Gruppe zusammengefaßt.

Gruppe 3: Wertende Merkmale
16. Gesamturteil, 17. Genügt professionellem Mindeststandard
18. Anmerkungen.

---

[27] Dieses Merkmal beschreibt, in welchem Maß während der Abmischung musikalisch-strukturelle Eingriffe erfolgt sind.

Die Skalen, auf denen die Merkmale beurteilt werden sollen, sind als fünfstufige, bipolare Ratingskalen ausgelegt. Sie werden als intervallskaliert angenommen (zur Begründung vgl. 5.4). Bezüglich der Skalenursprünge der zur Gruppe 1 gehörigen Merkmale ist die Möglichkeit einer Orientierung am Ankerreiz gegeben.

Überprüfung des Meßinstruments

Da einige Merkmale allein auf der Grundlage produktionspraktischer Erfahrungen ausgewählt und bislang nicht erprobt wurden, ist es – auch im Hinblick auf weitere Untersuchungen – sinnvoll, das zusammengestellte Meßinstrument auf die Erfüllung der Testgütekriterien im Sinne der klassischen Testtheorie, also Objektivität, Validität und Reliabilität, hin zu überprüfen. Die Überprüfung erfolgte *ex post* anhand der im Expertenrating gewonnenen umfangreichen Daten, wird aber schon an dieser Stelle sowie gekürzt dargestellt.[28]

Die *Objektivität* stellte im vorliegenden Falle ein relativ unproblematisches Kriterium dar, da auf einem standardisierten Fragebogen Merkmale unter kontrollierten Bedingungen quantitativ beurteilt wurden und die Versuchsdurchführung, -auswertung und -interpretation vorher festgelegt war. Sie kann daher ohne empirische Überprüfung als hoch angesehen werden.

Die *Validität* konnte nur dem Augenschein nach abgeschätzt werden (Face Validity). Demnach kann der Test als ausreichend valide angesehen werden, denn er erfaßt ganz offensichtlich wichtige Eigenschaften von Klanggestaltungen, also keine ‚falschen', sondern ungünstigstenfalls redundante Informationen. Diese Einschätzung konnte durch Indizien gestützt werden: Mit Hilfe von Varianzanalysen und Signifikanztests wurde untersucht, inwieweit die Varianz der Urteile durch die Einflußfaktoren *Beurteilungsobjekt*, *Urteiler* und *Meßzeitpunkt* zu erklären ist. Unter Berücksichtigung des Urteilereinflusses kann das Maß der Beeinflussung der Urteile durch die Beurteilungsobjekte (die ja ausschließlich klanglich verändert sind, da allen das gleiche Mehrspurband zugrunde liegt) als Indiz für die Validität der Messung des Merkmals *Gesamtklang* (wenngleich nicht zwangsläufig der diskreten klanglichen Merkmale) gelten. Die Varianzanalysen ergaben für die meisten Skalen hohe Werte der Varianzaufklärung η^2 durch den Faktor *Beurteilungsobjekt*. Der Einfluß der Variationsquelle *Beurteilungsobjekt* war bei beiden Musikstücken und allen Merkmalen außer *Abbildungsbreite* und *Komplexität* mindestens signifikant ($\alpha=0{,}05$), in den allermeisten Fällen sogar hochsignifikant ($\alpha=0{,}01$).[29]

Die *Reliabilität* wurde zum einen anhand der internen Konsistenz der Urteile und zum anderen als Retest-Reliabilität bestimmt. Mit Ausnahme der Merkmale *Abbildungsbreite* und *klangliche Komplexität* waren die Reliabilitäten als mittelmäßig bis hoch einzustufen (Rel>0,8).

Im Ergebnis erwiesen sich die meisten der verwendeten Merkmale im Sinne der Testgütekriterien, soweit bestimmbar, als brauchbar für die quantitative Beschreibung von Klanggestaltungen. Die Merkmale *Tiefenausdehnung*, *Gesangsorientiertheit* und *Rhythmusorientiertheit* sind zwar als weniger geeignet, aber für die Beschreibung von klangli-

---

[28] Für eine eingehendere Darstellung der Bestimmung der Testgütekriterien vgl. Maempel (1999).
[29] Die geringe Varianzaufklärung des Merkmals *Abbildungsbreite* ist auf die geringen Varianzen der Beurteilungsobjekte aufgrund offensichtlich großer Ähnlichkeit bezüglich dieses Merkmals zurückzuführen: Fast allen Testbeispielen wurde von den Urteilern der Wert 100% zugeschrieben.

chen Grundtendenzen nicht als völlig untauglich einzustufen. Sie wurden in dem Meßinstrument belassen. Über die Tauglichkeit des Merkmals *Abbildungsbreite* konnte keine Aussage getroffen werden. Als unbrauchbar stellte sich das Merkmal *klangliche Komplexität* heraus. Dies ist vermutlich darauf zurückzuführen, daß Unklarheit über seine inhaltliche Bedeutung bestand. So war bei den entsprechenden Urteilen auch eine deutliche Tendenz zur Mitte zu beobachten. Das Merkmal mußte aber im Hinblick darauf, daß das zur Auswahl der Testbeispiele angewandte Auswertungsverfahren Urteilsverankerungen außer acht läßt und die Mittelwerte der Objekte kaum streuen, nicht aus dem Meßinstrument entfernt werden. Seine Verwendung in weiteren Tests erscheint jedoch wenig sinnvoll.

Über eine Einschätzung des Meßinstruments bezüglich der Erfüllung von Testgütekriterien hinaus brachte die Überprüfung Unterschiede in der Beurteilbarkeit der beiden Musikstücke hervor: Es fiel auf, daß bei dem natürlich instrumentierten und musikalisch-strukturell komplexeren Pop-Song „Lemon Tree" die Merkmale der Gruppe 2 deutlich sicherer bestimmt wurden als bei dem künstlich instrumentierten und musikalisch-strukturell einfacheren Techno-Titel „Sonic Empire". Bis auf *Lautstärke* waren hier die eher technischen Merkmale der Gruppe 1 besser bestimmbar. Am Rande wird daher folgende Hypothese formuliert: Je ‚technischer' bzw. künstlicher ein Musikstück in Struktur und Instrumentierung angelegt ist, desto mehr verschiebt sich die Bereitschaft oder die Fähigkeit der Klangbildbeurteilung durch Experten von den musikalisch-klanglichen zu den global-klanglichen Parametern.

Des weiteren wiesen die Varianzanalysen ausgerechnet für das Merkmal *Genügt professionellem Mindeststandard (ja—nein)* einen verhältnismäßig hohen Urteilereinfluß aus, also eine starke subjektive Komponente. Es zeigte sich, daß die Eigenschaften der Mischungen bezüglich der Merkmale *Gesamturteil* und *Genügt professionellem Mindeststandard* mit r=0,87 hochsignifikant korrelieren. Es ist unklar, ob dies auf die Eigenschaften der Testbeispiele oder das Urteilsverhalten zurückzuführen ist. Aber man kann vermuten, daß geschulte Hörer nicht unbedingt besser zwischen objektivem und subjektivem Urteil trennen können als Laien (über eine ähnliche Tendenz berichten auch Hargreaves und Colman 1981), sondern daß die in Ausbildung und Praxis erlernte Fähigkeit objektiveren Hörens das Urteilsverhalten im Ganzen verändert, d.h. sich auch auf die subjektive Beurteilung auswirkt.

Im Hinblick auf die probeweise Einführung neuer Merkmale ist von Interesse, ob die Merkmale der Gruppe 2 auch wirklich grundsätzlich neue Informationen erfassen. Die Frage ist eng mit der Frage verknüpft, inwieweit der Klanggestaltung bzw. der Klangwahrnehmung und -beurteilung eine Struktur zugrunde liegt. Dies zu untersuchen ist mit dem Verfahren der Faktorenanalyse möglich, das geeignet ist, Korrelationen von Variablen mit einem orthogonalen System ‚künstlicher' Variablen (den sogenannten Faktoren) aufzuzeigen.[30]

Der vollständige Variablensatz wurde einer Hauptkomponentenanalyse unterzogen. Es wurden sechs Faktoren extrahiert, deren Eigenwert $\lambda > 1$ ist, und nach dem Varimax-Kri-

---

[30] Die Faktorenanalyse ist ein iteratives Verfahren, das künstliche Variablen (Faktoren) konstruiert, die voneinander unabhängig sind und sukzessiv maximale Varianz aufklären. Es ermöglicht die Klassifikation von Variablen (Merkmalen oder Objekten) in unabhängige Gruppen aufgrund ihrer Korrelationen. Vgl. hierzu Bortz (1993).

terium rotiert. Die Voraussetzung für die Interpretierbarkeit der Faktorenstruktur ist durch die hohe Anzahl der Fälle gegeben (N=304).[31] Tabelle 14 zeigt die Faktorladungsmatrix. Ladungen, die aufgrund ihrer Höhe in besonderem Maße dazu beitragen, die Faktoren inhaltlich zu interpretieren, wurden dunkel hervorgehoben.

Faktorenanalyse der Klangmerkmale

Rotierte Faktorladungsmatrix

Merkmal	Faktor					
	1	2	3	4	5	6
Lautstärke	,242	-,221	-,008	,579	-,125	,154
Dynamik	,147	,327	-,145	-,138	,614	,166
Tiefen	,335	-,016	,135	,621	,119	-,120
Höhen	-,075	-,010	-,237	,767	,052	,004
Abbildungsbreite	,123	-,118	,132	,174	,676	-,050
Tiefenausdehnung	,155	,113	,738	-,065	,135	,125
Effektanteil	-,194	,546	,538	-,136	-,089	,000
Raumgröße	-,078	,012	,849	-,014	-,025	-,067
Gesangsorientiertheit	,002	-,056	,049	,014	,049	,919
Rhythmosorientiertheit	,530	,210	-,186	,184	-,413	,067
Musikalität	,847	,001	-,015	,104	,129	,013
Mix als eigener musikalischer Faktor	,066	,808	,177	-,015	-,085	,087
Abwechslung	,162	,754	-,208	-,054	,273	-,141
Komplexität	,589	,387	,150	,214	-,026	,202
Experimenteller Charakter	-,160	,854	,132	-,123	-,041	-,063
Stilechtheit	,757	-,348	-,078	,206	,017	,140
Gesamturteil	,893	,040	,002	,082	,116	,000
Professionalität	,710	-,059	,065	-,073	,153	-,353

Tabelle 14

Die Anzahl von sechs extrahierten Faktoren aus einem Satz von Merkmalen, anhand derer Objekte ästhetisch beurteilt werden, kann als hoch angesehen werden. Sie zeigt die Differenziertheit klanglicher Wahrnehmung von Expertenhörern.[32] Normalerweise lassen sich nur etwa drei Faktoren extrahieren, und zwar meistens diejenigen, die hier als die ersten drei auftreten. Sie lassen sich ziemlich eindeutig im Sinne der Neuen Experimentellen Ästhetik als *Evaluation*, *Activity* und *Potency* interpretieren. Diese Dimensionen scheinen eine Grundstruktur[33] menschlichen Beurteilungsverhaltens zu bilden und wurden in den vergangenen fünfzig Jahren immer wieder nachgewiesen. Der *Evaluation*-Faktor beschreibt die Dimension des Gefallens, des angenehmen Eindrucks, der Schönheit, der Faktor *Activity* steht für die Qualität des Erregenden, Interessanten, und der Faktor *Potency* stellt das Große, Beeindruckende, Dominante dar, wobei letzterer Faktor hier offensichtlich für Größe im Sinne räumlicher Ausdehnung steht: Die Merkmale *Tiefenausdehnung* und *Raumgröße* laden hoch auf diesem Faktor. Faktor 4 beschreibt die Form spektraler

---

[31] Vgl. hierzu Bortz (1993).
[32] Nitsche (1978) nimmt an, „daß ganz allgemein ein größeres Hörvermögen eine höhere Dimensionszahl bedingt" (S.16).
[33] Auch als EPA-Struktur oder semantischer Raum bezeichnet. Nach Ertel (1964, 1965a, 1965b) beinhaltet diese Struktur auch affektive Befindlichkeiten. Vgl. hierzu auch Höge (1984).

Verteilung („mittenbetont' vs. ‚breit'), die mit der Lautstärkeempfindung zusammenhängt: Neben *Tiefen* und *Höhen* lädt auch das Merkmal *Lautstärke* immerhin mittelmäßig hoch und gleichsinnig auf dem Faktor.[34] Er soll mit *Lautheit und Klangfarbe* bezeichnet werden. Vermutungen über die inhaltliche Bedeutung des fünften Faktors sollen hier nicht angestellt werden: Er ist nicht sinnvoll zu interpretieren und stellt infolge der Tatsache, daß das Merkmal *Abbildungsbreite* aufgrund seiner äußerst geringen Streuungen im Hinblick auf Korrelationen kaum aussagekräftig ist (s.o.), möglicherweise ein Artefakt dar. Faktor 6 ist offenbar fast identisch mit dem Merkmal *Gesangsorientiertheit*. Alle anderen Merkmale weisen nur sehr geringe Ladungen auf diesem Faktor auf. Die Ausgeprägtheit des Gesangs scheint also eine eigene, von anderen Klangparametern weitgehend unabhängige Dimension der Klangbildbeurteilung darzustellen.

Es sei darauf hingewiesen, daß die Faktorenstruktur durch Konzept- wie Urteilervarianz bestimmt wird („stringing out')[35], d.h. in den hier aufgeführten Werten sind sowohl Informationen über die Beurteilungsstruktur der Expertenhörer enthalten als auch solche über die Eigenschaften der Beurteilungsgegenstände und damit indirekt Informationen über die Beurteilungsstruktur der Testmischer.

Interessant ist, daß die Faktoren 1, 2, und 6 nur durch die Merkmale der Gruppe 2 erfaßt werden. Rückblickend erweist sich so die Einführung neuer Merkmale als sinnvoll. Da das Meßinstrument zur Erfassung des komplexen Merkmals *Gesamtklang* als tauglich im Sinne der Testgütekriterien eingestuft werden konnte und mindestens fünf Dimensionen der Klangbeurteilung erfaßt, ist es zulässig, die gemittelten Urteile der Expertenhörer als Klangeigenschaften der Beurteilungsobjekte aufzufassen.

Versuchsdesign

Für den Test wurden die zu beurteilenden Abmischungen nach Musikstücken geordnet, so daß sich zwei Blöcke mit jeweils 9 bzw. 10 Hörbeispielen ergaben. Innerhalb der Blöcke wurden die Mischungen in Zufallsreihenfolge angeordnet. Für den Retest wurden weitere zwei Blöcke mit denselben Mischungen zusammengestellt, zur Reduzierung von Sequenzeffekten jedoch in anderer Zufallsreihenfolge. Tabelle 15 zeigt das Versuchsdesign.

Versuchsdesign des Expertenratings

Funktion	Block	Musikstück	Anzahl der Abmischungen	Reihenfolge der Darbietung
Test	1	„Lemon Tree"	10	zufällig
	2	„Sonic Empire"	9	zufällig
Retest	3	„Lemon Tree"	10	zufällig
	4	„Sonic Empire"	9	zufällig

Tabelle 15

---

[34] Hierin zeigt sich der psychoakustische Umstand, daß die wahrgenommene Lautstärke (Lautheit) unter anderem von der spektralen Verteilung des Signals abhängt (vgl. hierzu etwa Zwicker und Feldtkeller 1967, Green 1993, Fastl 1990, Fastl 1997, Zwicker und Fastl 1990).
[35] Aufgrund der geringen Anzahl von Beurteilungsobjekten konnte die Summationsmethode nicht zum Einsatz kommen. Vgl. hierzu Schäfer (1983).

Versuchsdurchführung

Da der Hörversuch im Hinblick auf die Abhörbedingungen in zwei Vierergruppen durchgeführt werden mußte, wurden zwei Termine anberaumt, an denen jeweils vier der insgesamt acht Expertenhörer anwesend waren. Die Durchführung des Hörversuchs erfolgte am 9. und 10.9.1998 im Tonregieraum des Altbaustudios der Hochschule der Künste Berlin. Die vier Versuchspersonen saßen hintereinander mittig vor dem Mischpult. Die Lautsprecher wurden so positioniert, daß sich der Abhörpunkt des gleichseitigen Stereodreiecks zwischen dem zweiten und dritten Testhörer befand.[36] Als Zuspieler diente ein DAT-Recorder (Tascam DA-30 MkII), der über die Abhöranwahl am Mischpult selektiert wurde, als Abhörlautsprecher zwei Stück B+W 801. Der Abhörpegel wurde in Abstimmung mit den Hörern zu Beginn des Versuchs anhand eines Beispiels mittlerer Lautstärke festgelegt[37] und im weiteren Verlauf entsprechend belassen.

Nach der Klärung von Fragen zu Merkmalsdefinitionen und Versuchsablauf wurden folgende ergänzenden Maßnahmen ergriffen:

- Um den Urteilern Gelegenheit zu geben, sich mit dem musikalischen Material vertraut zu machen, wurde ihnen zunächst jeweils die Originalversion der beiden Musikstücke vorgespielt.
- Es wurden Angaben zur ungefähren Lage des Ankerreizes auf den Skalen *Lautstärke* und *spektrale Verteilung* (*Tiefen* und *Höhen*) gemacht.
- Während der ersten fünf Testbeispiele jedes Titels wurde das nachträgliche Korrigieren der vorangegangenen vier Fragebogen zugelassen, um den Urteilern die Etablierung eines intraindividuell konsistenten Bezugssystems zu ermöglichen.

Zwischen den Blöcken wurden drei etwa 15minütige Kaffeepausen eingelegt. Der Hörversuch dauerte etwa 5 Stunden und verlief planmäßig. Insgesamt wurden mehr als 2¼ Stunden Audiomaterial beurteilt und 5472 numerische Daten erhoben.

Klangeigenschaften der Abmischungen

Die numerisch darstellbaren Klangeigenschaften der Abmischungen sind in Tabelle 16 aufgeführt. Sowohl die anhand vorgegebener Merkmale standardisiert erfaßten, als auch die formlos beschriebenen Klangunterschiede zwischen den Abmischungen zeigen, daß die implizit oder explizit geäußerte These einer ‚klanglichen Ähnlichkeit'[38] zumindest in bezug auf die Produktionsschritte *Abmischung* und *Nachbearbeitung* und hinsichtlich des Angebots seitens der Produzenten schwer haltbar ist. Vielmehr spannt sich ein durchaus weites Feld der Nutzung klanggestalterischer Möglichkeiten auf.[39]

---

[36] Aus Gründen der Lokalisationsrichtigkeit müssen die Testhörer symmetrisch zu den Lautsprechern, also hintereinander innerhalb der Stereohörfläche sitzen (vgl. Dickreiter 1997a). Durch die Begrenzung der Anzahl der Versuchspersonen auf vier pro Durchlauf konnten die Abweichungen der Abhörpositionen von der optimalen Hörentfernung, die sich aus einem gleichseitigen Dreieck mit den Lautsprecherpositionen ergibt, in einem akzeptablen Rahmen gehalten werden.
[37] Stellung 2,5 des Lautstärkereglers am Mischpult.
[38] Vgl. 1.2.2 und 1.3.4.
[39] Die klangliche Vielfalt wird auch am unterschiedlichen Einsatz der klanggestalterischen Mittel deutlich (vgl. Kapitel 10).

Klangeigenschaften der Abmischungen: „Lemon Tree" und „Sonic Empire"
Mittelwerte der Expertenurteile

Musikstück	„Lemon Tree"										„Sonic Empire"								
Mischung Nummer	1	2	3	4	5	6	7	8	9	10	1	2	3	4	5	6	7	8	9
Lautstärke	2,19	2,94	3,69	3,50	3,25	4,63	3,31	4,25	4,31	3,00	4,06	3,75	4,38	4,19	3,56	4,88	3,75	3,94	3,31
Dynamik	2,69	3,44	4,25	3,69	2,63	2,00	2,81	3,00	2,81	3,19	2,81	3,06	2,80	2,31	3,43	1,94	2,62	4,25	2,44
Tiefen	3,60	1,94	3,56	3,25	3,06	2,93	3,00	3,93	3,13	2,53	4,47	3,87	3,93	4,07	4,75	3,31	3,20	4,00	2,69
Höhen	4,13	3,81	3,50	3,60	2,69	3,81	3,53	3,50	3,63	3,31	4,75	4,13	4,25	4,13	3,33	3,88	3,79	3,69	2,73
Abbildungsbreite	4,79	4,63	4,81	4,94	4,40	4,81	4,88	4,88	4,75	4,69	4,94	4,80	4,81	4,88	4,94	4,67	4,88	4,81	4,69
Tiefenausdehnung	2,87	2,88	3,00	3,88	3,44	2,56	3,31	3,25	2,94	2,53	2,56	3,13	2,00	3,13	3,00	2,93	3,81	2,73	2,75
Effektanteil	3,40	4,69	3,33	4,06	4,75	3,00	4,63	3,31	2,63	3,62	3,25	4,19	2,50	3,44	4,87	3,38	4,44	2,50	4,19
Raumgröße	4,00	3,00	2,87	4,44	3,94	3,38	3,44	3,31	2,88	2,13	2,88	3,13	2,13	3,25	3,93	3,63	4,20	1,94	3,50
Gesangsorientiertheit	3,13	3,44	4,31	3,37	2,88	3,50	3,25	3,63	3,25	4,00	3,64	3,14	4,71	3,36	2,64	2,86	4,00	2,14	4,14
Rhythmusorientiertheit	3,25	3,56	3,69	3,31	3,63	3,69	3,25	3,06	4,13	2,62	4,06	3,94	3,88	3,75	3,75	3,88	3,31	4,38	3,25
Musikalität	2,56	2,00	3,75	3,38	2,06	2,69	2,69	1,94	3,56	2,50	3,37	3,13	2,63	3,44	3,31	2,88	3,00	3,81	2,44
Mix als eigener musikalischer Faktor	2,31	4,56	3,00	3,56	4,37	2,06	3,88	2,87	2,44	2,67	3,31	4,00	3,00	3,00	4,37	2,75	3,88	3,94	3,81
Abwechslungsreichtum	2,31	4,31	3,69	3,50	3,87	2,25	3,37	3,13	2,56	3,19	3,12	3,69	2,94	2,94	4,00	2,50	3,19	4,19	2,94
Komplexität	2,75	3,37	3,75	4,00	3,13	3,25	3,56	3,31	3,31	3,06	3,63	3,50	3,19	3,63	4,13	3,27	3,50	3,94	3,38
Experimenteller Charakter	2,06	4,63	2,19	3,50	4,56	1,75	4,44	2,06	1,63	2,88	2,31	3,88	2,56	2,13	4,31	2,00	3,56	3,37	3,19
Stilechtheit	2,80	1,44	3,69	3,13	1,69	3,27	1,81	3,06	4,13	2,81	3,50	2,94	3,00	4,00	2,75	3,56	3,06	4,00	2,19
Gesamturteil	2,19	1,81	3,63	3,56	2,25	2,94	2,25	2,38	3,38	2,56	3,50	3,06	2,40	3,50	3,31	3,13	3,31	4,00	2,44
Genügt professionellem Mindeststandard	0,50	0,31	0,69	0,81	0,37	0,75	0,63	0,56	0,81	0,37	0,81	0,75	0,31	1,00	0,75	0,75	0,81	0,94	0,44

Tabelle 16

6.2.5 Auswahl der Testbeispiele

Die Testbeispiele werden gemäß dem Divergenzkriterium aus den vorhandenen Abmischungen ausgewählt, also anhand der Merkmale der Gruppen 1 und 2, die zusammen das komplexe Merkmal *Gesamtklang* bilden (vgl. S.90-92). Die Klassifikation der Abmischungen nach ihren Klangeigenschaften erfolgt faktorenanalytisch. Zur Klassifikation der Objekte wird die Datenmatrix transponiert, d.h. die Mischungen werden zu Variablen erhoben, die Merkmale bilden die Fälle. Die Anzahl der zu extrahierenden Faktoren wird auf 3 festgesetzt und eine Hauptkomponentenanalyse durchgeführt.[40, 41] Die Tabellen 17 und 18 zeigen für die Abmischungen von „Lemon Tree" und „Sonic Empire" die jeweilige Faktorladungsmatrix nach der Rotation[42] der Faktoren.

Die Mischungen, die jeweils am höchsten auf den Faktoren laden, repräsentieren unabhängige Richtungen der Klanggestaltung am besten. Es sind dies die Mischungen 7, 6 und 3 von „Lemon Tree" und 4, 5 und 7 von „Sonic Empire".

Faktorenanalyse der Abmischungen - „Lemon Tree" -

Rotierte Faktorladungsmatrix

	Faktor		
	1	2	3
Mischung 1	,193	,832	,062
Mischung 2	,920	-,154	,226
Mischung 3	-,230	,386	,834
Mischung 4	,626	,596	,000
Mischung 5	,934	,021	-,173
Mischung 6	-,089	,854	,317
Mischung 7	,956	,157	,060
Mischung 8	,143	,766	,393
Mischung 9	-,418	,721	,410
Mischung 10	,423	,250	,832

Tabelle 17

Faktorenanalyse der Abmischungen - „Sonic Empire" -

Rotierte Faktorladungsmatrix

	Faktor		
	1	2	3
Mischung 1	,935	,234	-,094
Mischung 2	,402	,859	,132
Mischung 3	,841	,137	-,014
Mischung 4	,942	,075	,089
Mischung 5	-,034	,933	,110
Mischung 6	,866	,070	,253
Mischung 7	,294	,375	,853
Mischung 8	,366	,417	-,771
Mischung 9	,209	,524	,735

Tabelle 18

Zur Überprüfung der Mischungen auf Erfüllung des Konvergenzkriteriums werden die relativen Häufigkeiten der positiven Urteile zum Merkmal *Genügt professionellem Mindeststandard (ja—nein)* herangezogen. Das Kriterium soll als erfüllt gelten, wenn die relative Häufigkeit positiver Entscheidungen für eine Mischung größer als 50% ist. Die Ab-

---

[40] Die Vorgabe der Anzahl der zu extrahierenden Faktoren ist nötig, da der dritte Faktor der Analyse der Abmischungen von „Lemon Tree" einen Eigenwert knapp unter 1 aufweist (λ_3=0,97).
[41] Die Voraussetzung für die Interpretierbarkeit der Faktorenstruktur, wonach auf jedem bedeutsamen Faktor wenigstens vier Variablen mit Werten von über 0,6 laden sollen (vgl. Bortz 1993), ist nicht vollständig, sondern nur annähernd erfüllt. Die Anwendung der Analyse wird im vorliegenden Fall zum einen damit gerechtfertigt, daß es sich bei den zugrunde gelegten Daten um gemittelte Einzelurteile handelt, die somit als valide Meßwerte aufgefaßt werden können, die Faktorenstruktur also nur durch Konzeptvarianz bestimmt wird, und zum zweiten damit, daß die Analyse sinnvolle, auditiv nachvollziehbare Ergebnisse liefert.
[42] Gemäß Varimax-Kriterium.

bildungen 7 und 8 zeigen die Werte im Vergleich der Abmischungen. Alle durch die Faktorenanalysen ermittelten Abmischungen weisen relative Häufigkeiten von über 60% auf. Sie erfüllen daher das Konvergenzkriterium und werden als Testbeispiele für den Hörversuch I ausgewählt.

Merkmal "Genügt professionellem Mindeststandard"

- "Lemon Tree": Vergleich der Abmischungen -

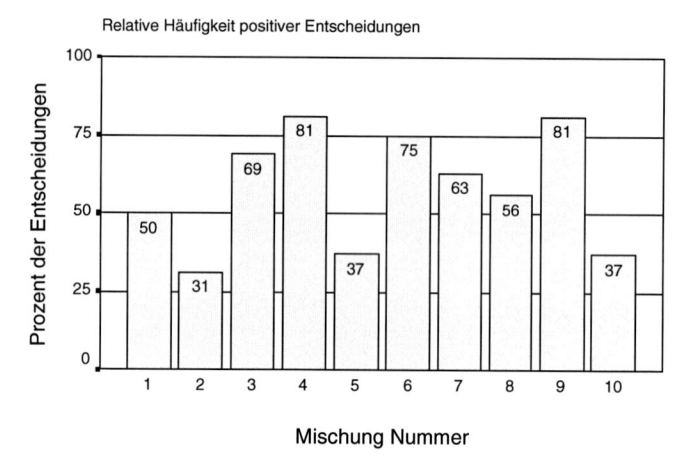

Abbildung 7

Merkmal "Genügt professionellem Mindeststandard"

- "Sonic Empire": Vergleich der Abmischungen -

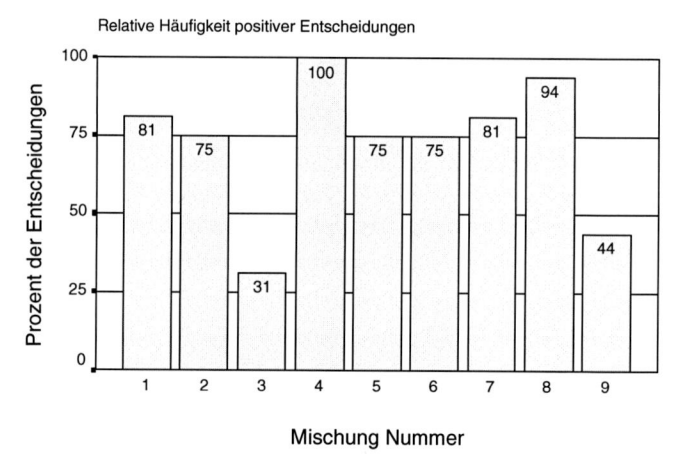

Abbildung 8

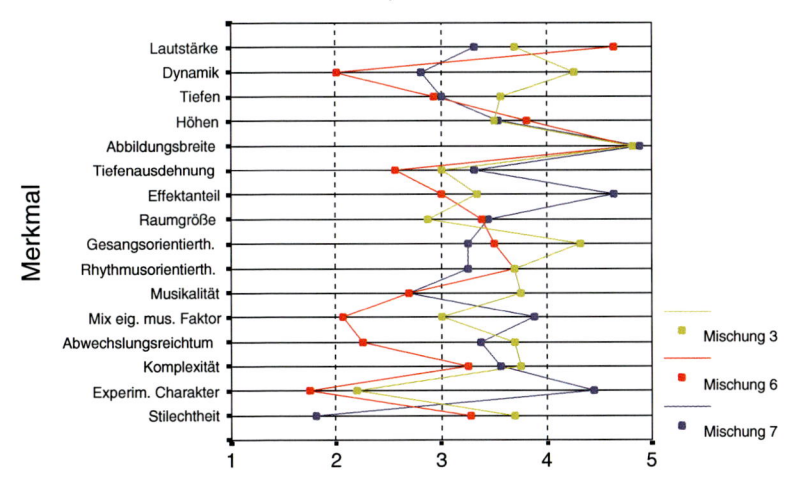

Abbildung 9

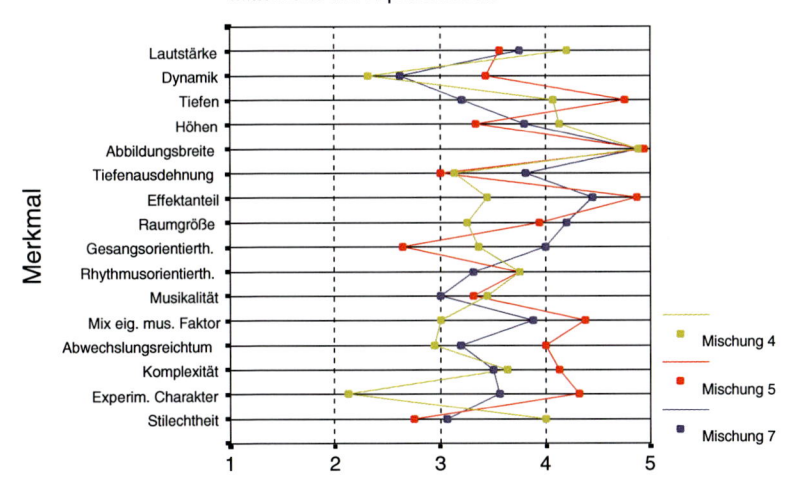

Abbildung 10

101

Klangeigenschaften der Abmischungen

- Vergleich der Musikstücke -

Mittelwerte der Abmischungen

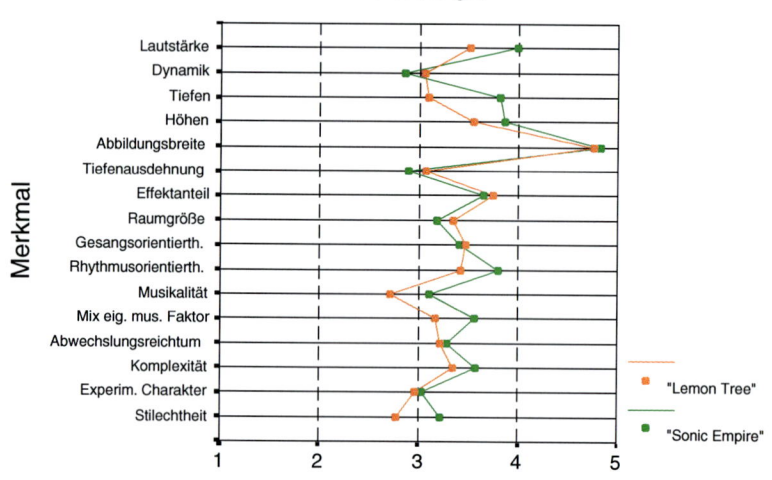

Abbildung 11

Beim Vergleich der Abbildungen 7 und 8 fällt auf, daß die Urteiler den Abmischungen von „Sonic Empire" generell eine höhere Professionalität bescheinigt haben. Es ist unwahrscheinlich, daß dies auf die durchgängig höhere Qualität der Mischungen zurückgeht, da jeweils acht Abmischungen von denselben Testmischern angefertigt wurden. Vermutlich wurde vielmehr dem technisch orientierten Musikstil ein größerer Spielraum dessen, was als professionell gelten kann, zugestanden, da eine größere Abweichung der Klanggestaltung vom Üblichen *per se* ein Merkmal darstellt, das z.B. den Techno-Stil charakterisiert.

Um zu veranschaulichen, in welchem Maße die ausgewählten Abmischungen in den einzelnen Klangeigenschaften divergieren, wurden sie in Form von Polaritätsprofilen dargestellt (vgl. Abbildung 9 und 10). Es zeigen sich deutliche Unterschiede bezüglich der verschiedenen Merkmale, mit Ausnahme des Merkmals *Abbildungsbreite*.

Interessant ist, inwieweit sich die beiden Musikstücke in ihren Klangeigenschaften unterscheiden. Abbildung 11 zeigt die Mittelwerte der Klangeigenschaften sämtlicher angefertigter Abmischungen im Vergleich der Musikstücke. Bei der Interpretation der Grafik muß berücksichtigt werden, daß, obwohl nur die Klangeigenschaften beurteilt werden sollten, aufgrund des Prinzips der Inhärenz ein gewisser Einfluß der musikalisch-strukturellen und instrumentatorischen Eigenschaften auf die Urteile unvermeidlich ist.[43] Es kann aber da-

---

[43] Die Durchführung eines Signifikanztests ist aus ebendiesem Grunde nicht sinnvoll sowie im vorliegenden Falle auch aus statistischen Gründen kontraindiziert.

von ausgegangen werden, daß geschulte Hörer zumindest die Merkmale der Gruppe 1 weitgehend unabhängig vom Musikstück beurteilen können. Aus ihnen geht hervor, daß das Techno-Stück „Sonic Empire" vor allem baßhaltiger, aber auch höhenhaltiger und lauter abgemischt wurde als der Pop-Song „Lemon Tree".

Trotz möglicher Einschränkungen ihrer Aussagekraft für den klanglichen Vergleich *verschiedener* Musikstücke legen auch die Werte der Merkmale der Gruppe 2 in plausibler Weise die Vermutung nahe, daß die Abmischung für die Produktion von Techno-Musik offenbar besonders bedeutsam ist, denn das Merkmal *Mix als eigener musikalischer Faktor* weist für „Sonic Empire" einen deutlich höheren Wert auf als für „Lemon Tree". Diese Bedeutsamkeit scheint sich unter anderem in musikalischeren, rhythmusorientierteren und stilechteren Abmischungen zu äußern. Die geringere Bewertung der Stilechtheit der Abmischungen von „Lemon Tree" kann allerdings auch Ausdruck eines klangästhetischen Widerspruchs sein, der zwischen den modernen klanggestalterischen Möglichkeiten und Erwartungen einerseits und dem zwar aktuellen, aber auch in die popmusikalische Geschichte verweisenden Musikstil andererseits besteht.

Da die Profile der Musikstücke weder starke Ähnlichkeiten noch starke Unähnlichkeiten aufweisen, ist unklar, ob Abbildung 11 als Adaption der Klanggestaltung von Musikstücken unterschiedlichen Stils an eine aktuell gültige Klangästhetik bzw. – kritischer formuliert – als klangästhetische Nivellierung zu interpretieren ist, oder ob von einer Beeinflussung der Klangeigenschaften von Abmischungen durch den Musikstil gesprochen werden muß. In jedem Fall ist festzuhalten, daß die interindividuellen Unterschiede der Abmischungen bezüglich ihrer Klangeigenschaften deutlich größer sind als die stilistisch bedingten.

Die audiovisuellen Testbeispiele werden im Hörversuch I durch Synchronisation der auditiven Testbeispiele zum Videoclip realisiert.

6.3 Zusammenfassung

Ausgehend von der Zielsetzung, Testbeispiele für den Hörversuch I zu produzieren, die systematisch in den Eigenschaften *Stil*, *Klanggestaltung* und *Darbietungsform* variiert sind, wurden zwei erfolgreiche Popmusikstücke unterschiedlichen Stils aus den Charts ausgewählt und auf der Grundlage der Originalmedien als Mehrspurfassung aufbereitet. Die Veränderung der Stücke bezüglich ihrer Klanggestaltung erfolgte komplex und ohne konkrete klangliche Vorgaben, indem zehn bzw. neun Produzenten (‚Testmischer') die Mehrspurbänder nach eigenem Ermessen abmischten und nachbearbeiteten. Um aus diesem Material für jedes Musikstück drei Abmischungen zu ermitteln, die im Gesamtklang in besonderem Maße divergieren, wurden die Klangeigenschaften der Mischungen in einem Experten-Hörtest quantitativ bestimmt. Zu diesem Zwecke wurde ein Meßinstrument für die komplexe Variable *Gesamtklang* konstruiert, das nicht nur bewährte globalklangliche, sondern auch musikalisch-klangliche Merkmale erfaßt. Eine Faktorenanalyse der Merkmale ergab im nachhinein, daß drei von sechs Dimensionen der Beurteilung von Klanggestaltungen nur von den neu eingeführten musikalisch-klanglichen Merkmalen erfaßt werden. Die Faktorisierung der Abmischungen auf Basis ihrer Merkmalsprofile ermöglichte die Auswahl dreier Objekte, die unterschiedliche Richtungen der Klanggestaltung in besonderem Maße repräsentieren. Da die ausgewählten Abmischungen das Filterkriterium *Genügt professionellem Mindeststandard* erfüllen, können sie im Hörversuch I als Testbeispiele verwendet werden. Dort erfolgt die Variation der audiovisuellen Darbietungsform durch die Präsentation der Testbeispiele mit oder ohne Videoclip. Unter Berücksichtigung eines Vergleichs der Klanggestaltungen nach Musikstücken ergab sich, daß die Klangeigenschaften wesentlich stärker von der Person des Testmischers als von dem Musikstil beeinflußt wurden.

7 Hörversuch I: Bekannte Musikstücke

7.1 Hypothesen

Im Hörversuch I wird mit inferenzstatistischen Methoden die Hypothese geprüft, daß sich die produktionsseitig hergestellten Klangunterschiede auch rezeptionsseitig in unterschiedlichen Beurteilungen jugendlicher Hörer niederschlagen (H_{K0}: $\mu_{K1}=\mu_{K2}=\mu_{K3}$, H_{K1}: $\mu_{Ki}\neq\mu_{Ki'}$); außerdem wird der Einfluß der Darbietungsform (auditiv vs. audiovisuell) auf das Hörerurteil geprüft (H_{D0}: $\mu_a=\mu_{av}$, H_{D1}: $\mu_a\neq\mu_{av}$).[1] Ferner soll untersucht werden, ob ein Interaktionseffekt auftritt.[2] Da eine der beiden unabhängigen Variablen (*Klanggestaltung*) komplex variiert und die abhängige Variable (*Hörerurteil*) komplex operationalisiert ist, können keine sinnvollen, differenzierten Vorhersagen bezüglich des Urteilsverhaltens getroffen werden; im übrigen ist laut Reetze (1998) die Wirkungsrichtung von Videoclips nicht vorhersagbar. Die Hypothesen sind daher ungerichtet und unspezifisch formuliert.

7.2 Methode

Die Hypothesenprüfung erfolgt auf der Grundlage von Daten, die in einem Experiment[3] gewonnen werden. Der Hörversuch besteht darin, daß die Testbeispiele, deren Herstellung im vorangegangenen Kapitel dargestellt wurde, und die in bezug auf Musikstil, Klanggestaltung und Darbietungsform variiert sind, jugendlichen Versuchspersonen zur Beurteilung vorgeführt werden. Die abhängige, komplexe Variable *Hörerurteil* wird mit dem in der Voruntersuchung entwickelten Fragebogen[4] erfaßt.

7.2.1 Stichprobe

Um Einschränkungen der Untersuchung hinsichtlich ihrer externen Validität zu minimieren, wird das Experiment nicht mit Freiwilligen, sondern an einer Schule durchgeführt. So kann angenommen werden, daß sich die Probanden hinsichtlich ihrer Persönlichkeitsmerkmale[5] vom Bevölkerungsdurchschnitt der gleichen Altersgruppe nur wenig unterscheiden. Um auch eine besondere Selektion hinsichtlich anderer Kriterien zu vermeiden, wird als Schule eine Gesamtschule gewählt: Sie bietet einerseits den Vorteil, daß die unter gleichen Versuchsbedingungen beobachtbare Gesamtstichprobe auch in bezug auf Ausbildungsniveau und sozialen Status am ehesten der Grundgesamtheit entspricht und andererseits die Möglichkeit, die Leistungsstufe (Hauptschule, Realschule oder Gymnasium) als Kontrollvariable zu erheben. Es wurden vier neunte Klassen sowie eine achte und eine zehnte Klasse untersucht. Insgesamt nahmen 152 Personen mit einem durchschnittlichen

---
[1] Vgl. 1.3.1 und 1.3.3.
[2] Vgl. 1.3.2.
[3] Typ „Experimentelle Laboruntersuchung" (Bortz und Döring 1995, S.58).
[4] Vgl. 13.1.5.
[5] Etwa hinsichtlich Altruismus- oder Selbstdarstellungstendenz (vgl. Schwarzer 1983).

Alter von 15 Jahren am Hörversuch I teil. Die Größe der gültigen Gesamtstichprobe (N=149) entspricht 92% des für ein varianzanalytisches 3×2-Design theoretisch optimalen Gesamtstichprobenumfangs (N=162).[6]

7.2.2 Versuchsdesign

Unabhängige Variablen

Es wurde erwähnt, daß für den Popmusikrezipienten normalerweise nicht die Möglichkeit besteht, ein und dasselbe Stück in verschiedenen Abmischungen anzuhören (vgl. Kapitel 3). Um dieser Realität im Hörversuch Rechnung zu tragen, werden keine A-B-C-Vergleiche[7] durchgeführt, sondern unabhängige Stichproben untersucht, d.h. jede Versuchsperson hört nur eine der drei Abmischungen pro Musikstück. Die Untersuchung unabhängiger Stichproben bietet außerdem den Vorteil, daß die wissenschaftliche Fragestellung, die den Probanden vor und während des Versuchs nicht mitgeteilt wird, auch nicht in den Versuchsbedingungen erkennbar ist. Eine inhaltsbedingte Reaktivität der Versuchspersonen ist damit weitgehend minimiert: Die Versuchpersonen können die Testbeispiele mit hinsichtlich des klanglichen Aspekts unbeeinflußtem Aufmerksamkeitsfokus beurteilen.

Die beiden Einflußgrößen *Klanggestaltung* und *Darbietungsform* bilden als unabhängige Variablen einen drei- und einen zweifach gestuften Faktor in einem varianzanalytischen 3×2-Design. Die Aufteilung der 152 Versuchspersonen auf die Faktorstufen erfolgte gleichmäßig, also für den Faktor *Klanggestaltung* mit den absoluten Häufigkeiten 51/51/50 und für den Faktor *Darbietungsform* mit den Häufigkeiten 76/76.

Nicht mit dem Design geprüft werden kann die Wirkung der unabhängigen Variable *Stil*, die durch die beiden Musikstücke repräsentiert wird. Eine varianzanalytische Auswertung dieser Einflußgröße würde ihre Integrabilität als Faktor in den streng hierarchischen Versuchsplan voraussetzen: So müßte z.B. Mischung 1 von „Lemon Tree" identisch mit Mischung 1 von „Sonic Empire" sein, was aufgrund des Umstands, daß der Klang einem Musikstück inhärent ist (vgl. 2.1.1), prinzipiell unmöglich ist. Eine Auswertung dieser Einflußgröße ist daher nur in Form einer vergleichenden Gegenüberstellung der mittleren Beurteilungen der beiden Musikstücke, also unter bedingter Nichtberücksichtigung der spezifischen Klanggestaltungen, praktikabel. Diese Einschränkung ermöglicht es auf der anderen Seite, da eine Bildung getrennter Stichproben für *Stil* unnötig ist, die Zahl der Versuchspersonen zu halbieren, indem jeder Versuchsgruppe beide Stücke vorgespielt werden.

Mit der Darbietung zweier Hörbeispiele in Abfolge wird die Problematik der Sequenzeffekte aufgeworfen, welche in Abhängigkeit der Einflußgröße *Stil* auftreten können. Um Sequenzeffekte zu minimieren, wird jede der sechs Stichproben geteilt: Die Versuchspersonen der einen Hälfte hören zuerst das Stück „Lemon Tree", die der anderen Hälfte zuerst „Sonic Empire", wobei je ein Stück mit und das andere ohne Videoclip vorgespielt wird.

---

[6] Vgl. Bortz und Döring (1995). Es wird eine mittlere Effektgröße angenommen.
[7] Bei einem A-B-C-Vergleich werden die drei Beispiele von denselben Personen im direkten Vergleich gehört, sei es durch wahlweises Umschalten zwischen den Beispielen während des Ablaufs oder durch eine in kurzen Abständen aufeinanderfolgende Darbietung der Beispiele. Das Hören im direkten Vergleich wird mit dem Ziel einer optimalen Diskrimination von zwischen den Beispielen bestehenden Unterschieden z.B. in der Musikproduktion angewandt.

Unter Berücksichtigung dieser Maßnahme ergibt sich das in Tabelle 19 dargestellte Versuchsdesign. Ob ein Testbeispiel an erster oder zweiter Stelle vorgeführt wird, wird als Kontrollvariable erhoben (*Vorführposition*).

Die Zeitplanung ließ es zu, die Teilstichproben nochmals zu halbieren, wodurch sich für die praktische Durchführung 24 endgültige Versuchsgruppen mit einem Umfang von etwa sechs bis acht Versuchspersonen ergaben. Die geringe Gruppenstärke ist im Hinblick auf Praktikabilität und Abhörbedingungen von Vorteil (vgl. 7.2.4).

Versuchsdesign des Hörversuchs I

Musikstück	„Lemon Tree" (LT)					
Klanggestaltung	Mischung LT_7		Mischung LT_6		Mischung LT_3	
Darbietungsform	auditiv	audiovisuell	auditiv	audiovisuell	auditiv	audiovisuell
Stichprobe$_{Nummer(Reihenfolge)}$	$S_{1(L, S)}$	$S_{1(S, L)}$	$S_{2(L, S)}$	$S_{2(S, L)}$	$S_{3(L, S)}$	$S_{3(S, L)}$ $S_{4(L, S)}$ $S_{4(S, L)}$ $S_{5(L, S)}$ $S_{5(S, L)}$ $S_{6(L, S)}$ $S_{6(S, L)}$
Darbietungsform	audiovisuell	auditiv	audiovisuell	auditiv	audiovisuell	auditiv
Klanggestaltung	Mischung SE_4		Mischung SE_5		Mischung SE_7	
Musikstück	„Sonic Empire" (SE)					

Tabelle 19

Personenbezogene Störvariablen

Da in natürlich gewachsenen Gruppen wie Klassenverbänden mit unterschiedlichen Ausprägungen von personenbezogenen Störvariablen zu rechnen ist, wurden die Schüler jeder Klasse gleichmäßig auf vier der zwölf Teilstichproben verteilt (Randomisierung).[8] Bei der Zuordnung wurde außerdem darauf geachtet, daß die Eigenschaften *Geschlecht*, *Leistungsstufe* und *Wahlpflichtfach* der Probanden in allen Versuchsgruppen annähernd die gleiche relative Häufigkeit aufweisen (Quasi-Parallelisierung), wobei mit der Eigenschaft *Wahlpflichtfach* eine Besonderheit berücksichtigt wurde: Die für den Versuch ausgewählte Gesamtschule bietet als Wahlpflichtfach unter anderem Musik und Kunst an und damit ihren Schülern bereits in der neunten Jahrgangsstufe die Gelegenheit, sich künstlerisch zu orientieren. Dieser Umstand bietet für die Untersuchung den Vorteil, mit dem Wahlpflichtfach eine Eigenschaft berücksichtigen zu können, die als Indikator für die Musikinteressiertheit gelten kann.

Die persönlichen Eigenschaften *Geschlecht*, *Leistungsstufe* und *Wahlpflichtfach* konnten nicht nur zur Parallelisierung der Stichproben herangezogen werden, sondern darüber hinaus als Kontrollvariablen fungieren, da sie für jede Versuchsperson individuell bekannt waren: Die Informationen über die Leistungsstufen der Schüler wurden im Rahmen der Versuchsplanung von den verantwortlichen Fachlehrern codiert zur Verfügung gestellt. Dieses Vorgehen war einerseits aus datenschutzrechtlichen Gründen geboten, ist aber auch im Hinblick auf eine Minimierung der erhebungssituativen Reaktivität der Probanden, denen eine quasi-anonyme Urteilsabgabe garantiert werden konnte, von Vorteil. Es ergibt sich eine nach den Kontrollvariablen geschichtete Gesamtstichprobe. Die im vorliegenden Fall gegebene und genutzte Möglichkeit, sowohl die Leistungsstufe als auch das Wahl-

---

[8] Die Neutralisierung oder Konstanthaltung von Störvariablen erhöht die interne Validität.

pflichtfach als sinnvolle Kontrollvariablen zu erheben, machte es aus Gründen der organisatorischen Praktikabilität und des Stichprobenumfangs unmöglich, die Stichproben auch nach dem Alter der Versuchspersonen zu parallelisieren. Hinsichtlich des Alters wurde das Experiment daher auf eine Altersgruppe, die der 15jährigen[9], ausgerichtet (vgl. 7.2.1), indem Schüler der entsprechenden Klassenstufen teilnahmen. Damit erübrigte sich die Erhebung des Alters der Probanden. Die gültige Gesamtstichprobe schlüsselt sich bezüglich der Kontrollvariablen gemäß Tabelle 20 auf.

Eigenschaften der Gesamtstichprobe (Hörversuch I): Kontrollvariablen

Kontrollvariable	Kategorie	% der Vpn
Geschlecht	männlich	37
	weiblich	63
Wahlpflichtfach	Musik	46
	anderes Fach	54
Leistungsstufe	Hauptschule	22
	Realschule	32
	Gymnasium	46

Tabelle 20

7.2.3 Auswertungsverfahren

Da der gültige Gesamtstichprobenumfang den optimalen Stichprobenumfang unterschreitet (vgl. 7.2.1), wurden im Rahmen der Datenbereinigung fehlende Urteile auf einzelnen Skalen durch den Mittelwert der entsprechenden Faktorstufenkombination ersetzt.[10]

Für die Angaben auf den einzelnen Skalen der Variable *Hörerurteil* wurden, getrennt nach den Faktorstufen des 3×2-Designs, die arithmetischen Mittel berechnet und graphisch veranschaulicht. Zur Hypothesenprüfung wurden die Urteile varianzanalytisch ausgewertet und die Hauptffekte auf Signifikanz geprüft. Wegen der komplexen Operationalisierung

---

[9] Die Wahl der Altersgruppe der 15jährigen stellt zum einen einen guten Kompromiß hinsichtlich ihrer Repräsentation der Hauptzielgruppe der Tonträgerindustrie im Hinblick auf den Absatz von Popmusik (vgl. Oldendorf 1997, Gebhardt 1997, Münch 1993 und Mahlmann 1997), der Hauptzielgruppe der Musikfernsehsender (vgl. Schmidbauer und Löhr 1996) und der Hauptzielgruppe der Rundfunk-Musiksendungen (vgl. Stadler 1990 und Lukesch et al. 1994) dar. Darüber hinaus fällt in die dem Alter von 15 Jahren entsprechende neunte Klassenstufe das erste Jahr des Unterrichts im Wahlpflichtfach.
[10] Die Ersetzung fehlender Angaben durch Mittelwerte führt zu einer progressiven Entscheidung von Signifikanztests, ist aber im vorliegenden Fall nicht nur zu rechtfertigen (da nur vereinzelt Ersetzungen vorgenommen werden mußten), sondern im Hinblick auf die multivariate Auswertung auch sinnvoll, da so die Angaben einer Versuchsperson auf den übrigen Skalen erhalten und in die Auswertung einbezogen werden konnten.

der Variable *Hörerurteil* mußte multivariat analysiert und getestet werden.[11,12] Die unabhängigen Variablen *Klanggestaltung* und *Darbietungsform* bilden feste Faktoren; die Kontrollvariablen *Geschlecht*, *Leistungsstufe* und *Wahlpflichtfach* wurden zur Reduktion der Fehlervarianz als Kovariaten in die Analyse einbezogen, ebenfalls die durch die Zusatzfrage erhobene Bekanntheit sowie die Vorführposition des beurteilten Testbeispiels (vgl. 7.2.2).[13] Im Rahmen der multivariaten Teststatistiken wurde weiterhin die Effektgröße geschätzt. Zu interpretatorischen Zwecken wurden univariate Analysen und Signifikanztests über die einzelnen Merkmale gerechnet.[14]

Die Angaben zu Kaufbereitschaft und Bekanntheit wurden durch die Bestimmung der relativen Häufigkeiten positiver Antworten unter den Faktorstufen ausgewertet. Die Angaben zur Kaufbereitschaft wurden außerdem einer Varianzanalyse mit anschließendem F-Test unterzogen.

7.2.4 Versuchsaufbau

Die Einflußnahme auf die Versuchsbedingungen erfolgte mit der Absicht, die Laborsituation so ‚natürlich' wie möglich zu gestalten und so die externe Validität des Experiments zu optimieren.

Versuchsraum

Der Versuch fand in dem eigens für diesen Zweck reservierten Oberstufenraum der Sophie-Scholl-Oberschule statt. Der gewählte Raum weist aufgrund seiner für Schulräume

---

[11] Bortz (1993) erwähnt eine Untersuchung von Huberty u. Morris aus dem Jahre 1989, die darauf aufmerksam macht, daß in psychologischen Untersuchungen häufig auch dann univariat getestet wird, wenn dieses Verfahren kontraindiziert ist.

[12] Vor der inferenzstatistischen Auswertung wurden die Daten auf die Erfüllung der Voraussetzungen für die jeweiligen Teststatistiken geprüft. Die Durchführbarkeit eines Signifikanztests im Rahmen einer univariaten Varianzanalyse ist an drei Voraussetzungen gebunden: Normalverteilte Fehlerkomponenten, homogene Fehlervarianzen und unabhängige Fehlerkomponenten. Die Normalverteilung der Fehlerkomponenten wurde im vorliegenden Fall – wie häufig in der Forschungspraxis – nicht überprüft, da der F-Test bei großen Stichproben relativ robust auf die Verletzung dieser Voraussetzung reagiert. Die Varianzhomogenität wurde nach Cochran und nach Bartlett-Box geprüft. Die Unabhängigkeit der Fehlerkomponenten kann vorausgesetzt werden, da unter den Treatmentstufen unabhängige Stichproben untersucht wurden. Die Voraussetzungen, die für Signifikanztests univariater Varianzanalysen gelten, müssen auch bei Signifikanztests multivariater Varianzanalysen erfüllt sein. Zusätzlich müssen die abhängigen Variablen multivariat normalverteilt und die Varianz-Kovarianz-Matrizen homogen sein. Die multivariate Normalverteilung wurde auch hier nicht geprüft, zumal hierzu laut Bortz (1993) „derzeit kein ausgereifter Test" zur Verfügung steht (S.417). Die Homogenität der Varianz-Kovarianz-Matrizen wurde nach Box getestet. Bei „Lemon Tree" ist nur der Varianz-Homogenitätstest für das Item *Deutlichkeit* signifikant (Cochran) bzw. hochsignifikant (Bartlett-Box). Das Merkmal ist bei „Sonic Empire" nicht Bestandteil der Itembatterie (vgl. 6.1.3). Hier ist kein Test signifikant. Univariate Signifikanztests sind also bis auf eine Ausnahme nicht kontraindiziert.
Der multivariate Test auf Homogenität der Varianz-Kovarianz-Matrizen fällt für „Lemon Tree" hochsignifikant aus, für „Sonic Empire" hingegen nicht signifikant. Die Signifikanz für „Lemon Tree" beruht vermutlich zum Teil auf der Varianz-Heterogenität des Merkmals *Deutlichkeit*. Da beide Musikstücke von derselben Stichprobe beurteilt wurden, wird angenommen, daß die Verletzung der Voraussetzung bei „Lemon Tree" auf die spezifischen Eigenschaften der Beurteilungsobjekte zurückgeht und nicht so gravierend ist, daß die multivariaten Prüfstatistiken zu deutlich konservativem oder progressivem Verhalten neigen, insbesondere da es sich nicht um eine Stichprobe geringer Größe handelt (vgl. Bortz 1993). Jedoch wäre die Verletzung der Voraussetzung bei der Interpretation kritischer Ergebnisse zu berücksichtigen.

[13] Alle Kontrollvariablen werden als intervallskaliert angenommen.

[14] Die Aussagekraft der univariaten Analysen ist aufgrund möglicher Suppressionseffekte begrenzt.

Versuchsraum (Hörversuch I)

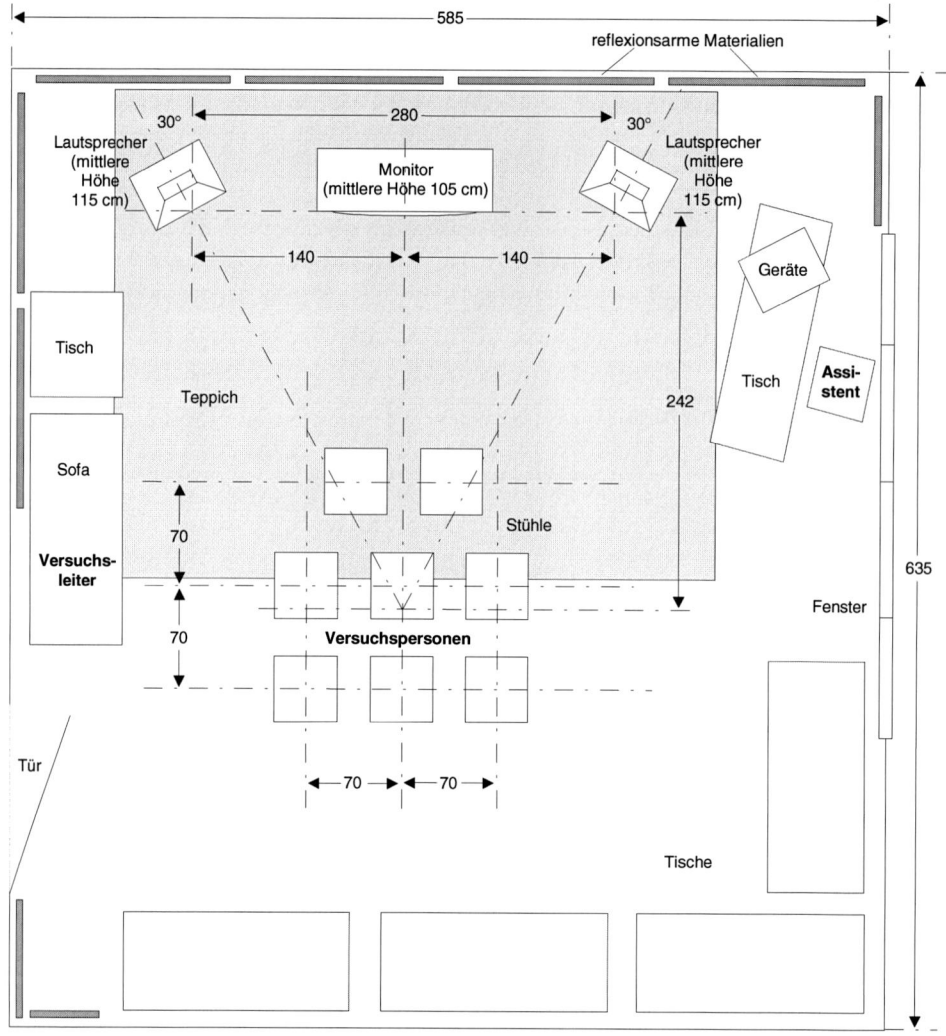

Abbildung 12

vergleichsweise geringen Größe (6,35×5,85×2,90m) und seiner akustischen Eigenschaften (geringe Halligkeit aufgrund schallabsorbierender Deckenplatten) wohnraumähnliche Eigenschaften auf und eignete sich daher besonders gut für die experimentelle Durchführung. Darüber hinaus wurde er mit einfachen Mitteln akustisch so weit wie möglich optimiert: Im Sinne des Life-End-/Dead-End-Konzepts[15], wie es auch in Regieräumen An-

---

[15] Vgl. z.B. Dickreiter (1987).

wendung findet,[16] wurden Boden, Wand und Ecken vor allem der Raumhälfte, in der die Abhöranlage plaziert war, mit einem Teppich, schallabsorbierenden Schaumstoffplatten und Decken versehen, um insbesondere die frühen Reflexionen zu mindern. Gemäß der subjektiven Einschätzung des Versuchsleiters während eines Testdurchlaufs konnten die akustischen Eigenschaften eines Wohnraumes mit diesen Maßnahmen gut nachgebildet werden.

Bei der räumlichen Positionierung der Lautsprecher und der Abhörplätze stellte sich das Problem, daß die Stereoaufstellung eine Abhörposition im sogenannten Stereodreieck[17] erfordert und somit nur eine Abhörposition optimal ist. Wird auf das Optimum bezüglich der Entfernung des Hörers zur Lautsprecherbasis verzichtet, sollten die Abstände der Hörer zu den beiden Lautsprechern zur Vermeidung von zusätzlichen Pegel- und Laufzeitdifferenzen zumindest identisch sein, so daß die bis zu acht Versuchspersonen in einer Reihe hintereinander hätten sitzen müssen. Da derartige Abhörpositionen nicht der alltäglichen Rezeptionssituation entsprechen und die Probanden möglicherweise Verdacht hinsichtlich der Untersuchungsthematik geschöpft hätten, wurde auch von dieser Option der Abhörpositionen abgewichen: Es wurden in drei Reihen einmal zwei und zweimal drei Versuchspersonen nebeneinander gesetzt. Die Zweier-Reihe bildete die erste Reihe, um zumindest tendenziell der Tatsache Rechnung zu tragen, daß die Stereohörzone vorne schmaler ist als hinten (vgl. Dickreiter 1997a). Es wurde eine Lautsprecherbasisbreite von 2,8 m gewählt. Die Stühle für die Probanden wurden möglichst eng zusammengestellt und die gesamte Gruppe so plaziert, daß sich die mittlere Versuchsperson genau im Stereodreieck befindet. Abbildung 12 zeigt den räumlichen Versuchsaufbau.

Technischer Versuchsaufbau

Die Zuspielanlage mußte die Möglichkeit eines synchronen Videobildes bieten. Aus Gründen der Tonqualität wurde die Option, den Ton auf ein analoges Videoband zu überspielen und während des Versuchs mit einer Videomaschine abzuspielen, verworfen, denn die Qualitätsverluste in bezug auf Ton sind bei Consumer-Formaten wie VHS beträchtlich und selbst bei professionellen Analogformaten wie Betacam SP für die vorliegende Untersuchung nicht vertretbar.[18] Daher wurde eine technische Lösung gewählt, bei der die Testbeispiele auf digitaler Ebene belassen werden konnten: Die drei Testbeispiele jedes Musikstücks wurden von den vorliegenden DATs auf ein Harddisc-Recording-System überspielt und von dort über einen TDIF-Konverter parallel und synchron auf sechs Spuren eines DA-88-Mediums kopiert. Im Versuch wurde dann ein DA-88 als Zuspieler eingesetzt, der über Timecode mit einer Betacam-SP-MAZ synchronisiert wurde.[19] Die Verwendung eines professionellen Videoformats im Versuch erfolgte aus drei Gründen: Er-

---

[16] Die Optimierung der akustischen Eigenschaften von professionellen Aufnahme- oder Abhörräumen geht natürlich weit über die Umsetzung des Life-End-/Dead-End-Konzepts hinaus. Vgl. hierzu etwa Stumpner und Lamparter (1999).
[17] Das Stereodreieck ist gleichseitig. Seine Ecken repräsentieren die Positionen der beiden Lautsprecher und die des Hörers. Vgl. hierzu z.B. Theile (1980).
[18] Der hohe Anspruch an die Übertragungsqualität wurde vor dem Hintergrund gestellt, daß unvermeidliche Kopiervorgänge bei der Herstellung der Testbeispiele schon zu geringfügigen Verlusten an technischer Qualität geführt hatten und ihre weitere Reduzierung vermieden werden sollte.
[19] DA-88 im Slave-Betrieb.

stens sollte zur Erhöhung der Betriebssicherheit ein sauberer Timecode abgespielt werden. Zweitens erfolgt die Timecode-Ausgabe auch während des Suchlaufs und im Standbild (VITC), was die Bandpositionierung erleichtert. Drittens konnte so die hohe technische Bildqualität der Videoclips, die als Rohversionen im Betacam-SP-Format vorlagen und auf Digital Betacam geschnitten wurden, auch im Versuch genutzt werden. Die technische Ton- und Bildqualität im Experiment unterschied sich somit nicht von der üblichen CD- oder Sendequalität. Der Betacam-SP-Zuspieler erwies sich jedoch nach einem Versuchstag aufgrund zu starker Lüfter- und steigender Laufwerksgeräusche als ungeeignet und mußte zugunsten eines geringeren Störgeräuschpegels durch einen VHS-Videozuspieler ersetzt werden. Die Timecode-Verkopplung arbeitete dennoch zuverlässig, der Offset[20] wurde korrigiert. Allerdings mußten die unkomfortablere Bedienung und eine geringfügig reduzierte Bildqualität in Kauf genommen werden. Daraus folgten keine Änderungen des Versuchsablaufs.

Die Wahl der Abhöranlage orientierte sich an zwei Anforderungen: Einerseits sollte die Qualität der Verstärker und Lautsprecher den Rezipienten ausreichende Möglichkeiten bieten, auch geringe klangliche Unterschiede wahrzunehmen, andererseits sollte sie realen Bedingungen Rechnung tragen, weswegen eine Hi-End- oder professionelle Anlage nicht in Frage kam. Als Kompromiß wurde eine Anlage aus gehobenen Mittelklasse-Komponenten zusammengestellt. Als Videomonitor wurde ein Fernseher mit relativ großer Bildschirmdiagonale (66 cm) gewählt, um auch den weiter entfernt sitzenden Versuchspersonen ein ausreichend großes Bild zu bieten. Tabelle 21 zeigt die verwendeten Geräte im einzelnen.

Verwendete Geräte (Hörversuch I)

Komponente	Hersteller und Typ
Bildzuspieler	SONY PVW-2600P (Betacam SP) / Panasonic NV-HD650EG (VHS)
Tonzuspieler	TASCAM DA-88
Vorverstärker	harman/kardon Citation Seventeen
Endstufe	harman/kardon hk 870
Lautsprecher	Audio-Labor LUA Precision 1/3D St MK2 (vier Wege)
Videomonitor	Bang&Olufsen LX 2800

Tabelle 21

Die Audio-Verbindung der Geräte erfolgte wie bei Heim-Stereoanlagen durch Cinch-Kabel, die Video-Verbindung durch eine Adapterkette BNC—Cinch—Euro-AV (Betacam-SP-Zuspieler) bzw. einem Euro-AV-Kabel (VHS-Zuspieler). Abbildung 13 zeigt den technischen Versuchsaufbau.

---

[20] 3 Frames, 75 Subframes (EBU mit 25 F/s).

Technischer Versuchsaufbau (Hörversuch I)

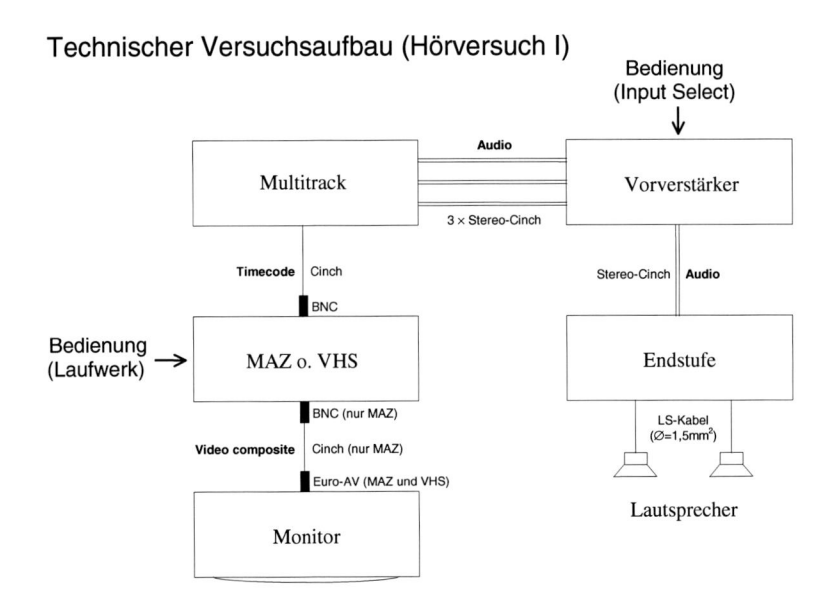

Abbildung 13

Untersuchungsbedingte Störvariablen

Die Versuchsanordnung konnte für die gesamte Dauer des Experiments aufgebaut im Versuchsraum belassen werden, wurde also nicht verändert. Die Abhörlautstärke wurde vor Beginn des Experiments nach subjektivem Ermessen so eingestellt, daß die Testbeispiele, die eine mittlere Lautheit[21] aufweisen, auch beim Abhören als mittellaut empfunden wurden. Störgeräusche (z.B. vom Schulhof) wurden mit dem gewählten Abhörpegel auch von den leisen Testbeispielen in den meisten Fällen verdeckt. Die Abhörlautstärke bewegte sich nicht außerhalb des in Wohnräumen üblichen Bereichs. Der einmal eingestellte Abhörpegel wurde markiert (Raste 8) und im weiteren Versuchsablauf konstant gelassen. Somit konnten alle untersuchungsbedingten Störvariablen im engeren Sinne konstant gehalten werden: Abhörpegel, akustische Eigenschaften des Abhörraumes und Abhörpositionen. Unkontrollierte untersuchungsbedingte Störeinflüsse bestanden lediglich in dem seltenen Auftreten nicht verdeckter Umweltgeräusche, den unterschiedlichen Versuchszeitpunkten (mit entsprechend verschiedenen Tageslichtverhältnissen und ggf. der Notwendigkeit künstlicher Beleuchtung) und den beiden sich im Laufe der Untersuchungswoche abwechselnden Assistenten.

---

[21] Für die Produktion aller Testbeispiele galt derselbe Maximalpegel. Vgl. hierzu 13.2.1.

7.2.5 Durchführung

Der Hörversuch wurde am 11., 15., 17. und 18.12.1998 in der Sophie-Scholl-Oberschule in Berlin-Schöneberg durchgeführt. Es nahmen alle zum Zeitpunkt des Experiments anwesenden Schüler der Klassen 8.11, 9.22, 9.23, 9.11, 9.13, 10.11 sowie fünf Schülerinnen der Klasse 8.14 teil. Für jede der sechs Klassen stand eine doppelte Schulstunde (90 Minuten) zur Verfügung. Der Untersuchungsleiter wurde zu Beginn der Stunde von dem jeweiligen Fachlehrer vorgestellt und skizzierte in wenigen Sätzen Aufgabe und organisatorischen Ablauf. Die Schüler wurden nicht über die wissenschaftliche Fragestellung bzw. die Art des Treatments informiert. Ihnen wurde lediglich erklärt, daß sie zwei Popmusikstücke auf Fragebogen beurteilen sollten. Dabei wurde betont, daß keine persönlichen Kenntnisse und Fähigkeiten, sondern eine subjektive Einschätzung gefordert seien, daß es sich also nicht um eine Prüfungssituation handele. Sodann wurden die Schüler einer der vier vorab zusammengestellten Versuchsgruppen aufgerufen und ihnen vorbereitete Karteikarten mit Versuchspersonen-Nummern zugeteilt. Die Gruppe wurde aus dem Unterricht in den vorbereiteten Versuchsraum geführt, wo Fragebogen und Stifte bereitlagen und ihnen nähere Anweisungen zu Fragebogen und Ablauf gegeben wurden (vgl. 13.2.4). Im Anschluß daran wurden Verständnisfragen geklärt, welche allerdings nur vereinzelt aufkamen. Insgesamt wurden zwei Nachfragen zu dem Merkmal *dumpf—hell*, zwei zu *melodisch—unmelodisch* und drei zu *laut—leise* registriert. Die Nachfragen zu den ersten beiden genannten Items waren auf objektive Kriterien zur Quantifizierung dieser Merkmale aus. Hierzu wurde auf die Erwünschtheit der Subjektivität jeder einzelnen Versuchsperson verwiesen. Echte – wenn auch nur vorübergehende – Verständnisprobleme offenbarten hingegen die Nachfragen zu dem Merkmal *laut—leise*: Die betreffenden Schüler argumentierten, man könne die Lautstärke schließlich selbst wählen. Sie hatten die eigene freie Wahl der Lautstärke als selbstverständlich verinnerlicht, ihnen war die Abschätzung einer absoluten Lautstärkeempfindung also offenbar nicht gegenwärtig. Die einfache Erklärung, daß die *hier vorgegebene* Lautstärke des Musikstücks zu bewerten sei, wurde jedoch von den drei Versuchspersonen ohne weitere Nachfrage akzeptiert.

Sodann startete der Assistent das erste Testbeispiel. Es zeigte sich die Tendenz, daß die Bereitschaft zum Zuhören sank, nachdem die Versuchspersonen das Musikstück erkannt hatten. Viele Versuchspersonen waren sich offenbar sicher, alles Folgende zu kennen. Für den Fall, daß eine Versuchsperson aus diesem Grunde schon nach wenigen Tönen mit dem Ausfüllen des Fragebogens begann, wurde nochmals empfohlen, erst eine gewisse Zeit zuzuhören. Nach dem Ende des Testbeispiels wurde den Probanden ausreichend Zeit gegeben, den Fragebogen zu vervollständigen. Erst dann wurde das zweite Testbeispiel vorgeführt. Die Versuchsgruppe wurde zurück in den Klassenraum geführt und die Versuchspersonen der nächsten Gruppe aufgerufen. Der Durchlauf einer Versuchsgruppe dauerte etwa 20 Minuten, so daß in den verfügbaren 90 Minuten alle vier Gruppen mit ausreichendem zeitlichen Spielraum wie geplant am Experiment teilnehmen konnten. Im Laufe der Untersuchung kam es zu keinen technischen oder externen, jedoch vereinzelt zu internen Störungen durch unruhige Schüler sowie selten durch solche, die zwar die Mitarbeit nicht offen verweigerten, jedoch signalisierten, das Experiment nicht ernst zu nehmen. Bei diesen Probanden war mit der Abgabe subjektiv unwahrer Beurteilungen zu rechnen, was sich bei der Durchsicht der Fragebogen bestätigte.[22]

7.3 Ergebnisse

7.3.1 Bekanntheit

Auf die Zusatzfrage *Kanntest Du das Stück bereits?* antworteten bei „Lemon Tree" 97,3% und bei „Sonic Empire" 91,2% der Versuchspersonen mit *ja*. Die Werte sind unter allen Faktorstufen etwa gleich hoch. Die hohe Homogenität des Bekanntheitsgrades ist also wie beabsichtigt gegeben, so daß von einem vernachlässigbar geringen Einfluß des Bekanntheitsunterschieds ausgegangen werden kann, wenngleich nicht von einem geringen Einfluß der Bekanntheit selbst.

7.3.2 Hörerurteil

Wie die Testbeispiele von den jugendlichen Versuchspersonen beurteilt wurden, ist im folgenden durch Polaritätsprofile veranschaulicht. Die Abbildungen 14 und 16 zeigen, getrennt nach Musikstücken, die Stichproben-Mittelwerte der Stufen des Faktors *Klanggestaltung*, die Abbildungen 15 und 17 die der Stufen des Faktors *Darbietungsform*. Abbildung 18 zeigt zum Vergleich die Gesamtmittelwerte beider Musikstücke (ohne Merkmal *Deutlichkeit*). Die numerischen Werte der deskriptiven Statistik sind unter 13.3.4 tabellarisch zusammengefaßt.

Die zu Vergleichszwecken dargestellten Beurteilungsprofile der Musikstücke (Abbildung 18) weisen deutlich sichtbare Unterschiede auf. Eine multivariate Varianzanalyse für abhängige Stichproben zeigt, daß sich die Mittelwerte der Variable *Hörerurteil* zwischen den Musikstücken hochsignifikant unterscheiden (p=0,000). Gemäß univariater Analysen unterscheiden sich die Mittelwerte aller Skalen außer *Abwechslung*, *Rhythmus* und *Laune* mindestens signifikant, in den allermeisten Fällen sogar hochsignifikant. Das Meßinstrument erweist sich insoweit für die Erfassung unterschiedlicher Hörerurteile als geeignet. Ein Vergleich der Größe der Mittelwertunterschiede läßt weiterhin leicht erkennen, daß die strukturellen Eigenschaften bzw. der Stil der beiden Musikstücke erwartungsgemäß die stärkste Einflußgröße des Experiments darstellen.[23]

Ob die in den Abbildungen 14 bis 17 sichtbaren Unterschiede der Polaritätsprofile auch statistisch bedeutsam sind, geht aus den folgenden Ergebnistabellen der EDV-Auswertung hervor.[24] Die Tabellen 22 und 23 zeigen für jedes Musikstück die Ergebnisse der multivariaten Signifikanztests des Interaktionseffekts und der Haupteffekte *Klanggestaltung* und *Darbietungsform*. Die vollständigen Ergebnistabellen sind unter 13.4.1 dargestellt.

---

[22] Drei Fragebogen mußten wegen der Abgabe offensichtlich subjektiv unwahrer Urteile als ungültig eingestuft werden.
[23] Vgl. 1.2.1.
[24] Die EDV-Auswertung erfolgte unter Verwendung der Statistik-Software *SPSS*.

Beurteilung der Testbeispiele (Hörversuch I)

- "Lemon Tree": Vergleich der Abmischungen -

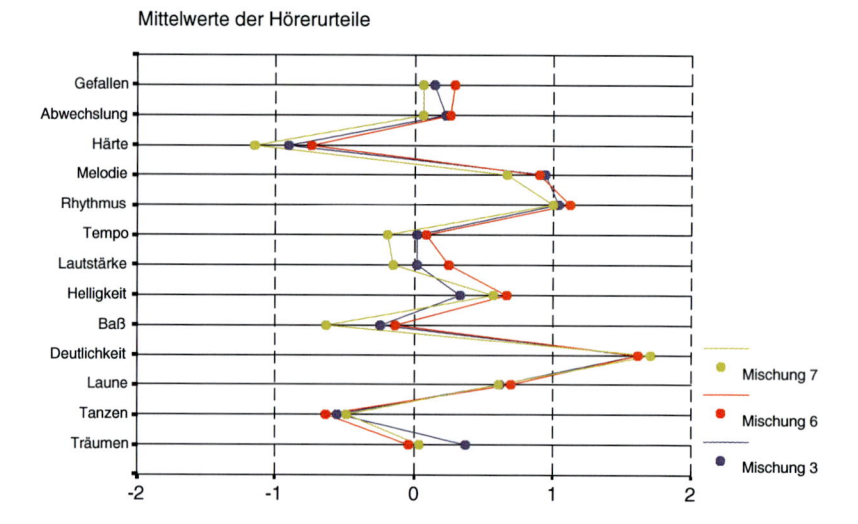

Abbildung 14

Beurteilung der Testbeispiele (Hörversuch I)

- "Lemon Tree": Vergleich der Darbietungsformen -

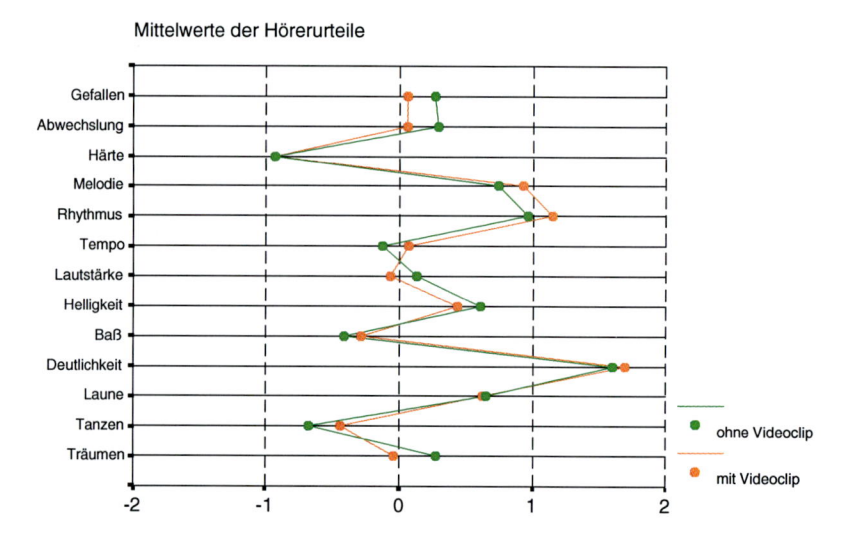

Abbildung 15

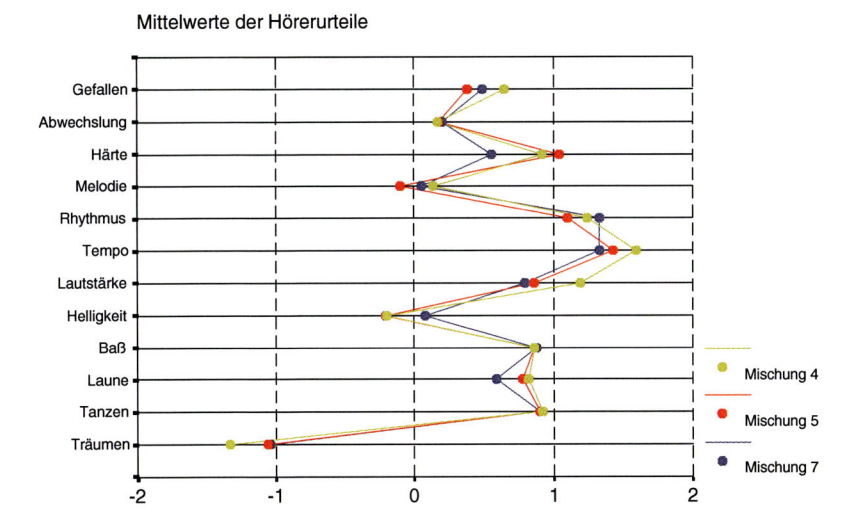

Abbildung 16

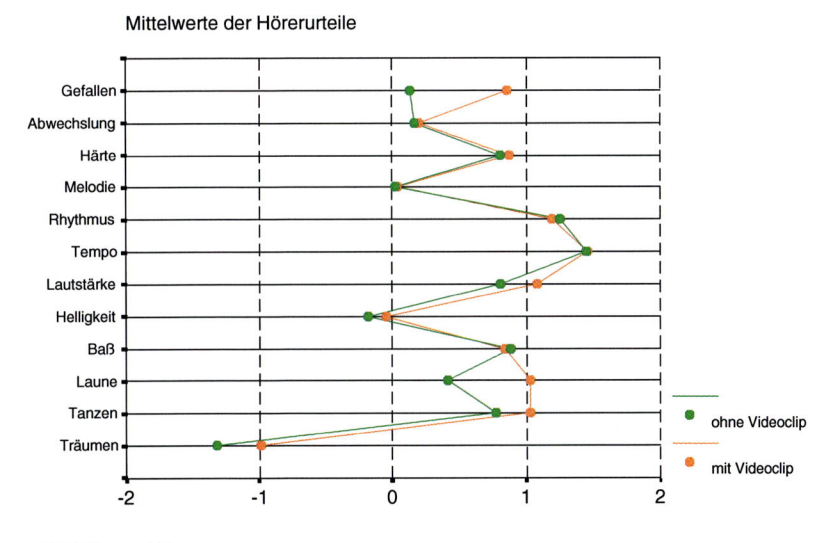

Abbildung 17

Beurteilung der Testbeispiele (Hörversuch I)
- Vergleich der Musikstücke -

Mittelwerte der Hörerurteile

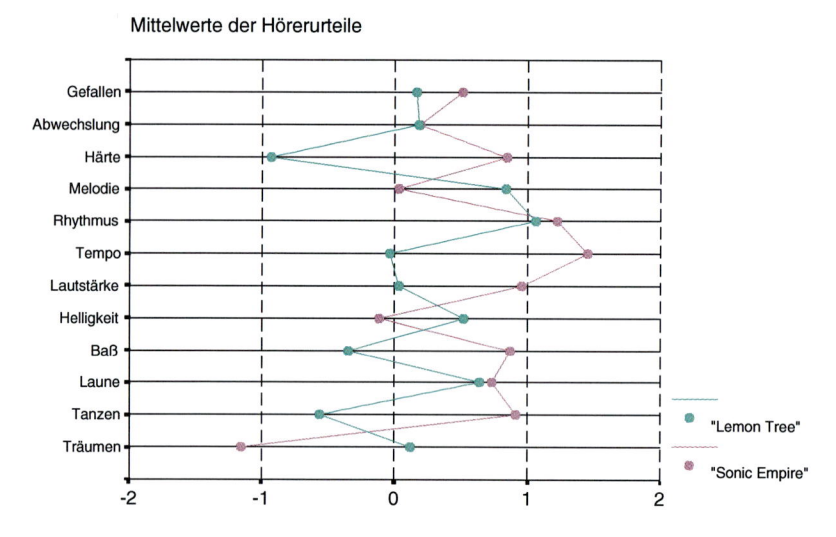

Abbildung 18

Bei beiden Musikstücken zeigt sich ein signifikanter Effekt des Faktors *Darbietungsform*. Die univariaten Analysen geben Aufschluß darüber, welche Skalen in besonderem Maße von dem Effekt beeinflußt werden: Signifikante bzw. hochsignifikante F-Werte weisen die Merkmale *Gefallen* (p=0,004), *Lautstärke* (p=0,048) und *Laune* (p=0,002) auf, allerdings nur bei „Sonic Empire".[25]

Die geschätzte multivariate Effektgröße für den Haupteffekt *Darbietungsform* beträgt ε=0,174 bei „Lemon Tree" und ε=0,154 bei „Sonic Empire".

Der Effekt *Darbietungsform* verhält sich in Abhängigkeit des Musikstücks gegensinnig: Wie die Beurteilungsprofile in Abbildung 15 und 17 zeigen, führt die Anwesenheit des Videoclips bei „Sonic Empire" zu einer besseren Beurteilung auf der wichtigsten evaluativen Skala *Gefallen*, bei „Lemon Tree" hingegen zu einer schlechteren. Rückblickend erweist sich die Formulierung einer ungerichteten Hypothese (H_{D1}) als sinnvoll.

Keinen signifikanten Einfluß übt die unabhängige Variable *Klanggestaltung* auf die Beurteilung der Musikstücke aus: Die Irrtumswahrscheinlichkeit liegt bei „Lemon Tree" mit p=0,420 (Wilks) weit über dem Signifikanzniveau von α=0,05, beträgt bei „Sonic Empire" jedoch p=0,154 (Wilks), so daß hier von einer leichten Tendenz gesprochen werden kann. Der Effekt äußert sich in den univariaten Analysen signifikant auf den Skalen *Härte* und *Lautstärke*, und zwar sowohl bei „Lemon Tree" ($p_{Härte}$=0,020 und $p_{Lautstärke}$=0,033) als auch bei „Sonic Empire" ($p_{Härte}$=0,005 und $p_{Lautstärke}$=0,032).

---

[25] Im Falle von „Lemon Tree" weist der F-Wert für die Skala *Träumen* eine Signifikanz von p=0,050 auf.

Multivariate Signifikanztests (Hörversuch I)
- „Lemon Tree" -

```
* * * * * * A n a l y s i s   o f   V a r i a n c e -- design   1 * * * * * *
EFFECT .. DARBIETUNGSFORM BY KLANGGESTALTUNG
Multivariate Tests of Significance (S = 2, M = 5 , N = 62 )

Test Name          Value     Approx. F Hypoth. DF   Error DF   Sig. of F

Pillais           ,28760     1,64073     26,00      254,00      ,029
Hotellings        ,34073     1,63812     26,00      250,00      ,030
Wilks             ,73157     1,63951     26,00      252,00      ,029
Roys              ,18270
Note.. F statistic for WILKS' Lambda is exact.
- - - - - - - - - - - - - - - - - - - - - - - - - - - - - - - - - - - - -
EFFECT .. KLANGGESTALTUNG
Multivariate Tests of Significance (S = 2, M = 5 , N = 62 )

Test Name          Value     Approx. F Hypoth. DF   Error DF   Sig. of F

Pillais           ,19213     1,03822     26,00      254,00      ,418
Hotellings        ,21510     1,03412     26,00      250,00      ,423
Wilks             ,81616     1,03622     26,00      252,00      ,420
Roys              ,12672
Note.. F statistic for WILKS' Lambda is exact.
- - - - - - - - - - - - - - - - - - - - - - - - - - - - - - - - - - - - -
EFFECT .. DARBIETUNGSFORM
Multivariate Tests of Significance (S = 1, M = 5 1/2, N = 62 )

Test Name          Value     Exact F  Hypoth. DF   Error DF   Sig. of F

Pillais           ,17418     2,04428     13,00      126,00      ,022
Hotellings        ,21092     2,04428     13,00      126,00      ,022
Wilks             ,82582     2,04428     13,00      126,00      ,022
Roys              ,17418
Note.. F statistics are exact.
- - - - - - - - - - - - - - - - - - - - - - - - - - - - - - - - - - - - -
```

Tabelle 22

Die Effektgröße wird bei „Lemon Tree" auf ε=0,097 (Hotelling und Wilks) und bei „Sonic Empire" auf ε=0,111 (Pillai und Wilks) geschätzt. Der Effekt *Klanggestaltung* ist also deutlich schwächer ausgeprägt als der Effekt *Darbietungsform*.

Ein interessantes Ergebnis liegt im Falle von „Lemon Tree" für die Interaktion der Haupteffekte vor: Sie fällt in allen drei Teststatistiken signifikant aus. Die univariaten Analysen zeigen hingegen nur einen signifikanten F-Wert, und zwar auf der Skala *Härte* (p=0,028). Die Effektgröße liegt mit ε=0,145 (Wilks) in der Größenordnung des Haupteffekts *Darbietungsform* bei „Sonic Empire".

Zum Interaktionseffekt wurde keine Hypothese formuliert. Um ihn inhaltlich interpretieren zu können, wurde ein Interaktionsdiagramm für die Beurteilungsskala *Gefallen* angefertigt (Abbildung 19), welche ungeachtet der Tatsache, daß der entsprechende univariate Effekt nicht signifikant ausfällt, als Indikator für die generelle Richtung des multivariaten Effekts dienen soll. Es zeigt die Mittelwerte der einzelnen Faktorstufenkombinationen. Zum Vergleich wurde darin auch der univariat und multivariat nicht signifikante Interaktionseffekt von „Sonic Empire" dargestellt.

Multivariate Signifikanztests (Hörversuch I)
- „Sonic Empire" -

```
* * * * * * A n a l y s i s   o f   V a r i a n c e -- design  1 * * * * * *
EFFECT .. DARBIETUNGSFORM BY KLANGGESTALTUNG
Multivariate Tests of Significance (S = 2, M = 4 1/2, N = 62 )

Test Name         Value    Approx. F Hypoth. DF   Error DF  Sig. of F

Pillais          ,12138     ,68381     24,00      254,00      ,866
Hotellings       ,13131     ,68390     24,00      250,00      ,866
Wilks            ,88144     ,68390     24,00      252,00      ,866
Roys             ,09008
Note.. F statistic for WILKS' Lambda is exact.
- - - - - - - - - - - - - - - - - - - - - - - - - - - - - - - - - - - - - -
EFFECT .. KLANGGESTALTUNG
Multivariate Tests of Significance (S = 2, M = 4 1/2, N = 62 )

Test Name         Value    Approx. F Hypoth. DF   Error DF  Sig. of F

Pillais          ,22176    1,31985     24,00      254,00      ,150
Hotellings       ,25153    1,31003     24,00      250,00      ,157
Wilks            ,78979    1,31498     24,00      252,00      ,154
Roys             ,13807
Note.. F statistic for WILKS' Lambda is exact.
- - - - - - - - - - - - - - - - - - - - - - - - - - - - - - - - - - - - - -
EFFECT .. DARBIETUNGSFORM
Multivariate Tests of Significance (S = 1, M = 5 , N = 62 )

Test Name         Value    Exact F   Hypoth. DF   Error DF  Sig. of F

Pillais          ,15353    1,90447     12,00      126,00      ,040
Hotellings       ,18138    1,90447     12,00      126,00      ,040
Wilks            ,84647    1,90447     12,00      126,00      ,040
Roys             ,15353
Note.. F statistics are exact.
- - - - - - - - - - - - - - - - - - - - - - - - - - - - - - - - - - - - - -
```

Tabelle 23

Wie am einfacheren Fall von „Sonic Empire" zu erkennen ist, wirkt hier der signifikante Haupteffekt *Darbietungsform* uneingeschränkt in eine Richtung, d.h. die Rangfolge von auditiver und audiovisueller Darbietungsform bezüglich des Gefallensurteils ist unabhängig vom Faktor *Klanggestaltung* konstant: Die Testbeispiele wurden mit Videoclip generell besser beurteilt als ohne, wenngleich die *Stärke* der Gefallenszunahme von der Klanggestaltung abhängt und bei Abmischung 4 so groß ist, daß sich die Rangfolge der Mischungen verändert (hybride Interaktion); es sei daran erinnert, daß bei diesem Musikstück sowohl der anhand der Mittelwerte beobachtete Haupteffekt *Klanggestaltung* als auch seine Interaktion mit dem Haupteffekt *Darbietungsform* statistisch nicht bedeutsam und lediglich als erkennbarer Trend einzustufen sind.

Im Gegensatz zu „Sonic Empire" ist bei „Lemon Tree" ein disordinaler Interaktionseffekt zu beobachten, der zudem multivariat signifikant ist. Im Falle von Abmischung 6 wird die audiovisuelle Fassung geringfügig besser beurteilt als die auditive, in den beiden anderen Fällen schlechter. Ob die Anwesenheit des Videoclips eine positive oder negative Auswirkung auf die Beurteilung des Gefallens hat, hängt bei „Lemon Tree" also vom Faktor *Klanggestaltung* ab (und umgekehrt). Der Haupteffekt *Darbietungsform* sollte somit für sich genommen nicht hinsichtlich seiner Wirkrichtung interpretiert werden, ungeachtet der in diesem Experiment zugrunde liegenden Insignifikanz des Effekts *Klanggestaltung*.[26]

Interaktion der Haupteffekte (Hörversuch I)
- Vergleich der Musikstücke -

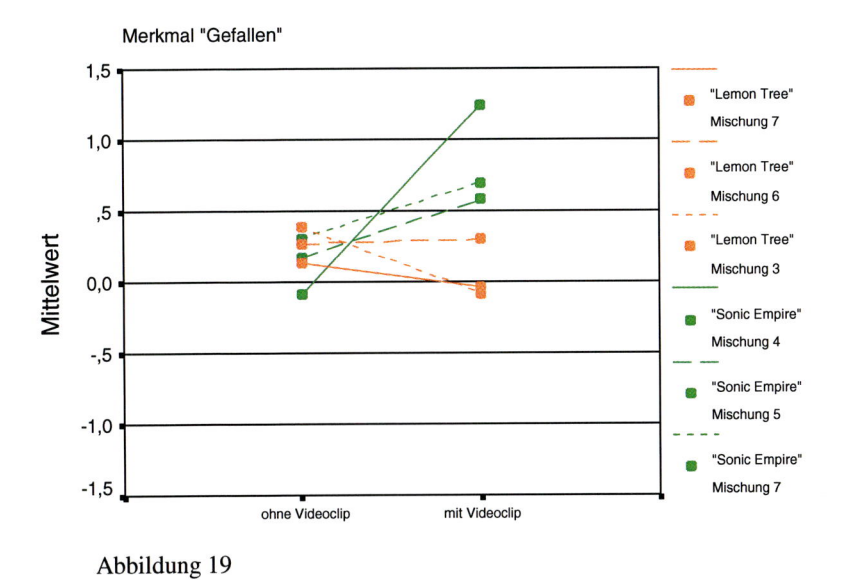

Merkmal "Gefallen"

[Diagramm: Mittelwert vs. ohne Videoclip / mit Videoclip; Linien für "Lemon Tree" Mischung 7, "Lemon Tree" Mischung 6, "Lemon Tree" Mischung 3, "Sonic Empire" Mischung 4, "Sonic Empire" Mischung 5, "Sonic Empire" Mischung 7]

Abbildung 19

Aufgrund des disordinalen Interaktionseffekts muß die Möglichkeit einer Kompensation des Haupteffekts *Klanggestaltung* durch die verschiedenen Darbietungsformen in Betracht gezogen werden. Eine für beide Darbietungsformen getrennt durchgeführte einfaktorielle multivariate Varianzanalyse mit der unabhängigen Variable *Klanggestaltung* erbrachte jedoch ebenfalls keine signifikanten Mittelwertunterschiede der abhängigen Variable *Hörerurteil*; allerdings sinken die in den Teststatistiken ermittelten Irrtumswahrscheinlichkeiten bei „Lemon Tree" auf die Größenordnung derer von „Sonic Empire" ($0{,}108 < p < 0{,}127$ für die auditive Bedingung und $0{,}156 < p < 0{,}180$ für die audiovisuelle Bedingung).

Es bleibt festzuhalten:

- Der Haupteffekt *Klanggestaltung* ist nicht signifikant, die H_{K0} kann nicht verworfen werden. Gleichwohl zeigt sich bei „Sonic Empire" sowie in den einfaktoriellen Analysen bei „Lemon Tree" ein leicht tendenzieller Einfluß der Klanggestaltung auf das Hörerurteil.

---

[26] Im Falle von „Lemon Tree" liegt die disordinale Interaktionsklasse auch bei den übrigen Merkmalen außer *Melodie*, *Rhythmus*, *Lautstärke* und *Helligkeit* vor.

- Der Haupteffekt *Darbietungsform* ist bei beiden Musikstücken nachweisbar. Die H_{D1} wird angenommen. Jedoch zeigt sich, daß das zusätzliche Zeigen eines Videoclips die Beurteilung eines Musikstücks nicht zwangsläufig verbessert, sondern – wie im Falle von „Lemon Tree" – auch verschlechtern kann. Die An- oder Abwesenheit eines Videoclips stellt einen stärkeren Effekt dar als die Art der Klanggestaltung.
- Die Analyse fördert einen deutlichen Hinweis darauf zutage, daß die Klanggestaltung die Wirkung der audiovisuellen Darbietungsform auf das Hörerurteil beeinflußt, und zwar nicht nur in bezug auf die Stärke der Urteilsabweichung (wie im Falle beider Musikstücke), sondern auch in bezug auf die Urteilsrichtung (wie im Falle von „Lemon Tree"). Sollte sich in weiteren Untersuchungen der Einfluß der Klanggestaltung auf das Hörerurteil als statistisch bedeutsam erweisen, ist aufgrund der gefundenen Interaktionsklassen davon auszugehen, daß auch umgekehrt die Darbietungsform den Effekt der Klanggestaltung im Sinne einer Rangfolgen-Änderung der Urteile beeinflussen kann.

7.3.3 Kaufbereitschaft

Die Auswertung der Antworten auf die Zusatzfrage *Würdest Du das Stück kaufen?* ergibt die in Tabelle 24 dargestellten relativen Häufigkeiten positiver Angaben in Prozent. Im Falle von „Lemon Tree" wurde von den Versuchspersonen Abmischung 6 mit 39% Kaufbereitschaft Abmischung 7 mit 25% offenbar deutlich vorgezogen.[27] Auch bei „Sonic Empire" liegen die Häufigkeitsunterschiede zwischen Abmischung 4 und 5 sowie insbesondere zwischen den Darbietungsformen in Größenordnungen, denen eine hohe praktische Bedeutsamkeit beigemessen werden kann.

Kaufbereitschaft (Hörversuch I)
- Vergleich der Musikstücke und Faktorstufen -

Relative Häufigkeit positiver Angaben

„Lemon Tree"		„Sonic Empire"	
Faktorstufe	Kaufbereitschaft	Faktorstufe	Kaufbereitschaft
Mischung 7	25%	Mischung 4	50%
Mischung 6	39%	Mischung 5	39%
Mischung 3	33%	Mischung 7	49%
ohne Videoclip	34%	ohne Videoclip	31%
mit Videoclip	31%	mit Videoclip	60%
Gesamt	32%	Gesamt	46%

Tabelle 24

---

[27] Aufgrund der möglichen Wirksamkeit von Zustimmungstendenzen (vgl. z.B. Tränkle 1983 oder Schwarzer 1983) darf von der unter Befragungsbedingungen angegebenen Kaufbereitschaft nicht auf das tatsächliche Kaufverhalten geschlossen werden. Das Problem wird unter 9.4.2 behandelt.

Varianzanalyse der Kaufbereitschaft (Hörversuch I) - „Lemon Tree" -

```
* * * A N A L Y S I S   O F   V A R I A N C E * * *

                                          Sum of               Mean                    Sig
Source of Variation                       Squares      DF      Square       F          of F

Covariates                                 3,090       5       ,618        3,039       ,012
     GESCHLECHT                             ,028       1       ,028         ,139       ,710
     LEISTUNGSSTUFE                         ,076       1       ,076         ,371       ,543
     WAHLPFLICHTFACH                        ,067       1       ,067         ,332       ,566
     BEKANNTHEIT                            ,556       1       ,556        2,732       ,101
     VORFÜHRPOSITION                       2,214       1      2,214       10,889       ,001

Main Effects                                ,579       3       ,193         ,949       ,419
     KLANGGESTALTUNG                        ,410       2       ,205        1,009       ,367
     DARBIETUNGSFORM                        ,180       1       ,180         ,887       ,348

2-Way Interactions                          ,923       2       ,462        2,270       ,107
     KLANGGESTALTUNG BY DARBIETUNGSFORM     ,923       2       ,462        2,270       ,107

Explained                                  4,472      10       ,447        2,199       ,021

Residual                                  28,065     138       ,203

Total                                     32,537     148       ,220
```

Tabelle 25

Varianzanalyse der Kaufbereitschaft (Hörversuch I) - „Sonic Empire" -

```
* * * A N A L Y S I S   O F   V A R I A N C E * * *

                                          Sum of               Mean                    Sig
Source of Variation                       Squares      DF      Square       F          of F

Covariates                                 2,147       5       ,429        1,932       ,093
     GESCHLECHT                             ,071       1       ,071         ,317       ,574
     LEISTUNGSSTUFE                         ,778       1       ,778        3,500       ,064
     WAHLPFLICHTFACH                        ,313       1       ,313        1,407       ,238
     BEKANNTHEIT                            ,434       1       ,434        1,950       ,165
     VORFÜHRPOSITION                        ,229       1       ,229        1,030       ,312

Main Effects                               2,649       3       ,883        3,972       ,009
     KLANGGESTALTUNG                        ,279       2       ,140         ,628       ,535
     DARBIETUNGSFORM                       2,391       1      2,391       10,755       ,001

2-Way Interactions                          ,538       2       ,269        1,210       ,301
     KLANGGESTALTUNG BY DARBIETUNGSFORM     ,538       2       ,269        1,210       ,301

Explained                                  6,229      10       ,623        2,802       ,003

Residual                                  30,234     136       ,222

Total                                     36,463     146       ,250
```

Tabelle 26

Ob die beobachteten Häufigkeits- bzw. Mittelwertunterschiede[28] hingegen auch statistisch bedeutsam sind, geht aus den Ergebnistabellen der Varianzanalysen der Urteile hervor (Tabellen 25 und 26). Die Analysen erfolgten unter Einbeziehung der Kontrollvariablen.

Der Effekt *Klanggestaltung* und der Interaktionseffekt fallen bei keinem Musikstück signifikant aus. Hingegen weist der Effekt *Darbietungsform* bei „Sonic Empire" eine hohe Signifikanz auf (p=0,001). Offenbar ist im Falle von „Sonic Empire" das Zusammenwirken von Musik und Videoclip geeignet, die Kaufbereitschaft für das Stück gegenüber der rein auditiven Fassung beinahe zu verdoppeln (vgl. Tabelle 24). Im Falle von „Lemon Tree" ergeben sich hingegen keine signifikanten Unterschiede für die Kaufbereitschaft in Abhängigkeit von der audiovisuellen Darbietungsform.

7.4 Interpretation

An der Beeinflußbarkeit der Beurteilung eines Musikstücks durch seine Darbietung mit Videoclip im Vergleich zur rein auditiven Rezeption kann kein Zweifel bestehen.[29] Wie am Beispiel von „Sonic Empire" ersichtlich, ist sie geeignet, das Gefallensurteil und die Laune des Rezipienten zu verbessern, seine Kaufbereitschaft zu erhöhen und sogar dazu beizutragen, daß das Musikstück als lauter empfunden wird. Daß diese Wirkrichtung der Effekte lediglich ein Potential darstellt, das nicht immer ausgeschöpft wird, zeigt die entgegengesetzte Wirkung des Videoclips bei „Lemon Tree". Es muß allerdings in Betracht gezogen werden, daß zu dem in diesem Falle beobachteten negativen Einfluß des Videoclips auch ein Sättigungseffekt beim Hörer, bedingt durch den speziellen Verlauf der Medienpräsenz von „Lemon Tree" in Berlin, beigetragen haben kann: Die Medienpräsenz setzte im Vergleich zu „Sonic Empire" nicht nur – wie bereits zu Untersuchungsbeginn bekannt – etwa ein Jahr früher ein, sondern dauerte auch unerwartet bis zum Zeitpunkt des Experiments an.[30]

Dessenungeachtet ist auffällig, daß die Mittelwerte der Gefallensurteile unter der audiovisuellen Bedingung weiter streuen als unter der auditiven Bedingung (vgl. Abbildung 19). Die Beschreibung von Videoclips als „Präferenzverstärker" (Springsklee 1985, zit. in Reetze 1989, S.103) scheint daher durchaus zutreffend zu sein. Auch die Feststellung, daß ein Videoclip die Beurteilung eines Musikstücks nicht zwangsläufig verbessert, sondern – um den Springskleeschen Vergleich im elektrotechnischen Sinne zu bemühen – der Präferenzverstärker auch Verstärkungsfaktoren < 1 aufweisen und so als Dämpfungsglied fungieren kann, wird durch die Mittelwerte bestätigt.

Interessant ist die für „Lemon Tree" multivariat signifikante und bei „Sonic Empire" an den Gefallensurteilen als Tendenz erkennbare Interaktion der Haupteffekte: Am Interaktionsdiagramm für die Beurteilungsskala *Gefallen* wird deutlich, daß verschiedene Abmischungen offenbar unterschiedlich gut geeignet sind, im Zusammenwirken mit einem Vi-

---

[28] Den relativen Häufigkeiten der positiven Angaben zur Kaufbereitschaft entsprechen die Mittelwerte der als 0 bzw. 1 codierten negativen bzw. positiven Angaben auf einer dichotomen Intervallskala.
[29] Vgl. auch Winter und Kagelmann (1993).
[30] Das Musikstück wurde beispielsweise noch in den Wochen vor und während des Zeitraums des Hörversuchs regelmäßig im populären privaten Rundfunksender r.s.2 gespielt.

deoclip eine positive Beurteilung hervorzurufen: Dasjenige der sechs Testbeispiele, das unter der auditiven Bedingung das höchste Gefallensurteil aufwies, wurde unter der audiovisuellen am schlechtesten bewertet – und umgekehrt. Optimale Beurteilungen derselben Abmischung unter beiden Konditionen schließen im vorliegenden Fall einander aus. Dies gilt sowohl für die Testbeispiele jedes einzelnen Musikstücks als auch stilunabhängig für alle sechs Testbeispiele.

Aufschlußreich ist in diesem Zusammenhang ein Blick auf die Klangeigenschaften der entsprechenden Testbeispiele: Diejenigen Abmischungen, die unter der audiovisuellen Bedingung auf der Beurteilungsskala *Gefallen* am besten bewertet wurden, weisen im Vergleich der Testbeispiele einerseits die größte Lautstärke und den größten Höhenanteil, andererseits die geringste Dynamik, den geringsten Effektanteil, den geringsten Abwechslungsreichtum und den geringsten experimentellen Charakter auf, und zwar übereinstimmend bei beiden Musikstücken (Mischung 6 von „Lemon Tree" und Mischung 4 von „Sonic Empire).[31] Genau diese Eigenschaften führten hingegen unter der auditiven Bedingung bei „Sonic Empire" zur schlechtesten Beurteilung.

Hierzu exakt inverse Eigenschaften besitzt die unter der audiovisuellen Bedingung am schlechtesten beurteilte Mischung 5 von „Sonic Empire", sowie außerdem zumindest für die Merkmale *Dynamik*, *Höhenanteil* und *Abwechslungsreichtum* die entsprechende Mischung 3 von „Lemon Tree". Letztere wurde rein auditiv rezipiert wiederum am besten beurteilt.

Offenbar erweisen sich Abmischungen im Hinblick auf eine optimale Beurteilung dann am geeignetsten für die audiovisuelle Darbietung, wenn sie den Hörer hörphysiologisch maximal stimulieren, seine auditive Aufmerksamkeit auf kognitiver Ebene dagegen möglichst wenig beanspruchen. Umgekehrte Merkmalsausprägungen führen zu einem negativen Gefallensurteil; sie scheinen vielmehr der rein auditiven Rezeption dienlich zu sein, wenngleich für die auditive Bedingung die Hinweise darauf, welche Klangeigenschaften einer guten bzw. schlechten Beurteilung förderlich sind, nicht so deutlich zutage treten wie für die audiovisuelle Bedingung. Aus den Beobachtungen sollten keine generellen Trends zum Zusammenhang von Klangeigenschaften und Bewertung unter verschiedenen audiovisuellen Bedingungen abgeleitet werden, denn die Anzahl von sechs Testbeispielen je Darbietungsform ist dafür zu gering.

Im Vergleich zur Darbietungsform stellt die Klanggestaltung einen – wie an den geschätzten Effektgrößen erkennbar – relativen schwachen Effekt dar. Es war zu erwarten, daß die Divergenz der Eigenschaften von durch *einen* Wahrnehmungskanal übertragenen Inhalten einen geringeren Einfluß auf das Hörerurteil ausübt als ein Treatment, das in der dichotomen Variation der grundsätzlichen Inanspruchnahme eines zweiten (in diesem Falle: visuellen) Wahrnehmungskanals besteht (ein der Divergenz der Klanggestaltung analoges Treatment auf visueller Ebene, das einen Effekt ähnlicher Größe hervorrufen dürfte, wäre natürlich die Divergenz der Bildgestaltung des Videoclips)[32]. Im Ergebnis erwies sich der Effekt Klanggestaltung sogar als nicht signifikant. Dies ist jedoch kein Beleg für die Rich-

---

[31] Vgl. 6.2.5, Abbildungen 9 und 10. Die genannten Mischungen weisen auch gemäß der Schüler-Beurteilungen die jeweils höchste Lautstärke auf.
[32] Diese Analogie ist zwangsläufig unvollständig, denn im Gegensatz zu den klanglichen Qualitäten ist der Musik der Videoclip mit seinen Eigenschaften nicht immanent.

tigkeit der Nullhypothese gegenüber der (unspezifischen) Alternativhypothese.[33] Zur Richtigkeit der H_{K0} und der H_{K1} kann strenggenommen keine Aussage getroffen werden. Gegen eine Richtigkeit der Nullhypothese spricht einerseits der bei „Sonic Empire" als leichte Tendenz erkennbare Haupteffekt *Klanggestaltung*, die signifikante Interaktion der Haupteffekte bei „Lemon Tree", sowie die Größenordnung der Irrtumswahrscheinlichkeiten der einfaktoriellen Varianzanalysen bei „Lemon Tree" (vgl. 7.3.2, S.121).

Die Untersuchung ist daher rückblickend auf Anhaltspunkte für eine Nichtgewährleistung der internen Validität zu überprüfen. Unter *Durchführung* wurde über gelegentliche Unruhe der Versuchspersonen und vereinzelte Verweigerung von Mitarbeit berichtet, sowie über ein verfrühtes Ausfüllen des Fragebogens, was auf eine Beendigung des situativen individuellen Urteilsbildungsprozesses als Folge einer mit Erkennen des Musikstücks sinkenden Rezeptionsbereitschaft hindeutete (vgl. 7.2.5). Letztere Beobachtung spricht für die Annahme, daß im Experiment zu einem nicht unerheblichen Teil bereits gefestigte Urteile der Probanden zu den Musikstücken erfaßt wurden; dieses Risiko wurde schon bei der Auswahl der Musikstücke in Betracht gezogen, jedoch zugunsten anderer Auswahlkriterien eingegangen (vgl. 6.1.1). Dabei dienten vermutlich schon die Anfangsmotive der Testbeispiele als perzeptuelle *trigger-offs*, in deren Folge die beim früheren Hören ursprünglich oder sukzessiv entstandene und gespeicherte konzeptuelle Repräsentation der jeweiligen Originalversion in Erinnerung gerufen wurde.[34] Da ein Fragebogen nur Inhalte erfassen kann, die konzeptuell repräsentiert sind und zudem verbalisiert werden können, geht in das Urteil nicht nur der aktuell wahrgenommene und interpretierte Reiz, sondern auch die bereits vorhandene konzeptuelle Repräsentation ein. Wie groß das Verhältnis beider Einflüsse ist und in welchem Maße es kognitiv gesteuert werden kann (z.B. durch umgesetzte Instruktionen), konnte zu Beginn der Untersuchung nicht abgeschätzt werden und wird erst jetzt deutlich. Die Übertragung von differenzierten Eigenschaften eines erinnerten Konzepts (Originalversion) auf die Beurteilung eines konkreten Perzepts (Testbeispiel) anhand der vorgegebenen Skalen zum Zeitpunkt des Hörversuchs ist durch Deduktion erklärlich.[35] Die Angaben können also gewissermaßen Einstellungsurteile zu den konkreten Musikstücken darstellen.[36]

Da nicht auszuschließen ist, daß sich der beschriebene ‚Effekt des gefestigten Urteils' deutlich stärker im Ergebnis niederschlägt als der durch das experimentelle Treatment *Klanggestaltung* verursachte Effekt, ist die Untersuchung möglicherweise nicht von ausreichender interner Validität und daher nicht ausreichend eindeutig interpretierbar.

In diesem Zusammenhang wäre von Interesse, ob ein anderes Variationskriterium der unabhängigen Variable *Klanggestaltung* stärkere Beurteilungsunterschiede bewirken könnte, beispielsweise das Kriterium *gut—schlecht* bzw. *professionell—unprofessionell*.

Am Ende des Hörversuchs I stehen somit zwei Interpretationsmöglichkeiten und eine ergänzende Frage nach der Wirksamkeit verschiedener Treatments im Raum:

---

[33] Vgl. Bortz (1993).
[34] Zum Zusammenhang von Wahrnehmungsebenen, Gedächtnis und Bewußtsein vgl. Perrig et al. (1993).
[35] Deduktion als Schlußfolgerung aus Erlerntem im Sinne der Theorie der Logik der Wahrnehmung (vgl. z.B. Kebeck 1994).
[36] Der hier mutmaßlich zugrundeliegende Mechanismus ähnelt dem des Erwerbs und der Wirkung genereller Einstellungen, z.B. zu Musikstilen. Vgl. hierzu Motte-Haber (1996b).

1. Möglicherweise führte die Verwendung bekannter Musikstücke dazu, daß bereits gefestigte Urteile über die Musikstücke erfaßt wurden und der Effekt der Voreingenommenheit einen möglichen schwächeren Effekt der Klanggestaltung verdeckt. Die Untersuchung wiese in diesem Falle keine ausreichende interne Validität auf.
2. Der Haupteffekt *Klanggestaltung* ist auch bei ausreichender interner Validität tatsächlich zu gering, um mit der auf Prüfung eines mittleren Effekts ausgelegten Stichprobengröße nachgewiesen werden zu können.
3. Das Variationskriterium (divergierender Gesamtklang) zur Auswahl der drei Mischungen je Musikstück ist nicht geeignet, einen bedeutsamen Effekt hervorzurufen. Es wäre zu fragen, ob nach dem wertenden Kriterium *gut—schlecht* bzw. *professionell—unprofessionell* variierte Testbeispiele einen größeren Einfluß auf die Beurteilungen durch Jugendliche ausüben.

Zur Klärung der offenen Fragen wird ein zweites Experiment durchgeführt, das in den Kapiteln 8 und 9 beschrieben ist. Es trägt den möglichen Ursachen geringer interner Validität durch geänderte Bedingungen wie die Verwendung eines unbekannten Musikstücks Rechnung.

7.5 Zusammenfassung

Im Hörversuch I wurde inferenzstatistisch geprüft, ob die verschiedenen Klanggestaltungen und verschiedenen Darbietungsformen (auditiv vs. audiovisuell) zu unterschiedlichen Beurteilungen der Musikstücke führen. Dazu wurden getrennten, nach personenbezogenen Störvariablen parallelisierten Stichproben von etwa 15jährigen Schülern einer Berliner Gesamtschule die zu diesem Zweck hergestellten, sowohl klanglich als auch in der Darbietungsform variierten Testbeispiele zur Beurteilung vorgeführt. Der Hörversuch fand in kleinen Gruppen unter wohnraumähnlichen akustischen Bedingungen statt. Die Urteile der Versuchspersonen wurden unter Verwendung des Fragebogens, dessen Entwicklung in Kapitel 5 beschrieben wurde, erfaßt und multivariat varianzanalytisch ausgewertet. Die größten Unterschiede im Hörerurteil wurden erwartungsgemäß durch die musikalisch-strukturellen Eigenschaften bzw. den Stil der verschiedenen Musikstücke verursacht. Weiterhin ergab sich eine signifikante Beeinflussung des Hörerurteils durch die audiovisuelle Darbietungsform. Die Vorführung des entsprechenden Videoclips führte bei „Sonic Empire" zu einem größeren Gefallen, bei „Lemon Tree" hingegen zu einem geringeren. Darüber hinaus zeigte sich bei „Lemon Tree" ein signifikanter Interaktionseffekt der unabhängigen Variablen *Klanggestaltung* und *Darbietungsform*. Die Auswertung eines Interaktionsdiagramms ergab, daß keine Abmischung der beiden Musikstücke geeignet ist, gleichermaßen unter der auditiven wie der audiovisuellen Rezeptionsbedingung ein optimales Gefallensurteil zu bewirken. Vielmehr weisen die unter der jeweiligen Bedingung optimal beurteilten Abmischungen nahezu diametrale Klangeigenschaften bezüglich 1. physiologischer und 2. kognitiver Beanspruchung des Hörers auf. Eine Wirkung der unabhängigen Variable *Klanggestaltung* auf das Hörerurteil konnte nicht belegt werden. Als Grund hierfür wird die Erfassung gefestigter Urteile infolge der Verwendung *bekannter* Musikstücke vermutet, durch welche der schwächere Effekt der Klanggestaltung verdeckt worden sein könnte. Da das Ergebnis aufgrund dieser nicht auszuschließenden Einbußen hinsichtlich seiner internen Validität nicht eindeutig interpretierbar ist, wird die Durchführung eines zweiten Experiments unter Verwendung eines unbekannten Musikstücks als sinnvoll erachtet.

Experiment II: Unbekanntes Musikstück

8 Herstellung der Testbeispiele II: Unbekanntes Musikstück

Im Rahmen der Untersuchungsplanung wurde ursprünglich erwogen, an den Abmischungen physikalische Messungen vorzunehmen (vgl. 6.2.2). Die so ermittelten Eigenschaften der Testbeispiele sollten in Beziehung zu den Urteilen der Jugendlichen gesetzt werden. Nun führt die Überprüfung der Korrelation dreier nicht signifikant unterschiedlicher Meßwertreihen aus dem Hörversuch I mit den Klangeigenschaften der Testbeispiele – gleich, ob sie psychometrisch oder physikalisch bestimmt wurden – zu keinerlei Erkenntnisgewinn. Von einer Vornahme physikalischer Messungen wird daher abgesehen. Statt dessen soll der weitere Untersuchungsverlauf zur Klärung der Frage genutzt werden, ob das im Experiment I gefundene Ergebnis als intern valide gelten kann oder ob ihm ein verdeckender ‚Effekt des gefestigten Urteils' infolge großer Bekanntheit und Vertrautheit der verwendeten Musikstücke zugrunde liegt (vgl. 7.4). Des weiteren ist von Interesse, ob ein Variationskriterium, das auf die von Expertenhörern beurteilte Qualität der Klanggestaltung abstellt, einen größeren Einfluß auf das Hörerurteil auszuüben vermag als das bisher verwendete – weitgehend wertfreie – Kriterium der Divergenz des komplexen Merkmals *Gesamtklang*. Die Untersuchung der Einflußgröße *Darbietungsform* entfällt, da hierzu bereits eindeutige Ergebnisse vorliegen.[1]

Aus der Notwendigkeit der Eliminierung der mutmaßlichen Störvariable *Bekanntheit* und der Frage nach der Wirkung eines anderen Variationskriteriums ergeben sich geänderte Kriterien hinsichtlich der Beschaffenheit der neuen Testbeispiele. Da die Durchführung eines zweiten Experiments und der damit verbundene zusätzliche zeitliche, technische und personelle Aufwand in der Untersuchungsplanung nicht vorgesehen waren, gewinnen in diesem Stadium der Untersuchung außerdem forschungsökonomische und -pragmatische Gesichtspunkte an Relevanz und müssen bei den Überlegungen zur Festlegung dieser Kriterien Berücksichtigung finden.

Die einzige Möglichkeit, den auf der Bekanntheit bzw. Vertrautheit beruhenden ‚Effekt des zementierten Urteils' zuverlässig zu eliminieren, besteht in der Verwendung eines völlig unbekannten Musikstücks.[2] Da der Hörversuch II nach wie vor die Hauptuntersuchungshypothese prüfen soll, wird das experimentelle Treatment nicht verändert. Für die klangliche Modifikation gelten daher dasselbe Variationsprinzip (komplex) und dasselbe Variationskriterium (Divergenz des komplexen Merkmals *Gesamtklang*) wie für den Untersuchungsabschnitt **Herstellung der Testbeispiele I**. Dementsprechend müssen auch von dem unbekannten Musikstück durch verschiedene Testmischer Abmischungen ange-

---
[1] Vgl. 7.3.2.
[2] Um den Aufwand bezüglich der Anfertigung der Abmischungen sowie den Stichprobenumfang des Hörversuchs II zu begrenzen, kommt nur ein Musikstück zum Einsatz.

fertigt und ihre Klangeigenschaften im Experten-Hörversuch bestimmt werden. Mit Hinblick auf den im Hörversuch II potentiell verfügbaren Stichprobenumfang wird die Einflußgröße *Klanggestaltung* zweistufig variiert.

Die Untersuchung der Frage, ob eine Variation der Qualität der Abmischungen zu stärkeren Beurteilungsunterschieden führt als eine wertfreie Variation der Divergenz ihres Merkmals *Gesamtklang* (vgl. 7.4), kann anhand der bereits bestehenden Abmischungen der bekannten Musikstücke erfolgen, indem als Testbeispiele aus ihnen die laut Expertenrating jeweils beste bzw. professionellste und schlechteste bzw. unprofessionellste Mischung ausgewählt werden. Da bezüglich des Treatments von der Hauptuntersuchungshypothese abgewichen wird, hat die Untersuchung dieser Frage lediglich theoriebildenden Stellenwert.

8.1 Auswahl des Musikstücks

Die Auswahl des Musikstücks erfolgt prinzipiell nach denselben Kriterien wie die Auswahl der bekannten Musikstücke (vgl. 6.1). Da die Wirkung der Einflußgröße *Darbietungsform* nicht mehr geprüft werden muß, entfällt jedoch das Auswahlkriterium *Videoclip*.

8.1.1 Auswahlkriterien

Bekanntheit

Aus der Fragestellung für das Experiment II ergibt sich die Verwendung eines unbekannten Musikstücks. Die Unbekanntheit selbst ist durch die Auswahl einer unveröffentlichten Produktion leicht zu gewährleisten, wirft aber hinsichtlich der Gewährleistung der übrigen, im folgenden aufgeführten Auswahlkriterien Probleme auf.

Stil

Da der Aufwand weiterer klanglicher Modifikationen nur noch für ein Musikstück durchgeführt werden kann (vgl. vorige Seite), entfällt die Festlegung eines Divergenzkriteriums bezüglich der Eigenschaft *Stil*. Das bisherige Konvergenzkriterium (Sparte *Mainstream*) bleibt bestehen. Ob ein in Frage kommendes unbekanntes Musikstück der Mainstream-Sparte zuzurechnen ist, kann nur geschätzt werden, da das Indiz eines mittleren oder hohen Tonträger-Absatzes entfällt. Das auszuwählende Musikstück sollte daher nach Möglichkeit bezüglich seiner musikalisch-inhaltlichen Eigenschaften Ähnlichkleiten mit Produktionen aufweisen, die die Top 100 der deutschen Single-Charts erreicht haben.

Generelle Beurteilung

Da die Ergebnisse des Hörversuchs I nicht auf die Unrichtigkeit der Vermutung hindeuten, daß die Bedeutung der Klanggestaltung dann am größten ist, wenn ein Popmusiktitel den

Hörern hinsichtlich seiner musikalisch-inhaltlichen Eigenschaften zusagt,[3] wird das bisherige Auswahlkriterium *generelle positive Beurteilung* beibehalten. Ob ein unbekanntes Musikstück geeignet ist, dieses Kriterium zu erfüllen, muß allerdings zwangsläufig Spekulation bleiben. Die Auswahl eines konkreten Musikstücks mit dem Potential zur positiven Beurteilung mußte daher gewissermaßen instinktiv erfolgen, wobei angenommen werden kann, daß ein Erfolg früherer Produktionen des entsprechenden Komponisten bzw. Produzenten die Wahrscheinlichkeit einer richtigen Entscheidung erhöht.

Aktualität

Gleich den bekannten Musikstücken sollte auch das auszuwählende unbekannte Musikstück eine möglichst aktuelle Produktion sein, um dem relativ schnell veränderlichen popmusikalischen Zeitgeist Rechnung zu tragen.

8.1.2 Beschaffung des Mehrspurmaterials

Die Auswahl des Musikstücks sowie die Beschaffung des entsprechenden Mehrspurmaterials gestalteten sich unproblematisch. Folgendes Musikstück erwies sich im Sinne der Auswahlkriterien als geeignet:

„Love Song" (C'est Lina)

June Pirate/Celina Bostic - White Wall Musikverlag

(p) 1999 White Wall Production

„Love Song" ist ein ruhiger, sowohl mit natürlichen Instrumenten als auch künstlichen Sounds instrumentierter Pop-Song, wenngleich er unter anderem aufgrund des Tempos, des rhythmischen Gestus und der verwendeten kräftigen Rhythmus-Sounds nicht als Ballade bezeichnet werden kann. Das Arrangement darf als dem Zeitstil entsprechend bezeichnet werden.

8.2 Klangliche Modifikation

Die klangliche Modifikation des unbekannten Musikstücks erfolgt mit geringfügigen Änderungen nach denselben Maßgaben wie die der bekannten Musikstücke.[4] Demnach gliedert auch sie sich in die Anfertigung der Mischungen durch verschiedene Produzenten, die Bestimmung ihrer Klangeigenschaften durch Expertenhörer und die Auswahl dreier Testbeispiele mittels statistischer Verfahren.

---

[3] Vgl. 4.2.
[4] Vgl. 6.2.

8.2.1 Auswahl der Testmischer

Um den erhöhten Aufwand der zusätzlichen Produktion von Abmischungen in angemessener Zeit bewältigen zu können, wurde eine geringere Anzahl von Mischungen angefertigt, und zwar fünf (statt bisher neun bzw. zehn). Ungeachtet der Tatsache, daß im Hörversuch II nur zwei (statt bisher drei) Testbeispiele zum Einsatz kommen, mußte mit einer Einschränkung der Repräsentativität der Stichprobe von Abmischungen in bezug auf die auf dem realen Musikmarkt anzutreffende klanggestalterische Bandbreite gerechnet werden, was zu Lasten der externen Validität des Experiments II gegangen wäre. Mit dem Ziel der Kompensation dieser möglichen Einschränkung wurde eine Maßnahme zur Erhöhung der klanggestalterischen Diversifikation der fünf Abmischungen ergriffen: Zur Anfertigung der Mischungen von „Love Song" wurden gezielt diejenigen Testmischer eingesetzt, die bezüglich der Klangeigenschaften ihrer bisherigen Abmischungen die größten interindividuellen Unterschiede aufweisen. Acht der elf Testmischer fertigten für den Hörversuch I je eine Abmischung von *beiden* Musikstücken an. Dabei fiel auf, daß die Abmischungen bestimmter Testmischer ungeachtet des divergierenden Stils der Musikstücke ähnliche Klangeigenschaften besitzen. Diese Klangeigenschaften können eher den Personen als den konkreten Musikstücken zugeschrieben werden und als tendenzielle individuelle Profile gelten.

Auf der Grundlage von euklidischen Distanzen der Individuen in dem 32-dimensionalen Raum, der durch die 16 Merkmale der Merkmalsgruppen 1 und 2 (vgl. 6.2.4) beider Musikstücke aufgespannt wird, wurden nun diejenigen Testmischer ausgewählt, die hinsichtlich ihres klanggestalterischen Profils die größte Unähnlichkeit aufweisen (Testmischer 3 und 5). Da bereits eine Abmischung von „Love Song", die des Produzenten (Testmischer 7), zur Verfügung stand und in die Untersuchung einbezogen werden sollte, wurde weiterhin die Person mit der größten Unähnlichkeit zu Testmischer 7 ermittelt (Testmischer 3). Schließlich wurden, um auch den Aspekt der Qualität der Abmischungen zu berücksichtigen, die beiden Testmischer bestimmt, deren Abmischungen sich hinsichtlich der Merkmale *Gesamturteil* sowie *Genügt professionellem Mindeststandard* maximal unterscheiden (Testmischer 2 und 4).[5]

Indem die Testmischer 2, 3, 4, 5 und 7 für die Anfertigung der Abmischungen von „Love Song" ausgewählt werden, wird die Wahrscheinlichkeit des Erreichens der bisherigen klanggestalterischen Bandbreite erhöht.

8.2.2 Anfertigung der Mischungen

Im Gegensatz zu den Musikstücken „Lemon Tree" und „Sonic Empire" war bei „Love Song" keine Rekonstruktion der Mehrspurfassung erforderlich, da die Spuren parallel und synchronisiert von einem Harddisc-Recording-System auf DA-88-Medien kopiert werden konnten. „Love Song" liegt als Mehrspurfassung auf 28 Spuren vor, deswegen mußten entweder vier DA-88-Maschinen oder eine 24-Spur-Analogmaschine mit synchronisier-

---

[5] Die Auswahl gemäß dieses Kriteriums erfolgte nicht über Distanzen, sondern über die Höhe der Mittelwerte beider standardisierter Merkmale und beider Musikstücke. Die Zusammenfassung der Merkmale *Gesamturteil* und *Genügt professionellem Mindeststandard* wird mit ihrer hohen Korrelation begründet (vgl. 6.2.4, S.94).

tem DA-88 eingesetzt werden. Für beide Optionen wurden Arbeitskopien erstellt.[6] Die Arbeitskopien enthalten keine Vormischungen (wie z.B. bei „Lemon Tree"); d.h. obwohl zwei Monospuren und eine Stereospur mit mehreren Instrumental- oder Vokalsounds belegt sind, liegen alle Sounds zeitdiskret vor. Der klanggestalterische Zugriff der Testmischer auf die einzelnen Sounds war also – wie bei „Sonic Empire" – keinen Einschränkungen unterworfen.

Die Anfertigung der Abmischungen von „Love Song" erfolgte unter denselben Arbeitsbedingungen und derselben Aufgabenstellung wie die der Abmischungen von „Lemon Tree" und „Sonic Empire". Jedoch entfällt aufgrund der Tatsache, daß den Testmischern das Musikstück – und somit die Originalmischung von Testmischer 7 – unbekannt ist, das Problem einer möglichen Beeinflussung der klanggestalterischen Entscheidungen der Testmischer. Die fünf Abmischungen von „Love Song" sind in Tabelle 27 zusammengestellt und liegen der Untersuchung bei (CD 2).[7]

Angefertigte Abmischungen von „Love Song"

Testmischer Nummer	„Love Song"		
	Mischung Nummer	Studio Abmischung	Studio Nachbearbeitung
2	1	NN	ABS
3	2	A-Trane-Studio	A-Trane-Studio
4	3	NN	ABS
5	4	NN	Soundplanet
7	5	White Wall	/

NN = Innenhofstudio der HdK Berlin
ABS = Altbaustudio der HdK Berlin

Tabelle 27

8.2.3 Bestimmung der Klangeigenschaften der Abmischungen durch Expertenhörer

Die Auswahl der beiden Testbeispiele erfolgt nach denselben Kriterien wie die Auswahl der Testbeispiele für den Hörversuch I, also nach dem Kriterium größter Divergenz des Merkmals *Gesamtklang* und dem Konvergenzkriterium *Genügt professionellem Mindeststandard*. An dem Verfahren zur Bestimmung der Klangeigenschaften der Abmischungen wurden jedoch vier geringfügige Änderungen vorgenommen, die im folgenden beschrieben sind.[8]

---

[6] 2″-Magnetband mit Dolby SR.
[7] Vgl. 13.9.2.
[8] Zu allen übrigen Maßgaben bezüglich der Bestimmung der Klangeigenschaften der Abmischungen vgl. 6.2.4.

1. Aufgrund der mittelmäßigen bis hohen internen Konsistenz der Urteile im Expertenrating zu „Lemon Tree" und „Sonic Empire" wurde für die Beurteilung der Mischungen von „Love Song" eine Anzahl von vier Expertenhörern als ausreichend erachtet. Um trotz der geringeren Anzahl von Urteilern eine möglichst valide Bestimmung der Klangeigenschaften zu erreichen, wurden – mit einer Ausnahme – diejenigen Expertenhörer engagiert, die bereits an dem ersten Hörversuch teilgenommen und dort die höchsten Urteilerreliabilitäten[9] aufgewiesen hatten.

2. Im Hinblick auf die im ersten Expertenrating ermittelten Retest-Reliabilitäten wurde auf einen Retest verzichtet.

3. Im Rahmen des ersten Expertenratings stellte sich das Merkmal *klangliche Komplexität* als unbrauchbar im Sinne der Testgütekriterien heraus. Daher wird es aus dem Instrument zur Bestimmung des Gesamtklangs entfernt. Statt dessen wird das rückblickend als zu undifferenziert erscheinende Merkmal *Effektanteil*, unter das sämtliche Effekte im Sinne der additiven Klangbearbeitung subsumiert wurden, in die Merkmale *Hallanteil* und *Effektanteil* aufgeteilt, womit eine Änderung der ursprünglichen Definition des Merkmals *Effektanteil* einhergeht.[10] Infolgedessen sind im vorliegenden Falle neun Merkmale der Gruppe 1, und nur noch sieben Merkmale der Gruppe 2 zuzurechnen.[11]

4. Die Auswertung der Daten des ersten Expertenratings ergab, daß die Urteile zum Merkmal *Abbildungsbreite* kaum variierten (die Expertenhörer wiesen den meisten Abmischungen die Eigenschaft 100% zu). Es ist nicht auszuschließen, daß – ungeachtet der tatsächlichen Abbildungsbreiten der Beurteilungsobjekte – die graphische Darstellung der Skala auf dem Fragebogen zu diesem Ergebnis beigetragen hat:

Abbildungsbreite   klein ☐   ☐   ☐   ☐   ☐   groß
                                 0% 25% 50% 75% 100%

Die graphische Anordnung der Werte ist hinsichtlich ihrer tatsächlichen räumlichen Position auf der Lautsprecherbasis verzerrt und wurde dahingehend verbessert, daß eine proportionale, weitgehend abstraktionsfreie Übertragung der Hörereignisausdehnung auf die graphische Ausdehnung der Skala möglich wird:

Abbildungsbreite   ☐   ☐   ☐   ☐   ☐   ☐   ☐   ☐   ☐
                            100% 75% 50% 25% 0% 25% 50% 75% 100%

---

[9] Es wurden personenbezogene Retest-Reliabilitäten berechnet.
[10] Effektsignale, die Hall enthalten, also in engerem Sinne ein diffuses Schallfeld nachbilden, wurden aus der Definition des Merkmals *Effektanteil* ausgegliedert und durch die des neu aufgenommenen Merkmals *Hallanteil* erfaßt. Die an die Urteiler vorab verschickten Informationen zum Expertenrating (vgl. 13.2.3) wurden entsprechend geändert. Vor Versuchsbeginn wurden die Expertenhörer außerdem mündlich auf die Änderungen hingewiesen.
[11] Zur Definition der Merkmalsgruppen vgl. 6.2.4.

Mit der Änderung sollen eventuell vorhandene interindividuelle Verständnisunterschiede bezüglich der Anwendung der Skala eliminiert und die Validität der Messung des Merkmals erhöht werden.

Das Expertenrating wurde am 21.4.1999 im Tonregieraum des Altbaustudios der HdK Berlin durchgeführt, dauerte etwa 45 Minuten und verlief planmäßig. Die sich aus den Urteilen der Expertenhörer durch Bildung des arithmetischen Mittels ergebenden Klangeigenschaften der Beurteilungsobjekte sind in Tabelle 28 aufgeführt.

Klangeigenschaften der Abmischungen: „Love Song"
Mittelwerte der Expertenurteile

Musikstück		„Love Song"				
Mischung Nummer		1	2	3	4	5
Gruppe 1	Lautstärke	4,00	4,25	4,88	4,50	3,00
	Dynamik	2,50	2,50	2,50	4,25	2,25
	Tiefen	2,25	3,25	4,00	4,75	2,75
	Höhen	3,00	4,00	3,50	3,75	3,50
	Abbildungsbreite	4,75	4,50	4,75	4,75	4,25
	Tiefenausdehnung	2,33	3,00	2,75	3,75	3,00
	Effektanteil	4,25	3,25	3,25	3,75	2,50
	Hallanteil	2,00	4,25	3,25	2,75	3,25
	Raumgröße	2,25	3,75	3,00	2,75	3,00
Gruppe 2	Gesangsorientiertheit	4,25	4,00	4,75	3,75	4,00
	Rhythmusorientiertheit	3,00	3,25	3,00	4,50	2,50
	Musikalität	2,00	3,00	2,75	3,25	3,25
	Mix als eigener musikalischer Faktor	4,25	2,75	2,50	4,25	2,25
	Abwechslungsreichtum	3,00	2,75	3,00	4,00	2,25
	Experimenteller Charakter	4,50	2,00	2,00	4,50	2,00
	Stilechtheit	2,25	3,25	3,25	3,00	3,50
Gr. 3	Gesamturteil	1,50	2,75	3,25	3,75	3,00
	Genügt professionellem Mindeststandard	0,25	1,00	1,00	0,75	1,00

Tabelle 28

8.2.4 Auswahl der Testbeispiele

Die Auswahl der Testbeispiele nach dem Divergenzkriterium erfolgt anhand der Merkmale der Gruppen 1 und 2, die zusammen das komplexe Merkmal *Gesamtklang* bilden. Die transponierte Datenmatrix wurde einer Hauptkomponentenanalyse unterzogen.[12] Es wurden zwei Faktoren mit einem Eigenwert von $\lambda > 1$ extrahiert und nach dem Varimax-Kriterium rotiert. Tabelle 29 zeigt die rotierte Faktorladungsmatrix.

---

[12] Zur Erfüllung der Voraussetzungen für die Interpretierbarkeit der Faktorenstruktur vgl. 6.2.5, S.99, Fußnote 41.

Faktorenanalyse der Abmischungen
- „Love Song" -

Rotierte Faktorladungsmatrix

	Faktor 1	Faktor 2
Mischung 1	,136	,860
Mischung 2	,951	-,062
Mischung 3	,894	,326
Mischung 4	-,136	,902
Mischung 5	,913	-,161

Tabelle 29

Der erste Faktor weist hohe Ladungen der Mischungen 2, 3 und 5 auf und mag inhaltlich für eine konventionelle oder kommerzielle Klanggestaltung stehen. Der zweite Faktor kann als experimentelle oder auch reduktive klanggestalterische Richtung interpretiert werden. Die beiden Faktoren werden am besten durch die Mischungen 2 und 4 repräsentiert, welche die höchsten Ladungen aufweisen.

Merkmal "Genügt professionellem Mindeststandard"
- "Love Song": Vergleich der Abmischungen -

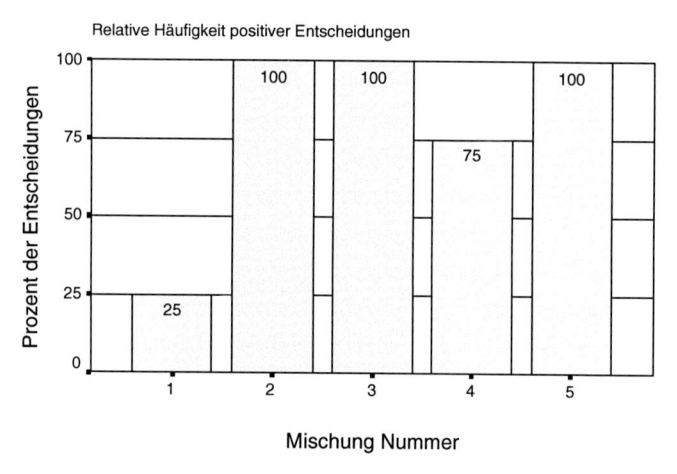

Relative Häufigkeit positiver Entscheidungen

Mischung Nummer	Prozent der Entscheidungen
1	25
2	100
3	100
4	75
5	100

Abbildung 20

Abbildung 20 zeigt, daß sowohl Mischung 2 als auch Mischung 4 das Konvergenzkriterium erfüllen, da ihnen von mehr als 50% der Expertenhörer die Eigenschaft *Genügt professionellem Mindeststandard* zugeschrieben wurde. Die beiden Mischungen werden daher als Testbeispiele für den Hörversuch II ausgewählt.

Die Klangeigenschaften der ausgewählten Abmischungen veranschaulicht Abbildung 21 in Form von Polaritätsprofilen. Es zeigen sich bezüglich der meisten Merkmale deutliche Unterschiede zwischen den Testbeispielen.

Klangeigenschaften der Testbeispiele
- "Love Song" -

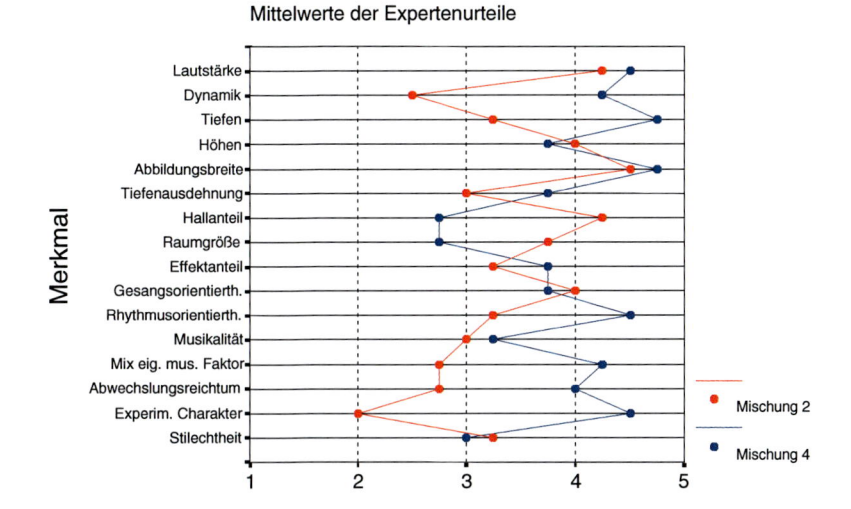

Mittelwerte der Expertenurteile

[Polaritätsprofil-Diagramm mit Merkmalen: Lautstärke, Dynamik, Tiefen, Höhen, Abbildungsbreite, Tiefenausdehnung, Hallanteil, Raumgröße, Effektanteil, Gesangsorientierth., Rhythmusorientierth., Musikalität, Mix eig. mus. Faktor, Abwechslungsreichtum, Experim. Charakter, Stilechtheit; Skala 1 bis 5; Mischung 2 (rot) und Mischung 4 (blau)]

Abbildung 21

Neben den Mischungen 2 und 4 von „Love Song" werden zwecks Untersuchung der Wirkung eines Treatments, das in der Variation der Qualität der Abmischungen besteht (vgl. 7.4), als Testbeispiele für den Hörversuch II diejenigen Mischungen von „Lemon Tree" und „Sonic Empire" ermittelt, die gemäß den Ergebnissen des ersten Expertenratings die größte bzw. geringste Qualität aufweisen.[13] Hierzu wurden die Eigenschaften der Mischungen bezüglich der hoch korrelierenden Merkmale *Gesamturteil* und *Genügt professionellem Mindeststandard* standardisiert, zusammengefaßt und in Rangfolge gebracht. Dementsprechend ergeben sich als ‚beste' bzw. ‚professionellste' Klanggestaltungen die Mischungen 4 von „Lemon Tree" und 8 von „Sonic Empire" und als ‚schlechteste' bzw. ‚unprofessionellste' die Mischungen 2 („Lemon Tree") und 3 („Sonic Empire").

---

[13] Vgl. 6.2.4, S.98, Tabelle 16.

8.3 Zusammenfassung

Da vermutet wird, daß die interne Validität des Hörversuchs I infolge der Erfassung gefestigter Urteile durch die Verwendung bekannter Musikstücke nicht gewährleistet ist, wurde für die Herstellung der im Hörversuch II verwendeten Testbeispiele ein unbekanntes Musikstück ausgewählt. Die übrigen Auswahlkriterien blieben unverändert; jedoch entfällt eine Variation der Testbeispiele hinsichtlich der Eigenschaften *Stil* und *Darbietungsform*. Das Musikstück wurde bezüglich seiner Klanggestaltung nach denselben Maßgaben wie die bekannten Musikstücke modifiziert, indem es von fünf Testmischern nach eigenem Ermessen abgemischt und nachbearbeitet wurde. Um eine Einschränkung der klanggestalterischen Bandbreite durch die geringere Anzahl von Testmischern zu minimieren, wurden diese gemäß dem Kriterium größter klanglicher und qualitativer Divergenz ihrer bisherigen Abmischungen ausgewählt. Die Klangeigenschaften der Mischungen wurden in einem Experten-Hörversuch quantitativ bestimmt. Zur Erfassung des komplexen Merkmals *Gesamtklang* kam hierbei ein gegenüber dem ersten Expertenrating hinsichtlich der Zusammenstellung der einzelnen Klangmerkmale sowie der graphischen Darstellung einer Skala geringfügig verändertes Meßinstrument zum Einsatz. Der Hörversuch wurde mit vier Expertenhörern und ohne wiederholte Darbietung der Abmischungen durchgeführt. Mit einer Ausnahme wurden Urteiler engagiert, die im ersten Expertenrating die höchste Urteilerreliabilität aufgewiesen hatten. Auf der Grundlage einer Faktorenanalyse wurden zwei Abmischungen ausgewählt, die unterschiedliche Richtungen der Klanggestaltung in besonderem Maße repräsentieren. Da die ausgewählten Abmischungen das Filterkriterium *Genügt professionellem Mindeststandard* erfüllen, können sie im Hörversuch II als Testbeispiele verwendet werden. Zur Untersuchung der Wirkung eines geänderten Treatments wurden außerdem anhand der Merkmale *Gesamturteil* und *Genügt professionellem Mindeststandard* die Mischungen von „Lemon Tree" und „Sonic Empire" ermittelt, die gemäß den Ergebnissen des ersten Expertenratings die jeweils größte und geringste klanggestalterische Qualität aufweisen.

9 Hörversuch II: Unbekanntes Musikstück und bekannte Musikstücke

9.1 Hypothesen

Es wird die gegenüber dem Hörversuch I unveränderte Hypothese geprüft, daß sich die produzierten Klangunterschiede in unterschiedlichen Beurteilungen durch jugendliche Hörer niederschlagen (H_{K0}: $\mu_{K1}=\mu_{K2}$, H_{K1}: $\mu_{K1}\neq\mu_{K2}$). Außerdem wird die Ausprägung von Beurteilungsunterschieden untersucht, die durch Abmischungen hervorgerufen werden, welche vor allem hinsichtlich ihrer klanggestalterischen *Qualität* divergieren.

9.2 Methode

Der Hörversuch II ist in der Vorgehensweise dem Hörversuch I nachempfunden: Jugendlichen Versuchspersonen werden die Testbeispiele, deren Herstellung bzw. Auswahl im vorangegangenen Kapitel dargestellt wurde, zur Beurteilung vorgespielt. Hierbei kommt der in der Voruntersuchung entwickelte Fragebogen, der unter anderem die komplexe Variable *Hörerurteil* erfaßt, unverändert zur Anwendung. Die Prüfung der Hauptuntersuchungshypothese erfolgt anhand des unbekannten, bezüglich seiner Klanggestaltung variierten Musikstücks „Love Song", die Untersuchung der Wirkung des geänderten Treatments anhand der jeweils ‚besten' bzw. ‚professionellsten' und ‚schlechtesten' bzw. ‚unprofessionellsten' Abmischungen der bekannten Musikstücke „Lemon Tree" und „Sonic Empire" (vgl. 8.2.4). Beide Treatments sind zweifach gestuft.

Der Hörversuch II kann nicht mehr an derselben Schule durchgeführt werden, die bereits für den Hörversuch I zur Verfügung stand, da die Probanden nach Beendigung des Experiments von der wissenschaftlichen Fragestellung in Kenntnis gesetzt werden mußten. Da im Berliner Raum keine Gesamtstichprobe verfügbar war, die in bezug auf die Verbindung von Schulform (Gesamtschule), der Möglichkeit vergleichsweise früher musikalischer Orientierung durch das Wahlpflichtfach Musik sowie des sozialen Umfelds annähernd gleiche Eigenschaften aufwies wie die dem Hörversuch I zugrundeliegende Gesamtstichprobe, und auch die übrigen Untersuchungsbedingungen (z.B. Verfügbarkeit und Beschaffenheit des Abhörraums) nicht mit angemessenem Aufwand hätten wiederhergestellt werden können, muß die grundsätzliche Nichtvergleichbarkeit der beiden Hörversuche hingenommen werden. Eine Wiederherstellung sämtlicher Untersuchungsbedingungen erwies sich demnach als nicht praktikabel und genoß daher im Rahmen der Durchführung des Hörversuchs II keine Priorität. Vielmehr standen die Veränderung von Untersuchungsbedingungen mit dem Ziel einer Erhöhung der internen Validität des Experiments sowie die Anpassung der Vorgehensweise an vorgefundene Bedingungen im Sinne ihrer Nutzbarmachung im Vordergrund.

9.2.1 Stichprobe

Es wurde beschrieben, daß während der Durchführung des Hörversuchs I gelegentlich Unruhe und vereinzelt sogar verdeckte Verweigerung von Mitarbeit registriert werden mußte, was sich auch im Ausschluß von Fragebogen niederschlug (vgl. 7.2.5). Im Hinblick auf die Minimierung derartiger Störungen des experimentellen Ablaufs bzw. auf eine größere Bereitschaft zur Mitarbeit sowie auf eine potentiell erhöhte Sensitivität der Stichprobe fand der Hörversuch II in einem Gymnasium statt. Diese Untersuchungsbedingung führt zu einer Verminderung der externen, jedoch zu einer Erhöhung der internen Validität, ohne die erstere nicht von Belang ist.

Insgesamt nahmen 110 Personen am Höversuch II teil, die Rücklaufquote im Sinne gültiger Fragebogen betrug 100%. Die Größe der gültigen Gesamtstichprobe entspricht somit 86% des für ein varianzanalytisches Design (df=1) optimalen Stichprobenumfangs.[1]

9.2.2 Versuchsdesign

Unabhängige Variablen

Analog zum Hörversuch mit bekannten Musikstücken wurden getrennte Stichproben untersucht, jedoch entsprechend dem zweifach gestuften Treatment nur zwei. Die Aufteilung der 110 Versuchspersonen auf die beiden Faktorstufen erfolgte gleichmäßig, also mit den absoluten Häufigkeiten 55/55. Obwohl drei Musikstücke hintereinander dargeboten wurden, wurde die Vorführreihenfolge nicht variiert: Da für die Prüfung der Hauptuntersuchungshypothese nur ein Musikstück von Interesse war, sollte dieses in jedem Falle unvoreingenommen beurteilt werden. Es wurde deshalb stets an erster Stelle vorgeführt.

Auch aus organisatorischen Gründen wäre eine Aufteilung der Probanden in eine für die Variation der Vorführreihenfolge ausreichend große Anzahl von Untersuchungsgruppen nicht möglich gewesen. Die Gruppenstärken lagen zwischen 4 und 13 Probanden. Tabelle 30 zeigt das Versuchsdesign.

Versuchsdesign des Hörversuchs II

Musikstück	Treatment	Vorführposition	Repräsentiert durch Version	
„Love Song"	Divergenz des Gesamtklangs	1	Mischung 2	Mischung 4
„Sonic Empire"	Divergenz der Qualität	2	Mischung 3	Mischung 8
„Lemon Tree"	Divergenz der Qualität	3	Mischung 2	Mischung 4
Beurteilt durch Stichprobe:			S_A	S_B

Tabelle 30

---

[1] Es wird eine mittlere Effektgröße angenommen.

Personenbezogene Störvariablen

Die beiden Teilstichproben wurden bezüglich des persönlichen Merkmals *Geschlecht* parallelisiert; davon abgesehen erfolgte die Zuweisung der Versuchspersonen zufällig (Randomisierung). Da keine Leistungsstufen und untersuchungsrelevante Wahlpflichtfachoptionen existierten, die – wie im Hörversuch I – als Kontrollvariablen hätten erhoben werden können, wurde der vergleichsweise große Stichprobenumfang dazu genutzt, die Stichprobe nach Jahrgangsstufen zu schichten und das Alter als Kontrollvariable zu erheben. Im Gegensatz zum Hörversuch I nahmen am Hörversuch II also Probanden unterschiedlichen Alters teil, das zwischen 12 und 20 Jahren lag. Geschlecht und Alter (sowie außerdem zu Kontrollzwecken die Klasse) wurden direkt auf dem Fragebogen abgefragt. 48,2% der Versuchspersonen waren männlich, 51,8% weiblich. Da aus organisatorischen Gründen die zehnte Jahrgangsstufe nicht am Experiment teilnehmen konnte, sind 16jährige Probanden in der Gesamtstichprobe unterrepräsentiert. Im übrigen deckt die Untersuchung das an einer Oberschule verfügbare Altersspektrum ab. Abbildung 22 zeigt die Altersverteilung innerhalb der Gesamtstichprobe. Das Durchschnittsalter beträgt 16,0 Jahre.

Eigenschaften der Gesamtstichprobe

(Hörversuch II): Altersverteilung

Relative Häufigkeit der Versuchspersonen

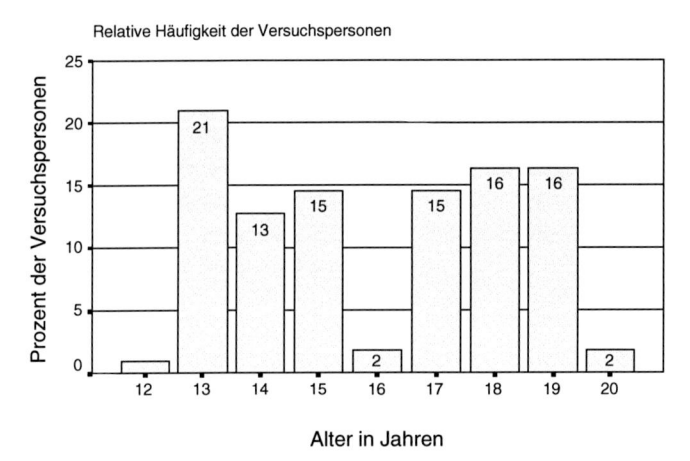

Alter in Jahren	12	13	14	15	16	17	18	19	20
Prozent der Versuchspersonen	1	21	13	15	2	15	16	16	2

Abbildung 22

Die Repräsentativität der Stichprobe kann hinsichtlich des Ausbildungsgrades als geringer, bezüglich der Alters- und Geschlechterverteilung jedoch als höher angesehen werden als die des Hörversuchs I.

Eine mögliche quasi-personenbezogene Störvariable stellt der Umstand dar, daß das Musikstück „Lemon Tree" von einigen Schülern in einer bearbeiteten Fassung eingeübt und auf einem Musikabend der Schule aufgeführt wurde. Den betreffenden Schülern war das Musikstück also in besonderem Maße vertraut. Es kann jedoch angenommen werden, daß aufgrund der Randomisierung die entsprechenden Personen annähernd gleichmäßig auf beide Stichproben verteilt wurden. Im übrigen dient „Lemon Tree" im vorliegenden Hörversuch nicht der Hypothesenprüfung.

9.2.3 Auswertungsverfahren

Die Auswertung der ausgefüllten Fragebogen erfolgte analog zum Hörversuch I. Dementsprechend wurden fehlende Urteile durch Mittelwerte ersetzt, die Daten auf die Erfüllung der Voraussetzungen für die jeweiligen Teststatistiken geprüft[2] und multivariat sowie univariat varianzanalytisch ausgewertet und auf Signifikanz getestet.[3] Dabei bildet die unabhängige Variable *Klanggestaltung* einen festen Faktor; die Kontrollvariablen *Geschlecht* und *Alter* wurden zur Reduktion der Fehlervarianz als Kovariaten in die Analyse einbezogen, ebenfalls die durch die Zusatzfrage erhobene Bekanntheit.[4]

9.2.4 Versuchsaufbau

Versuchsraum

Der verfügbare Versuchsraum wurde mit den bereits im ersten Experiment angewandten einfachen Mitteln im Rahmen des Möglichen akustisch optimiert, wies jedoch auch nach dieser Maßnahme aufgrund seiner Größe (8,75×7,00×4,20m) und des geringeren Absorptionsgrades der Flächen eine im Vergleich zum ersten Versuchsraum größere Halligkeit auf. Weiterhin war durch Verkehrslärm der Störgeräuschpegel erhöht. Die Anordnung der Abhörplätze wurde unverändert übernommen, jedoch mußte die Anzahl der Plätze wegen der größeren Versuchsgruppen erhöht werden; die entsprechenden Stühle wurden an den Seiten und hinten hinzugestellt. Die Seitenlängen des Stereodreiecks wurden vergrößert, woraus sich eine Basisbreite von 3,20m ergab. Da die im Hörversuch II verwendeten Lautsprecher vergleichsweise geringe Abmessungen aufwiesen, wurden sie auf im Versuchsraum vorhandene große Lautsprecher gestellt, so daß eine mittlere Abstrahlhöhe von 1,20m erreicht wurde.

Die beschriebenen Unterschiede laufen auf geringfügig schlechtere Abhörbedingungen als im Hörversuch I hinaus; sie wurden jedoch als befriedigend erachtet.

---

[2] Die Varianz-Homogenitätstests (nach Cochran) fallen bei „Love Song" für die Merkmale *Deutlichkeit* und *Träumen* hochsignifikant und bei „Sonic Empire" für das Merkmal *Tempo* signifikant aus. Der multivariate Test auf Homogenität der Varianz-Kovarianz-Matrizen (nach Box) ist für „Love Song" signifikant (p=0,023), für die beiden bekannten Musikstücke hingegen nicht signifikant. Da alle drei Musikstücke von denselben Versuchspersonen beurteilt wurden, wird angenommen, daß die Verletzung der Voraussetzung bei „Love Song" auf die spezifischen Eigenschaften der Beurteilungsobjekte zurückgeht (vgl. hierzu Bortz 1993) und nicht gravierend ist. Das Ergebnis des multivariaten Signifikanztests für „Love Song" wird daher dennoch interpretiert, zumal die Stichprobe keinen geringen Umfang aufweist. Jedoch wäre die Verletzung der Voraussetzung bei der Interpretation kritischer Ergebnisse zu berücksichtigen.
[3] Für eine detailliertere Aufstellung der angewendeten Auswertungsverfahren vgl. Abschnitt 7.2.3.
[4] Alle Kontrollvariablen werden als intervallskaliert angenommen.

Technischer Versuchsaufbau

Da keine Videodarbietung erfolgen mußte, entfiel das Problem der Synchronisation von Bild und Ton und infolgedessen die Notwendigkeit einer parallelen Aufzeichnung der Tonspuren auf ein Mehrspursystem. So entsprach der technische Versuchsaufbau im Grunde einer HiFi-Anlage; als Tonzuspieler diente ein CD-Spieler (die Testbeispiele wurden zuvor auf CD gebrannt). Die Anlage wurde aus folgenden Mittelklassekomponenten zusammengestellt (vgl. Tabelle 31):

Verwendete Geräte (Hörversuch II)

Komponente	Hersteller und Typ
Tonzuspieler	DENON DCD-680
Vorverstärker	harman/kardon Citation Seventeen
Endstufe	harman/kardon hk 870
Lautsprecher	JBL Ti 1000 (zwei Wege)

Tabelle 31

Die Audio-Verbindung der Komponenten erfolgte wie bei Heim-Stereoanlagen durch Cinch- und Lautsprecherkabel ($\emptyset = 1{,}5\,mm^2$).

Untersuchungsbedingte Störvariablen

Die Abhörlautstärke wurde vor Beginn des Experiments nach subjektivem Ermessen so eingestellt, daß die Testbeispiele, die eine mittlere Lautheit aufweisen, auch beim Abhören als mittellaut empfunden wurden. Störgeräusche wurden mit dem gewählten Abhörpegel auch von leisen Passagen (z.B. dem Beginn und Ende der Mischung 2 von „Love Song") in der Regel verdeckt. Die Abhörlautstärke bewegte sich nicht außerhalb des in Wohnräumen üblichen Bereichs. Der einmal eingestellte Abhörpegel wurde markiert (Raste 9) und im weiteren Versuchsablauf konstant gelassen. Somit konnten alle untersuchungsbedingten Störvariablen im engeren Sinne konstant gehalten werden: Abhörpegel, akustische Eigenschaften des Abhörraumes und Abhörpositionen. Unkontrollierbare untersuchungsbedingte Störeinflüsse stellten der Straßenlärm und die unterschiedlichen Versuchszeitpunkte dar. Der Versuch wurde ohne Assistent durchgeführt.

Ein Störeinfluß, der den Versuchsablauf indirekt betraf, bestand in der Beschallung der Schüler während der großen Pausen durch ein schuleigenes, von Schülern produziertes ‚Radioprogramm' über fest installierte Lautsprecher auf den Fluren. Da infolge dieser Beschallung, die in erheblicher Lautstärke erfolgte, von einer geänderten Sensitivität und Aufmerksamkeit derjenigen Probanden auszugehen war, die den direkt nach den Pausen eingesetzten Versuchsgruppen angehörten, wurde der Versuchsplan noch vor Ort dahingehend geändert, daß diese Gruppen gleichmäßig auf beide Stichproben verteilt wurden, was eine geänderte Zuweisung der Testbeispiele erforderlich machte.

9.2.5 Durchführung

Die Durchführung des Hörversuchs II fand im Zeitraum vom 17. bis 21.5.1999 im Musikraum der Robert-Blum-Oberschule in Berlin-Schöneberg statt. Es nahmen alle zum Zeitpunkt des Experiments anwesenden Schüler der Klassen 7a, 8a und 9a sowie zweier Musikgrundkurse und einer Abiturgruppe teil. Für zwei Versuchsgruppen stand eine Schulstunde (45 Minuten) zur Verfügung. Der Ablauf des Experiments war mit dem des Hörversuchs I identisch, jedoch wurden keine Versuchspersonen-Nummern zugeteilt. Es wurde eine Verständnisfrage zu dem Merkmal *laut-leise* gestellt.[5]

Auch während der Durchführung dieses Experiments war eine verminderte Rezeptionsbereitschaft der Versuchspersonen zu beobachten, nachdem die Musikstücke „Lemon Tree" und „Sonic Empire" erkannt wurden, allerdings erschien diese Reaktion schwächer als im Hörversuch I.

Das Experiment verlief planmäßig, es kam zu keinen technischen oder externen Störungen. Die Schüler machten einen motivierten Eindruck. Kein Fragebogen mußte als ungültig eingestuft werden.

9.3 *Ergebnisse*

9.3.1 Bekanntheit

Auf die Zusatzfrage „Kanntest Du das Stück bereits?" antworteten zu „Love Song" zwei Versuchspersonen mit *ja*, die übrigen 98,2% wahrheitsgemäß mit *nein*.[6] Zu „Lemon Tree" und „Sonic Empire" fielen die Werte ähnlich wie im ersten Experiment aus (96,4% und 87,3% positive Angaben). Die hohe Homogenität des Bekanntheitsgrades ist somit für jedes der drei Musikstücke gegeben.

9.3.2 Hörerurteil

Die Beurteilung der Testbeispiele durch die Versuchspersonen ist in den folgenden Polaritätsprofilen veranschaulicht. Die Abbildungen 23, 24 und 25 zeigen, getrennt nach Musikstücken, die Stichproben-Mittelwerte der Stufen des Faktors *Klanggestaltung*; Abbildung 26 zeigt zum Vergleich die Gesamtmittelwerte aller drei Musikstücke (ohne Merkmal *Deutlichkeit*). Die numerischen Werte der deskriptiven Statistik sind unter 13.3.5 tabellarisch zusammengefaßt.

---

[5] Die Frage wurde wie die entsprechenden während dem Hörversuch I gestellten Fragen beantwortet (vgl. 7.2.5).
[6] Die falschen positiven Antworten können auf Verwechslung oder SD-Tendenzen (soziale Erwünschtheit) zurückzuführen sein (vgl. hierzu etwa Tränkle 1983 sowie Bortz und Döring 1995). Die betreffenden Fragebogen werden daher nicht ausgeschlossen.

Beurteilung der Testbeispiele (Hörversuch II)

- "Love Song": Vergleich der Abmischungen* -

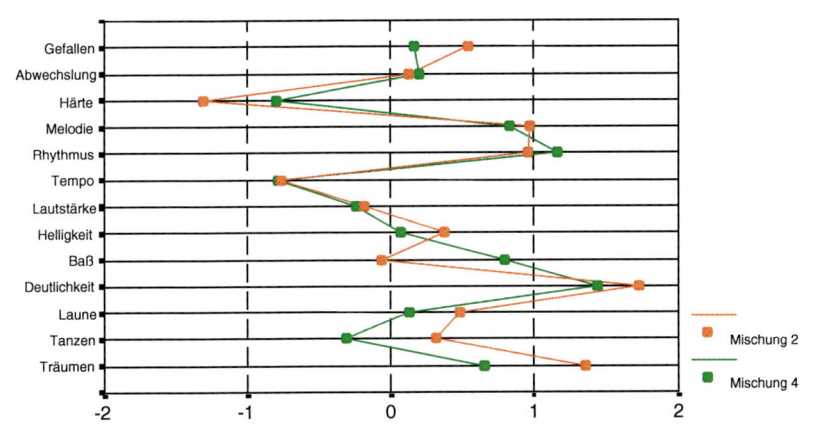

Mittelwerte der Hörerurteile

* Variationskriterium: Gesamtklang

Abbildung 23

Beurteilung der Testbeispiele (Hörversuch II)

- "Sonic Empire": Vergleich der Abmischungen* -

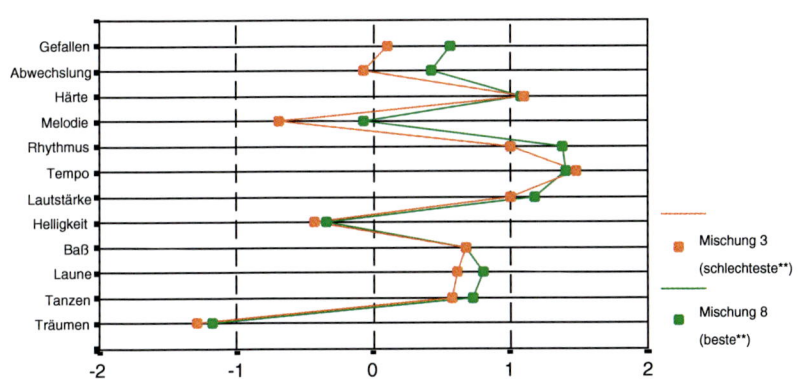

Mittelwerte der Hörerurteile

* Variationskriterium: Qualität

** laut Expertenrating

Abbildung 24

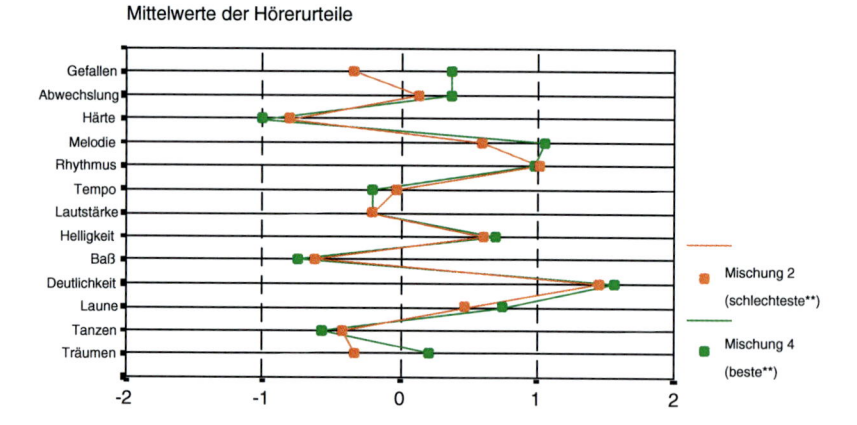

Abbildung 25

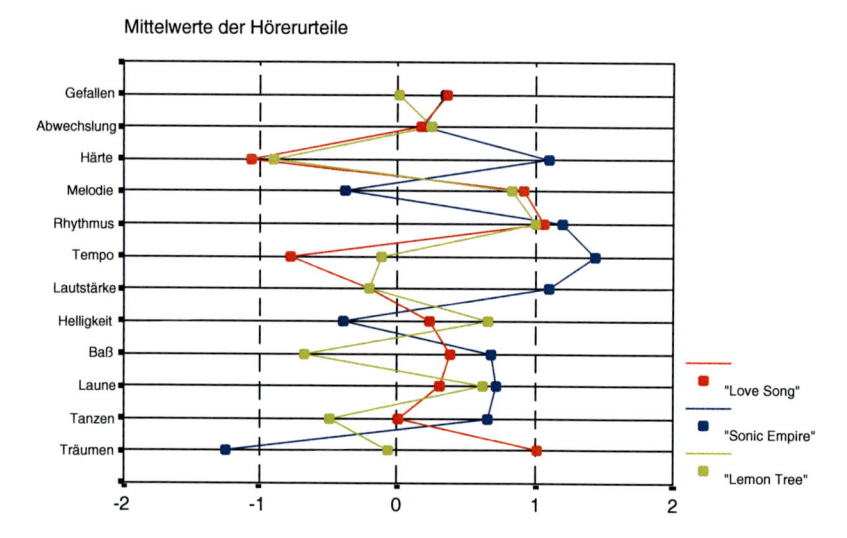

Abbildung 26

Ob die in den Abbildungen 23 bis 25 sichtbaren Unterschiede der Polaritätsprofile statistisch bedeutsam sind, geht aus den Ergebnistabellen der EDV-Auswertung hervor. Die Tabellen 32 bis 34 zeigen für jedes Musikstück die Ergebnisse der multivariaten Signifikanztests des Haupteffekts *Klanggestaltung*. Die vollständigen Ergebnistabellen sind unter 13.4.2 dargestellt.

Multivariate Signifikanztests (Hörversuch II)
- „Love Song" -

```
* * * * * * A n a l y s i s   o f   V a r i a n c e -- design   1 * * * * * *
EFFECT .. KLANGGESTALTUNG
Multivariate Tests of Significance (S = 1, M = 5 1/2, N = 45 1/2)

Test Name        Value      Exact F  Hypoth. DF    Error DF   Sig. of F

Pillais          ,38228     4,42725     13,00       93,00       ,000
Hotellings       ,61886     4,42725     13,00       93,00       ,000
Wilks            ,61772     4,42725     13,00       93,00       ,000
Roys             ,38228
Note.. F statistics are exact.
------------------------------------------------------------------
```
Tabelle 32

Der Einfluß der unabhängigen Variable *Klanggestaltung* auf das Hörerurteil ist im Falle des unbekannten Stücks „Love Song" hochsignifikant (p=0,000). Die Effektgröße wird auf ε=0,382 geschätzt und ist damit als hoch einzustufen. Der Effekt äußert sich in den univariaten Analysen auf allen Skalen außer *Abwechslung*, *Melodie*, *Rhythmus*, *Tempo* und *Lautstärke* mindestens signifikant, also vornehmlich auf den die EPA-Struktur vertretenden, den klang- und den emotionsbeschreibenden Skalen. Aufgrund der hochsignifikanten Beurteilungsunterschiede, die durch die Divergenz der Abmischungen bezüglich des komplexen Merkmals *Gesamtklang* verursacht wurden, wird die H_{K0} verworfen und die H_{K1} angenommen.

Multivariate Signifikanztests (Hörversuch II)
- „Sonic Empire" -

```
* * * * * * A n a l y s i s   o f   V a r i a n c e -- design   1 * * * * * *
EFFECT .. KLANGGESTALTUNG
Multivariate Tests of Significance (S = 1, M = 5 , N = 46 )

Test Name        Value      Exact F  Hypoth. DF    Error DF   Sig. of F

Pillais          ,18910     1,82668     12,00       94,00       ,055
Hotellings       ,23319     1,82668     12,00       94,00       ,055
Wilks            ,81090     1,82668     12,00       94,00       ,055
Roys             ,18910
Note.. F statistics are exact.
------------------------------------------------------------------
```
Tabelle 33

Multivariate Signifikanztests (Hörversuch II)
- „Lemon Tree" -

```
* * * * * * A n a l y s i s   o f   V a r i a n c e -- design   1 * * * * * *
EFFECT .. KLANGGESTALTUNG
Multivariate Tests of Significance (S = 1, M = 5 1/2, N = 45 1/2)

Test Name         Value      Exact F  Hypoth. DF   Error DF  Sig. of F

Pillais           ,19415     1,72358       13,00     93,00      ,069
Hotellings        ,24093     1,72358       13,00     93,00      ,069
Wilks             ,80585     1,72358       13,00     93,00      ,069
Roys              ,19415
Note.. F statistics are exact.
------------------------------------------------------------------
```

Tabelle 34

Bei den bekannten Musikstücken „Sonic Empire" und „Lemon Tree" bewegen sich die Signifikanzen geringfügig oberhalb des Signifikanzniveaus (p=0,055 und p=0,069), der Effekt ist also als starke Tendenz erkennbar. Die Effektgrößen werden auf ε=0,189 („Sonic Empire") und ε=0,194 („Lemon Tree") geschätzt (jeweils alle Teststatistiken) und liegen damit wesentlich höher als die entsprechenden Werte des Hörversuchs I. Die univariaten Analysen ergeben nur wenige signifikante F-Werte, und zwar auf den Skalen *Gefallen*, *Melodie* und *Rhythmus* („Sonic Empire") sowie *Gefallen*, *Melodie* und *Träumen* („Lemon Tree"), also im Gegensatz zu „Love Song" häufiger auf Skalen, die auf die Charakterisierung der musikalischen Struktur abzielen. Als einziges musikstückübergreifend signifikant beeinflußtes Merkmal erweist sich *Gefallen*.

Die zu Vergleichszwecken dargestellten Beurteilungsprofile der Musikstücke (Abbildung 26) weisen auf den meisten Skalen deutlich sichtbare Unterschiede auf. Eine multivariate Varianzanalyse für abhängige Stichproben zeigt, daß sich die Mittelwerte der Variable Hörerurteil zwischen den Musikstücken hochsignifikant unterscheiden (p=0,000). Gemäß univariater Analysen unterscheiden sich die Mittelwerte aller Skalen außer *Gefallen*, *Abwechslung*, *Rhythmus* und *Deutlichkeit*[7] mindestens zwischen zwei Musikstücken hochsignifikant. Die meisten signifikanten Unterschiede ergeben sich zwischen den Musikstücken „Love Song" und „Sonic Empire", die wenigsten zwischen „Love Song" und „Lemon Tree". Augenscheinlich erweisen sich die strukturellen Eigenschaften der Musikstücke bzw. der Stil – wie schon im Hörversuch I – als die stärkste Einflußgröße[8] des Experiments, vorausgesetzt, es werden alle Beurteilungsmerkmale berücksichtigt.

Da die Mittelwertunterschiede auf der Skala *Gefallen* zwischen den Musikstücken im Vergleich zu denen zwischen den Stichproben geringer und eben nicht signifikant ausfallen, stellt sich jedoch die Frage, ob der Einfluß der Klanggestaltung die Rangfolge der Musikstücke bezüglich ihrer Beurteilung auf dieser wichtigen evaluativen Skala verändern kann.

---

[7] Nur für Paar „Lemon Tree"—„Love Song".
[8] Vgl. 1.2.1.

Zur Überprüfung der Frage müssen im Hinblick auf das Divergenzkriterium *Gesamtklang* auch die Mittelwerte des Hörversuchs I berücksichtigt werden.[9] Wie Tabelle 35 zeigt, ist in Abhängigkeit der gewählten Abmischungen fast jede beliebige Rangfolge der Musikstücke bezüglich ihres Gefallens möglich.

Rangfolgenänderung bezüglich des Merkmals *Gefallen* infolge unterschiedlicher Klanggestaltung

Mögliche Rangfolgen der Musikstücke durch Kombination verschiedener Testbeispiele

Rangplätze			Allen Musikstücken („Love Song", „Sonic Empire", „Lemon Tree") liegt dasselbe Variationskriterium zugrunde: Divergenz des Gesamtklangs.	Den Testbeispielen liegen verschiedene Variationskriterien zugrunde („Love Song": Divergenz des Gesamtklangs; „Lemon Tree" und „Sonic Empire": Divergenz der klanggestalterischen Qualität)
„Love Song"	„Sonic Empire"	„Lemon Tree"	Die verglichenen Mittelwerte entstammen verschiedenen Gesamtstichproben	Die verglichenen Mittelwerte entstammen derselben Gesamtstichprobe
1	2	3	●	●
1	3	2	●	●
2	1	3	●	●
2	3	1	●	●
3	1	2	●	●
3	2	1	●	-

Tabelle 35

Die Möglichkeit der Veränderung der Rangfolgen wird anschaulich, wenn die entsprechenden Mittelwerte aller in beiden Hörversuchen verwendeten Testbeispiele graphisch gegenübergestellt werden (vgl. Abbildung 27). Es ist augenfällig, daß sich die Variationsbreiten der drei Musikstücke überlagern. Die Mittelwerte der klanglich variierten Testbeispiele innerhalb jedes Musikstücks variieren mit einer mittleren Variationsbreite von d=0,59 etwa dreimal stärker als die Gesamtmittelwerte der Musikstücke: Ihre Variationsbreite beträgt nur d=0,19. Es sei daran erinnert, daß es sich bei Mischung 2 von „Lemon Tree" und Mischung 3 von „Sonic Empire" um Abmischungen handelt, die laut Expertenrating nicht professionellem Mindeststandard genügen.

---

[9] Ein Vergleich der Mittelwerte der Urteile aus dem Hörversuch II basiert zwar auf derselben Gesamtstichprobe, die verwendeten Testbeispiele wurden jedoch nach unterschiedlichen Kriterien ausgewählt (vgl. 8.2.4). Soll den Vergleichsobjekten dasselbe Variationskriterium (Divergenz des komplexen Merkmals *Gesamtklang*) zugrunde liegen, müssen die Testbeispiele von „Love Song" mit denen von „Lemon Tree" und „Sonic Empire" aus dem Hörversuch I verglichen werden. Allerdings entstammen die entsprechenden Mittelwerte dann einer anderen Gesamtstichprobe. Ein gesamtstichprobenübergreifender Vergleich erscheint dennoch sinnvoll, denn die mittleren Beurteilungen der Musikstücke (auditive Bedingung) durch die beiden Gesamtstichproben weisen große Ähnlichkeiten auf, für einige Skalen sind die Mittelwerte sogar nahezu identisch (z.B. generell für *Abwechslung*, *Rhythmus* und *Tempo*, im Falle von „Lemon Tree" außerdem für *Härte*, *Melodie*, *Helligkeit* und *Laune*, sowie im Falle von „Sonic Empire" für *Tanzen* und *Träumen*). Für den Vergleich wurden aus dem Hörversuch I ausschließlich die sich aus der auditiven Bedingung ergebenden Mittelwerte herangezogen.

Gefallen

- Vergleich sämtlicher Testbeispiele* -

Mittelwerte der Hörerurteile und Variationsbreiten

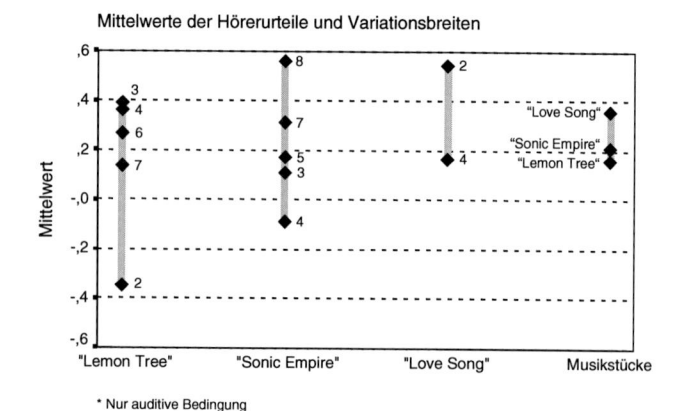

Abbildung 27

9.3.3 Kaufbereitschaft

Die Auswertung der Antworten auf die Zusatzfrage *Würdest Du das Stück kaufen?* ergab folgende relativen Häufigkeiten positiver Angaben in Prozent (Tabelle 36):

Kaufbereitschaft (Hörversuch II)
- Vergleich der Musikstücke und Stichproben -

Relative Häufigkeit positiver Angaben

„Love Song"		„Sonic Empire"		„Lemon Tree"	
Stichprobe	Kaufbereitschaft	Stichprobe	Kaufbereitschaft	Stichprobe	Kaufbereitschaft
Mischung 2	42%	Mischung 3	31%	Mischung 2	19%
Mischung 4	31%	Mischung 8	49%	Mischung 4	35%
Gesamt	36%	Gesamt	40%	Gesamt	27%

Tabelle 36

Alle Häufigkeitsdifferenzen bzw. -quotienten liegen in Größenordnungen, denen eine hohe praktische Bedeutsamkeit beigemessen werden kann.[10] Sie sind für die vergleichbaren Musikstücke „Sonic Empire" und „Lemon Tree" höher als im Hörversuch I. Aus den folgenden Ergebnistabellen der Varianzanalysen der Urteile geht hervor, ob die beobachteten

---

[10] Es wurde bereits darauf hingewiesen, daß von der unter Befragungsbedingungen angegebenen Kaufbereitschaft nicht auf das tatsächliche Kaufverhalten geschlossen werden darf (vgl. 7.3.3). Zur Kompensation des Problems vgl. 9.4.2.

Häufigkeits- bzw. Mittelwertunterschiede[11] statistisch signifikant sind (vgl. Tabellen 37 bis 39). Die Analysen erfolgten unter Einbeziehung der Kontrollvariablen. So konnte ein großer Teil der Fehlervarianz reduziert werden (bei „Love Song" und „Sonic Empire" ist die Kaufbereitschaft signifikant geschlechts- und altersabhängig).

Varianzanalyse der Kaufbereitschaft (Hörversuch II)
- „Love Song" -

```
* * *  A N A L Y S I S   O F   V A R I A N C E  * * *
```

Source of Variation	Sum of Squares	DF	Mean Square	F	Sig of F
Covariates	4,655	3	1,552	7,958	,000
GESCHLECHT	,852	1	,852	4,367	,039
ALTER	2,691	1	2,691	13,803	,000
BEKANNTHEIT	,666	1	,666	3,416	,067
Main Effects	,386	1	,386	1,979	,162
KLANGGESTALTUNG	,386	1	,386	1,979	,162
Explained	4,982	4	1,246	6,388	,000
Residual	20,472	105	,195		
Total	25,455	109	,234		

Tabelle 37

Varianzanalyse der Kaufbereitschaft (Hörversuch II)
- „Sonic Empire" -

```
* * *  A N A L Y S I S   O F   V A R I A N C E  * * *
```

Source of Variation	Sum of Squares	DF	Mean Square	F	Sig of F
Covariates	3,875	3	1,292	6,274	,001
GESCHLECHT	1,116	1	1,116	5,423	,022
ALTER	2,270	1	2,270	11,026	,001
BEKANNTHEIT	,683	1	,683	3,317	,071
Main Effects	1,346	1	1,346	6,541	,012
KLANGGESTALTUNG	1,346	1	1,346	6,541	,012
Explained	4,784	4	1,196	5,810	,000
Residual	21,616	105	,206		
Total	26,400	109	,242		

Tabelle 38

---

[11] Den relativen Häufigkeiten der positiven Angaben zur Kaufbereitschaft entsprechen die Mittelwerte der als 0 bzw. 1 codierten negativen bzw. positiven Angaben auf einer dichotomen Intervallskala.

Varianzanalyse der Kaufbereitschaft (Hörversuch II)
- „Lemon Tree" -

```
* * *   A N A L Y S I S    O F    V A R I A N C E   * * *

                           Sum of              Mean                    Sig
Source of Variation        Squares      DF     Square       F          of F

Covariates                  ,920        3       ,307      1,637        ,185
       GESCHLECHT           ,113        1       ,113       ,604        ,439
       ALTER                ,252        1       ,252      1,345        ,249
       BEKANNTHEIT          ,444        1       ,444      2,373        ,126

Main Effects                ,833        1       ,833      4,448        ,037
       KLANGGESTALTUNG      ,833        1       ,833      4,448        ,037

Explained                  1,625        4       ,406      2,170        ,077

Residual                  19,665      105       ,187

Total                     21,290      109       ,195
```
- -

Tabelle 39

Im Falle von „Love Song" zeigt sich kein signifikanter Einfluß der Klanggestaltung auf die Kaufbereitschaft; der Effekt ist mit p=0,162 nur als leichte Tendenz erkennbar. Für die beiden bekannten Musikstücke ergeben sich hingegen signifikante F-Werte.

Kaufbereitschaft
- Vergleich sämtlicher Testbeispiele* -

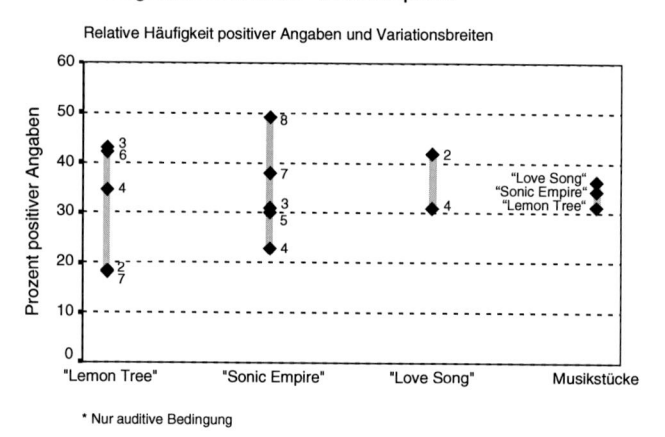

Abbildung 28

Ungeachtet der Möglichkeit, daß die gefundenen Mittelwertunterschiede der Kaufbereitschaft, die sich bei „Love Song" zwischen den beiden Abmischungen ergeben, auf Zufall beruhen können, zeigt sich, daß im Falle des Hörversuchs II auch die Rangfolge der Kaufbereitschaften der Musikstücke von deren Klanggestaltung völlig determiniert wird. Werden die Kaufbereitschaften der – hinsichtlich ihres Variationskriteriums mit dem Stück „Love Song" besser vergleichbaren – Testbeispiele des Hörversuchs I zugrunde gelegt, so ergeben sich immerhin noch vier von maximal sechs Rang-Kombinationen infolge unterschiedlicher klanglicher Gestaltungen der Musikstücke. Die Möglichkeit der Vertauschung von Rängen veranschaulicht Abbildung 28.[12] Die mittlere Variationsbreite der Mittelwerte der Testbeispiele innerhalb jedes Musikstücks liegt mit d=20,7 etwa viermal so hoch wie die der Gesamtmittelwerte der Musikstücke (d=5,15).

9.4 Interpretation

Aufgrund der Kontrolle bzw. Konstanthaltung von Störeinflüssen sowie der Verwendung eines unbekannten Musikstücks kann kein Zweifel daran bestehen, daß die im Rahmen des Hörversuchs II ermittelten Beurteilungsunterschiede im wesentlichen auf das Treatment zurückzuführen sind. Insofern stellt das Ergebnis zu „Love Song" einen deutlichen Beleg für die Richtigkeit der Untersuchungshypothese dar. Die Beurteilung eines Popmusikstücks kann durch seine Klanggestaltung beeinflußt werden. Dieser Einfluß zeigte sich im Experiment so stark, daß er sogar die Rangfolge der Musikstücke hinsichtlich der wichtigsten evaluativen Skala *Gefallen* sowie der Kaufbereitschaft fast beliebig zu ändern vermochte. Dies mag zum Teil auf die speziell nach dem Kriterium genereller positiver Beurteilung (vgl. 6.1.1. und 8.1.1) ausgewählten und damit bezüglich dieser Eigenschaft ähnlichen Musikstücke zurückzuführen sein; möglicherweise wären bei der Verwendung von Musikstücken, deren evaluative Beurteilung sich deutlich unterscheidet, keine Rangfolgenänderungen zu beobachten gewesen. Gleichwohl weisen die Musikstücke große stilistische Divergenzen auf. Daß sich im vorliegenden Falle die spezifische Variation der Ausprägungen von Klangmerkmalen stärker auf das evaluative Hörerurteil auswirkt als die spezifische Variation der musikalisch-strukturellen bzw. stilistischen Eigenschaften, bedeutet nicht, daß die unspezifische Größe *Klanggestaltung* einen größen Einfluß auf die Bewertung ausübt als die unspezifische Größe *musikalischer Struktur*, denn diese Dimensionen sind prinzipiell nicht vergleichbar und wirken immer zusammen (vgl. hierzu 2.1.1).

Ob das Treatment *Divergenz der Qualität* einen stärkeren Einfluß auf das Hörerurteil ausübt als das Treatment *Divergenz des Gesamtklangs*, wurde anhand der bekannten Musikstücke untersucht. Im Gegensatz zum Hörversuch I ergeben sich beinahe signifikante Mittelwertunterschiede der abhängigen Variable. Die Schätzung der Effektgröße liegt bei beiden Musikstücken etwa doppelt so hoch wie im Hörversuch I. Es ist unwahrscheinlich, daß diese starken Diskrepanzen vollständig auf unterschiedliche Eigenschaften der Gesamtstichproben zurückzuführen sind, die sich nur hinsichtlich des Ausbildungsgrades relevant unterscheiden.[13] Insofern ist von einer größeren Wirksamkeit des Treatments *Divergenz der Qualität* auszugehen, was im übrigen plausibel ist.[14]

---

[12] Mischung 2 von „Lemon Tree" und Mischung 3 von „Sonic Empire" genügen laut Expertenrating nicht professionellem Mindeststandard (vgl. 6.2.5).
[13] Auf die große Ähnlichkeit der beiden Gesamtstichproben in bezug auf die mittlere Beurteilung der Musikstücke wurde bereits hingewiesen (vgl. S.149, Fußnote 9). In Kapitel 11 wird weiterhin gezeigt werden,

Wenn aber das geänderte Treatment bei bekannten Musikstücken zu deutlich größeren Beurteilungsunterschieden führt, diese jedoch immer noch wesentlich geringer ausfallen als jene, die durch das ursprüngliche Treatment *Divergenz des Gesamtklangs* im Zusammenhang mit einem unbekannten Musikstück verursacht werden, dann scheint sich die Bekanntheit erheblich auf das Urteilsverhalten auszuwirken,[15] und zwar dahingehend, daß sie die Variabilität der Urteile einschränkt: Offenbar ist ein einmal gebildetes Urteil zu einem Popmusikstück für den jugendlichen Hörer schwer zu revidieren.

Rückblickend erhärtet sich also die Vermutung, daß im Hörversuch I ebensolche gefestigten Urteile erfaßt wurden, somit die Meßempfindlichkeit bezüglich des fraglichen Effekts *Klanggestaltung* beeinträchtigt wurde und infolgedessen die interne Validität der Untersuchung nicht mehr gewährleistet war. Die Stärke dieses ‚Effekts des gefestigten Urteils' ist ein aufschlußreiches, wenngleich nur am Rande der ursprünglichen Fragestellung hervorgebrachtes Ergebnis hinsichtlich der Urteils- und Meinungsbildung zu ästhetischen Objekten. Sie sollte im Rahmen der methodischen Planung von experimentellen Untersuchungen, die die Vornahme von Differenzmessungen an veränderten Beurteilungsobjekten beinhalten, nicht unterschätzt werden.

Es wurde weiterhin berichtet, daß sich der beobachtete Effekt *Klanggestaltung* im Falle von „Love Song" nur unwesentlich, im Falle der bekannten Musikstücke hingegen deutlich auf die strukturbeschreibenden Skalen auswirkt. Es ist nicht klar, ob diese Tendenz auf das geänderte Treatment oder die unterschiedliche Bekanntheit der Musikstücke zurückgeht. Es ist denkbar, daß die evaluative Beurteilung der Klangbilder durch die Expertenhörer und infolgedessen die Auswahl der Testbeispiele in besonderem Maße daran festgemacht wurden, inwieweit eine Abmischung den musikalischen Ablauf bzw. die musikalische Struktur des entsprechenden Stücks unterstützt. Diese Vermutung legt jedenfalls die Faktorenanalyse der Klangmerkmale nahe (vgl. 6.2.4, Tabelle 14): Neben den Merkmalen *Gesamturteil* und *genügt professionellem Mindeststandard* weisen auch die Merkmale *Musikalität* und *Stilechtheit* sowie ferner *Rhythmusorientiertheit* und *klangliche Komplexität* die höchsten Ladungen auf dem als Evaluation interpretierbaren ersten Faktor auf. Alternativ könnte man vermuten, daß die Vertrautheit, von der infolge der hohen Bekanntheit von „Sonic Empire" und „Lemon Tree" auszugehen ist, die Abgabe von Urteilen zur musikalischen Struktur begünstigt.

---

daß die Kontrollvariable Leistungsstufe nur einen vergleichsweise geringen Einfluß auf die Beurteilung der Testbeispiele ausübt (vgl. 11.1).

[14] Die größeren Beurteilungsunterschiede waren gewissermaßen im Treatment angelegt und somit zu erwarten: Mit der Variation der Testbeispiele gemäß einem evaluativen Kriterium wurde die größtmögliche Analogie zu dem ebenfalls evaluativen, für Laienurteiler dominantesten Beurteilungskriterium *Gefallen* hergestellt. Aufgrund dieser Dominanz geht von diesem Item häufig ein Halo-Effekt aus, dem die Urteile auf anderen Skalen unterliegen. Besteht nun das evaluative Variationskriterium in maximaler Divergenz, so ist eine deutliche Beeinflussung der komplexen Variable *Hörerurteil* wahrscheinlich. Zum Halo-Effekt vgl. Bortz und Döring (1995).

[15] Es wurden gleiche Treatmentstärken angenommen.

9.4.1 Externe Validität und praktische Bedeutsamkeit

Der beobachtete Effekt kann über seinen wissenschaftlichen Stellenwert hinaus als für die Praxis relevant gelten, denn gerade die Reaktion jugendlicher Hörer auf ein *unbekanntes* Musikstück ist von besonderem musikwirtschaftlichen Interesse. Insofern bedeutet der Umstand, daß der Effekt nur innerhalb der Altersgruppe der 13- bis 19jährigen generalisierbar ist, eine vergleichsweise geringe Einschränkung, bildet sie doch einen wesentlichen Teil der Hauptzielgruppe für neu produzierte Popmusik (vgl. S.1).

Eine in weniger vernachlässigbarem Maße eingeschränkte externe Validität der Untersuchung ergibt sich in bezug auf den Ausbildungsgrad, da der Effekt an Gymnasiasten verifiziert wurde. Unter der sich aus den Forschungen der Neuen Experimentellen Ästhetik ergebenden Annahme, daß Wahrnehmung und ästhetischer Bewertung zu einem nicht unerheblichen Teil anthropologische Konstanten zugrunde liegen, muß jedoch von einer generellen Wirksamkeit des Effekts ausgegangen werden, wobei allerdings für eine bezüglich des Ausbildungsgrades diversifizierte Grundgesamtheit mit einer geänderten Ausprägung des Effekts zu rechnen ist.

Die im Feldfall zu erwartende quantitative Ausprägung des Effekts hängt natürlich außerdem davon ab, inwieweit sich fragliche Klanggestaltungen unterscheiden. Im vorliegenden experimentellen Fall sind diese Unterschiede gemäß dem Divergenzkriterium (vgl. Kapitel 8) eher als groß einzustufen und daher nicht unbedingt repräsentativ. (Hypothesenprüfungen, die an sehr wenigen exemplarischen Versuchsobjekten durchgeführt werden, sind für eine generalisierbare Quantifizierung von Effekten grundsätzlich ungeeignet.)

Daß aber selbst ein deutlich schwächerer, beispielsweise durch geringere klangliche Divergenzen hervorgerufener Effekt als der im vorliegenden Fall beobachtete vor dem Hintergrund der Größe des realen Musikmarkts dennoch eine große praktische Bedeutung hat, soll anhand einer Hochrechnung verdeutlicht werden.

9.4.2 Hochrechnung der Kaufbereitschaft

Es wurde ermittelt, welche absoluten Verkaufszahlen sich für den deutschen Markt hypothetisch aus den Kaufbereitschaften ergeben, die zu den einzelnen Testbeispielen angegeben wurden. Die Verkaufszahlen wurden nach Musikstücken und den in den beiden Experimenten festgelegten Variationskriterien aufgeschlüsselt. Im Falle dreistufig variierter Kriterien wurden in der Hochrechnung die beiden Testbeispiele mit der jeweils kleinsten und größten Kaufbereitschaft berücksichtigt. Aus Gründen der Vergleichbarkeit wurden für die Berechnung ausschließlich die unter der auditiven Bedingung ermittelten Kaufbereitschaften herangezogen.

Nun darf die angegebene Kaufbereitschaft nicht mit der tatsächlichen Kaufbereitschaft gleichgesetzt werden: Erstere fällt unter anderem aufgrund von Zustimmungstendenzen und der während der spontanen Urteilsabgabe erhöhten Gefahr der Ausblendung weiterer Faktoren, von denen ein tatsächlicher Kauf abhängig gemacht wird (wie z.B. von begrenztem Taschengeld), in der Regel deutlich höher aus. Da jedoch selbst bei großen Diskrepanzen von angegebenen und tatsächlichen Kaufbereitschaften davon auszugehen ist, daß zumindest die treatmentbedingten *Verhältnisse* zwischen den untersuchten Stichproben konstant bleiben, können diese Diskrepanzen durch die Einführung eines Korrekturfaktors kompensiert werden, der sich implizit durch die Berücksichtigung der tatsächlichen Verkaufszahlen von „Lemon Tree" und „Sonic Empire", deren Größenordnungen bekannt sind,[16] ergibt. Folgt man nun der Einschätzung, daß dasjenige Testbeispiel, das die höchste angegebene Kaufbereitschaft aufweist (also das ‚beste' Testbeispiel), am ehesten mit der – bei beiden Musikstücken sehr guten – Originalmischung des entsprechenden Stücks vergleichbar ist, und nicht der Durchschnitt aller zu dem Stück vorhandenen Testbeispiele, so kann folgende Beziehung als Grundlage der Hochrechnung fungieren:

$$\frac{A_{hyp}}{K} = \frac{A_{tats}}{K_{max}}$$

A_{hyp} Hypothetischer (hochgerechneter) Single-Absatz
A_{tats} Tatsächlicher Single-Absatz
K Angegebene Kaufbereitschaft
K_{max} Maximale zu einem Musikstück angegebene Kaufbereitschaft

Zur Berechnung von A_{hyp} für das unbekannte Musikstück „Love Song", zu dem keine realen Absatzzahlen existieren, wird für den Quotienten A_{tats}/K_{max} der Mittelwert der entsprechenden Quotienten der beiden bekannten Musikstücke eingesetzt.

Um welchen Faktor die angegebene Kaufbereitschaft die tatsächliche überschätzt, kann nur auf der Grundlage des Bevölkerungsstands ermittelt werden, der vom Statistischen Bundesamt für 1998 und für die Altersgruppe der 15- bis 25jährigen mit N=9,08 Mio.[17] angegeben wird:[18]

$$k = \frac{A_{tats}}{K_{max} \cdot N}$$

k Korrekturfaktor
A_{tats} Tatsächlicher Single-Absatz
K_{max} Maximale zu einem Musikstück angegebene Kaufbereitschaft
N Bevölkerungsstand der 15- bis 25jährigen in Deutschland (9,08 Mill.)

Der Korrekturfaktor fällt für beide bekannten Musikstücke ähnlich aus und beträgt im Mittel k=0,159, d.h. es kann angenommen werden, daß nur knapp ein Sechstel der Personen, die ein positives Urteil zur Kaufbereitschaft abgegeben haben, das entsprechende Testbeispiel tatsächlich kaufen würden – ein interessantes Nebenergebnis zur Diskrepanz zwi-

---

[16] Nach Angaben der jeweiligen Produktionsfirma wurden deutschlandweit von „Lemon Tree" 740.000 und von „Sonic Empire" 580.000 Einheiten (Singles) verkauft.
[17] Die Einbeziehung des spezifischen Bevölkerungsstands N=9,08 Mio. diente der Berechnung des Korrekturfaktors k, der lediglich zur Veranschaulichung ermittelt wurde. Die durchgeführten Hochrechnungen basieren nicht auf dem hier angegebenen Bevölkerungsstand, sondern implizit auf dem Bevölkerungsstand, der dem jeweiligen tatsächlichen Single-Absatz A_{tats} zugrunde liegt.
[18] Vgl. die Internetseite *www.statistik-bund.de/basis/d/bevoetab2.htm* des Statistischen Bundesamtes (April 2000).

schen der in einer Befragungssituation angegebenen Kaufbereitschaft und tatsächlichem Kaufverhalten im Alltag.[19]

Tabelle 40 zeigt in Abhängigkeit der Variationskriterien und Musikstücke das den jeweils ungünstigsten und günstigsten Fall repräsentierende Testbeispiel, die zu den entsprechenden Testbeispielen erhobenen relativen Häufigkeiten positiver Angaben der Kaufbereitschaft (K), die hochgerechneten absoluten Zahlen des Tonträgerabsatzes[20] (Absatz), die sich daraus ergebende Differenz D_{Absatz} sowie den Steigerungsfaktor S.

Hochrechnung der Kaufbereitschaft
Hypothetischer Single-Absatz in Deutschland

Variationskriterium Divergenz ...	Musikstück	worst case Mischung	best case Mischung	K_{min} (%)	K_{max} (%)	$Absatz_{min}$ (Einheiten)	$Absatz_{max}$ (Einheiten)	D_{Absatz} (Einheiten)	S
... des Gesamtklangs	"Lemon Tree"	7	3	17,86	43,48	303.965	740.000	436.035	2,43
	"Sonic Empire"	4	7	22,73	38,46	268.501	454.314	185.813	1,69
	"Love Song"	5	3	30,90	41,80	445.454	602.588	157.134	1,35
... der Qualität	"Lemon Tree"	2	4	18,50	34,50	314.857	587.166	272.309	1,86
	"Sonic Empire"	3	8	30,90	49,10	365.010	580.000	214.990	1,59

Tabelle 40

Unter der realistischeren Variationsbedingung *Gesamtklang* – ‚unprofessionelle' oder ‚schlechte' Abmischungen werden in der Regel durch die Instanz *Plattenfirma* ausgefiltert –[21] ergibt sich eine mittlere Differenz von etwa 260.000 Einheiten. Für den untersuchungsmethodisch unproblematischsten und musikwirtschaftlich realistischsten Fall eines unbekannten Musikstücks beträgt die Differenz im vorliegenden Fall noch knapp 160.000 Einheiten.

Sowohl die hypothetischen Differenzen als auch die Steigerungsfaktoren (letztere sind von den der Hochrechnung zugrunde gelegten Annahmen unabhängig und gelten für jede Größenordnung des Tonträgerverkaufs) liegen im Bereich hoher wirtschaftlicher Relevanz. Insofern muß die Frage der Klanggestaltung eines Musikstücks selbst unter Bedingungen, die einen schwächeren Effekt begünstigen, wie beispielsweise geringere klangliche Divergenzen von Abmischungen oder Grundgesamtheiten geringerer Sensitivität, noch als musikwirtschaftlich bedeutsam eingestuft werden.

9.5 *Zusammenfassung*

Im Hörversuch II wurde inferenzstatistisch geprüft, ob verschiedene Klanggestaltungen zu unterschiedlichen Beurteilungen eines Musikstücks führen. Dazu wurden getrennten

---

[19] Bei dieser Einschätzung bleibt unberücksichtigt, sich daß die Kaufbereitschaft seit Erscheinen des Musikstücks verändert haben kann.
[20] Singles.
[21] Vgl. 6.2.4.

Stichproben von 12- bis 20jährigen Schülern eines Berliner Gymnasiums die zu diesem Zweck hergestellten, im Gesamtklang variierten Testbeispiele eines *unbekannten* Musikstücks zur Beurteilung vorgeführt. Außerdem wurden auf den bekannten Musikstücken basierende Testbeispiele vorgeführt, die in besonderem Maße hinsichtlich ihrer klanggestalterischen Qualität divergieren. Versuchsdurchführung, Datenerhebung und -auswertung erfolgten weitestgehend nach den Maßgaben des Hörversuchs I; jedoch nahmen am Hörversuch II Probanden unterschiedlichen Alters teil. Im Falle des unbekannten Musikstücks zeigte sich ein hochsignifikanter Einfluß der Klanggestaltung auf das Hörerurteil, im Falle der bekannten Stücke jeweils ein nahezu signifikanter. Die Kaufbereitschaft wurde nur bei den bekannten Musikstücken signifikant beeinflußt. Der Effekt *Klanggestaltung* zeigte sich so stark, daß er sogar die Rangfolge der drei verwendeten Musikstücke in bezug auf die Mittelwerte der Beurteilungsmerkmale *Gefallen* und *Kaufbereitschaft* zu verändern, teilweise sogar völlig zu determinieren vermochte, und dies, obwohl die Musikstücke stilistisch deutlich divergieren. Ein interexperimenteller Vergleich der Effektgrößen und Signifikanzen der für die *bekannten* Musikstücke ermittelten Effekte ergab, daß bezüglich der Qualität divergierende Abmischungen zu stärkeren Beurteilungsunterschieden führen als solche, die bezüglich ihres Gesamtklangs divergieren. Der Umstand, daß das gemäß letzterem Kriterium variierte *unbekannte* Musikstück dennoch den mit Abstand größten Effekt hervorrief, erhärtet rückblickend die Vermutung, daß der im Hörversuch I gemessene Effekt der Klanggestaltung von einem stärkeren ‚Effekt des gefestigten Urteils' infolge hoher Bekanntheit und Vertrautheit der verwendeten Musikstücke überlagert, die interne Validität des ersten Experiments also nicht gewährleistet war. Es wird angenommen, daß der für die musikwirtschaftlich interessanteste Bedingung eines unbekannten Musikstücks bestätigte Effekt *Klanggestaltung* generell wirksam ist, obgleich er in der gefundenen quantitativen Ausprägung nur für Teenager mit gymnasialer Schulbildung generalisiert werden kann. Eine Hochrechnung der Kaufbereitschaft ergab, daß je nach Klanggestaltung einer Popmusikproduktion mit Absatzdifferenzen von bis zu mehreren hunderttausend Einheiten gerechnet werden muß. Insofern ist selbst für den Fall geringerer klanglicher Divergenzen oder klangästhetisch unempfindlicherer Grundgesamtheiten von Hörern noch von einem musikwirtschaftlich bedeutsamen Einfluß der Klanggestaltung auszugehen.

Ergänzende Analysen

10 Analysen zur Produktionsseite: Protokollierungen der Testmischer

Nachdem die Wirkung der Klanggestaltung auf das Hörerurteil empirisch belegt werden konnte, sollen im vorliegenden Kapitel ergänzend diejenigen Maßnahmen erhellt werden, die überhaupt erst zu den unterschiedlichen Klanggestaltungen geführt haben. Hierzu wurden die Protokolle, die die Testmischer während bzw. nach der Durchführung der Produktionsschritte *Abmischung* und *Nachbearbeitung* anfertigen sollten (vgl. 6.2.2 und 6.2.3), statistisch bzw. inhaltsanalytisch ausgewertet. Die an dieser Stelle gesondert vorgenommene Auswertung gestattet die Einbeziehung sämtlicher im Experiment I und Experiment II angefertigten Abmischungen.

10.1 Erhobene Daten

Die Protokollierungen der Abmischungen und Nachbearbeitungen erfolgten anhand von Vordrucken (vgl. 13.1.1 und 13.1.2) und liegen daher standardisiert vor. Die in den Vordrucken geforderten Angaben beziehen sich auf Zeitaufwand, verwendete Geräte, Effektprogramme, Panoramaeinstellungen und Status der klangwirksamen Sektionen der einzelnen Kanalzüge wie Regelverstärker, Equalizer/Filter und Zuordnung der Effektprogramme. Aus Gründen der Praktikabilität – auf die hohe Anzahl klangwirksamer Parameter wurde bereits hingewiesen (vgl. 6.2.1) – wurden außer für die Panoramapositionen keine Werte kontinuierlich veränderbarer Parameter erfaßt: So wurde beispielsweise nur erhoben, *ob* für die Bearbeitung einer bestimmten Spur ein Equalizer eingesetzt wurde, nicht aber, *wie*. Auch die für den klanglichen und musikalischen Eindruck wichtigen Pegelverhältnisse, die in der Hauptsache die empfundenen Lautstärkeverhältnisse bestimmen, konnten aufgrund der Problematik, daß es sich dabei um eine große Anzahl *relativer* Werte handelt, die komplex voneinander sowie von anderen Klangparametern abhängen und zudem zeitveränderlich sind, im Rahmen der Zielsetzung der vorliegenden Untersuchung nicht operationalisiert und ermittelt werden.[1] Stummschaltungen wurden ebenfalls nicht protokolliert. Die numerischen Daten sind im Anhang als absolute Häufigkeiten zusammengefaßt (vgl. 13.3.1). Neben der standardisierten Protokollierung erhielten die Testmischer Gelegenheit, *besondere Effekte, Schaltungen oder Vorgehensweisen* formlos zu notieren.

---

[1] Zur Feststellung von Pegelverhältnissen, die aus komplexen, interindividuell unterschiedlich strukturierten Signalverläufen resultieren, ist die Methode der Protokollierung nicht praktikabel. Besser geeignet erscheint zu diesem Zweck die Vornahme von Messungen an Gruppen- und/oder Summensignalen oder die Durchführung von Expertenhörversuchen.

10.2 Auswertungsverfahren

Die Auswertung der Daten erfolgte deskriptiv-statistisch. Um Aussagen zu ermöglichen, die unabhängig von der jeweiligen spezifischen Instrumentierung einen Vergleich der klanglichen Gestaltungen der Musikstücke erlauben und die in einem gewissen Umfang generalisierbar sind, wurden einerseits die verwendeten Effektprogramme in die Kategorien[2] *Halleffekte, Delayeffekte*[3] und *sonstige Effekte*, andererseits die Spuren in die Instrumentalgruppen[4] *Gesang, Rhythmus* und *Begleitung* eingeteilt. Auf diese Weise konnten die Häufigkeiten aller protokollierten klanggestalterischen Mittel sowohl im Vergleich der Musikstücke als auch im Vergleich der Instrumentalgruppen dargestellt werden. Da die Musikstücke und ihre Instrumentalgruppen in der Anzahl der Spuren, die die erhobenen absoluten Häufigkeiten mitbestimmt, deutlich differieren, wurden in der Auswertung die absoluten Häufigkeiten gegebenenfalls an der jeweiligen Spurenzahl relativiert. Nach Möglichkeit wurden Signifikanztests berechnet. Im Falle der Panoramazuordnungen wurde zu diesem Zweck aus mehreren Variablen ein geeignet erscheinender Index gebildet. Stummschaltungen und Lautstärkeverhältnisse mußten auditiv erfaßt und anhand von Fallbeispielen beschrieben werden, womit im Falle der Lautstärkeverhältnisse zwangsläufig eine nicht zu vernachlässigende Subjektivität verbunden ist. Aus den formlosen Angaben wurde ein Kategoriensystem abgeleitet. Die Angaben wurden den Kategorien zugeordnet und als Häufigkeiten dargestellt.[5]

Der Auswertung liegen sämtliche Protokolle der Abmischungen und Nachbearbeitungen zugrunde, die im Rahmen der Untersuchung von den 11 Testmischern angefertigt wurden, also zu 10 Versionen von „Lemon Tree", 9 Versionen von „Sonic Empire" und 5 Versionen von „Love Song". Drei der 24 Protokolle waren unvollständig.

10.3 Ergriffene Maßnahmen der Klanggestaltung

10.3.1 Zeitaufwand

Der Mittelwert des Zeitaufwands für die Abmischung beträgt 7:20 Stunden, auf die Nachbearbeitung entfallen 1:33 Stunden. Das entspricht jeweils 82,6% bzw. 17,4% des gesamten Zeitaufwands für die Klanggestaltung.

---

[2] Eine differenziertere Kategorienbildung erschien vor dem Hintergrund des vergleichsweise geringen Stichprobenumfangs nicht sinnvoll, sie würde auf eine Einzelfallbeschreibung hinauslaufen. Die Kategorien unterteilen nur Effekte im engeren Sinne, also Mittel additiver Klangbearbeitung (vgl. 2.3.2). Demnach werden Regelverstärker und Equalizer nicht zu den Effekten gezählt.
[3] Unter *Delayeffekte* wurden ausschließlich nicht hörbar modulierte Verzögerungseffekte wie z.B. Dopplungen, Echos und Multitap-Delays subsumiert. Chorus- und Flangereffekte wurden – wenngleich mit denselben Geräten generierbar – der Kategorie *sonstige Effekte* zugeordnet. Der Kategorienbildung liegt hier im Gegensatz zu 2.3 also kein Klassifikationsprinzip technischer, sondern klangästhetischer Ähnlichkeit zugrunde.
[4] Die Zuordnung der Spuren zu den Instrumentalgruppen war vorab festgelegt und auf den Spurenplänen (vgl. 13.5) notiert worden. Vgl. hierzu 6.2.3.
[5] Zur inhaltsanalytischen Vorgehensweise vgl. 5.2.2.

Im Untersuchungsabschnitt **Exploration** sollten Produzenten angeben, wieviel Zeit sie durchschnittlich auf die Anfertigung einer Abmischung verwenden (vgl. 4.2). Der Mittelwert dieser Schätzungen beträgt 14:21 Stunden, liegt damit also fast doppelt so hoch wie der Mittelwert der im Rahmen der Untersuchung tatsächlich aufgewendeten Zeiten, und dies, obwohl acht Produzenten sowohl an der Befragung als auch an der Abmischung teilnahmen. Mögliche Ursachen für diese Abweichung werden erkennbar, wenn man den tatsächlichen absoluten Arbeitsaufwand für die einzelnen Abmischungen[6] vergleicht (vgl. Abbildung 29).

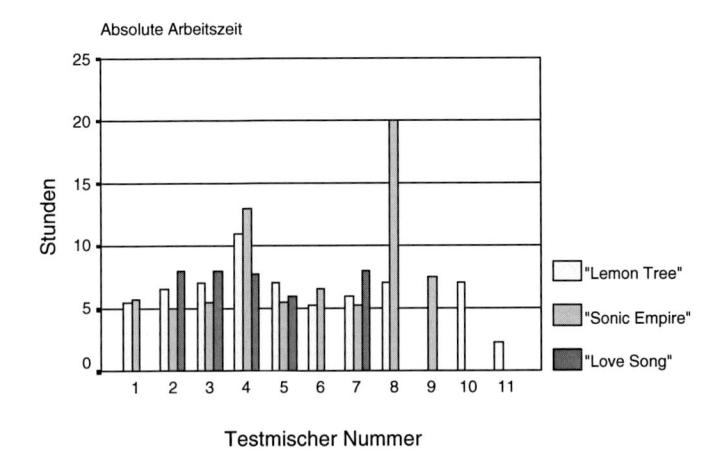

Abbildung 29

Zunächst fällt auf, daß die Arbeitszeiten sowohl im Vergleich der Testmischer als auch im Vergleich der Musikstücke stark streuen: Der Variationskoeffizient[7] reicht von V=0,12 („Love Song") bis V=0,62 („Sonic Empire"). Er ist damit vergleichsweise hoch und variiert zwischen den Musikstücken deutlich. Diese grundsätzliche starke Variabilität macht eine Schätzung des Zeitaufwands in Unkenntnis eines potentiellen Projekts prinzipiell schwierig und kann sich nur an Erfahrungswerten eigener Produktionen orientieren. Hierbei wird eine Rolle spielen, daß die Bereitschaft, sich zeitlich zu engagieren, für eigene Produktionen erfahrungsgemäß deutlich höher ist als für eine Fremdproduktion, wie sie die vorliegende Untersuchung darstellt, was umso verständlicher ist, als der Arbeitseinsatz nicht vergütet werden konnte. So zeigt sich eine derartige Tendenz auch in den erhobenen Daten: Unter den elf Testmischern wies der Autor (Testmischer 4) immerhin den zweithöchsten mittleren Zeitaufwand für Abmischung (vgl. Abbildung 29) und Nachbearbeitung auf.

---

[6] Ohne Nachbearbeitungen.
[7] Der Variationskoeffizient V ist die am Mittelwert relativierte Standardabweichung (vgl. Bortz 1993).

Ein weiterer Grund für die Diskrepanz zwischen geschätztem und tatsächlichem mittleren Zeitaufwand mag darin bestehen, daß die Arbeitszeit der 18 Abmischungen, die in den Studios der HdK Berlin angefertigt wurden, aus organisatorischen Gründen auf einen zusammenhängenden Tag begrenzt werden mußte. Aufgrund der fehlenden Möglichkeit, eine längere Pause einzulegen bzw. die Abmischung am nächsten Tag fortzusetzen, und der damit verbundenen Gefahr von Ermüdungs- und Gewöhnungseffekten beschränkten die meisten Testmischer die Arbeitszeit ihrerseits auf weit weniger als die potentiell zur Verfügung stehenden 24 Stunden.

Abbildung 30 und 31 veranschaulichen den mittleren Zeitaufwand für die Abmischung und die Nachbearbeitung im Vergleich der Musikstücke. Die Arbeitszeiten für die Abmischung wurden an der Spurenanzahl der entsprechenden Musikstücke relativiert.

Zeitaufwand für die Abmischung

- Vergleich der Musikstücke -

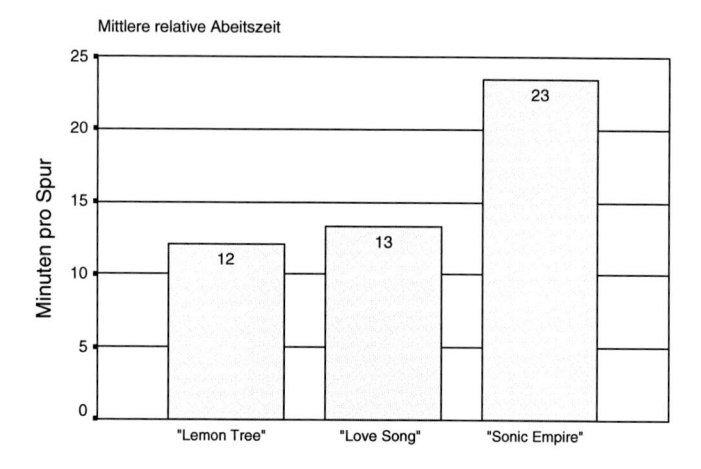

Abbildung 30

Die relative Arbeitszeit für die Abmischung hängt deutlich vom Musikstück ab, wobei die Rangfolge der Musikstücke eine Stilabhängigkeit impliziert: je ‚technischer' der Musikstil, desto größer gestaltete sich der relative Zeitaufwand. Die Arbeitszeiten für die Mischungen der drei Musikstücke unterscheiden sich hinsichtlich ihrer zentralen Tendenzen signifikant (p=0,022).[8]

---

[8] Die zu vergleichenden Stichproben erfüllen nicht die Voraussetzungen für t-Tests oder Varianzanalysen, da sie sowohl geringen als auch unterschiedlichen Umfang besitzen und die jeweiligen Normalverteilungsannahmen nicht haltbar sind (vgl. Bortz 1993). Auf die Durchführung von Signifikanztests sollte jedoch nicht verzichtet werden. Daher wurde mit einem verteilungsfreien (nonparametrischen) Verfahren getestet, auch wenn derartige Tests eine geringere Teststärke aufweisen. Da die Abmischungen der verschiedenen Musikstücke von denselben Personen vorgenommen wurden, wurde ein Verfahren für abhängige Stichproben gewählt (Friedman). Soweit nicht anders vermerkt, wurden alle in diesem Kapitel durchgeführten Prüfungen auf Signifikanz mit dem Friedman-Test durchgeführt.

Zeitaufwand für die Nachbearbeitung

- Vergleich der Musikstücke -

Mittlere absolute Arbeitszeit

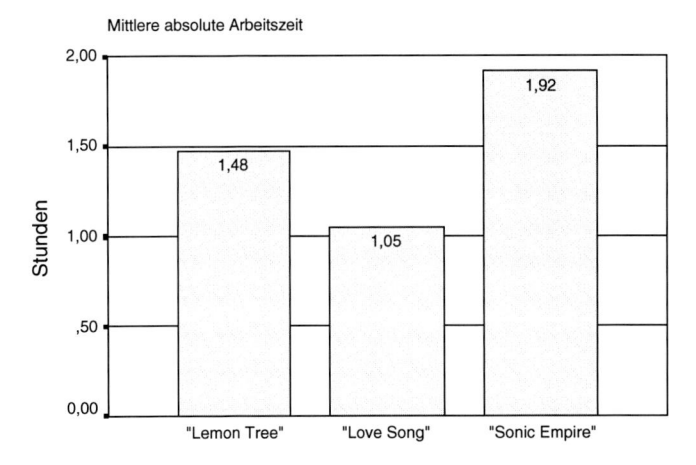

[Balkendiagramm: "Lemon Tree" 1,48 Stunden; "Love Song" 1,05 Stunden; "Sonic Empire" 1,92 Stunden]

Abbildung 31

Die Arbeitszeiten für die Nachbearbeitung hingegen lassen keinen sinnvollen Zusammenhang mit stilbestimmenden Eigenschaften erkennen. Der Signifikanztest fällt negativ aus.

10.3.2 Stummschaltungen

Die Erfassung stummgeschalteter Spuren bzw. Zeitabschnitte erfolgte zwar auditiv, ist auf diese Weise aber weitgehend eindeutig möglich. Der weitaus größte Teil der Abmischungen (71%) weist keine Stummschaltungen auf, die in das Arrangement bzw. die musikalische Struktur eingreifen. Es fällt auf, daß die Verwendung von Stummschaltungen stark von der Person des Testmischers abhängig ist: Von den vier Testmischern, die Stummschaltungen überhaupt im musikalisch relevanten Sinne anwendeten, setzten drei das gestalterische Mittel nicht ausnahmsweise, sondern mit einer gewissen Regelmäßigkeit ein, das heißt in mehreren Kanälen, Formteilen oder Musikstücken. Offensichtlich messen diese Personen dem Produktionsschritt der Abmischung in bezug auf seine instrumentatorische und strukturverändernde Funktion eine höhere Bedeutung bei als die anderen Testmischer.

Die Abmischungen wurden in bezug auf die stummgeschalteten Zeitausschnitte und die Zugehörigkeit der stummgeschalteten Spuren zu Instrumentalgruppen miteinander verglichen. Es waren drei Typen des Einsatzes von Stummschaltungen erkennbar, die im folgenden aufgeführt sind. Um die teilweise beträchtlichen Auswirkungen der Anwendung dieses Gestaltungsmittels zu verdeutlichen, wurden die Typen exemplarisch durch Angabe von Mischungs-Nummern und Programmzeiten anhand der Audio-CDs nachvollziehbar gemacht. Diese quasi-objektiven Angaben wurden um subjektive Beschreibungen ihrer Wirkung ergänzt.

1. Stummschaltungen singulärer Ereignisse; Verkürzung, Ausdünnung oder Entfernung von Überleitungen.
   - Durch das gezielte Stummschalten eines Bass-Drum-Schlages in einer Überleitung von „Love Song" wurde die Implikation der Gewichtung von Zählzeiten und damit der rhythmische Charakter des Übergangs deutlich verändert (Mischung 4, 1' 53").
   - In Mischung 4 von „Lemon Tree" wurde der Gestus einer Überleitung verändert, indem die dazugehörige Tuba-Figur stark verkürzt wurde (1' 53").
   - In Mischung 5 von „Lemon Tree" wurde die Überleitung zum zweiten Refrain durch die Stummschaltung der Gitarren in einer Weise instrumentatorisch ausgedünnt, daß nur noch ein perkussives Instrument (Tamburin) verbleibt und sowohl der melodische als auch der harmonische Verlauf kurzzeitig unterbrochen werden (2' 20"). Ein ähnliches Vorgehen findet sich – jedoch unter Belassung des Basses – bei 1' 19".
   - Vollständig entfernt wurden Überleitungen in Mischung 5 von „Lemon Tree" (Stummschaltung des Reverse Effect bei 0' 53") und in Mischung 1 von „Love Song" (Stummschaltung von klassischer Gitarre und Ad-libitum-Gesang bei 2' 07"). Durch die Entfernung von Überleitungen entsteht meist die Wirkung einer Unterbrechung des gleichförmigen musikalischen Flusses zugunsten einer Geste des Absetzens, des Luftholens oder der Spannung.

2. Eliminierung von Instrumental- oder Vokalsounds während ganzer Formteile oder durchgängig. Je nach Bedeutung des jeweiligen Sounds ergeben sich verschiedene Veränderungen auf den musikalisch-strukturellen Ebenen Rhythmik, Harmonik und Melodik oder Veränderungen globaler Beurteilungsmerkmale wie beispielsweise des Abwechslungsreichtums.
   - Die Stummschaltung des Schlagzeugs führt die zweite Strophe von „Lemon Tree" (Mischung 10, 1' 34" - 1' 54") in die Stimmung der ebenfalls ohne Schlagzeug instrumentierten ersten Strophe zurück und schafft durch den bewußt wahrnehmbaren erneuten Schlagzeug-Einsatz ein zusätzliches Moment der Abwechslung auf rhythmischer Ebene.
   - Durch die Stummschaltung des harmoniebildenden Juno-60-Flächensounds ist die Harmonisierung der ersten Strophe von „Love Song" (Mischung 4, 0' 36" - 1' 06") nicht mehr eindeutig definiert. Sie wird der Assoziation des Hörers überlassen.
   - Durch die Stummschaltung des Gesangs[9] im letzten Refrain von „Love Song" (Mischung 4, 2' 56" - 3' 26") wird die abermalige Repetition des Gesangsthemas vermieden. Die Aufmerksamkeit des Hörers wird von der bis zu diesem Zeitpunkt dominierenden Melodik der Gesangsstimme auf die Harmonik des verbleibenden Chorsatzes gelenkt, der sich auch in bezug auf Klangfarbe, Dynamik und Abbildungsbreite von dem Mischklang aus Stimme und Chor unterscheidet und insofern ein neues Hörereignis darstellt, das das Musikstück abwechslungsreicher gestaltet.

---

[9] Der Effektanteil des eingesetzten Delays verblieb in der Mischung.

- Die durchgängige Stummschaltung des Ad-lib.-Gesangs und der zweiten Stimme (Backing Vocals) in Mischung 4 von „Love Song" betrifft lediglich Anreicherungen und Ausschmückungen von strukturell geringer Bedeutung. Ihr Fehlen verleiht der Version einen im Vergleich zu den übrigen Mischungen reduktiven Charakter, der durch den Versuch der Beschränkung auf das musikalisch Wesentliche gekennzeichnet ist. Der Abwechslungsreichtum nimmt ab.
- In Mischung 9 von „Sonic Empire" wurde der Shaker in einem Abschnitt stummgeschaltet, in dem sonst nur der Analog-Synthesizer präsent ist (1' 08" - 1' 36"). Dadurch wird die stetig das Stück durchziehende kleinteilige Repräsentation des Metrums für fast eine halbe Minute unterbrochen.

3. Veränderung des Rhythmus
   - In Mischung 5 von „Sonic Empire" wurden die Claps zeitweise periodisch stummgeschaltet (2' 03" - 2' 17"), nur der erste von jeweils vier Schlägen wurde belassen. Durch den Einsatz eines Mehrfach-Delays wurden die entstandenen Pausen aufgefüllt und so ein völlig neuer Rhythmus generiert.

Offenbar zielten die in den vorliegenden Abmischungen angewandten Stummschaltungen sowohl auf Veränderungen punktueller Ereignisse als auch auf Veränderungen der vertikalen und horizontalen Struktur ab. Die Häufigkeit des Einsatzes von Stummschaltungen weist deutliche interindividuelle Unterschiede auf. Dem Augenschein nach hängt sie weder direkt vom Musikstück noch von der Instrumentalgruppe ab, jedoch sind Stummschaltungen von Gesangsspuren ausschließlich bei „Love Song" festzustellen und die in Mischungen von „Sonic Empire" stummgeschalteten Spuren gehören ausschließlich der Instrumentalgruppe *Rhythmus* an.

10.3.3 Lautstärkeverhältnisse

Die Lautstärkeverhältnisse wurden nicht durch Messungen (vgl. 10.1 und 10.2), sondern subjektiv durch den Autor bestimmt. Ihre Beschreibung wurde aus Gründen der systematischen Vollständigkeit dennoch in das vorliegende Kapitel integriert. Aufgrund der Subjektivität der Einschätzung von Lautstärkeverhältnissen erschien die Verwendung mehrfach differenzierter Urteilsstufen nicht sinnvoll. So wurde lediglich bestimmt, ob eine Instrumental- oder Gesangsstimme hinsichtlich ihrer relativen Lautstärke in das übrige Klangbild eingebettet wurde oder ob sie deutlich lauter bzw. leiser erscheint. Im folgenden wurden nur im Sinne letzterer Bedingung auffällige Lautstärkeverhältnisse beschrieben. Um die aufgeführten Eingriffe auditiv nachvollziehbar zu machen, wurden zu den Fallbeschreibungen wieder die entsprechenden Programmzeiten der Audio-CDs angegeben.

Noch deutlicher als die Anwendung von Stummschaltungen zielt die Gestaltung der Lautstärkeverhältnisse auf Veränderungen sowohl der vertikalen als auch der horizontalen musikalischen Struktur ab. Anhand des vorliegenden Materials können zwei Typen des Einsatzes auffälliger Lautstärkeunterschiede bestimmt werden: Den häufigsten Fall stellt die durchgängig relativ laute oder durchgängig relativ leise Zumischung bestimmter Instrumental- oder Gesangsstimmen und ihre damit verbundene besondere Gewichtung im

Klangbild dar. Des weiteren wurde die Regelung der relativen Lautstärke für die Veränderung des zeitlichen Verlaufs der Stimmen, also für die Dynamikvergrößerung, die Simulation spieltechnischer Crescendi oder die Verstärkung der Wirkung von Effekten verwendet.

1. Einsatz der Regelung der relativen Lautstärke zur Gewichtung einzelner Instrumente im Zusammenklang.
   - Eindeutig als laut eingestuft werden können das Schlagzeug und der Baß in Mischung 4 von „Love Song". Dieser Eindruck wird von dem starken Dynamiksprung begünstigt, der durch den Schlagzeugeinsatz entsteht (0' 36").
   - Der verhältnismäßig laute Kontrabaß in Mischung 1 von „Lemon Tree" ist vermutlich weniger auf die Einstellung der Pegel während der Abmischung, sondern vielmehr auf die Equalisierung während der Nachbearbeitung zurückzuführen. Dafür spricht die Betonung des untersten Frequenzbereichs, welche sich auch auf die Tuba und die Bass Drum auswirkt, die hierzu komplementäre Anhebung des obersten Frequenzbereichs sowie eine prinzipiell ähnliche Gestaltung des Frequenzspektrums von „Sonic Empire" durch denselben Testmischer (Mischung 1).
   - In Mischung 2 von „Lemon Tree" lenkt das im Vergleich zur ersten Strophe deutliche Zurücknehmen der Pizzikati, welche eine instrumentatorische Konstante des Stücks darstellen, die Aufmerksamkeit des Hörers nach dem ersten Refrain auf die anderen, im Arrangement temporär und wechselnd eingesetzten Stimmen der Begleitung (1' 20" - 1' 33").
   - In Mischung 4 von „Lemon Tree" wurden die sich in der dritten Strophe entwickelnden Streicher tendenziell hervorgehoben (2' 07" - 2' 20"). In Zusammenwirkung mit ihrer vergleichsweise starken Verhallung, mit der auch die Pizzikati versehen wurden, ergibt sich ein eher orchestraler Klang.
   - In Mischung 4 von „Lemon Tree" wurde der Chorgesang tendenziell laut, in Mischung 5 hingegen deutlich leise zugemischt.
   - Die Tuba in Mischung 8 von „Lemon Tree" ist vergleichsweise laut. Ihre Hervorhebung wird durch eine präsente Equalisierung unterstützt.
   - Tendenziell durch Lautstärke hervorgehoben ist auch das Schlagzeug in Mischung 9 von „Lemon Tree".
   - Ein gesangsorientiertes Klangbild ergibt sich in Mischung 10 von „Lemon Tree" durch die mittels einer erhöhten relativen Lautstärke hervorgehobene Gesangsstimme, insbesondere vor dem ersten Refrain (0' 13" - 0' 51"). Zu der Hervorhebung des Gesangs trägt indirekt die Stummschaltung des Schlagzeugs in der zweiten Strophe bei (vgl. 10.3.2).
   - In Mischung 9 von „Sonic Empire" wurden die Bass Drums verhältnismäßig leise, die Claps hingegen tendenziell laut zugemischt. Durch die so entstehende im Vergleich zu anderen Mischungen starke Gewichtung des mittleren und oberen Bereichs des Frequenzspektrums sowie die vergleichsweise geringe Gewichtung schwerer Zählzeiten im Metrum wirkt die Rhythmusgruppe weniger bodenständig und leichter.

2. Einsatz der Regelung der Lautstärkeverhältnisse zur Vergrößerung der technischen Dynamik oder Simulation von Spieldynamik.[10]
   - In Mischung 3 von „Lemon Tree" erklingt die Gesangsstimme im ersten Refrain (ab 0' 53") deutlich lauter als in der vorangehenden Strophe (bis 0' 51"). Der Dynamiksprung wird durch den präsenteren Klang der Stimme unterstützt.
   - In Mischung 5 von „Lemon Tree" wurde versucht, am Ende des Stücks ein kurzes spieldynamisches Schlußcrescendo der Streicher zu simulieren (3' 09").
   - Durch eine temporäre, schnelle Lautstärkeerhöhung wird die Wirkung des einmalig auftretenden Instrumentalsounds *Sweep Effect* in Mischung 8 von „Sonic Empire" derartig verstärkt, daß er die Aufmerksamkeit des Hörers für einen kurzen Moment nahezu vollständig in Anspruch nimmt und von den übrigen Stimmen ablenkt (2' 23" - 2' 30").[11]

Es ist festzustellen, daß sowohl der qualitative als auch der quantitative Einsatz besonderer Lautstärkeverhältnisse interindividuell deutlich differiert, alle Instrumentalgruppen betrifft und sich auf das Musikstück „Lemon Tree" konzentriert.

10.3.4 Einsatz klanggestalterischer Mittel in der Abmischung

Zu den wichtigsten klanggestalterischen Maßnahmen der nicht-additiven und der additiven Klangbearbeitung im Produktionsschritt der Abmischung gehören die dynamische Kontrolle durch Regelverstärker, die Kontrolle des Frequenzspektrums durch Equalizer und Filter, sowie die Anreicherung oder Veränderung des Signals durch Effekte (vgl. 2.3 und 2.4). Abbildung 32 zeigt die in Rangfolge gebrachte relative Häufigkeit der Spuren, die mit den entsprechenden Mitteln klanglich bearbeitet wurden. Die Häufigkeiten sind ein Maß für die klanggestalterische Bedeutung der Mittel auf Produktionsebene. Für die Hörbarkeit der Bearbeitungsmittel im Klangbild stellen sie hingegen in bezug auf Regelverstärker und Equalizer/Filter kein, in bezug auf die in drei Kategorien eingeteilten Effekte nur ein schwaches Indiz dar.[12]

Gemäß Abbildung 32 stellen der Zusatz von Hall und das Equalisieren bzw. Filtern die mit Abstand häufigsten Klanggestaltungsmittel der Abmischung dar. Im Untersuchungsabschnitt **Exploration** zeigte sich, daß der Gestaltung des Frequenzspektrums sowie der Aufteilung von Instrumentalgruppen auf Frequenzbänder seitens der befragten Produzen-

---

[10] Eine zufriedenstellende Simulation von Spieldynamik durch Pegeländerung ist in der Regel nicht möglich, da sich gespielte Dynamikstufen nicht nur durch ihren Pegel, sondern auch wesentlich durch ihren Geräusch- und Obertonanteil voneinander unterscheiden. Vgl. hierzu Dickreiter (1997a), Abgarjan und Linsmeier (1997) sowie 2.3.1 und 10.3.7.
[11] Zum Versuch der Aufmerksamkeitsbeeinflussung vgl. 2.4.
[12] Ob sich die produktionsseitig ermittelten Häufigkeiten von mit Effekten bearbeiteten Spuren auch rezeptionsseitig als hörbare Effektanteile niederschlagen, hängt von den Pegelverhältnissen zwischen Original- und Effektsignalen ab, welche jedoch nicht erhoben wurden (vgl. 10.1). Daher können Kompensationseffekte nicht ausgeschlossen werden: Möglicherweise sind bei einer größeren Anzahl bearbeiteter Spuren die Pegel der Effektbeimischungen je Spur geringer, die gleiche Effektquantität wäre also lediglich auf eine größere Anzahl Spuren verteilt. Wird den Häufigkeiten eine rezeptionsseitige Bedeutung im obigen Sinne beigemessen, so kann diese nur auf der Annahme gleicher mittlerer Pegelverhältnisse von Original- und Effektsignal in den untersuchten Gruppen beruhen.

ten eine besondere Bedeutung beigemessen wird (vgl. 4.2). Die zu diesem Zwecke eingesetzten Bearbeitungsmittel sind der Equalizer und das Filter. Der hier gefundene häufige Einsatz von Hall hingegen wurde im Untersuchungsabschnitt **Exploration** von den Produzenten kaum thematisiert. Er erklärt sich aus dem Umstand, daß in der Regel trockene Klänge aufgenommen werden (vgl. 2.2), welche der alltäglichen Hörerfahrung zuwiderlaufen; sie werden als unnatürlich empfunden. Die Kompensation des Mangels an Räumlichkeit stellt offenbar selbst bei weitgehend künstlich erzeugter Musik ein unumgängliches Zugeständnis an eine gewisse erwartete akustische Natürlichkeit des musikalischen Hörereignisses dar (die häufige Simulation von *künstlichen* Räumen,[13] also solchen, die in der Natur nicht vorkommen bzw. nicht vorkommen können, ändert daran nichts). Ist Räumlichkeit nicht vorhanden, wird sie – in welcher Gestalt auch immer – in dem Maße erzeugt, daß sie wenigstens subliminal wahrnehmbar ist: Auch im Falle weitgehend künstlich erzeugter und aufgezeichneter Musik wird also die untrennbare Einheit von Musik und Raum offenbar,[14] die, wenngleich nicht unbedingt auf temporären Aufzeichnungsmedien des Produktionsprozesses, so doch im Endprodukt manifest ist.

Die vergleichsweise geringen Werte der übrigen Kategorien *Regelverstärker*, *Delayeffekte* und *Sonstige Effekte* stimmen mit den im Untersuchungsabschnitt **Exploration** gewonnenen Ergebnissen insofern überein, als diejenigen klanglichen Zielsetzungen, deren Umsetzung die genannten Gestaltungsmittel ermöglichen würden, also die Dynamik- und die Effektgestaltung, seitens der Befragten kaum oder überhaupt nicht thematisiert wurden (vgl. 4.2).

Klanggestalterische Mittel in der Abmischung
- Rangfolge -

Mittlere relative Häufigkeit der bearbeiteten Spuren

Halleffekte	Equalizer/Filter	Delayeffekte	Regelverstärker	Sonstige Effekte
79	76	36	26	14

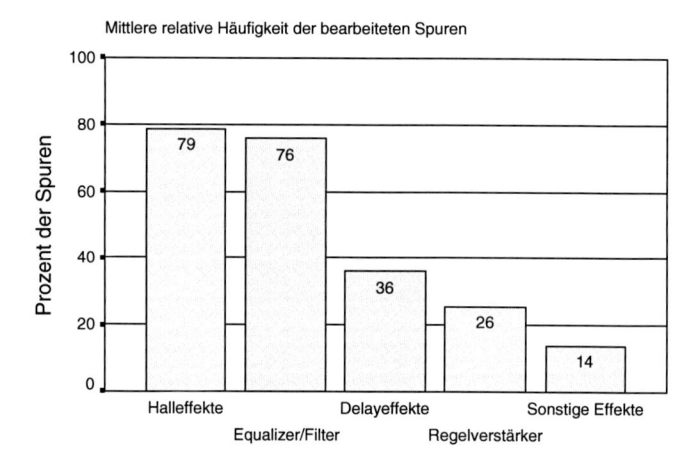

Prozent der Spuren

Abbildung 32

---

[13] Vgl. Moulton (1990).
[14] Vgl. z.B. Motte-Haber (1991).

Um zu ermitteln, ob der Einsatz der verschiedenen klanggestalterischen Mittel von dem Musikstil oder der Art der zugrundeliegenden Instrumentalsounds beeinflußt wird oder ob er eher eine Konstante darstellt, wurde er nach Musikstücken und Instrumentalgruppen aufgeschlüsselt. Die Abbildungen 33 und 34 veranschaulichen die jeweiligen relativen Häufigkeiten des Einsatzes klanggestalterischer Mittel. Die Summen der Häufigkeiten betragen aufgrund der Mehrfachbearbeitungen von Spuren nicht 100%.

Der Vergleich der Musikstücke zeigt eine deutliche Abnahme des Einsatzes von Halleffekten bei einer etwa gleich starken relativen Zunahme von Delayeffekten hin zum technischen Musikstil, also eine tendenzielle Ablösung von diffuse Hallanteile enthaltenden Effektsignalen, von denen die meisten auch in der Natur vorkommen können, durch diskrete Reflexionen nachbildende Signale, welche in der Natur in reiner Form nicht anzutreffen sind. Die klangästhetischen Eingriffe unterstützten hier also offensichtlich die jeweilige instrumentatorische Anlage von Natürlichkeit bzw. Künstlichkeit. Weiterhin ist eine leichte, wenngleich nicht immer monotone Zunahme des Einsatzes von Regelverstärkern sowie Equalizern und Filtern hin zum technischen Musikstil zu beobachten.

Die Stichproben der Kategorie *Halleffekte* unterscheiden sich in ihrer zentralen Tendenz signifikant (p=0,044). Außerdem weist die Irrtumswahrscheinlichkeit für die Kategorie *Sonstige Effekte* auf tendenzielle Stichprobenunterschiede hin (p=0,114). Für die übrigen Kategorien fällt der Signifikanztest negativ aus. Werden die drei Effektkategorien jedoch vereint (die resultierende Kategorie *Alle Effekte* wurde graphisch nicht dargestellt), so ergibt sich hinsichtlich der zentralen Tendenz der Stichproben ein signifikanter Unterschied zwischen den Musikstücken (p=0,017).

Eine Regelmäßigkeit läßt sich auch im Einsatz der klanggestalterischen Mittel in Abhängigkeit der Instrumentalgruppe erkennen (vgl. Abbildung 34): Die relative Anzahl der bearbeiteten Spuren steigt von der Instrumentalgruppe *Rhythmus* über *Begleitung* bis hin zu *Gesang* in allen Kategorien mit Ausnahme der Kategorie *Regelverstärker* monoton an, obgleich auch Regelverstärker für die Bearbeitung von Gesangsspuren mehr als doppelt so häufig eingesetzt werden wie für die Bearbeitung anderer Spuren. Die Ergebnisse bestätigen die produktionspraktische Erfahrung, daß dem Gesang ein besonderer klanggestalterischer Aufwand gewidmet wird: Einerseits ist der Gesang aufgrund seiner unvermeidbar natürlichen Klangerzeugung und seiner Funktion als wichtigster Inhalts- und Emotionsträger sehr anfällig gegenüber Ungenauigkeiten in der Ausführung oder Aufnahme. Andererseits ist (oder wird) die Aufmerksamkeit des Zuhörers in der Regel auf ebendiesen gerichtet. So sind beim Gesang retuschierende Eingriffe häufiger als bei Instrumentalklängen nötig, sowie klanggestalterische Maßnahmen, die ihm ermöglichen, sich gegenüber einem zumeist großen und aufwendig produzierten Instrumentarium durchzusetzen, etwa im Hinblick auf angenehmen Klang und Sprachverständlichkeit.

Der Friedman-Test ergab für den Einsatz von Regelverstärkern und Equalizern/Filtern deutlich tendenzielle (jeweils p=0,096), für den Einsatz von Halleffekten signifikante (p=0,011) und für den Einsatz von Delayeffekten hochsignifikante (p=0,000) Unterschiede in der zentralen Tendenz der Stichproben. Werden die drei Effektkategorien vereint, ergibt sich insgesamt eine zur Instrumentalgruppe Gesang hin hochsignifikant zunehmende relative Häufigkeit von mit Effekten bearbeiteten Spuren (p=0,000).

Klanggestalterische Mittel in der Abmischung

- Vergleich der Musikstücke -

Mittlere relative Häufigkeit bearbeiteter Spuren

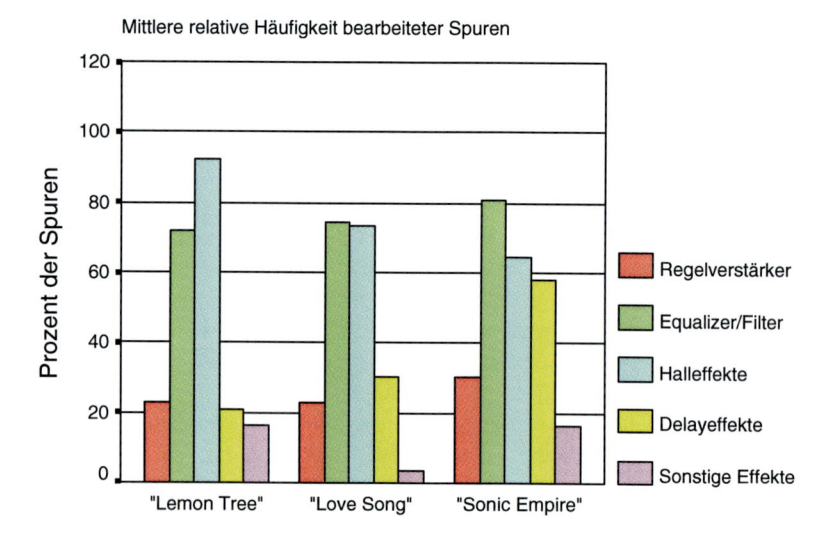

Abbildung 33

Klanggestalterische Mittel in der Abmischung

- Vergleich der Instrumentalgruppen -

Mittlere relative Häufigkeit bearbeiteter Spuren

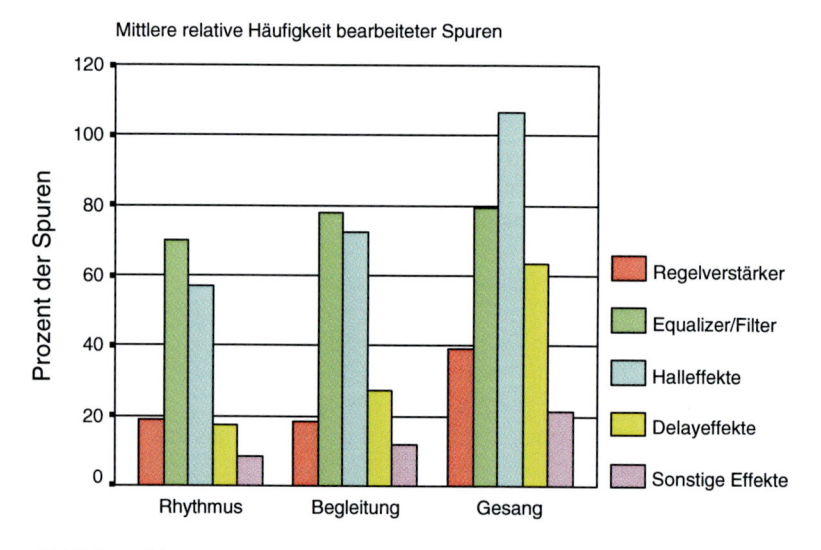

Abbildung 34

Wie stark sich die angefertigten Abmischungen bezüglich des Einsatzes klanggestalterischer Mittel im Einzelfall unterscheiden können, läßt sich anhand der Gegenüberstellung der beiden Testbeispiele von „Love Song" veranschaulichen. Die Abbildungen 35 und 36 zeigen, aufgeschlüsselt nach Instrumentalgruppen, die Häufigkeiten der eingesetzten Mittel im maßstabsgetreuen Vergleich.

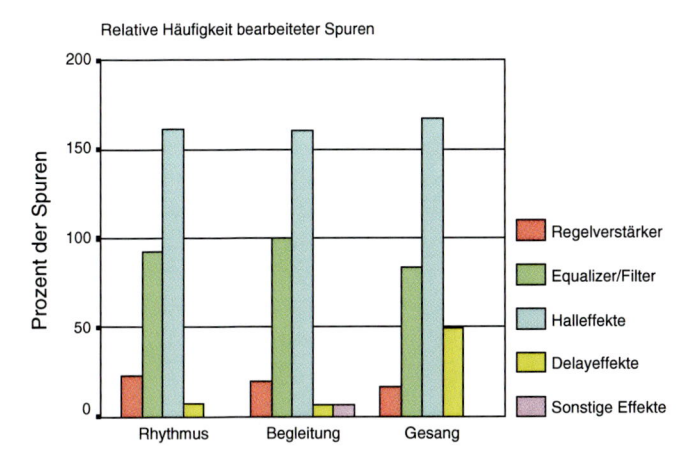

Abbildung 35

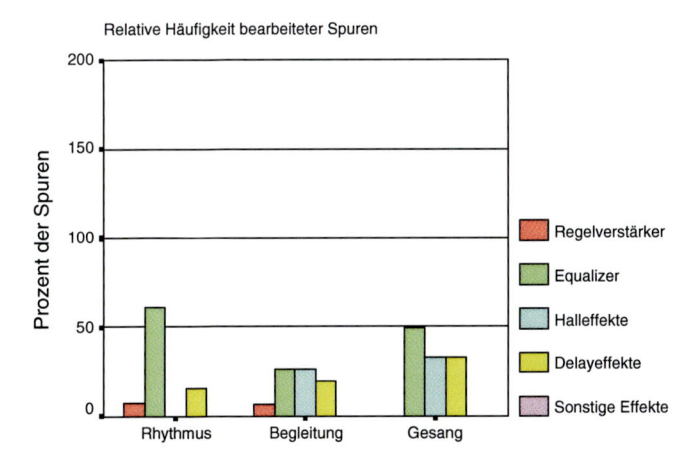

Abbildung 36

Die Testbeispiele unterscheiden sich in den meisten Gruppen und Kategorien beträchtlich. Dementsprechend wurden sie im Expertenrating klanglich als maximal divergierend beschrieben.[15] Dennoch wurden beide Abmischungen als professionell eingestuft. Bezüglich des Einsatzes klanggestalterischer Mittel vermitteln die beiden Testbeispiele also einen Eindruck von der Bandbreite des im Rahmen professioneller Kriterien Möglichen. Sie führten zu den hochsignifikant unterschiedlichen Beurteilungen durch die jugendlichen Versuchspersonen.

10.3.5 Diversifikation der Effekte

Neben der Häufigkeit ihres Einsatzes stellt auch die Vielfalt der Effekte einen grundlegenden Parameter der Abmischung dar. Der Schluß von der Vielfalt auf den Höreindruck ist jedoch weniger problematisch als von den Häufigkeiten des Effekteinsatzes: Eine höhere Effektdiversifikation bedeutet für den Rezipienten in der Regel ein abwechslungsreicheres Klangbild. Als Maß für die Diversifikation der von den Testmischern gewählten Effektprogramme kann ihre protokollierte Anzahl gelten, da eine parallele Verwendung von Effektprogrammen mit identischen Eigenschaften nur dann sinnvoll ist, wenn sich die Weiterverarbeitung ihrer Signale unterscheidet, zum Beispiel im Hinblick auf Equalisation oder Panoramazuordnung. Auch in einem solchen Fall, der allerdings die Ausnahme darstellt, ergeben sich also Signale, die als unterschiedliche Effekte bezeichnet werden könnten.

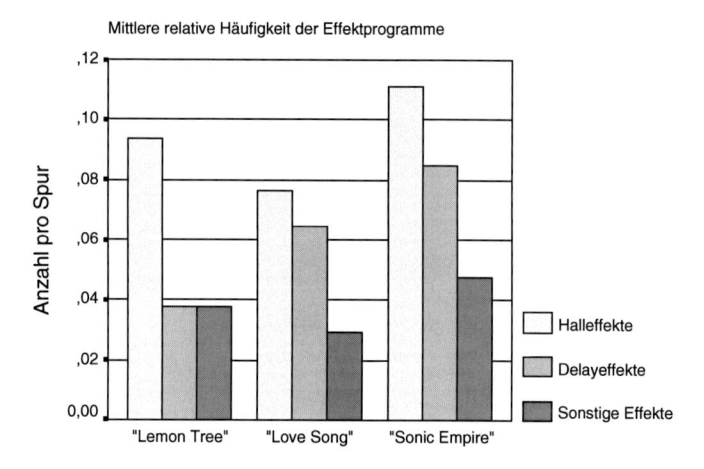

Abbildung 37

---

[15] Vgl. 8.2.4.

Abbildung 37 zeigt die relative Häufigkeit der Effektprogramme in jeder Effektkategorie, aufgeschlüsselt nach Musikstücken. Die Stichproben unterscheiden sich in ihrer zentralen Tendenz nicht signifikant. Allerdings ergeben sich deutlich tendenzielle Unterschiede der relativen Anzahl von Hallprogrammen (p=0,091) sowie leicht tendenzielle Unterschiede der relativen Anzahl aller Effektprogramme (p=0,165), jeweils mit dem höchsten Rang für „Sonic Empire". Offenbar trägt hier die Klanggestaltung in stärkerem Maße als bei den anderen Musikstücken zum Abwechslungsreichtum des Produkts bei, möglicherweise als Kompensation des repetitiven Charakters des Stücks. „Sonic Empire" weist auch die größten interindividuellen Unterschiede hinsichtlich der Anzahl von Effektprogrammen auf: Das Minimum beträgt 3, das Maximum 9 Effektprogramme.

Auf den Protokollen zur Abmischung sollte neben der Aufzählung der gewählten Effekte auch vermerkt werden, ob die Effektprogramme als Werks-Preset oder in modifizierter Form verwendet wurden. Die Auszählung ergab, daß 87% aller verwendeten Effektprogramme von den Testmischern modifiziert[16] wurden. Der gefundene Wert spricht gegen ein standardisiertes Vorgehen in bezug auf die Effektgestaltung. Vielmehr zeigt sich, daß von den adaptiven und kreativen Möglichkeiten der Effektmodifikation reger Gebrauch gemacht wurde.

10.3.6 Panoramaverteilung

Zur Ermittlung der Panoramaverteilung wurden je nach Mischpulttyp anhand der optischen Markierungen auf der Bedienoberfläche 19 oder 21 protokollierbare Stellungen der Panoramaregler festgelegt.[17] Die Testmischer protokollierten zu jeder verwendeten Spur die Stellung des Panoramareglers, so daß sich pro Abmischung oder Teilmischung für jede Stellung eine Häufigkeit der ihr zugeordneten Spuren ergibt. Zwischen den definierten Stellungen liegende Spuren wurden der nächstliegenden Stellung zugerechnet, so daß das vollständige Panorama-Kontinuum in Segmenten erfaßt wurde. Nach Abschluß der Mischungen wurden unter Zuhilfenahme eines Pegeltongenerators an jedem Mischpult die von den verschiedenen Stellungen verursachten Pegeldifferenzen zwischen dem linken und rechten Kanal der Sammelschiene ermittelt.[18] Diesen Pegeldifferenzen entsprechen empirisch ermittelte Lokalisationsrichtungen für Lautsprecherstereophonie.[19] Auf der

---

[16] Unter Modifikation wird die Änderung von Parameterwerten am Effektgerät verstanden, nicht die Weiterverarbeitung des Effektsignals durch Equalisierung und ähnliche Maßnahmen.
[17] Die verwendeten Mischpulte weisen fast ausnahmslos eine elfstufige Markierung auf. Durch die Berücksichtigung halber Schritte zwischen den Markierungen ergeben sich 21 Stellungen, mit Ausnahme des Mischpults im Studio *Soundplanet* (19 Stellungen).
[18] Die Ermittlung typabhängiger, stellungsspezifischer Pegeldifferenzen ist nötig, da sich die Fabrikate verschiedener Mischpulthersteller hinsichtlich der Charakteristik der Panoramaregler teilweise erheblich unterscheiden (vgl. 13.3.2).
[19] Der Literatur sind einige Kurven zu entnehmen, die den Zusammenhang von Pegeldifferenzen und Lokalisationsrichtungen (letztere werden entweder als Lokalisationswinkel auf einem Kreisbogen oder als Hörereignisauslenkung auf einer Geraden zwischen den Lautsprechern dargestellt) bei Lautsprecherstereophonie beschreiben, so z.B. Boer (1940), Wendt (1964), Blauert (1974), Hoeg und Steinke (1972) oder Gernemann (1995). Sie entstammen jedoch der psychoakustischen Grundlagenforschung und wurden meist unter praxisfernen Bedingungen wie beispielsweise der Verwendung künstlicher, nur elektronisch zu erzeugender Testsignale (Knacken, Rechtecksignale und Sinustöne), der Versuchsdurchführung in reflexionsarmen Räumen oder der Kopffixierung von Testpersonen gemessen. Aus diesem Grunde wurde auf die Kurve

Grundlage des so herstellbaren Zusammenhangs von Lokalisationsrichtung und Stellung des Panoramareglers konnten, unabhängig vom Mischpulttyp bzw. der Charakteristik der jeweiligen Panoramaregler, die ursprünglich den Stellungen der Panoramaregler zugeordneten Häufigkeiten von Spuren 21 normierten Lokalisationsrichtungen zugewiesen werden. Die Häufigkeiten wurden getrennt für die Kategorien *Musikstück*, *Instrumentalgruppe* und *Mono-* bzw. *Stereo-Spuren* erhoben. Stereospuren enthalten miteinander in gewissen Grenzen korrelierte oder auch musikalisch zusammengehörige Signale.[20] Abbildung 38 zeigt die relativen Häufigkeiten der den einzelnen Lokalisationsrichtungen zugeordneten Mono- und Stereospuren. Die Lokalisationsrichtungen wurden nicht als Lokalisationswinkel, sondern als relative Hörereignisauslenkungen von der Basismitte aus dargestellt.[21]

Wie leicht zu erkennen ist, werden Stereospuren im Panorama vorwiegend außen positioniert. Dies ist tonmeisterlich häufig geboten, sollen Kammfiltereffekte[22] vermieden werden. Die hohe Konzentration von Monospuren in der Panorama-Mitte hingegen ist nicht ohne weiteres erklärlich. Offenbar wird die Panoramaverteilung eher als Mitte-Außen-Dichotomie gedacht denn als homogenes Kontinuum. Dabei repräsentieren die Ausrichtungen verschiedene Bedeutsamkeiten: Mittig werden Signale positioniert, denen seitens des Rezipienten eine hohe Aufmerksamkeit entgegengebracht werden soll und wird, außen (und damit im Falle von Stereospuren häufig diffus) positioniert werden hingegen Signale, die anreichernde oder einhüllende Funktion haben, wie zum Beispiel Begleitinstrumente und Effekte. Die Positionierung der Spuren im Panorama folgt also klar dem Kontrastprinzip, welches allerdings häufig schon aufnahmeseitig durch die Entscheidung zur Mono- oder Stereoaufzeichnung bestimmter Schallquellen angelegt ist.[23]

---

von Sengpiel (1993) zurückgegriffen, die für breitbandige Musik- und Sprachsignale, normalen Regieraum und beweglichen Kopf ermittelt wurde.
[20] Eindeutige Kriterien zur Unterscheidung von Stereo- und Monospuren können nicht formuliert werden, da im Einzelfall auch die musikalische Intention berücksichtigt werden muß. Die Kriterien sind nicht allein an den gängigen Beurteilungsparametern wie Korrelation oder Kohärenz festzumachen. In der Regel können zwei Signale einer Quelle oder mehrerer musikalisch zusammengehöriger Quellen, die Richtungs- oder Rauminformationen enthalten, als Stereosignal bezeichnet werden, wenn ihre mittlere Korrelation kleiner als 1 ist. Üblicherweise ist die mittlere Korrelation auch nicht negativ, da das Stereosignal sonst an Monokompatibilität einbüßt (vgl. z.B. Dickreiter 1997a). Im einzelnen entstehen Stereosignale durch die Aufnahme einer oder mehrerer Schallquellen mit Hilfe von Stereomikrofonkombinationen, insbesondere derjenigen, die Laufzeitdifferenzen erfassen, wie Laufzeitstereophonie, Äquivalenzstereophonie oder Trennkörperstereophonie, weiterhin durch das Vormischen von Stereosignalen und/oder im Panoramakontinuum unterschiedlich (nicht nur außen) positionierten nicht identischen Monosignalen (wie im Falle von Polymikrofonie oder Effektzumischungen), sowie durch Signale elektronischer Klangerzeuger, die feste oder zeitveränderliche Phasen- oder Laufzeitdifferenzen aufweisen. Darüber hinaus werden in der Popmusikproduktion auch Spurenpaare, die sich aus einer Monospur und ihrer natürlichen Verdopplung, also ihrer wiederholten menschlichen Einspielung auf einer zweiten Monospur ergeben, als Stereospuren betrachtet („live doubling', vgl. Moulton 1990). Stereospuren sind auf den Spurenplänen (vgl. 13.5.) in der Spalte *St.* mit Pfeilen gekennzeichnet.
[21] Zum Zwecke der Veranschaulichung wurden in den graphischen Darstellungen die diskreten Häufigkeitswerte der Hörereignisauslenkungen linear verbunden.
[22] Ob es bei der Panorama-Einengung von Stereospuren zu hörbaren Kammfiltereffekten kommt, hängt von zwischen den Spuren auftretenden Zeitdifferenzen korrelierter Signale ab. Grundsätzlich sind alle Stereosignale, die mit Laufzeitdifferenzen erfassenden Stereomikrofonkombinationen aufgenommen wurden, außen zu positionieren, um Kammfiltereffekte zu vermeiden.
[23] Moulton (1990) sieht eine „desirability of a strong stereophonic illusion" in bezug auf die Mehrspurproduktion von Popmusik und spricht von einer Stereophonie-Ästhetik, die aus einer A+B- und einer komplementären A-B-Komponente (sowie einer A,B-Komponente) bestehe und der Verdeutlichung verschiedener musikalischer Intentionen diene, wie „direct musical statement and exposition" vs. „supporting and often antiphonal rhythmic, harmonic and textural parts". Die A-B- und A,B-Abbildung diene dem „ ,framing' or

Panoramaverteilung

- Vergleich von Mono- und Stereospuren -

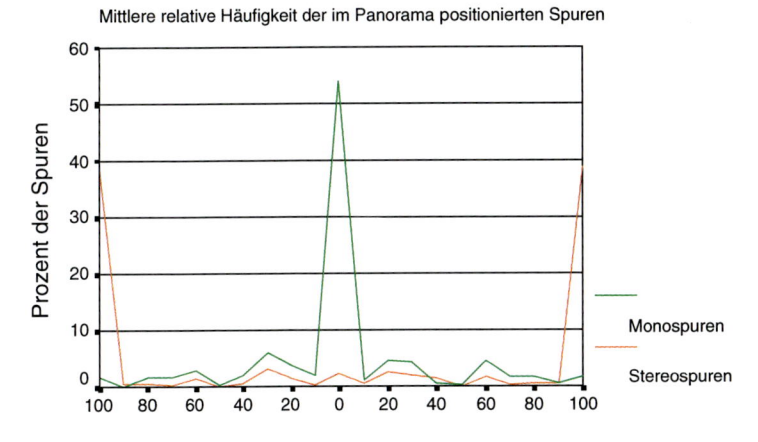

Mittlere relative Häufigkeit der im Panorama positionierten Spuren

Prozent der Spuren vs. Hörereignisauslenkung in Prozent

Monospuren
Stereospuren

Abbildung 38

Panoramaverteilung

- Vergleich der Musikstücke -

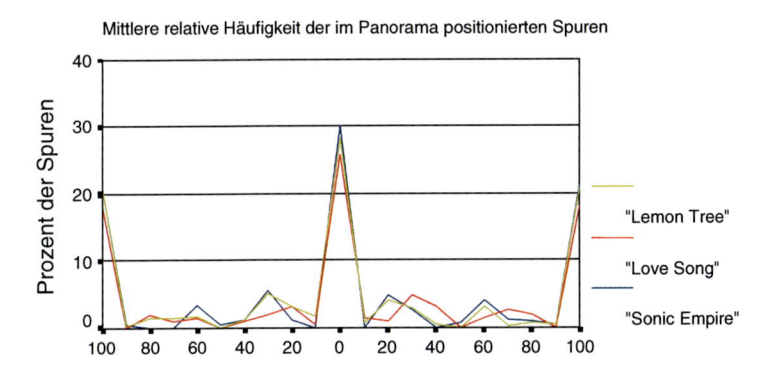

Mittlere relative Häufigkeit der im Panorama positionierten Spuren

Prozent der Spuren vs. Hörereignisauslenkung in Prozent

"Lemon Tree"
"Love Song"
"Sonic Empire"

Die Häufigkeiten der Mono- und Stereospuren wurden
getrennt an ihren jeweiligen Gesamthäufigkeiten relativiert

Abbildung 39

‚answering' ". Diese „clear and musically effective spatial polyphony" reagiere relativ robust auf Änderungen der Beschaffenheit der Abhöranlage, und sei bei der Bildung einer Monosumme von Vorteil (S.165).

Die stark divergierende Panoramaverteilung von Mono- und Stereospuren sowie der Umstand, daß Musikstücke und Instrumentalgruppen unterschiedliche Verhältnisse von Mono- und Stereospuren aufweisen, erfordern eine getrennte Erfassung der Positionierungshäufigkeiten für Mono- und Stereospuren und eine Relativierung an ihren jeweiligen Gesamthäufigkeiten, sollen die Panoramaverteilungen von Musikstücken und Instrumentalgruppen verglichen werden. Die Abbildungen 39 und 40 zeigen die resultierenden Panoramaverteilungen.

Panoramaverteilung

- Vergleich der Instrumentalgruppen -

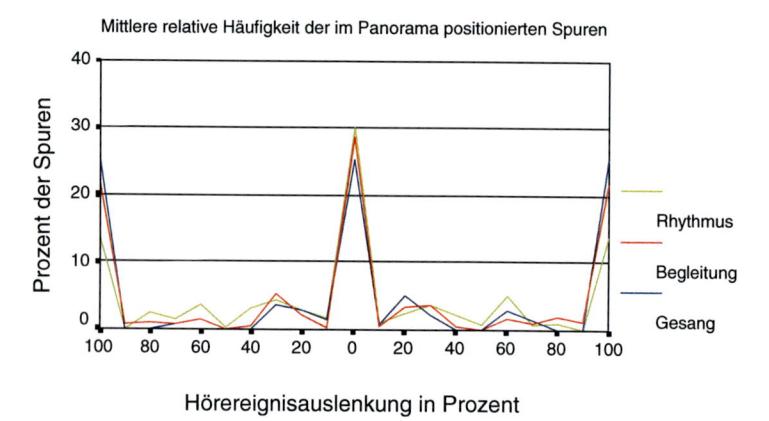

Mittlere relative Häufigkeit der im Panorama positionierten Spuren

Prozent der Spuren

Hörereignisauslenkung in Prozent

Die Häufigkeiten der Mono- und Stereospuren wurden
getrennt an ihren jeweiligen Gesamthäufigkeiten relativiert

Abbildung 40

Der Vergleich der Musikstücke zeigt dem Augenschein nach vernachlässigbar kleine, der Vergleich der Insrumentalgruppen größere, aber noch geringe Unähnlichkeiten ihrer Panoramaverteilungen.

Um die Panoramaverteilungen in ihrer Tendenz erfassen, vergleichen und auf Signifikanz prüfen zu können, wurde ein Verteilungsindex konstruiert, der die mittlere Panoramaverteilung einer Gruppe von Spuren hinsichtlich ihrer Orientierung zur Mitte oder nach außen durch eine Variable beschreibt: Die Häufigkeiten wurden gemäß folgender Beziehung an der Hörereignisauslenkung, der sie zugeordnet sind, gewichtet, aufsummiert und relativiert:

$$P = \frac{\sum_{a=0}^{10} (10 - 2a)(H_a + H_{-a})}{10 \cdot \sum_{a=0}^{10} (H_a + H_{-a})}$$

P Index der Panoramaverteilung ($-1 \leq P \leq +1$)
a Hörereignisauslenkung in 10%-Schritten ($0 \leq a \leq 10$)
$H_{\pm a}$ Absolute Häufigkeit der Spurenzuordnung zu den rechten (+) und linken (-) Hörereignisauslenkungen

Der Verteilungsindex P kann Werte zwischen -1 und $+1$ annehmen. Ein positives P deutet auf eine Tendenz zur Mitte, ein negatives P auf eine Tendenz nach außen hin.[24] Die Abbildungen 41 und 42 zeigen die Werte von P im Vergleich der Musikstücke und Instrumentalgruppen. Neben dem für einen direkten Vergleich relevanten Index der nach getrennter Relativierung zusammengefaßten Kategorien der Mono- und Stereospuren wurde auch der Index aus den unrelativiert vereinigten Kategorien dargestellt.

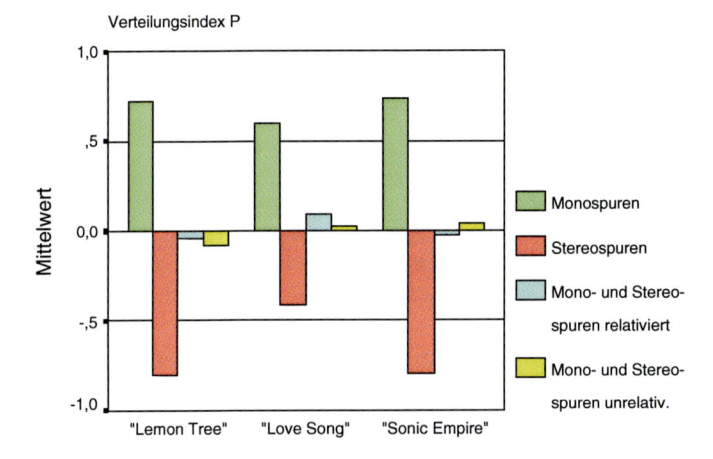

Abbildung 41

Wie aufgrund von Abbildung 39 zu erwarten war, unterscheiden sich die zentralen Tendenzen von P zwischen den Musikstücken nur unerheblich: Der Signifikanztest in der Kategorie der relativiert zusammengefaßten Mono- und Stereospuren fällt negativ aus.

---

[24] P stimmt nicht unbedingt mit dem Höreindruck der Abbildungsbreite überein, da keine Lautstärkeverhältnisse, Korrelationen von Stereospuren, Effektanteile und Summationseffekte berücksichtigt wurden. P kann demnach nur als grobe Schätzung der relativen Abbildungsbreite dienen, wobei unkorrelierte Signale, keine Effektzumischungen sowie ein für alle Gruppen gleiches mittleres Lautstärkeverhältnis von außen und mittig positionierten Spuren angenommen werden müssen.

Panoramaverteilung

- Vergleich der Instrumentalgruppen -

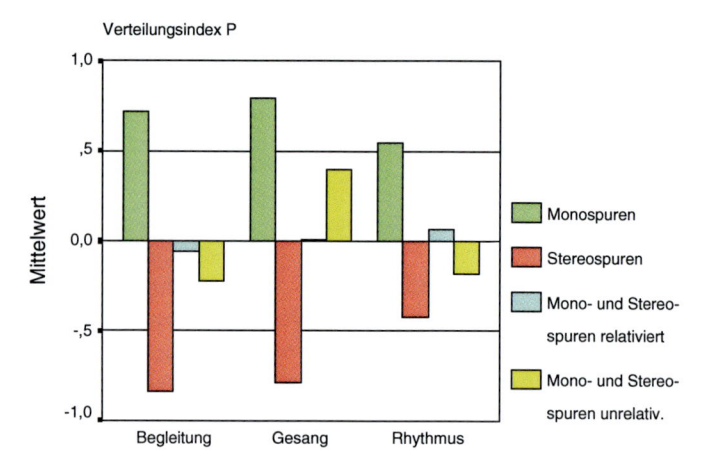

Abbildung 42

Auch zwischen den Instrumentalgruppen weisen die Mittelwerte von P (Mono- und Stereospuren relativiert zusammengefaßt) nur geringe Unterschiede auf, jedoch läßt der Signifikanztest auf unterschiedliche zentrale Tendenzen der Stichproben einen deutlich tendenziellen Zusammenhang zwischen Instrumentalgruppe und Panoramaverteilung erkennen (p=0,074).[25] Demnach werden Begleitspuren entsprechend der vergleichsweise geringen Bedeutung, die sie musikalisch tragen oder die dem Hörer vermittelt werden soll, eher außen, Rhythmusspuren hingegen eher mittig positioniert. Anhand der jeweiligen Mittelwerte für Mono- und Stereospuren läßt sich außerdem erkennen, daß der oben festgestellte Zusammenhang zwischen der Eigenschaft Mono-/Stereospur und mittiger/äußerer Positionierung für Spuren der Kategorie *Rhythmus* weniger bestimmend ist als für Spuren der anderen Instrumentalgruppen.

In der Kategorie der unrelativiert zusammengefaßten Mono- und Stereospuren zeigt sich eine deutliche mittlere Orientierung der Gesangsspuren zur Panorama-Mitte. Darin wird die Bestrebung deutlich, den Gesang bezüglich seiner Lokalisation insbesondere von der Begleitung abzuheben. Diese Zielsetzung ist allerdings schon aufnahmeseitig dadurch angelegt, daß Gesangsspuren im Vergleich zu Spuren anderer Instrumentalgruppen überproportional häufig mono aufgezeichnet werden.[26] Sie schlägt sich daher nicht in den aus den relativen Häufigkeiten gebildeten Indices nieder, die allein für einen Vergleich der Musikstücke und Instrumentalgruppen relevant sind. Gleichwohl stellt die Orientierung des Gesangs zur Mitte eine wichtige Maßnahme zur Schaffung seiner Durchsetzungsfä-

---

[25] Die Empfindlichkeit des Signifikanztests ist für den Vergleich der Instrumentalgruppen aufgrund der wesentlich größeren Anzahl der Fälle höher als für den Vergleich der Musikstücke.
[26] Üblicherweise werden Lead-Gesang, zweite und dritte Stimmen sowie Ad-lib.-Gesang mono aufgezeichnet, Chorgesang hingegen stereo. Bei den Stereospuren handelt es sich in den allermeisten Fällen um Vormischungen oder natürlich gedoppelte Monospuren (vgl. S.174, Fußnote 20).

higkeit im Gesamtklangbild dar. Diese Zielsetzung war bereits in den ermittelten Häufigkeiten des Einsatzes klanggestalterischer Mittel erkennbar (vgl. 10.3.4).

Neben der Panoramaverteilung der Spuren wurde auch die der Effektprogramme[27] untersucht. Eine detaillierte Erhebung der Zuordnungshäufigkeiten kleinteiliger Panoramasegmente schien jedoch kaum sinnvoll: 90% der insgesamt 123 eingesetzten Effektprogramme wurden im Panorama außen positioniert.[28] Dieser Anteil variiert zwischen den Musikstücken nicht nennenswert. In der Konzentration der Effektpositionierungen auf einen Pol der bereits erwähnten Mitte-außen-Dichotomie der Panoramaverteilungen wird die räumlich einhüllende Funktion der Effekte deutlich.

Auch in bezug auf die Panoramaverteilung sollen zur Veranschaulichung der möglichen Größe interindividueller Unterschiede die beiden Testbeispiele von „Love Song" vergleichend gegenübergestellt werden. Abbildung 43 zeigt, aufgeschlüsselt nach Instrumentalgruppen, die Verteilungsindices für beide Abmischungen. Die Testbeispiele unterscheiden sich bezüglich ihrer Panoramaverteilung in allen Instrumentalgruppen deutlich. Demnach ist Mischung 4 klar zur Panorama-Mitte, Mischung 2 eher ausgeglichen orientiert. Offensichtlich finden hier die Häufigkeiten der klangbearbeiterischen Mittel in den Diversifikationen der Panoramapositionierungen ihre Entsprechung mit dem Ziel, im ganzen eher einer kommerziellen oder aber einer Club-Ästhetik gerecht zu werden. Bezüglich der Ausnutzung klanggestalterischer Parameter kann Mischung 4 also durchweg als reduktiv bezeichnet werden.

Panoramaverteilung

- "Love Song": Vergleich der Testbeispiele -

Die Häufigkeiten der Mono- und Stereospuren wurden
getrennt an ihren jeweiligen Gesamthäufigkeiten relativiert

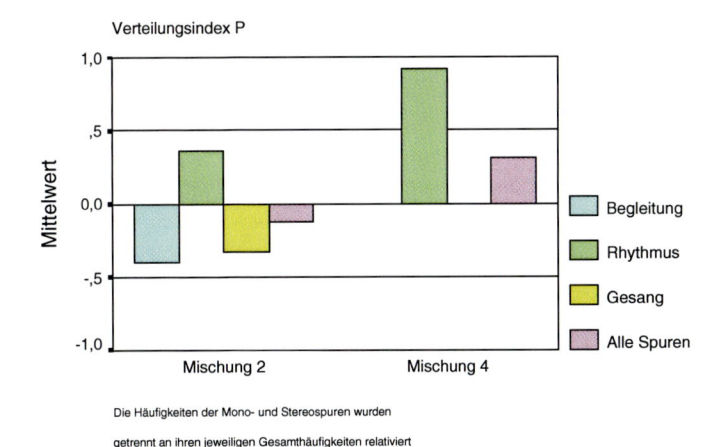

Abbildung 43

---

[27] 98% der Effekte wurden über Stereo-Returns zugemischt, nur 2% wurden eingeschliffen (Insert).
[28] Es wurden nur vollständige Protokolle berücksichtigt.

10.3.7 Besondere Effekte, Schaltungen und Vorgehensweisen

Die qualitative und quantitative Auswertung der formlosen Protokollierungen zu *Besondere Effekte, Schaltungen und Vorgehensweisen* ergab, daß sich 68% der Angaben auf die Bearbeitung von Effektsignalen beziehen. 32% der Angaben betreffen spezielle Processings der Mehrspursignale.

Klangbearbeitung von Effektsignalen

Die angegebenen Mittel zur Bearbeitung der Effektsignale lassen sich in dieselben drei Kategorien einteilen, die auch Grundlage der standardisierten Erfassung der Klanggestaltung von Spuren waren: Equalisation, Regelverstärker und Effektzumischung. Zusätzlich wird eine Residualkategorie eingeführt, der alle übrigen Bearbeitungsmaßnahmen wie Effektrückkopplungen oder Korrelationskorrekturen zugeordnet werden. Unter Berücksichtigung aller Effekte, die in den zugrundegelegten, vollständig protokollierten Abmischungen verwendet wurden, ergeben sich die in Tabelle 41 aufgeführten relativen Häufigkeiten der Bearbeitungen von Effektprogrammen.

Sofern die Signale der Effekt-Returns nicht in unveränderter Form der Summe zugemischt werden, beschränkt sich ihre weitere Bearbeitung offenbar hauptsächlich auf Equalisation sowie auf die Weiterleitung zu anderen Effektprogrammen. Es wurden ausschließlich Programme angesteuert, die auch für die Bearbeitung von Spuren eingesetzt wurden. Dabei handelte es sich meistens um Halleffekte, welche vor allem mit Delay-Signalen beschickt wurden. Durch diese Kombination läßt sich bei Verwendung von Mehrfach-Delays (zum Beispiel Echos oder Multitap-Delays) ein um die verwendete Verzögerungszeit verspäteter Hall erzeugen, der sich mit den Delaysignalen mischt, wobei das Mischungsverhältnis frei bestimmbar bleibt. Die Verwendung einer Effektkette Delay—Hall bietet aufgrund des verzögerten Eintreffens beider Effektsignale den Vorteil, daß auch bei hohem Effektanteil das Originalsignal stabil vorne lokalisierbar und bei Gesangsspuren die Sprachverständlichkeit erhalten bleibt. Der subjektive Eindruck der Anwesenheit eines Effektsignals ist im Vergleich zur reinen Verhallung mit kleinen Predelay-Werten geringer.

Klangbearbeitung von Effektprogrammen
Relative Häufigkeit der Klangbearbeitungen

Klangbearbeitungsmaßnahme	H(B)
Keine	66,7%
Regelverstärker	4,3%
Equalisation	12,0%
Signalanteil in anderen Effekt	15,4%
Sonstige	1,7%

Tabelle 41

Spezielle Processings der Mehrspursignale

Die Angaben, die sich auf die besondere Bearbeitung von Mehrspursignalen beziehen, beschreiben hauptsächlich die Erzeugung frequenzabhängiger Kompressionen durch das Einschleifen von Equalizern oder Filtern in die Regelzweige (Sidechains) der mischpultinternen Dynamiksektionen (14 Angaben). In einem Fall wurde die Triggerung eines Mehrspursignals durch Signale anderer Spuren vermerkt (Mischung 2 von „Sonic Empire"). Dabei wurde im zu bearbeitenden Kanal der Regelzweig der als Gate verwendeten Dynamiksektion fremdangesteuert. Drei Angaben beschreiben die gezielte Übersteuerung mischpultinterner Eingangsverstärker oder Equalizer zur Erzeugung harter Verzerrungen (ebenfalls in Mischung 2 von „Sonic Empire").

Auffällig ist, daß alle diejenigen der formlos notierten Signalverarbeitungen, die als ungewöhnlich oder experimentell bezeichnet werden können und die nur vereinzelt auftreten, ausschließlich bei den Abmischungen von „Sonic Empire" anzutreffen sind: Es sind dies die klanggestalterischen Maßnahmen Effektrückkopplung, Korrelationskorrektur von Effektsignalen, Fremdtriggerung von Mehrspursignalen und mischpultinterne Übersteuerung. Frequenzabhängige Kompressionen hingegen wurden nur bei den Abmischungen der gesangsorientierten Musikstücke „Lemon Tree" und „Love Song" eingesetzt, und zwar größtenteils für die Bearbeitung von Gesangsspuren. Diese Auffälligkeiten fügen sich in das Bild der bisher gefundenen Ergebnisse: So stützt die Feststellung, daß ungewöhnliche klanggestalterische Maßnahmen ausschließlich für die Abmischung des Techno-Stücks eingesetzt wurden, die Beobachtung einer tendenziell höheren Effektdiversifikation der Mischungen von „Sonic Empire" (vgl. 10.3.5); und es zeigt sich wiederholt, daß der Instrumentalgruppe Gesang eine besondere klanggestalterische Behandlung zuteil wird, hier in bezug auf ihre frequenzabhängig gestaltete Dynamik.

Die gezielte Bearbeitung von Gesangsspuren mittels frequenzabhängiger Kompression ist auf den Umstand zurückzuführen, daß natürliche Klangquellen bzw. Instrumente in Abhängigkeit von der Spieldynamik in der Regel größere Veränderungen im Frequenzspektrum aufweisen als elektronische. Die Veränderungen beruhen auf der mit steigendem dynamischen Grad überproportional starken Ausbildung höherer Partialtöne.[29] Natürlich erzeugte Klänge enthalten außerdem Geräuschanteile, die in bezug auf Gestalt und Lautstärke deutlich variieren können, zum Beispiel Zischlaute oder Spielgeräusche. Das klanggestalterische Mittel *Frequenzabhängige Kompression* stellt ein Instrument zur Kompensation dieser Eigenschaften hinsichtlich ihrer Dynamik dar.

10.3.8 Einsatz klanggestalterischer Mittel in der Nachbearbeitung

Die Protokollierung der im Rahmen der klanglichen Nachbearbeitung[30] angewendeten Maßnahmen erfolgte unter Verwendung vorgegebener Kategorien, darunter einer offenen, welche allerdings nicht genutzt wurde. Es ergeben sich die in Tabelle 42 aufgeführten relativen Häufigkeiten verwendeter Nachbearbeitungsmaßnahmen.

---

[29] Vgl. Dickreiter (1997a) sowie Abgarjan und Linsmeier (1997).
[30] Mit Abstand am häufigsten zur Nachbearbeitung eingesetzt wurden die Masteringprozessoren Finalizer Plus und Finalizer (t.c. electronics). Vereinzelt wurden die Plug-Ins Ultramaximizer (Waves) und Magneto (Steinberg) sowie die Equalizer des Mischpults 02R (Yamaha) verwendet.

Klanggestalterische Mittel in der Nachbearbeitung
- Rangfolge -
Relative Häufigkeit der nachbearbeiteten Abmischungen

Nachbearbeitungsmaßnahme	H(B)
Multibandkompression	71%
Equalisation	58%
Bandsättigungssimulation	46%
Frequenzabhängige Kompression	21%
Korrelationskorrektur	8%

Tabelle 42

Die hohen Häufigkeiten für *Multibandkompression* sowie die Häufigkeiten für *Bandsättigungssimulation* und *Frequenzabhängige Kompression* lassen die vorrangige Zielsetzung der klanglichen Nachbearbeitung erkennen, welche offenbar weniger in der Durchführung geringfügiger klanglicher Korrekturen als vielmehr in der Lautheitserhöhung besteht.

Veranschaulichung von Lautheitsunterschieden
- „Lemon Tree": Mischung 5 (oben) und 6 (unten) -
Wellenformdarstellungen der Signale (identischer Zeitausschnitt)

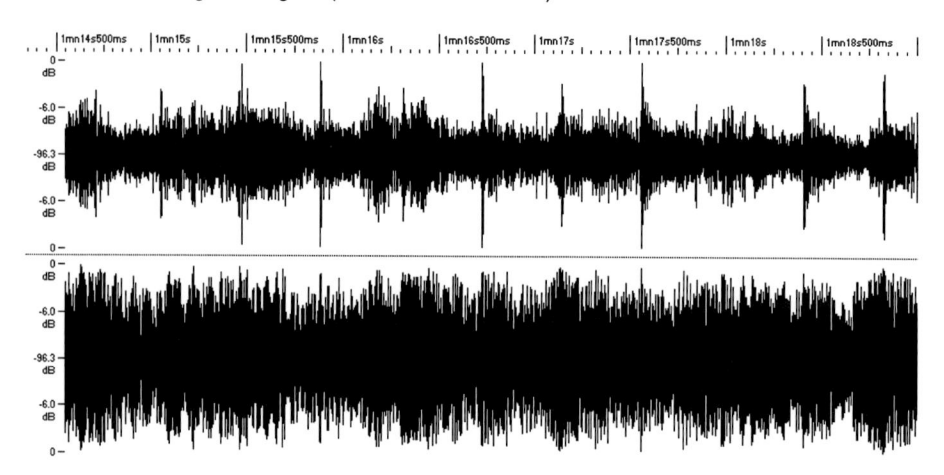

Abbildung 44

Die Möglichkeit einer Erhöhung der empfundenen Lautstärke (Lautheit) trotz festgelegten Maximalpegels veranschaulichen die Wellenformdarstellungen eines jeweils etwa viereinhalbsekündigen identischen Zeitausschnitts der Abmischungen 5 und 6 von „Lemon Tree" (vgl. Abbildung 44): Das komprimierte und normalisierte Signal von Mischung 6 (unten) erreicht häufiger und regelmäßiger die absolute Aussteuerungsgrenze von 100%, und seine Einhüllende umschließt eine größere Fläche; die akustische Energie ist im zeitlichen Mittel größer, das Stück wirkt lauter.[31]

Die zum Erreichen nennenswerter Lautheitserhöhung eingesetzte dynamische Verdichtung geht, insbesondere im oberen Frequenzbereich, mit einer deutlich hörbaren Änderung der Klangstruktur einher, welche als kommerzieller Sound bezeichnet wird. Dieser kann im Hinblick auf empfundene Lautstärke und Klangfarbenänderungen als extrem undynamisch beschrieben werden. Er wird je nach Rezeptionseinstellung als anregend oder als penetrant, sowie auf Dauer meist als beliebig empfunden.

Obgleich die im Rahmen der Untersuchung nachbearbeiteten Mischungen derartige Eigenschaften nur teilweise besitzen, weisen sie auf eine vor allem den Broadcasting-Bereich betreffende Thematik hin, die klangästhetisch von großer Bedeutung ist und deshalb in Kapitel 12 nochmals aufgegriffen wird.

Im folgenden wird untersucht, inwieweit sich die gewählten Nachbearbeitungsmaßnahmen zwischen den Musikstücken unterscheiden. Abbildung 45 zeigt die relativen Häufigkeiten der zur Nachbearbeitung eingesetzten Mittel im Vergleich der Musikstücke. Die Häufigkeiten differieren mit Ausnahme der Kategorie *Equalisation* nur geringfügig. Eine sinnvolle Regelmäßigkeit lassen nur die Rangfolgen der Häufigkeiten in den Kategorien *Multibandkompression*, *Bandsättigungssimulation* und *Frequenzabhängige Kompression* erkennen.

Klanggestalterische Mittel in der Nachbearbeitung

- Vergleich der Musikstücke -

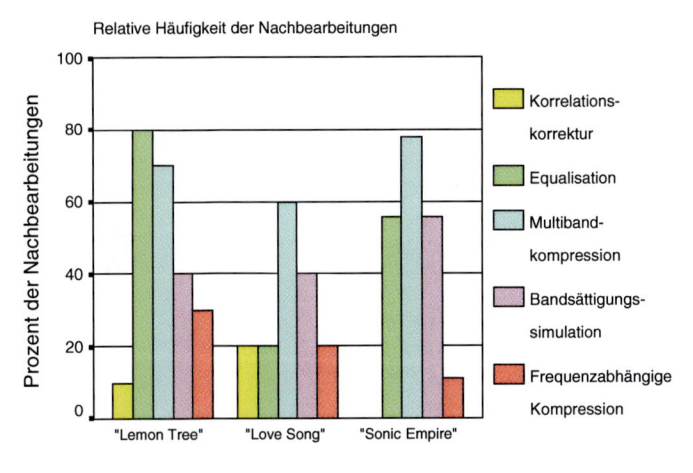

Abbildung 45

---

[31] Die in Abbildung 44 sichtbaren Unterschiede sind nicht nur auf die Nachbearbeitung, sondern natürlich auch auf die unterschiedlichen Gestaltungen der Lautstärkeverhältnisse während der eigentlichen Abmischung zurückzuführen. Des weiteren sei darauf hingewiesen, daß die hier gegebene Darstellung und Erklärung zur Lautheit stark verkürzt ist und lediglich der Veranschaulichung dient. Für genaue Definitionen und Erläuterungen vgl. etwa Zwicker und Fastl (1990).

Die Durchführung von Signifikanztests ist aufgrund der geringen Anzahl positiver Ereignisse für alle Variablen kontraindiziert. Aus den Ergebnissen dürfen daher keine verallgemeinernden Aussagen abgeleitet werden. Die im folgenden vorgeschlagenen Interpretationen sind dementsprechend eher als theoretische Überlegungen zu verstehen:

- Der für „Sonic Empire" höchste Mittelwert in der Kategorie *Multibandkompression* kann Ausdruck der Zielsetzung der Testmischer sein, größtmögliche Lautheit bei dem Vertreter eines Musikstils zu erreichen, der auf Aktivierung im allgemeinen und die Motorik des Hörers im besonderen abzielt, und dessen Wirkung nach Ansicht der meisten Experten und gemäß dem Verhalten der überwiegenden Zahl von Laienhörern in bezug auf die selbstgewählte Abhörlautstärke erst bei größeren Lautstärken voll zum Tragen kommt.
- Möglicherweise liegt dem gehäuften Einsatz der Nachbearbeitungsmaßnahme *Bandsättigungssimulation* die Zielsetzung zugrunde, der ausschließlich mit künstlichem Instrumentarium hergestellten Produktion „Sonic Empire" etwas von ihrer klanglichen Härte zu nehmen.[32] Des weiteren eignet sich die Bandsättigungssimulation in geringem Umfang zu einer gewissen Belebung vor allem künstlich erzeugter Klänge, da durch die pegelabhängige Entstehung nichtlinearer Verzerrungen im oberen Dynamikbereich der Dynamik dieser Klänge (falls vorhanden) zumindest ansatzweise die spektrale Komponente hinzugefügt wird, die natürliche Instrumente von sich aus aufweisen (vgl. hierzu auch 2.3.1 und 10.3.7).
- Frequenzabhängige Kompressionen wurden vorzugsweise zur Bearbeitung der gesangsorientierten und teilweise mit natürlichen Instrumenten eingespielten Musikstücke eingesetzt. Im Produktionsschritt der Nachbearbeitung setzt sich also offensichtlich eine Tendenz fort, die schon bei der Bearbeitung einzelner Spuren festgestellt wurde. Daher kann die gleiche Zielsetzung vermutet werden (vgl. 10.3.7).

Es sei darauf hingewiesen, daß die gewählten Nachbearbeitungsmaßnahmen maßgeblich von den Eigenschaften der jeweils zugrunde liegenden Abmischung mitbestimmt sind. Insofern handelt es sich bei den Zusammenhängen zwischen Musikstück bzw. Stil und verwendeten Mitteln der Nachbearbeitung um sekundäre Zusammenhänge.

10.4 Interpretation

Es ist offensichtlich, daß Wahl und Einsatz der klanggestalterischen Mittel grundsätzlich sowohl von dem künstlerischen Profil des Testmischers als auch von dem Musikstück und der bearbeiteten Instrumentalgruppe abhängen. Stummschaltungen, deutliche Änderungen der relativen Lautstärken und gegebenenfalls Delayeffekte sind nicht nur potentiell geeignet, die musikalische Struktur eines Musikstücks zu verändern, sondern wurden auch teil-

---

[32] Übersteuerungen von Magnetbändern führen zu einer Zunahme von nichtlinearen Verzerrungen (vor allem durch die Entstehung ungeradzahliger harmonischer Teiltöne, insbesondere k_3, verursacht), die Impulstreue sinkt; weiterhin treten Begrenzungserscheinungen auf (vgl. Dickreiter 1997b). Die Effekte setzen zunächst im oberen Frequenzbereich ein und führen in geringer Dosierung zu einem weicheren (weniger impulshaften), dichteren und lebendigeren Klang.

weise in diesem Sinne eingesetzt. Die gefundenen Häufigkeiten der eingesetzten Mittel sowie ihre Funktionen und Wirkungsebenen decken sich weitgehend mit den Angaben befragter Produzenten (vgl. 4.2).

Wird über die Protokollauswertung hinaus der Höreindruck der Abmischungen berücksichtigt, so ist erkennbar, daß die Klanggestaltung von Popmusiktiteln unter anderem dem Kontrastprinzip folgt, welches nicht nur in den aus den Protokollen ableitbaren Lokalisationsrichtungen der Spuren, sondern auch auditiv in der parallelen oder sequentiellen Gegenüberstellung nah und fern lokalisierbarer Instrumente,[33] trockener und halliger Klänge,[34] ‚sauberer‘ und ‚dreckiger‘ Sounds,[35] geringer und hoher Lautstärken[36] oder der Betonung tiefer und hoher Frequenzbereiche[37] deutlich wird.

10.5 Zusammenfassung

Die anhand standardisierter Vordrucke während der Abmischung von den Testmischern angefertigten Protokollierungen klanggestalterischer Maßnahmen wurden mittels deskriptiver Statistik und Einzelfallbeschreibung in bezug auf interindividuelle Unterschiede sowie stil- und instrumentalgruppenabhängige Regelmäßigkeiten untersucht. Die Auswertung ergab, daß alle erfaßten Mittel der Klanggestaltung interindividuell deutlich unterschiedlich eingesetzt wurden. Dennoch waren Gemeinsamkeiten hinsichtlich der Behandlung der verschiedenen Musikstücke und Instrumentalgruppen erkennbar: Zu den stilabhängig eingesetzten klanggestalterischen Mitteln gehören besondere Lautstärkeverhältnisse, Hall- und sonstige Effekte sowie Effektschaltungen, die als ungewöhnlich oder experimentell bezeichnet werden können. Instrumentalgruppenabhängig eingesetzt wurden Equalizer bzw. Filter, Regelverstärker, Hall- und Delayeffekte, ungewöhnliche Effektschaltungen sowie, bedingt, Panoramapositionierungen. Generell läßt sich eine Konzentration des klanggestalterischen Aufwands auf „Sonic Empire" als Vertreter eines ‚technischen‘ Musikstils sowie auf die Instrumentalgruppe *Gesang* als Inhalts- und Emotionsträger feststellen.

---

[33] Vgl. z.B. Mischung 8 von „Sonic Empire".
[34] Vgl. z.B. Mischung 7 von „Sonic Empire".
[35] Vgl. z.B. Mischung 2 von „Lemon Tree".
[36] Vgl. z.B. Mischung 4 von „Love Song".
[37] Vgl. z.B. Mischung 1 von „Lemon Tree".

11 Analysen zur Rezeptionsseite: Beurteilungsverhalten

Die in den beiden Hörversuchen erhobenen Daten bieten, vor allem aufgrund der vergleichsweise hohen Anzahl von Versuchspersonen, über die Möglichkeit der Hypothesenprüfung hinaus die Gelegenheit, generelle Zusammenhänge zwischen den Variablen bzw. Variablengruppen zu ermitteln und zu spezifizieren. So sind z.B. der Einfluß der Kontrollvariablen auf das Beurteilungsverhalten, die Bedeutung einzelner abhängiger wie unabhängiger Variablen für die beobachteten Beurteilungsunterschiede, die Beurteilungsstruktur, sowie der Zusammenhang der Kaufbereitschaft mit anderen Beurteilungsmerkmalen fragestellungsübergreifend bzw. ergänzend von Interesse und können zur Erklärung der bisher gefundenen Ergebnisse beitragen.

11.1 Einfluß der Kontrollvariablen

Das Urteilsverhalten der Versuchsteilnehmer wird nicht nur durch das experimentelle Treatment, sondern unter anderem auch durch deren persönliche Eigenschaften bestimmt. Je nach Anlage des Versuchsplans (Hörversuch I oder Hörversuch II) wurden mindestens zwei der persönlichen Merkmale *Geschlecht*, *Alter*, *Leistungsstufe* oder *Wahlpflichtfach Musik* durch die Erhebung von Kontrollvariablen erfaßt. In welchem Maße die Ausprägungen dieser Kontrollvariablen die bezüglich der einzelnen Beurteilungsmerkmale abgegebenen Urteile beeinflussen, kann an den Beta-Gewichten der im Rahmen der multivariaten varianzanalytischen Auswertungen durchgeführten Regressionsanalysen abgelesen werden. Vorzeichen und Größe eines Beta-Gewichts geben Aufschluß über die Wirkrichtung und -stärke einer Kontrollvariable auf die bezüglich eines Merkmals abgegebenen Beurteilungen.[1] Ob es sich dabei um einen signifikanten Einfluß handelt, kann anhand eines t-Tests festgestellt werden.

Tabelle 43 zeigt, aufgeschlüsselt nach Hörversuchen und Musikstücken, die zu den jeweiligen Kontroll- und Indikatorvariablen gehörigen Beta-Gewichte (b) und ihre zweiseitigen Signifikanzen (p).[2] Der Übersichtlichkeit halber wurden nur signifikante Koeffizienten aufgeführt ($\alpha=0{,}05$). Zusätzlich sind in den unteren beiden Zeilen von Tabelle 43 signifikante Irrtumswahrscheinlichkeiten des Haupt- und Interaktionseffekts einer multivariaten Varianzanalyse ausgewiesen, in die die Kontrollvariablen als feste Faktoren eingesetzt wurden. Diese Werte lassen eine Einschätzung darüber zu, ob die komplexe Varia-

---

[1] Die Kontrollvariablen werden als Intervallskalen behandelt. Zur Interpretation der Vorzeichen der Beta-Gewichte ist die Kenntnis der Codierung der Kontrollvariablen unverzichtbar: Geschlecht: 0=weiblich, 1=männlich. Leistungsstufe: 1=Hauptschule, 2=Realschule, 3=Gymnasium. Wahlpflichtfach: 1=Musik, 0=anderes Fach. Alter: keine Codierung. Beispiel für die Interpretation der Vorzeichen: Da die Werte für *männlich* durch eine höhere Ziffer codiert sind (1) als die für *weiblich* (0), zeigt ein positives Beta-Gewicht eines Merkmals an, daß Jungen bezüglich desselben höhere Urteile abgegeben haben.
[2] Eine Zusammenfassung der Daten beider Hörversuche ist wegen der Erhebung zum Teil verschiedener Kontrollvariablen nicht geboten; eine Zusammenfassung der Musikstücke ist aus statistischen Gründen kontraindiziert.

ble *Hörerurteil* (also der vollständige Indikatorvariablensatz) einem signifikanten Einfluß durch die jeweilige Kontrollvariable unterliegt.

Einfluß der Kontrollvariablen

Hörversuch:	Hörversuch I: Bekannte Musikstücke												Hörversuch II: Unbekanntes Musikstück und bek. Musikstücke											
Kontrollvariable:	Geschlecht				Leistungsstufe				Wahlpflichtfach				Geschlecht						Alter					
Musikstück:	„Lemon…"		„Sonic…"		„Lemon…"		„Sonic…"		„Lemon…"		„Sonic…"		„Love…"		„Sonic…"		„Lemon…"		„Love…"		„Sonic…"		„Lemon…"	
Größe:	b	p	b	p	b	p	b	p	b	p	b	p	b	p	b	p	b	p	b	p	b	p	b	p
Gefallen													-,28	,002	,18	,049			-,19	,038				
Abwechslung			-,24	,005																				
Härte																								
Melodie	-,18	,046					-,28	,001																
Rhythmus	-,21	,016					-,29	,001																
Tempo																								
Lautstärke			-,31	,000									-,23	,015							,23	,015	,26	,006
Helligkeit							-,17	,038	-,17	,037			-,23	,016							-,27	,006	,28	,003
Baß													-,21	,016									,26	,008
Deutlichkeit																								
Laune	-,17	,044	-,24	,005													-,19	,042						
Tanzen																	-,30	,002						
Träumen	,17	,043	,23	,009	,17	,039													-,25	,010			,26	,007
Multivariat (Haupteffekt)															,36	,000		,031		,002		,036		
Multivariat (Interaktionseffekt)																						,013		

Tabelle 43

Tabelle 43 zeigt, daß grundsätzlich das Urteilsverhalten bezüglich aller Merkmale außer *Härte*, also auch der klangbeschreibenden Merkmale, von persönlichen Eigenschaften beeinflußt wurde; hinsichtlich ihrer relativen Beeinflussungshäufigkeit stellen dabei *Geschlecht* und *Alter* die mit Abstand bedeutendsten der erhobenen Kontrollvariablen dar.

Generell läßt sich sagen, daß Jungen, Schüler höherer Leistungsstufe und solche, die Musik als Wahlpflichtfach belegen, den Testbeispielen geringere Merkmalsausprägungen (vgl. hierzu 5.4, Tabelle 11) zuschreiben: Die Beta-Gewichte dieser Kontrollvariablen sind für alle Skalen außer *Träumen* (sowie im Falle von „Sonic Empire" *Gefallen*) negativ. Dieses Beurteilungsverhalten kann als geringere Sensitivität oder als eine kritischere Einstellung der entsprechenden Gruppen ausgelegt werden. Der beschriebene generelle Trend wird nur an zwei Stellen durchbrochen: Zum einen belegten Jungen die bekannten Popmusikstücke in höherem Maße mit der Eigenschaft *gut zum Träumen* als Mädchen, und zwar vor allem das Techno-Stück „Sonic Empire", was als Hinweis auf eine höhere Eskapismustendenz gedeutet werden kann. Zum anderen zeigt sich eine deutliche Geschlechtsabhängigkeit stilistischer Präferenzen: Wie die Beta-Gewichte für das Merkmal *Gefallen* zeigen, favorisieren Jungen vor allem das härtere „Sonic Empire", Mädchen hingegen den langsameren und auf das Thema Liebe abzielenden „Love Song". Der Umstand, daß sich diese stilistischen Präferenzen zudem altersabhängig darstellen, wurde zum Anlaß genommen, die entsprechenden Mittelwerte in einer Gegenüberstellung graphisch zu veranschaulichen. Die Abbildungen 46 und 47 zeigen für jedes Musikstück das mittlere Gefallensurteil in Abhängigkeit von der Zugehörigkeit zu einer von drei Altersgruppen bzw. dem Geschlecht der Versuchsteilnehmer.

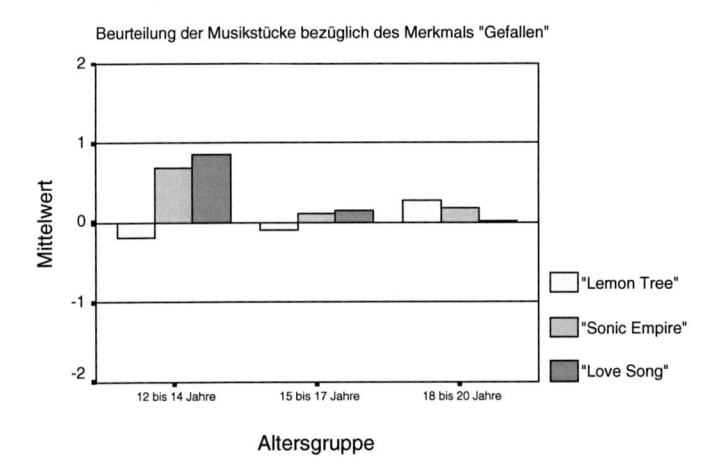

Abbildung 46

Einfluß des Geschlechts auf das Gefallensurteil

- Vergleich der Musikstücke -

Beurteilung der Musikstücke bezüglich des Merkmals "Gefallen"

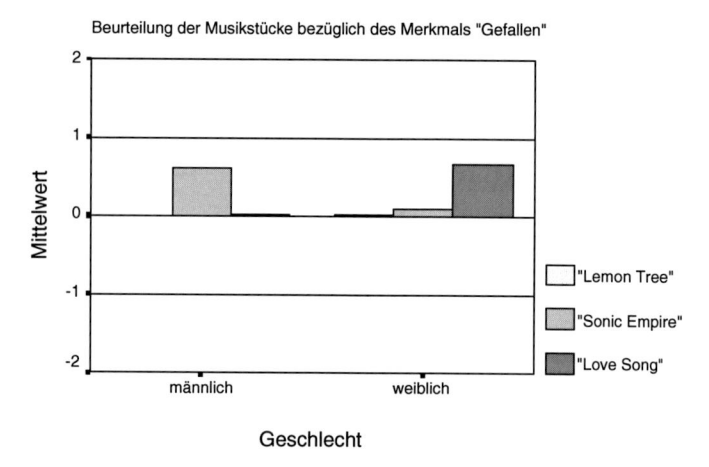

[Balkendiagramm: Mittelwert nach Geschlecht (männlich, weiblich) für "Lemon Tree", "Sonic Empire", "Love Song"]

Abbildung 47

Wie anhand der Abbildungen 46 und 47 zu erkennen ist, wurde „Love Song" klar von jüngeren weiblichen, „Sonic Empire" von jüngeren männlichen und „Lemon Tree" tendenziell von älteren Versuchsteilnehmern beiderlei Geschlechts bevorzugt. Die Gefallensunterschiede sind so hoch, daß sich zum Teil Rangfolgenänderungen ergeben. Im Falle der beiden erstgenannten Musikstücke sind für die Daten des Hörversuchs II zusätzlich multivariate Effekte zu beobachten.

Über die Feststellung eines generellen Beeinflussungstrends hinaus fallen vor allem drei besondere Kombinationen von Kontrollvariablen und Merkmalen auf: 1. Die emotionsbeschreibenden Skalen *Laune*, *Tanzen* und *Träumen* werden fast ausschließlich von der Kontrollvariable *Geschlecht* beeinflußt. 2. Die Ausprägung des Merkmals *Wahlpflichtfach Musik*, das als Indikator für Musikinteressiertheit fungiert, wirkt sich ausschließlich auf die Beurteilung der Lautstärke aus, und zwar unabhängig vom Musikstück. 3. Die Tempoeinschätzung zeigt sich hinsichtlich der Beeinflussung durch die Kontrollvariablen ausschließlich altersabhängig. Da die Beeinflussungsrichtung nicht für alle Musikstücke identisch ist, wurde ein stilunabhängiger Trend ermittelt: Die Höhe der Tempoeinschätzung nimmt mit zunehmendem Alter ab, wobei sich im Falle von „Love Song" ein deutlicher Einbruch in der Altersgruppe der 15- bis 17jährigen zeigt. Wie in Tabelle 43 zu erkennen ist, verläuft die Beeinflussung im Falle von „Lemon Tree" jedoch in umgekehrter Richtung. Diese Interaktion zwischen Stil- und Altersabhängigkeit der Tempoeinschätzung weist eine Parallele zu den Gefallensurteilen auf (vgl. Abbildung 46): Auch hier verläuft der Trend von „Lemon Tree" entgegen dem der anderen beiden Musikstücke.

Außer auf die Einschätzung des Tempos wirkt sich das Alter auch auf die Beurteilung musikalisch-struktureller und klanglicher Aspekte aus: Mit zunehmendem Alter werden die Musikstücke als melodischer, rhythmischer und lauter sowie ihr Gesang als deutlicher beurteilt.

Daß das Beurteilungsverhalten nicht nur von den Eigenschaften des Beurteilungsobjekts abhängt, sondern zusätzlich von einer Vielzahl persönlicher und kontextueller Faktoren beeinflußt wird, wurde in den letzten 30 Jahren immer wieder nachgewiesen.[3] Die gefundenen Moderationseffekte durch *Geschlecht* und *Alter* fügen sich, soweit vergleichbar, in das Bild bestehender Ergebnisse bezüglich der Wirkung dieser Einflußfaktoren. So präferierten Mädchen in einer Untersuchung von Lobe (1991) die „langsamen und gefühlvollen" (S.15), Jungen dagegen aggressivere Musikstücke.[4] Weiterhin reagieren weibliche Hörer wesentlich sensibler (im Sinne geringerer Akzeptanz) auf höhere Lautstärken als männliche, was sich sowohl im affektiven Urteil zu konkreten Hörbeispielen (vgl. Kellaris und Rice 1993) als auch in der abstrakten Selbsteinschätzung praktizierter Abhörlautstärken (vgl. Langenbach 1994) niederschlägt.[5] Die hier gewonnenen Ergebnisse deuten zusätzlich auf eine Beeinflussung der Lautstärkebeurteilung durch Alter[6] und Musikinteressiertheit hin, sowie darauf, daß auch die Beurteilung bezüglich anderer klangbeschreibender Merkmale vom Geschlecht des Urteilers beeinflußt wird, denn im vorliegenden Falle waren hiervon ausnahmslos alle erhobenen klangbeschreibenden Merkmale betroffen (*Lautstärke, Helligkeit, Baß* und *Deutlichkeit*).

Die gefundene Beeinflussung der Tempoeinschätzung durch das Alter kann nicht mit bestehenden Befunden verglichen werden, da in den entsprechenden Untersuchungen das Tempo als unabhängige Variable variiert und den Probanden keine direkte Tempoeinschätzung abverlangt wurde.[7]

Zumindest eine Parallele zu den hier bezüglich der Kontrollvariable Geschlecht gefundenen Ergebnissen stellt jedoch der Umstand dar, daß sich bei Kellaris und Rice (1993) kein nennenswerter Einfluß des Geschlechts auf Präferenzurteile zeigte, die in Abhängigkeit vorgegebener Tempi abgegeben wurden. Gemäß einer Untersuchung von LeBlanc et al. (1988) übt dagegen das Alter einen deutlichen Einfluß auf die generell mit dem Tempo steigende Präferenz aus. Altersabhängige Präferenzen für verschiedene Musikstile, wie im vorliegenden Falle beobachtet, fand unter anderem Behne (1986b).

11.2 Spezifische Zusammenhänge von Klangeigenschaften und Beurteilung

Über die bloße Feststellung eines unspezifischen Zusammenhangs von Klanggestaltung und Hörerurteil hinaus ist die Frage, wie dieser Zusammenhang geartet ist, von besonde-

---

[3] Vgl. hierzu die unter 1.2.1 aufgeführten entsprechenden Untersuchungen.
[4] Vgl. auch Pape (1987), Dollinger (1993), Rösing (1994) sowie McNamara und Ballard (1999).
[5] Hellstroem et al. (1998) konnten keine Unterschiede in der selbstgewählten Abhörlautstärke zwischen Männern und Frauen beobachten, jedoch eine größere vorübergehende Hörschwellenanhebung (Temporary Threshold Shift) bei Frauen nach Musikkonsum.
[6] In einem von Fucci et al. (1998) durchgeführten Experiment stuften alte Menschen (51-58 Jahre) die Lautstärke von Rockmusikbeispielen höher ein als junge Menschen (18-21 Jahre).
[7] Mit Ausnahme der Untersuchung von Kuhn und Booth (1988) zur Tempowahrnehmung von Grundschülern.

rem, nicht zuletzt praktischem Interesse: Auf welche Beurteilungsmerkmale wirken sich die unterschiedlichen Klanggestaltungen am stärksten aus? Und in welcher Weise verändert z.B. der Tiefenanteil einer Abmischung das Hörerurteil?

Der Ermittlung derartiger Zusammenhänge setzt nun die Tatsache, daß die Untersuchung nicht für ebendiese Ermittlung ausgelegt ist, enge Grenzen hinsichtlich Validität und Interpretierbarkeit: So weisen sowohl die verwendeten Musikstücke als auch die jeweiligen Gesamtstichproben unterschiedliche Eigenschaften auf. Um generelle nicht-triviale Zusammenhänge aufdecken zu können, müssen jedoch die Klangeigenschaften aller verwendeten Testbeispiele und die Daten beider Experimente in einem Datensatz vereint und gemeinsam analysiert werden. Einschränkungen hinsichtlich der internen Validität gefundener Zusammenhänge sind damit unumgänglich. Ein noch größeres Problem besteht in dem Umstand, daß die Anzahl aller Testbeispiele bzw. Stichproben kleiner ist (k=12) als die Anzahl der Merkmale, die den Gesamtklang beschreiben (q=15)[8]. Aus diesem Grunde können weder multiple noch kanonische Korrelationen berechnet werden, die aufgrund des multivariaten Ansatzes, also der komplexen Erfassung von *Gesamtklang* und *Hörerurteil*, angezeigt wären.

Dem multivariaten Ansatz zumindest auf seiten der abhängigen Variablen gerecht wird jedoch die Diskriminanzanalyse. Eine solche wurde mit dem Ziel durchgeführt, zu ermitteln, inwieweit die bezüglich der einzelnen Merkmale abgegebenen Urteile durch die *komplexen* Klangunterschiede beeinflußt werden. Des weiteren wurde anhand von (strenggenommen kontraindizierten) Trendtests versucht, musikstück- bzw. stilübergreifende Auswirkungen der Ausprägung *einzelner* Klangparameter auf das Urteilsverhalten zu ermitteln.

11.2.1 Diskriminanzanalyse der Beurteilungsmerkmale

Mit einer Diskriminanzanalyse kann untersucht werden, von wie großer Bedeutung einzelne abhängige Indikatorvariablen für beobachtete multivariate Mittelwertunterschiede sind.[9] Für den vorliegenden Fall bedeutet dies, daß aufgedeckt werden kann, auf welche Beurteilungsmerkmale sich die komplexe Klangveränderung hauptsächlich ausgewirkt hat.[10] Um die Ergebnisse weitgehend eindeutig auf diese Veränderung zurückführen und Unterschiede zwischen den Musikstücken registrieren zu können, wurden die Urteile für jedes Musikstück einer eigenen Diskriminanzanalyse unterzogen.[11] In jedem Falle zeigte sich das gesamte Diskriminanzpotential signifikant oder hochsignifikant („Lemon Tree" p=0,002; „Sonic Empire" p=0,011; „Love Song" p=0,000)[12]. Gemäß der Anzahl der ver-

---

[8] Nur in beiden Experimenten verwendete Merkmale berücksichtigt.
[9] Zum Verfahren der Diskriminanzanalyse vgl. Bortz (1993).
[10] Bei der Ermittlung dieser Bedeutsamkeiten wird die wechselseitige Abhängigkeit der Merkmale (Multikollinearität) berücksichtigt. Die Trennung der untersuchten Stichproben erfolgt nach dem Kriterium maximaler Mittelwertunterschiede und nach dem Kriterium minimaler Überschneidung. Aus diesen Gründen ergeben sich geringe Abweichungen von den Mittelwertunterschieden bzw. den Signifikanzen der univariaten Varianzanalysen der Hörversuche.
[11] Aus Gründen der Vergleichbarkeit wurden nur die unter der auditiven Bedingung erhobenen Urteile berücksichtigt. Da die vereinten Daten beider Hörversuche zugrunde gelegt wurden, ist allerdings eine Beeinflussung der Analyseergebnisse durch unterschiedliche Eigenschaften der Gesamtstichproben nicht auszuschließen.
[12] Signifikanzen der V-Werte.

glichenen Teilstichproben ergibt sich für die bekannten Musikstücke jeweils ein vierdimensionaler Diskriminanzraum, für „Love Song" hingegen nur ein Diskriminanzfaktor. Es genügt allerdings, für die inhaltliche Interpretation den jeweils ersten Diskriminanzfaktor heranzuziehen, da nach seiner Extraktion die übrigen Faktoren nicht mehr signifikant zur Trennung der Gruppen beitragen. Dieser Faktor klärt für „Lemon Tree" 46%, für „Sonic Empire" 52% und für „Love Song" 100% der Varianz der abhängigen Variablen auf. Tabelle 44 zeigt die Korrelationen der abhängigen Variablen mit dem ersten Diskriminanzfaktor (also die Faktorladungen) sowie die Rangplätze ihrer Absolutwerte. Die Höhe der Faktorladungen und ihre Vorzeichen gibt darüber Auskunft, wie stark die auf die entsprechenden Merkmale bezogenen Urteile durch die komplexen Klangunterschiede beeinflußt wurden und ob sie mit dem Diskriminanzfaktor gleich- oder gegensinnig korrelieren. Die Rangplätze der Absolutwerte ordnen die Merkmale gemäß ihrer grundsätzlichen Bedeutsamkeit für die Beurteilung der komplexen Klangunterschiede.

Bedeutsamkeit der Beurteilungsmerkmale für die multivariaten Stichprobenunterschiede
- Vergleich der Musikstücke -

Ladungen der Merkmale auf dem ersten Diskriminanzfaktor und Rangplätze ihrer Absolutwerte

	„Lemon Tree"		„Sonic Empire"		„Love Song"	
	Ladung	Rang	Ladung	Rang	Ladung	Rang
Gefallen	,413	2	-,088	8	,209	8
Abwechslung	,081	9	,071	9	-,038	12
Härte	-,009	13	-,475	1	-,414	3
Melodie	,228	6	,346	3	,106	10
Rhythmus	-,065	10	,063	10	-,145	9
Tempo	,040	11	-,056	11	,015	13
Lautstärke	,447	1	-,374	2	,046	11
Helligkeit	-,030	12	,297	4	,228	7
Baß	,316	4	,215	6	-,527	1
Deutlichkeit	,123	7	Nicht erhoben		,272	5
Laune	,088	8	-,246	5	,260	6
Tanzen	-,246	5	,147	7	,337	4
Träumen	,409	3	,000	12	,424	2

Tabelle 44

Bei der Interpretation von Tabelle 44, in der die jeweils vier höchsten Rangplätze dunkel hervorgehoben sind, sollte beachtet werden, daß die Höhe der Ladungen und die Rangplätze nicht zwischen den Musikstücken, sondern nur innerhalb eines jeden Musikstücks verglichen werden dürfen, da die drei Diskriminanzfaktoren hinsichtlich Lage und Varianzaufklärung nicht identisch sind. Weiterhin ist anzumerken, daß im Falle von „Love Song" die Ladungen stark von den spezifischen klanglichen Divergenzen der beiden einzigen verwendeten Testbeispiele abhängen, während den Ladungen im Falle von „Lemon Tree" und „Sonic Empire" ein klanggestalterisches Spektrum von immerhin jeweils fünf

Testbeispielen zugrunde liegt. Die Analyseergebnisse zu den bekannten Musikstücken sind in klanglicher Hinsicht also allgemeingültiger. Die Ergebnisse zu „Love Song" bieten hingegen aufgrund der Tatsache, daß ihnen eine einheitliche Gesamtstichprobe zugrunde liegt, den Vorteil einer hohen internen Validität. Nur sie spiegeln außerdem die Reaktion der Versuchspersonen auf Klanggestaltungen eines unbekannten Musikstücks wider.

Zunächst fällt auf, daß die Diskriminanzfaktorladungen relativ gering sind. Dies spricht unter anderem dafür, daß die Bedeutsamkeit der Variable *Hörerurteil* eher im komplexen Zusammenhang der einzelnen Merkmale liegt und nur begrenzt an einzelnen Merkmalen festzumachen ist.

Ungeachtet dessen ist nicht verwunderlich, daß sich die komplexe Variation von Klanggestaltungen vor allem auf die klangbeschreibenden Beurteilungsmerkmale (*Lautstärke*, *Helligkeit* und *Baß* sowie im Falle von „Love Song" auch *Deutlichkeit*) auswirkt, wenngleich grundsätzlich die Urteile auf Skalen aller Merkmalskategorien[13] beeinflußt werden: auf Skalen, die die EPA-Struktur beschreiben (*Gefallen* und *Härte*), auf emotionsbeschreibenden (*Tanzen* und *Träumen*) sowie auf die musikalische Struktur beschreibenden Skalen (*Melodie*).

Es ist bemerkenswert, daß sich die Klanggestaltung auch darauf auswirkt, inwieweit ein Musikstück als melodisch empfunden wird. Daß dieser Zusammenhang ausgerechnet bei „Sonic Empire" vergleichsweise deutlich zu Tage tritt, ist nur auf den ersten Blick widersinnig: Die kompositorische Anlage des Technostücks weist die mit Abstand geringsten melodischen Qualitäten auf (vgl. hierzu auch die Abbildungen 54 und 55 auf S.199). Das Vorhandensein eines Mindestmaßes melodischer Qualitäten ist jedoch eine stilübergreifende, generelle Voraussetzung für das positive Erleben von Popmusik und wird vom Hörer erwartet. Eine umso größere Rolle spielt in diesem Falle die Klanggestaltung bei der Hervorhebung oder Bewahrung weniger melodischer Bestandteile. Ein Beispiel im Sinne der Nichterfüllung dieser Funktion stellt den Urteilen der Jugendlichen zufolge Abmischung 3 dar.

Das wohl wichtigste Ergebnis, das die Diskriminanzanalyse liefert, ist jedoch die Feststellung, daß die relative Bedeutsamkeit der Merkmale mit den Musikstücken deutlich variiert.[14] Insbesondere der Vergleich der bekannten Musikstücke legt vor dem Hintergrund ihrer mehrfachen und breiten klanglichen Variation die Vermutung nahe, daß die unterschiedlichen Musikstücke sowohl *per se* als auch aufgrund ihrer Stilzugehörigkeit beim Hörer Sets von Beurteilungsmerkmalen gehobener Bedeutsamkeit hervorrufen. So ist es z.B. leicht nachvollziehbar, daß unterschiedliche Klanggestaltungen des Technostücks „Sonic Empire" im Gegensatz zu den anderen beiden Stücken nicht nach dem Kriterium *Träumen* unterschieden wurden (wenngleich, wie unter 11.1 beschrieben, die Urteile zu dem Stück auf dieser Skala geschlechtsabhängig variieren). Wie die im nächsten Abschnitt dargestellten Trendtests unter anderem zeigen, kann eine solche Invariabilität von Urteilen bezüglich eines Merkmals nicht nur darauf zurückgeführt werden, daß es den Probanden zur Beurteilung eines Musikstücks ungeeignet erscheint, sondern auch auf eine entgegengesetzte Konstellation: Eine überhöhte Bedeutsamkeit eines Merkmals infolge

---

[13] Vgl. 5.4.
[14] Die Variabilität von Beurteilungsmerkmalen zeigte sich auch in bestehenden Untersuchungen zur Klangwahrnehmung (vgl. 1.2.1).

einer starken Erwartungshaltung kann zu einer Abgabe von Vorurteilen führen (wie im Falle des Merkmals *Baß* bei „Sonic Empire"). Zwischen diesen beiden Polen der Invariabilität der Urteile liegt ein Bereich von für die Versuchsteilnehmer bedeutsamen und zugleich hinsichtlich ihrer zu beurteilenden Ausprägungen variabel handhabbaren Merkmalen, in dem eine Beeinflussung durch die Klanggestaltung möglich ist.

11.2.2 Trendtests

Trendtests stellen den Versuch dar, einen varianzanalytisch ermittelten Zusammenhang von unabhängiger und abhängiger Variable durch eine Regressionsgleichung zu spezifizieren, also quantitative Vorhersagen der Werte einer abhängigen Variable (Kriteriumsvariable) auf Grundlage der Werte einer unabhängigen Variablen (Prädiktorvariable) zu ermöglichen. Im folgenden wird anhand von Trendtests untersucht, ob zwischen einzelnen Klang- und Beurteilungsmerkmalen mathematisch einfach beschreibbare musikstück- bzw. stilübergreifende Zusammenhänge bestehen.

Die Trendtests wurden anhand der Mittelwerte der Beurteilungen[15] und der Klangeigenschaften aller zwölf Testbeispiele für alle möglichen Kombinationen der einzelnen Indikatorvariablen durchgeführt.[16] Für die Bildung der Regressionsgleichungen wurden verschiedene Modelle getestet und hieraus signifikante Funktionen ausgewählt; sie sind in den Abbildungen 48 bis 59 zusammen mit den beobachteten Mittelwerten der Testbeispiele graphisch dargestellt.[17] Weiterhin wurde für jeden Zusammenhang die Signifikanz des F-Wertes und die bivariate bzw. ggf. die multiple Korrelation angegeben (ohne Schrumpfungskorrektur). Bei der Interpretation der Regressionsfunktionen ist zu berücksichtigen, daß eine solche natürlich – wie an Abbildung 55 leicht zu erkennen – grundsätzlich nur innerhalb der Variationsbreite der zugrunde gelegten Mittelwerte sinnvoll ist und daß darüber hinaus die dargestellten Zusammenhänge aufgrund der Unterschiedlichkeit von Musikstücken und Stichproben sowie der Multikollinearität der Prädiktor- und Kriteriumsvariablen eingeschränkte Aussagekraft besitzen. Letzteres gilt auch für den Fall, daß ein theoretisch plausibler Zusammenhang (wie z.B. *Lautstärke/Lautstärke* [sic]) infolge statistischer Unbedeutsamkeit nicht aufgeführt ist. Die folgenden Interpretationen sind insofern nicht als gesicherte Erkenntnisse zu verstehen.

---

[15] Es wurden nur die unter der auditiven Bedingung erhobenen Urteile berücksichtigt.
[16] Die Variablen Komplexität und Deutlichkeit wurden nicht berücksichtigt, da sie nicht zu allen Testbeispielen erhoben wurden. Für die beiden Testbeispiele von „Love Song" wurden die Variablen *Effektanteil* und *Hallanteil* durch Mittelwertbildung zu der neuen Variable *Effekt- und Hallanteil* zusammengefaßt; sie enthält für die Testbeispiele der bekannten Musikstücke die unveränderten Werte der Variable *Effektanteil*.
[17] Es wurden zunächst lineare, quadratische, kubische, logarithmische und exponentielle Modelle jeweils mit Konstante getestet (die quadratischen und kubischen Modelle enthalten die Komponenten niederer Ordnung). Um das logarithmische Modell zu ermöglichen, wurde der Wertebereich der Kriteriumsvariablen in den positiven Bereich verschoben (1 bis 5). Es zeigte sich, daß alle Trends, die sich am treffendsten mit einer logarithmischen oder exponentiellen Funktion beschreiben ließen, kaum eine sichtbare Krümmung aufwiesen. Sie können als quasi-lineare Zusammenhänge bezeichnet und mit vernachlässigbar geringen Signifikanzeinbußen auch signifikant linear beschrieben werden. Aus darstellungstechnischen Gründen erfolgte die graphische Veranschaulichung der entsprechenden Trends anhand ebendieser linearen Funktionen. Die Diagramme wurden nach Beurteilungsmerkmalen geordnet, die über die in den Expertenratings ermittelten Klangeigenschaften der Testbeispiele (Abszisse) aufgetragen sind. Die Mittelwerte sind zwecks Identifizierbarkeit mit den Nummern der Abmischungen versehen. Um einen vergleichenden Überblick über die Stärke der Ausprägung der Zusammenhänge zu ermöglichen, wurden keine Achsenstauchungen oder -streckungen vorgenommen.

Trendtest

Beobachtete Mittelwerte und Regressionsfunktion

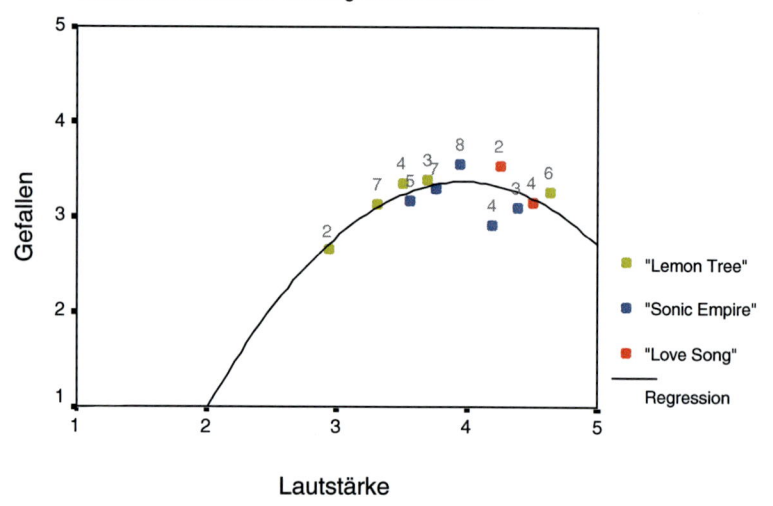

Lautstärke

Quadratischer Trend signifikant mit p=0,044; R=0,71.

Abbildung 48

Trendtest

Beobachtete Mittelwerte und Regressionsfunktion

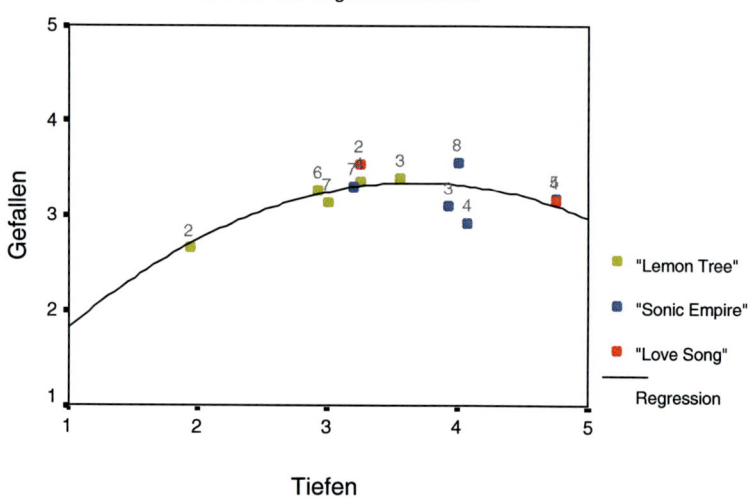

Tiefen

Quadratischer Trend signifikant mit p=0,041; R=0,71.

Abbildung 49

Trendtest

Beobachtete Mittelwerte und Regressionsfunktion

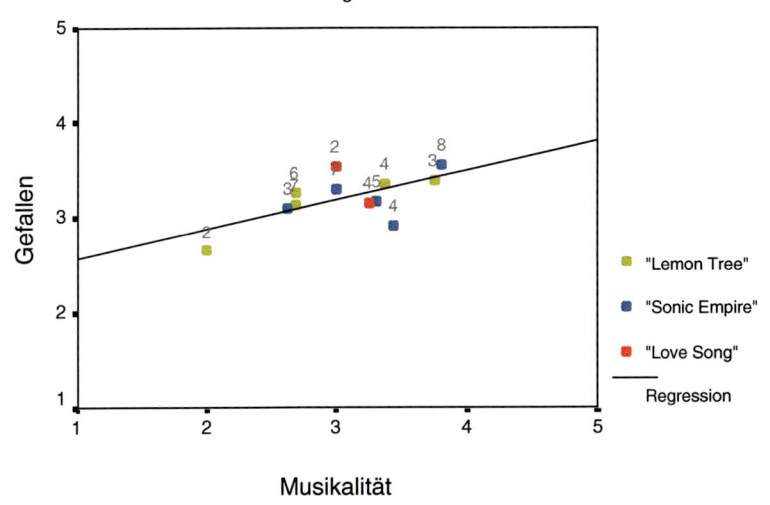

Musikalität – Gefallen

■ "Lemon Tree"
■ "Sonic Empire"
■ "Love Song"
— Regression

Linearer Trend signifikant mit p=0,029; r=0,63.

Abbildung 50

Trendtest

Beobachtete Mittelwerte und Regressionsfunktion

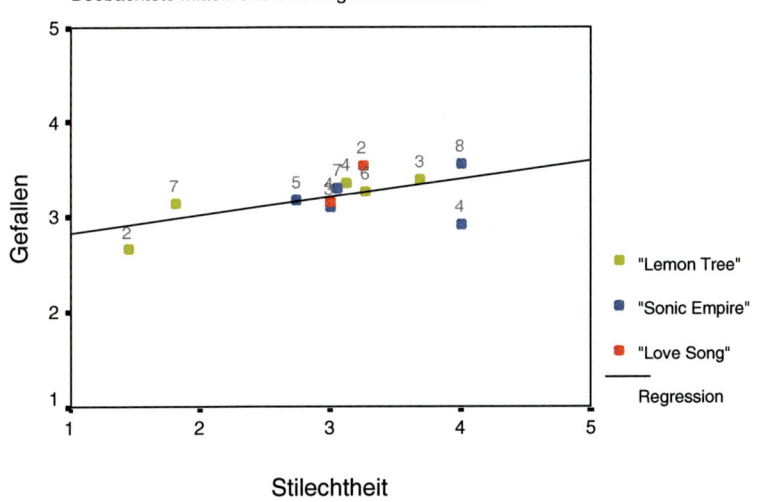

Stilechtheit – Gefallen

■ "Lemon Tree"
■ "Sonic Empire"
■ "Love Song"
— Regression

Linearer Trend signifikant mit p=0,048; r=0,58.

Abbildung 51

Trendtest

Beobachtete Mittelwerte und Regressionsfunktion

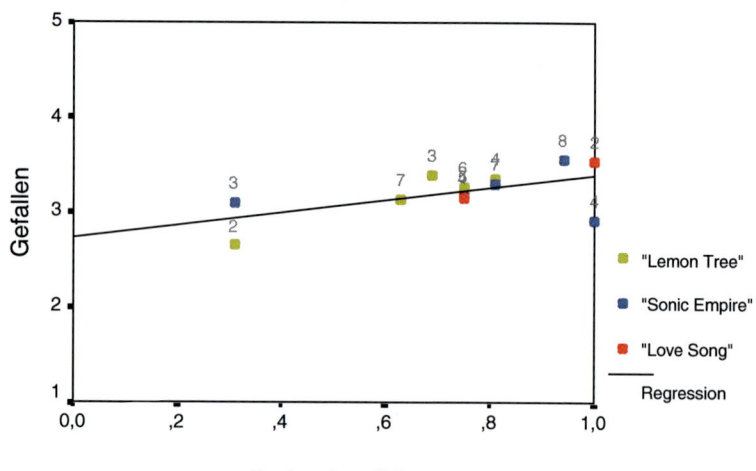

Gefallen vs. Professionalität

- "Lemon Tree"
- "Sonic Empire"
- "Love Song"
- Regression

Linearer Trend signifikant mit p=0,042; r=0,59

Abbildung 52

Trendtest

Beobachtete Mittelwerte und Regressionsfunktion

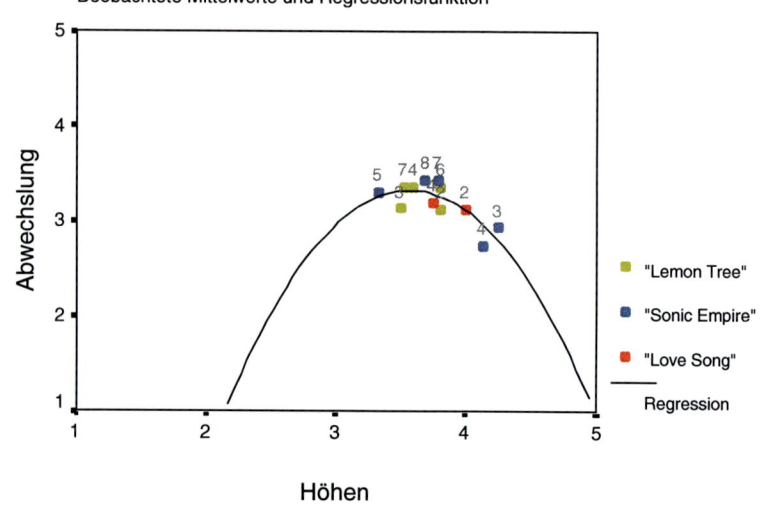

Abwechslung vs. Höhen

- "Lemon Tree"
- "Sonic Empire"
- "Love Song"
- Regression

Quadratischer Trend signifikant mit p=0,012; R=0,79.

Abbildung 53

Trendtest

Beobachtete Mittelwerte und Regressionsfunktion

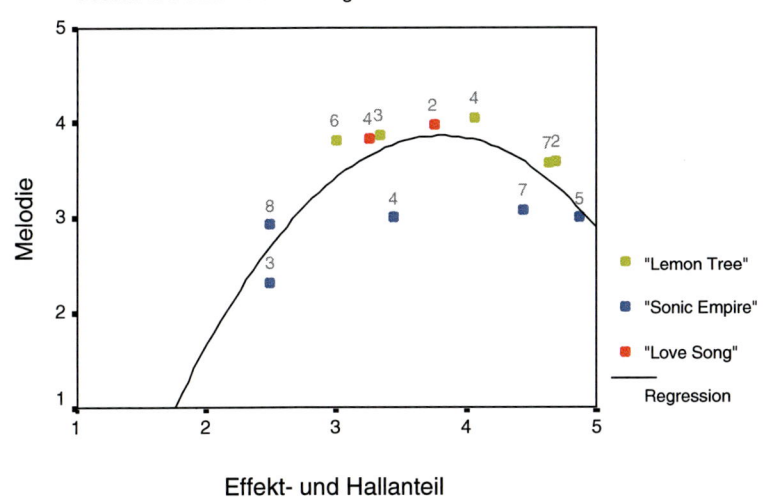

Melodie vs. Effekt- und Hallanteil

Quadratischer Trend signifikant mit p=0,027; R=0,74.

Abbildung 54

Trendtest

Beobachtete Mittelwerte und Regressionsfunktion

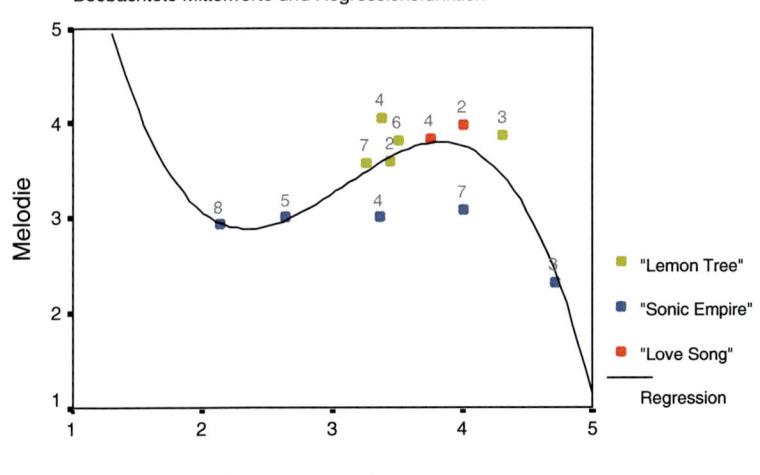

Melodie vs. Gesangsorientiertheit

Kubischer Trend signifikant mit p=0,044; R=0,71.

Abbildung 55

Trendtest

Beobachtete Mittelwerte und Regressionsfunktion

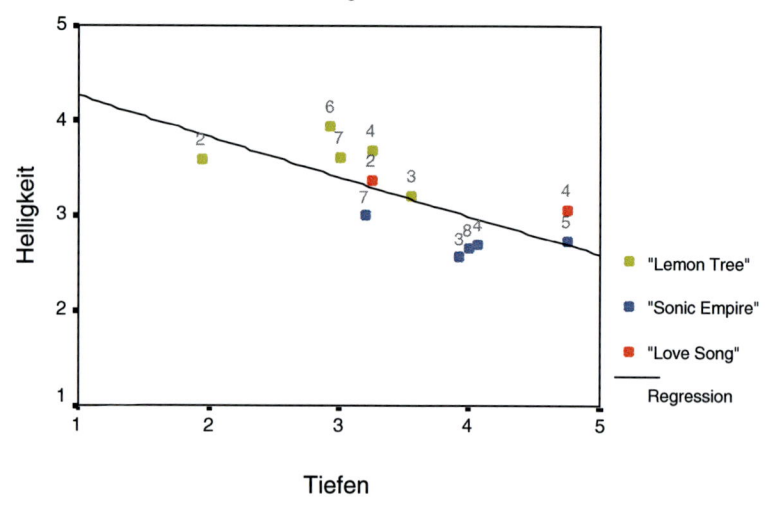

Linearer Trend hochsignifikant mit p=0,009; r=-0,71

Abbildung 56

Trendtest

Beobachtete Mittelwerte und Regressionsfunktion

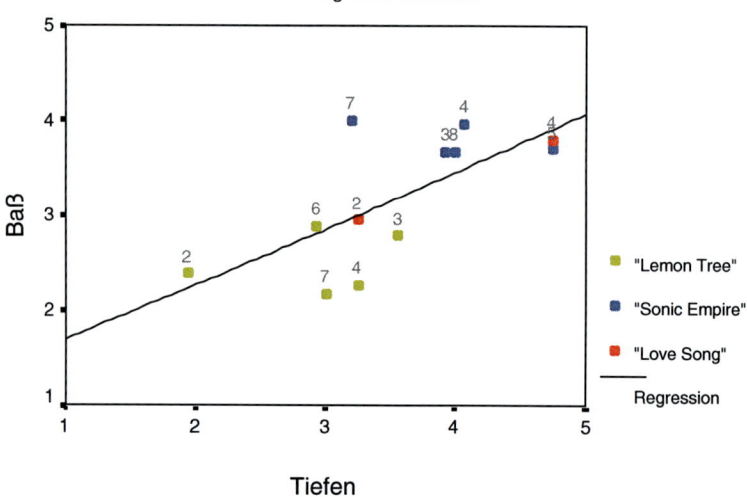

Linearer Trend signifikant mit p=0,011; r=0,70.

Abbildung 57

Trendtest

Beobachtete Mittelwerte und Regressionsfunktion

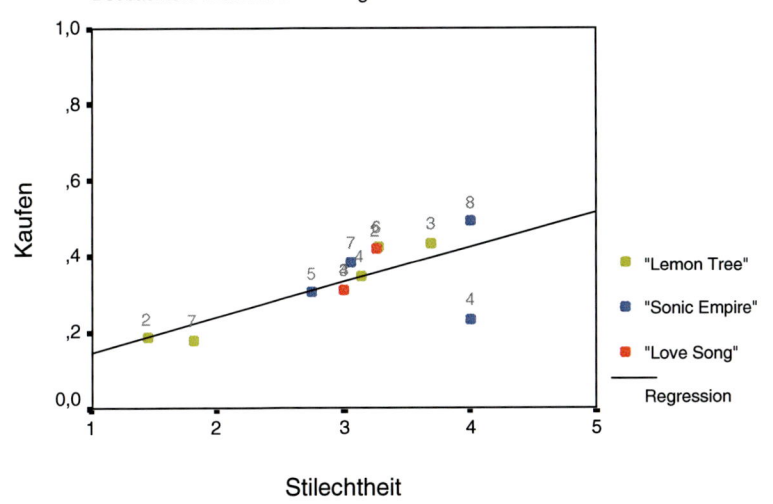

[Streudiagramm: Kaufen vs. Stilechtheit, mit Datenpunkten für "Lemon Tree", "Sonic Empire", "Love Song" und Regressionsgerade]

Linearer Trend signifikant mit p=0,011; r=0,70.

Abbildung 58

Trendtest

Beobachtete Mittelwerte und Regressionsfunktion

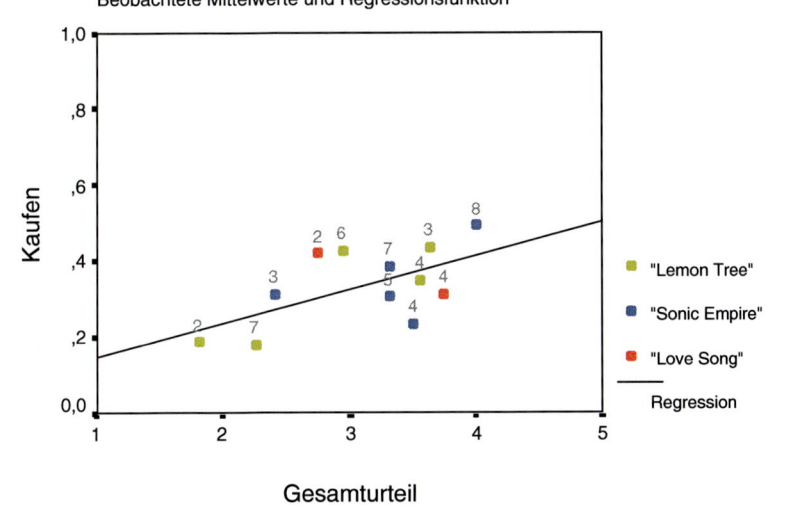

[Streudiagramm: Kaufen vs. Gesamturteil, mit Datenpunkten für "Lemon Tree", "Sonic Empire", "Love Song" und Regressionsgerade]

Linearer Trend signifikant mit p=0,040; r=0,60.

Abbildung 59

Die am häufigsten signifikant beeinflußte Kriteriumsvariable ist *Gefallen*, die am häufigsten signifikant beeinflussende Prädiktorvariable ist *Tiefen*. Auffällig ist, daß sich die Urteile auf den emotionsbeschreibenden Skalen sowie auf der Skala *Härte* nicht signifikant auf einzelne Klangeigenschaften zurückführen lassen. Dessenungeachtet sind grundsätzlich zwei Formen von Zusammenhängen zu beobachten: Zum einen ein umgekehrt U-förmiger Zusammenhang, der regelmäßig in Untersuchungen im Sinne der Neuen Experimentellen Ästhetik gefunden wurde, und zum anderen ein linearer bzw. quasi-linearer (vgl. Fußnote 17).

Lineare Zusammenhänge sind immer dann festzustellen, wenn die gegenübergestellten Beurteilungskriterien von Experten- und Laienhörern ähnlich sind, so beispielsweise bei evaluativen Skalen, zu denen auf seiten der Expertenhörer unter anderem *Musikalität*, *Stilechtheit*, *Gesamturteil* und *Professionalität*,[18] sowie auf seiten der Laienhörer *Gefallen*, (nicht ganz typischerweise) *Abwechslung* und *Kaufbereitschaft* gehören,[19] oder bei ‚technische' Klangmerkmale beschreibenden Skalen wie *Tiefen* einerseits und *Baß* andererseits. Es fällt jedoch auf, daß einige Zusammenhänge bei derartigen ähnliche Merkmale beschreibenden Skalen fehlen, z.B. zwischen den Variablen *Abwechslungsreichtum* und *Abwechslung* sowie *Rhythmusorientiertheit* und *Rhythmus*. Dies kann auf verschiedene Bezüge dieser Merkmale zurückzuführen sein: Die Expertenhörer beurteilten die Abmischung eines Musikstücks, die Probanden der Hörversuche hingegen das Musikstück selbst. Genau aus diesem Grunde wäre allerdings zu erwarten gewesen, daß zumindest die klangbeschreibenden Prädiktor- und Kriteriumsvariablen *Lautstärke* und *Lautstärke* sowie *Höhen* und *Helligkeit* stilübergreifend in einfachem Zusammenhang stehen. Auch dies ist nicht der Fall. Hier ist eine Diskrepanz zwischen Laien- und Expertenhörern im Verständnis selbst einfacher klangbeschreibender Merkmale zu konstatieren. Interessant ist in diesem Zusammenhang, daß die Urteile auf der Skala *Helligkeit* anstatt von dem Klangmerkmal *Höhen* von dem Klangmerkmal *Tiefen* beeinflußt werden. Dies kann nicht auf die Klangeigenschaften der Testbeispiele zurückgeführt werden, deren Tiefen- bzw. Höhenanteil meist eine gleichsinnige Entsprechung aufweist (vgl. 6.2.4, Tabelle 16 und 8.2.3, Tabelle 28). Vielmehr ist offensichtlich, daß die Probanden ihre Helligkeitseinschätzung nicht an der Ausprägung des mittleren Frequenzbereichs normierten sondern unter *hell* schlicht ‚nicht baßhaltig' verstehen. Offenbar scheinen Laienhörer einzelne Frequenzbereiche, vor allem Mitten und Höhen, (zumindest hinsichtlich ihrer sprachlichen Benennung) nicht klar zu differenzieren, sondern die aus ihren Ausprägungen resultierende Klangfarbe gemäß ihrer generellen Tendenz zum unteren oder mittleren/oberen Frequenzbereich als einheitliche Gestalt zu beschreiben; möglicherweise wird sie sogar als solche erlebt. Hierfür spricht auch die gegensinnige Korrelation von *Helligkeit* und *Baß*.

Daß vor allem die evaluativen Merkmale *Gesamturteil* und *Professionalität* als Prädiktoren für die ebenfalls evaluative Beurteilung einer Klanggestaltung durch Jugendliche taugen, ist eine triviale Feststellung; jedoch war nicht unbedingt zu erwarten, daß *Musikalität* und *Stilechtheit* etwa nahezu gleichwertige Prädiktoren darstellen, zumal nach Madsen und Geringer (1990) der Aufmerksamkeitsfokus bei Nichtmusikern auf andere musikalische Strukturelemente gerichtet ist als bei Musikern.[20]

---

[18] Vgl. 6.2.4, Tabelle 14.
[19] Vgl. 11.3.1, Tabelle 45.
[20] Vgl. auch Tan (1998).

Ein umgekehrt U-förmiger (also im vorliegenden Falle ein quadratischer oder kubischer) Zusammenhang wird in Experimenten zur ästhetischen Bewertung in der Regel immer dann beobachtet, wenn die Höhe evaluativer Urteile über die Komplexität von sich diesbezüglich unterscheidenden Beurteilungsobjekten aufgetragen wird. Die vorliegenden Trends scheinen sogar die umfassendere Variante dieses Modells zu erhärten: Das evaluative Urteil hängt umgekehrt U-förmig von der Aktivierung des Rezipienten ab. Eine Aktivierung geht nicht nur mit der Verarbeitung von Reizen höherer Komplexität einher,[21] als deren brauchbarstes Maß unter den vorliegenden signifikant wirkenden Prädiktorvariablen *Effekt- und Hallanteil* gelten kann, sondern ist auch die Folge physiologischer Stimulation,[22] im vorliegenden Falle in Form hoher Lautstärke, Baß- oder Höhenhaltigkeit. Erkennt man nun das Beurteilungsmerkmal *Melodie* prinzipell als ein evaluatives (wenngleich gemäß der in Tabelle 45 dargestellten Faktorenanalyse als ein objektbezogen-evaluatives) an,[23] so können die Abbildungen 48 und 49 sowie 53 bis 55 als klare Bestätigung der im Rahmen der Neuen Experimentellen Ästhetik vielfach gefundenen umgekehrt U-förmigen Abhängigkeit evaluativer Beurteilung von aktivierenden Stimuli interpretiert werden.[24]

Der gefundene kubische Trend in Abbildung 55 fügt sich nicht in diesen theoretischen Zusammenhang, sondern stellt einen untypischen Sonderfall dar: Die Expertenhörer beurteilten gemäß Merkmalsdefinition (vgl. 13.2.3), inwieweit eine Abmischung auf den Gesang ausgerichtet ist, die Schüler hingegen, inwieweit sie das Musikstück als melodisch empfinden. Nun fungiert im Falle von „Sonic Empire" nicht die Gesangsstimme, sondern die Instrumentalstimme *Tom* (vgl. den Spurenplan, 13.5.2) als Melodieträger und bestimmte vermutlich in stärkerem Maße als der vocoderartig verfremdete ‚Gesang' das Schülerurteil zu *Melodie*, das im Gegensatz zum Expertenurteil kaum variiert. Die spezifische Anlage dieses Musikstücks verursacht somit einen Trendverlauf, der ein Plateau enthält und nicht generalisiert werden sollte.

Die Existenz stilübergreifender Zusammenhänge sollte nicht darüber hinwegtäuschen, daß es sich hierbei um probabilistische Zusammenhänge handelt, die für den klanggestalterischen Einzelfall von allenfalls geringer Aussagekraft sind. Denn zum einen kann die Ausprägung einer spezifischen Klangeigenschaft im Kontext der komplexen Klanggestaltung völlig unterschiedliche Wirkungen zeitigen, wie z.B. in Abbildung 58 an den Abmischungen 4 und 8 von „Sonic Empire" zu erkennen ist. Zum anderen zeigt sich wie bereits in der Diskriminanzanalyse auch in den Trendanalysen ein deutlicher Einfluß des Musikstücks auf die Beurteilung durch die Probanden. Da hier einigermaßen fest definierte, zwischen den Musikstücken vergleichbare Klangparameter und nicht dem jeweiligen Musikstück angepaßte komplexe Klangbilder als Prädiktoren fungieren, ist dieser Einfluß zwischen den Musikstücken quantitativ vergleichbar: So wird, was leicht nachvollziehbar ist, „Sonic Empire" im Gegensatz zu den anderen beiden Musikstücken durchweg die gering-

---

[21] Das Theorie eines Zusammenhangs von Stimuluskomplexität und Aktivierung geht auf Berlyne (1971) zurück und wurde in einer Vielzahl von Untersuchungen bestätigt. Vgl. hierzu Smets (1973) sowie für den musikpsychologischen Bereich die unter 1.2.1 aufgeführten Präferenzuntersuchungen. Eine kritische Diskussion des aktivierungstheoretischen Ansatzes findet sich unter anderem bei Jauk (1982) und Bornstein (1989).
[22] Der Zusammenhang zwischen physiologischer Stimulation und Aktivierung (vgl. Berlyne 1971) zeigt sich in den verschiedensten Bereichen, etwa in der Fahrsicherheit (vgl. Haack 1990), in der Lärmforschung (vgl. hierzu z.B. Müller-Limmoth 1972, Jansen und Hoffmann 1965 sowie Griefahn und Jansen 1994) oder in der Werbewirkungsforschung (vgl. z.B. Krommes 1996). Vgl. auch 2.4.
[23] Vgl. hierzu auch Crozier (1974).
[24] Vgl. 1.2.1, Fußnote 14.

ste melodische Qualität beigemessen (vgl. Abbildung 54 und 55). Die Mittelwerte von vier der fünf Testbeispiele liegen hier in der Nähe von ∅≈0 (in den Diagrammen ∅≈3) und zeigen sich weitgehend invariant. Abmischung 3 wurden als einzigem Testbeispiel deutlich unmelodischere Qualitäten zugeschrieben (∅=-0,69 bzw. ∅=2,31 im Diagramm). Die Diskrepanz zwischen Abmischung 3 und den übrigen Testbeispielen von „Sonic Empire" stellt somit die Hauptursache für das diskriminanzanalytische Ergebnis der vergleichsweise hohen Bedeutsamkeit des Beurteilungsmerkmals *Melodie* dar.

Inwieweit sogar die Einschätzung einfacher klangbeschreibender Merkmale durch die Versuchteilnehmer von dem jeweiligen Musikstück bzw. -stil beeinflußt werden kann, ist in Abbildung 57 zu erkennen. Ausgerechnet diejenigen Testbeispiele, die gemäß Expertenrating einen nahezu identischen Wert hinsichtlich des Klangmerkmals *Tiefen* aufweisen (Mischung 4 von „Lemon Tree", Mischung 7 von „Sonic Empire" und Mischung 2 von „Love Song"), repräsentieren fast die gesamte Variationsbreite aller Testbeispiele hinsichtlich der Eigenschaft *Baß*, wurden diesbezüglich also extrem unterschiedlich beurteilt. Darüber hinaus fällt auf, daß die Testbeispiele der beiden bekannten Musikstücke regelrechte Cluster bilden. Auch hier wird also ein unterschiedliches Verständnis von Klangparametern zwischen Experten- und Laienhörern deutlich: Vermutlich wurde seitens der Versuchspersonen mit dem Technostil eine hohe Baßhaltigkeit assoziiert, und dieses *perceptual set* bestimmte neben dem tatsächlichen Klang das Hörerurteil. Infolgedessen erweist sich hier das Merkmal *Baß* als weitgehend resistent gegenüber einer Beeinflussung durch tatsächliche Veränderungen des Tiefenanteils. Dies erklärt, warum das Merkmal *Baß*, wie die Ergebnisse der Diskriminanzanalyse zeigen, nicht in stärkerem Maße zur Unterscheidung der verschiedenen Testbeispiele von „Sonic Empire" beigetragen hat (vgl. 11.2.1).

Die ausschließlich bivariate Gegenüberstellung von Klangeigenschaften und Beurteilungsmerkmalen stellt eine enge psychophysikalische Betrachtungsweise dar. Obwohl eine derartige Gegenüberstellung im vorliegenden Fall einige generelle Zusammenhänge aufzeigt, wird deutlich, daß sie der komplexen Wirkungsweise der Klanggestaltung nicht gerecht wird. So können offenbar vor allem die Urteile auf den emotionsbeschreibenden Skalen sowie der Skala *Härte*, die die Diskriminanzanalyse als klanggestalterisch beeinflußbar ausweist, nicht mit Ausprägungen einzelner Klangmerkmale in Beziehung gesetzt werden. Sie hängen also weitgehend von den komplexen Klangeigenschaften in Verbindung mit dem jeweiligen Musikstück ab.

Dieses Ineinandergreifen klanglicher und musikalisch-struktureller Eigenschaften und Beurteilungsmaßstäbe – d.h. das Inhärenzprinzip – wird in den Befunden immer wieder an der Bedeutung entsprechender Indikatorvariablen sichtbar, und zwar produktions- wie rezeptionsseitig: Zum einen erweisen sich die Merkmale *Musikalität* und *Stilechtheit* als relativ gute Prädiktoren für die evaluative Beurteilung durch Laienhörer, zum anderen hängt es unter anderem von der Klanggestaltung ab, inwieweit ein Musikstück als melodisch empfunden wird, wobei die Beeinflussung der Urteile bezüglich des Merkmals *Melodie* durch komplexe Klangbildveränderungen umso stärker zu sein scheint, je schwächer die melodische Substanz eines Musikstücks ausgeprägt ist.

Die gefundenen umgekehrt U-förmigen Zusammenhänge sind nicht nur im Hinblick auf die Neue Experimentelle Ästhetik relevant. So scheint vor dem Hintergrund der gängigen Produktions-, Sende- und Beschallungspraxis – besonders in bezug auf die Klangeigenschaft *Lautstärke* – die Feststellung des einfachen Sachverhalts angebracht, daß die Ausprägung gerade auch der ‚technischen' Klangmerkmale immer einer optimalen Quantität bedarf, soll beim Hörer eine maximale evaluative Beurteilung hervorgerufen werden; und diese optimale Quantität ist eben in der Regel nicht die maximale Quantität (vgl. Kellaris und Rice 1993).[25] Mit der Anerkennung einer optimalen Quantität stellt sich natürlich das Problem ihrer generellen Bestimmbarkeit, die durch das komplexe Zusammenwirken von Klangparametern nicht nur erschwert, sondern quasi unmöglich gemacht wird: Die Variabilität der Bedeutsamkeit von Beurteilungsmerkmalen seitens der Laienhörer sowie die zwischen Laien und Experten bestehenden Diskrepanzen im Verständnis klangbeschreibender Merkmale, für die hier Anzeichen gefunden wurden, machen deutlich, daß die Auswirkung einzelner Klangparameter auf einzelne Beurteilungsmerkmale ohne Berücksichtigung der übrigen musikalischen und klanglichen Gegebenheiten kaum determinierbar sein wird.

11.3 Zusammenhänge von Beurteilungsmerkmalen

Zusammenhänge von Variablen werden prinzipiell durch die Berechnung von Korrelationen ermittelt. Da dieses Vorgehen im vorliegenden Fall aufgrund der vergleichsweise hohen Anzahl von Variablen eine schlecht handhab- und interpretierbare Flut neuer Daten hervorbringen würde, wird es auf die nähere Untersuchung der Kaufbereitschaft beschränkt. Die übrigen Merkmale werden faktorenanalytisch daraufhin untersucht, ob ihnen eine sinnvoll interpretierbare orthogonale Beurteilungsstruktur zugrunde liegt.

11.3.1 Faktorenanalyse der Beurteilungsmerkmale

Zur Ermittlung ihrer orthogonalen Struktur wurden die vereinten Daten der Hörversuche einer Hauptkomponentenanalyse unterzogen (‚stringing out'-Methode). Nach dem Kaiser-Guttmann-Kriterium wurden vier Faktoren extrahiert und varimax-rotiert. Tabelle 45 zeigt die rotierte Faktorladungsmatrix.[26] Ladungen, die aufgrund ihrer Höhe zur inhaltlichen Interpretation der Faktoren beitragen, sind dunkel hervorgehoben.

Es ergibt sich eine relativ klare Beurteilungsstruktur, die zum Teil die den Fragebogen strukturierenden Kategorien[27] erkennen läßt. Die vier Faktoren repräsentieren eine Bewertungs-, eine Aktivitäts- eine musikalisch-strukturelle und eine klangliche Dimension. Der erste Faktor unterscheidet sich von den anderen weniger durch seinen evaluativen Charakter als vielmehr dadurch, daß auf ihm ausschließlich Merkmale laden, die sich auf den

---

[25] In diesem Zusammenhang ist anzumerken, daß das Absinken der Gefallenskurve im oberen Lautstärkebereich möglicherweise nicht ausschließlich auf die rein physiologische Stimulation, sondern zum Teil auf als Folge von Lautheitserhöhung (vgl. 10.3.8) auftretende klangliche Artefakte (vgl. 2.3.1) zurückzuführen sein könnte, die (bewußt oder unbewußt) als unangenehm empfunden werden.
[26] Die Voraussetzung für die Interpretierbarkeit der Faktorenstruktur ist durch die hohe Anzahl von Fällen gegeben (N=628).
[27] Vgl. 5.4.

Rezipienten anstatt auf ein externes Beurteilungsobjekt beziehen.[28,29] Aus diesem Grunde korrelieren mit ihm auch die emotionsbeschreibenden Merkmale.

Trotz ihrer Klarheit enthält die Faktorenstruktur drei Auffälligkeiten: Erstens konstituieren Merkmale, die gemeinhin einen dreidimensionalen ‚semantischen' Raum bilden, im vorliegenden Falle nur zwei Faktoren. So ist Faktor 1 zwar als *Evaluation* beschreibbar, jedoch lädt das Merkmal *Abwechslung* auf ihm, das eher auf dem Faktor *Activity* zu erwarten gewesen wäre. Der zweite Faktor ist als *Activity* interpretierbar, weist jedoch eine relativ hohe Ladung des Merkmals *Härte* auf. Dieses Merkmal korreliert üblicherweise mit einem als *Potency* beschreibbaren dritten Faktor, der in der vorliegenden Matrix fehlt.[30] Zweitens korreliert *Lautstärke* nicht, wie zu erwarten gewesen wäre, mit den klangbeschreibenden Merkmalen, sondern lädt, wohl aufgrund ihrer dominierenden aktivierenden Qualität, auf dem zweiten Faktor. Drittens ist das Merkmal *Helligkeit* keinem Faktor eindeutig zuzuordnen, sondern korreliert etwa gleich hoch mit dem dritten und dem vierten Faktor. Es scheint von den Probanden nicht als rein klangliche, sondern zumindest partiell als musikalisch-strukturelles Merkmal verstanden zu werden und könnte insofern als eine Art Bindeglied zwischen den Beurteilungsdimensionen angesehen werden. Die gegensinnige Korrelation der Merkmale *Helligkeit* und *Baß* mit dem vierten Faktor sowie miteinander stützt die unter 11.2.2 vertretene These einer Tendenz zum Erleben der Klangfarbe als Einheit.

Faktorenanalyse der Beurteilungsmerkmale
Rotierte Faktorladungsmatrix

	Faktor			
	1	2	3	4
Gefallen	,811	,167	,215	-,014
Abwechslung	,445	,249	,359	,085
Härte	,031	,718	-,192	-,230
Melodie	,283	-,035	,682	,018
Rhythmus	,193	,089	,761	-,209
Tempo	-,002	,737	,187	,181
Lautstärke	,171	,694	,083	-,120
Helligkeit	-,077	,006	,451	,471
Baß	,201	,170	,069	-,683
Deutlichkeit	,237	,023	-,094	,532
Laune	,580	,250	,258	,283
Tanzen	,530	,047	,214	-,072
Träumen	,689	-,301	,015	-,127
Kaufen	,772	,108	,005	,038

Tabelle 45

---

[28] Zur „Mehrdimensionalität des musikalischen Werturteils" vgl. Behne (1986b, S.15 oder 1987a).
[29] Auch das Merkmal *Abwechslung* kann im Sinne eines Bezugs auf den Rezipienten gedeutet werden, denn die konkrete Beschriftung der Skala lautete *eintönig – abwechslungsreich* und beschreibt damit auch ein Moment der Langeweile.
[30] Nach Schäfer (1983) ist die Ausprägung einer klassischen EPA-Struktur stark von „Art und Anzahl der zur Beurteilung vorgelegten Konzepte" abhängig (S.162).

Die Kristallisierung des vierten Faktors, den man als Beurteilung der Klangfarbe oder gar der Klanggestaltung interpretieren könnte, bedeutet, daß klangbeschreibende Merkmale auch bei Laienhörern eine unabhängige Beurteilungsdimension darstellen. Da das schriftliche Fixieren von Beurteilungen während der Hörversuche den kognitiven Verarbeitungsmechanismus voraussetzt, den Perrig et al. (1993) eine „konstruktive Interpretation" nennen (S.44), verdeutlicht die Ausbildung dieser Dimension die bewußte Unterscheidung musikalisch-struktureller und klanglicher Merkmale durch die Probanden.[31]

Das Ergebnis der Faktorenanalyse zeigt schließlich, daß, indem das verwendete Meßinstrument vier unabhängige, musikalisch bzw. klanglich relevante Beurteilungsdimensionen zu erfassen vermag, sich der multivariate Ansatz rückblickend als sinnvoll erweist.

11.3.2 Zusammenhang zwischen Kaufbereitschaft und Beurteilungs- sowie persönlichen Merkmalen

Um zu ermitteln, inwieweit die Kaufbereitschaft durch die Ausprägung der Beurteilungs- und persönlichen Merkmale erklärbar ist, wurde zunächst die multiple Korrelation zwischen der Kaufbereitschaft und den übrigen beteiligten Variablen berechnet. Sie ist mit p=0,000 hochsignifikant und beträgt R=0,72. Das heißt, daß etwa 51% der Varianz der Urteile zur Kaufbereitschaft durch die Prädiktorvariablen erklärbar sind. Über das Ausmaß, in dem die Prädiktorvariablen in ihrem Gesamtgefüge an der angegebenen Kaufbereitschaft beteiligt sind, geben die Beta-Gewichte Auskunft. Tabelle 46 zeigt für jedes als Prädiktorvariable eingesetzte Merkmal das Beta-Gewicht (b), seine Signifikanz (p) sowie den Strukturkoeffizienten (c). Letzterer ist ein Maß für den Zusammenhang zwischen Prädiktor- und vorhergesagter Kriteriumsvariable ohne Berücksichtigung der wechselseitigen Abhängigkeit der Prädiktorvariablen (vgl. Bortz 1993).

Die t-Tests zweier Beta-Gewichte fallen signifikant aus. Es war zu erwarten, daß die Kaufbereitschaft vor allem schlicht von dem Gefallen eines Beurteilungsobjekts abhängt. Die Einbeziehung der Kontrollvariablen als Prädiktorvariablen erweist sich insofern als sinnvoll, als zu erkennen ist, daß auch das Alter einen hochsignifikanten, wenngleich geringen Einfluß auf die Kaufbereitschaft ausübt. Die im Vergleich zu den Verhältnissen der Beta-Gewichte relativ hohen Werte der Strukturkoeffizienten der Merkmale *Abwechslung*, *Laune* und *Tanzen* weisen darauf hin, daß sie untereinander sowie mit dem Merkmal *Gefallen* in besonderem Maße interkorrelieren, was bereits an den Faktorladungen deutlich wurde (vgl. Tabelle 45). Die genannten Merkmale könnten also bei einem Ausschluß von *Gefallen* ersatzweise als Prädiktoren fungieren.

---

[31] Dies steht nicht im Widerspruch zu der Feststellung, daß „die Wahrnehmung von Klangfarbe in weit geringerem Maß als z.B. die Tonhöhe der bewußtseinspflichtigen Ebene zugeordnet [sei]" (Deutsch et al. 1996, Sp.154). Zur Empfindlichkeit der auditiven Auswertung spektraler Information bzw. der Klangfarbenwahrnehmung bei nicht geschulten Hörern vgl. Samson et al. (1997).

Zusammenhang zwischen Kaufbereitschaft und Beurteilungs- sowie persönlichen Merkmalen

Beta-Gewichte, ihre Signifikanzen und Strukturkoeffizienten

	b	p	c
Gefallen	,562	,000	,961
Abwechslung	,074	,085	,485
Härte	,018	,772	,158
Melodie	-,028	,553	,262
Rhythmus	,015	,712	,291
Tempo	,004	,948	,225
Lautstärke	,036	,495	,252
Helligkeit	-,020	,632	,003
Baß	,005	,919	,190
Deutlichkeit	,032	,412	,103
Laune	,066	,185	,656
Tanzen	,047	,306	,502
Träumen	,062	,206	,259
Kennen	-,025	,568	,064
Geschlecht	,047	,242	-,022
Alter	-,149	,000	-,284
Leistungsstufe	-,036	,383	-,081
Wahlpflichtfach	,002	,955	,084

Tabelle 46

Daß im Gefüge der Prädiktorvariablen alle Merkmale außer *Gefallen* einen extrem geringen Einfluß auf die Kaufbereitschaft ausüben, zeigt, wie stark dieses Werturteil die übrigen Beurteilungskriterien bündelt, also die durch ebendiese Merkmale erfaßten Informationen enthält. Weiterhin ist wahrscheinlich, daß die Kriteriumsvariable über nichtlineare Funktionen mit den Prädiktorvariablen oder deren komplexen Interaktionen sowie mit hier nicht berücksichtigten Einflußfaktoren zusammenhängt.

11.4 Zusammenfassung

Unter Zugrundelegung sämtlicher unter der rein auditiven Bedingung erhobenen Daten der beiden Hörversuche wurden ergänzende Analysen zur wechselseitigen Abhängigkeit der Variablen durchgeführt. Die Analyse des Einflusses der Kontrollvariablen auf das Beurteilungsverhalten ergab, daß Jungen, Schüler höherer Leistungsstufe und solche, die Musik als Wahlpflichtfach belegen, bezüglich der meisten Merkmale eine geringere Urteilshöhe aufweisen. *Alter* und *Geschlecht* stellen die einflußreichsten Kontrollvariablen dar, letzteres wirkte sich sogar auf alle erfaßten klangbeschreibenden Merkmale (*Lautstärke*, *Helligkeit*, *Baß* und *Deutlichkeit*) aus. Den Ergebnissen anderer Untersuchungen entsprechend gaben weibliche Hörer höhere Lautstärkeurteile ab als männliche, reagierten also sensitiver. Die Lautstärkebeurteilung sank außerdem mit zunehmender Musikinteressiertheit und stieg im Falle von „Lemon Tree" mit dem Alter. Des weiteren wurden typische geschlechtsabhängige sowie altersabhängige Stilpräferenzen gefunden: „Love Song" wurde von jüngeren weiblichen, „Sonic Empire" von jüngeren männlichen und „Lemon Tree" tendenziell von älteren Versuchsteilnehmern beiderlei Geschlechts präferiert. Die Ermittlung spezifischer Zusammenhänge zwischen einzelnen Klangeigenschaften und Beurteilungen zeigte deutlich, daß diese ohne die Berücksichtigung der übrigen klanglichen sowie musikalisch-strukturellen bzw. stilistischen Eigenschaften des jeweiligen Musikstücks allenfalls probabilistisch, jedoch nicht im Sinne von Determinierbarkeit möglich ist. Im Rahmen dieser Einschränkung stellen neben *Gesamturteil* und *Professionalität* auch *Musikalität* und *Stilechtheit* die besten produktionsseitigen Prädiktoren für die evaluative Beurteilung von Klanggestaltungen durch Jugendliche dar. Unter anderem hieran zeigt sich ein Ineinandergreifen von klanglichen und musikalisch-strukturellen Eigenschaften bzw. Beurteilungsmaßstäben. Weiterhin konnte die im Rahmen der Neuen Experimentellen Ästhetik vielfach gefundene umgekehrt U-förmige Abhängigkeit evaluativer Beurteilung von aktivierenden Stimuli bestätigt werden. Neben der komplexen Interaktion von Klangparametern verkomplizieren zwei weitere Umstände den Zusammenhang von Klanggestaltung und Beurteilung: So wirken sich komplexe Klangveränderungen zwar generell auf die meisten Indikatorvariablen aus, jedoch variiert die relative Bedeutsamkeit der Beurteilungsmerkmale in Abhängigkeit vom Musikstück. Des weiteren scheinen zwischen Experten- und Laienhörern Unterschiede im Verständnis selbst einfacher Klangmerkmale wie z.B. *Helligkeit* zu bestehen. Da die Urteile auf dieser Skala ungleichsinnig mit dem Tiefenanteil zusammenhängen, wird vermutet, daß Laienhörer die Klangfarbe als Einheit im Sinne einer generellen spektralen Tendenz empfinden. Eine Faktorenanalyse der Urteile ergab, daß die klangbeschreibenden Merkmale eine unabhängige Beurteilungsdimension konstituieren, was die bewußte Unterscheidung musikalisch-struktureller und klanglicher Merkmale durch die Probanden verdeutlicht. Der Versuch, einen Zusammenhang zwischen der Kaufbereitschaft und den Kontroll- sowie den Indikatorvariablen des Hörerurteils herzustellen, ergab, daß diese hauptsächlich vom Gefallensurteil abhängt und mit dem Alter leicht sinkt.

12 Diskussion und Ausblick

In der vorliegenden Untersuchung wurde der Einfluß der Klanggestaltung auf die Beurteilung eines Popmusikstücks belegt. Dabei wurde eine Vertauschung von Rängen der Musikstücke in bezug auf das evaluative Beurteilungsmerkmal *Gefallen* (vgl. 9.3.2) und die Kaufbereitschaft (vgl. 9.3.3 und 9.4.2) beobachtet. Dies bedeutet, daß in der Konkurrenzsituation auf dem Musikmarkt die Klanggestaltung für die Absatzhäufigkeit und somit für die Charts-Plazierung einer Popmusikproduktion ausschlaggebend sein kann.[1] Ob der Klanggestaltung dabei eine größere Bedeutung zukommt als den musikalisch-strukturellen Komponenten, kann prinzipiell nicht gesagt werden, da diese Dimensionen nicht verglichen werden können (vgl. 2.1.1). Es konnte jedoch gezeigt werden, daß die Klanggestaltung eine bedeutende Einflußgröße darstellt. Ihre Bedeutung für die Präferenz des Hörers wird naturgemäß um so höher sein, je ähnlicher sich konkurrierende Produktionen musikalisch-inhaltlich sind und je weniger Geld der Zielgruppe für den Tonträgererwerb zur Verfügung steht, d.h. im allgemeinen, je jünger diese ist. Eine adäquate Klanggestaltung stellt also ein wichtiges Register dar, das es bei erfolgsorientierten Produktionen zu ziehen gilt.

Im audiovisuellen Kontext tritt Popmusik in der Regel mit einem Videoclip auf. In diesem Falle bildet die auditive Komponente den Kern des audiovisuellen Reizes (vgl. S.2 und 5.3.2) – anders als z.B. im Falle von Werbespots, in denen die Musik zumeist lediglich der Illustration dient. Daß die Darbietungsform (mit vs. ohne Videoclip) die Beurteilung der Musik beeinflußt, konnte anhand der beiden bekannten Musikstücke empirisch belegt werden. Darüber hinaus wurde im Falle von „Lemon Tree" ein signifikanter Interaktionseffekt der Einflußgrößen *Klanggestaltung* und *Darbietungsform* gefunden (vgl. 7.3.2 und 7.4). Zwar erwies sich der hier zugrundeliegende Haupteffekt *Klanggestaltung* nicht als statistisch bedeutsam, jedoch muß aufgrund der gefundenen Bewertungstendenzen bis auf weiteres angenommen werden, daß dieselbe klangliche Gestaltung eines Popmusikstücks nicht zugleich unter der auditiven wie auch unter der audiovisuellen Rezeptionsbedingung eine optimale Beurteilung seitens des Hörers hervorzurufen vermag. Die beobachtete Präferenz von Testbeispielen geringerer klanglicher Komplexität unter der audiovisuellen Bedingung ist im Rahmen der Theorie der Neuen Experimentellen Ästhetik bzw. durch das Modell der Kapazitätslimitierung erklärbar: Das zusätzliche Zeigen eines Videoclips erhöht die Komplexität des gesamten Stimulus so stark,[2] daß in Verbindung mit komplexen Klanggestaltungen die für die Probanden optimale subjektive Komplexität überschritten wird, was sich in einem geringeren Gefallensurteil niederschlägt. Der durch die Anwesenheit eines Videoclips bedingte Komplexitätsüberschuß wird durch die Präferenz einer unkomplexen Klanggestaltung kompensiert. Daß hier anstelle des übermäßig komplexen Reizes Klanggestaltungen präferiert wurden, die in besonderem Maße physiologisch stimulieren, also ebenfalls aktivieren, ist auf die spezifische Eigenschaftskonstellation der zwei alternativen Testbeispiele je Musikstück zurückzuführen (vgl. 6.2.4,

---

[1] Die Höhe der Charts-Plazierung beeinflußt wiederum die Absatzhäufigkeit gemäß einer positiven Rückkopplung (vgl. Zombik 1997).
[2] Musikvideos sind im allgemeinen von hoher ästhetischer Komplexität (vgl. Winter und Kagelmann 1993 und Jauk 1995).

Tabelle 16 und 6.2.5, Abbildungen 9 und 10), kann insoweit nicht ursächlich auf ebendiese physiologisch-stimulierenden Reizeigenschaften zurückgeführt werden und bedarf also keiner Erklärung. Jedoch sei in diesem Zusammenhang auf die Notwendigkeit einer Differenzierung in eine perzeptive und eine kognitive Ebene auditiver Verarbeitung hingewiesen. Einfache Modelle wie das der „Dominanz visueller Wahrnehmung" (vgl. etwa Behne 1987, S.123) greifen bezüglich der Reaktion auf Stimuli, die auf verschiedene Weise aktivieren (physiologisch oder aber durch ihre kollativen Eigenschaften), zu kurz und sind darüber hinaus möglicherweise generell nicht haltbar: In einer von Iwamiya (1994) durchgeführten Untersuchung zur bimodalen Wahrnehmung anhand natürlicher Stimuli zeigte sich, daß die inhaltliche wie zeitliche Übereinstimmung von Ton- und Bildinformation Bedingung für das Auftreten des Konsonanzphänomens[3] ist, jedoch nur für Beurteilungsdimensionen, deren Anwendung eine Informationsverarbeitung auf höherer (kognitiver) Ebene voraussetzt (wie z.B. *Evaluation* oder *Sauberkeit*), nicht aber für die Dimension *Helligkeit*, die einen Reiz hauptsächlich energetisch beschreibt: Auch bei im Verhältnis zum Bild verschobenem[4] oder falschem Ton war für *Helligkeit* ein Konsonanzphänomen zu beobachten. Diese Beurteilungsdimension kann somit nicht nur theoretisch[5], sondern auch empirisch begründet der perzeptiven Ebene zugeordnet werden. Darüber hinaus beeinflußte zusätzlich anwesender übereinstimmender Ton die Bildbeurteilung auf den meisten[6] Dimensionen stärker als zusätzlich gezeigtes übereinstimmendes Bild die Tonbeurteilung, so daß hier von einer auditiven Dominanz gesprochen werden kann.[7] Die der perzeptiven Ebene zuschreibbare empfundene Klangqualität wirkte sich nicht auf die Bildbeurteilung aus. Vielmehr vermochte die Anwesenheit visueller Information (Videoclip) die Wahrnehmung schlechter Klangqualität zu vermindern. Die Untersuchung zeigt, daß die Berücksichtigung verschiedener Integrationsebenen der Informationsverarbeitung bei der Erklärung intermodaler Wechselwirkungen unabdingbar ist.

In der musikwirtschaftlichen Praxis scheint es jedenfalls aufgrund der in der vorliegenden Arbeit gefundenen Tendenz einer ‚audiovisuellen Inkompatibilität' der unter der jeweiligen Darbietungsform optimal beurteilten Klanggestaltungen erfolgversprechender zu sein, nicht für alle Verwertungsformen – wie noch häufig praktiziert – dieselbe Abmischung zu verwenden, sondern in Verbindung mit einem Videoclip eine speziell auf die audiovisuelle Rezeption ausgerichtete Mischung einzusetzen.[8]

Im Rahmen durchgeführter Trendtests wurden entsprechend der Theorie der Neuen Experimentellen Ästhetik umgekehrt U-förmige Zusammenhänge zwischen im weitesten Sinne

---

[3] Konsonanz liegt vor, wenn eine Änderung der psychologischen Qualität eines Modus eine gleichsinnige Änderung der psychologischen Qualität eines anderen Modus bewirkt. Konsonanz kann nur anhand modalitätsübergreifender Beurteilungsmerkmale festgestellt werden, da nur sie intersensorische Abhängigkeiten erfassen können (vgl. hierzu Iwamiya 1994).
[4] Ton um 0,5s verzögert.
[5] Vgl. Nitsche (1978).
[6] Mit Ausnahme der Dimensionen *Evaluation* und *Einzigartigkeit*. Bei der evaluativen Beurteilung zeigte sich eine sogenannte kooperative Interaktion (also keine Dominanz eines Modus), deren Höhe vom Grad der Übereinstimmung zwischen auditivem und visuellem Reiz abhing.
[7] Dies war im Falle von *Helligkeit* wieder auch für inhaltlich nicht übereinstimmende oder asynchrone audiovisuelle Reize zu beobachten.
[8] Prinzipiell ist natürlich nicht nur eine Anpassung der Klanggestaltung an die audiovisuelle Rezeptionssituation denkbar, sondern auch in umgekehrter Weise die Abstimmung der Gestaltung des Videoclips auf eine vorgegebene Klanggestaltung.

evaluativen Beurteilungsmerkmalen und solchen Klangmerkmalen gefunden, die ein (im vorliegenden Falle meist physiologisch wirksames) Aktivierungspotential implizieren (vgl. 11.2.2). Daß seitens der Testmischer zum Teil deutlich Wert auf physiologisch stimulierende Eigenschaften (vgl. 2.4) der angefertigten Abmischungen gelegt wurde, zeigt sich außer an den Klangeigenschaften (vgl. 6.2.4, Tabelle 16 und 8.2.3, Tabelle 28) auch an dem häufigen Einsatz des Klangbearbeitungsmittels *Multibandkompression* im Produktionsschritt der Nachbearbeitung (vgl. 10.3.8), das auf die Erhöhung der Lautheit abzielt. In diesem Zusammenhang wurde der sogenannte kommerzielle Sound angesprochen und kurz charakterisiert. Da es sich bei dem ‚kommerziellen Sound' um ein weitverbreitetes Phänomen handelt, sind hierzu einige Bemerkungen angebracht.

Der kommerzielle Sound entstand aus dem im Zuge der Privatisierung der Rundfunklandschaft entbrannten Wettbewerb der Sendeanstalten um die größtmögliche Lautheit ihrer Programme und hat sich in den letzten Jahren zu einem Kriterium der Übertragungsqualität und der Klangästhetik entwickelt, das auch in die Musikproduktion Einzug gehalten hat. Umstritten ist allerdings, ob es sich dabei um ein Qualitätskriterium im positiven oder negativen Sinne handelt. Einerseits ist eine eingeschränkte Dynamik unter problematischen Übertragungs- und Rezeptionsbedingungen wie z.B. beim Abhören über Transistorradios oder während des Autofahrens für die Programm-Verständlichkeit von Vorteil. Andererseits nimmt mit der dynamischen Verdichtung, welche häufig nach Energiemaximierungs- anstatt nach klanglichen Kriterien vorgenommen wird,[9] die Lästigkeit des Gehörten deutlich zu, Folge der Permanenz der Stimulation. Dieser klang- und rezeptionsästhetisch eindeutig negativ zu bewertende Effekt tritt insbesondere unter unproblematischen Übertragungs- und Rezeptionsbedingungen in den Vordergrund, also unter Bedingungen, die weitaus häufiger anzutreffen sind als problematische. Nicht wenige Hörer reagieren auf den nach einer gewissen Zeit als unangenehm empfundenen Reiz mit einer Verminderung der Abhörlautstärke, dem Programmwechsel oder dem Abstellen der Schallquelle, also mit gemessen an der ursprünglichen Intention der Anbieter kontraproduktiven Verhaltensweisen. Die Erzielung eines generellen Wettbewerbsvorteils durch hohe Lautheit ist also durchaus fraglich. Weiterhin ist kritisch zu bemerken, daß eine mittel- bis langfristige Desensibilisierung der auditiven Wahrnehmungsfähigkeit und des klangästhetischen Empfindens derjenigen Hörer, die sich dauerhaft einer solchen physiologischen Stimulation aussetzen, nicht nur nicht auszuschließen, sondern vielmehr wahrscheinlich und womöglich schon eingetreten ist.[10] Die aus den Desensibilisierungsprozessen resultierenden Veränderungen der Hörgewohnheiten der Verbraucher führen zu einer Umstrukturierung der Nachfrage nach auditiver Information. Diesbezüglich sollte nicht vergessen werden, daß die im Kampf um die Hörer eingesetzten Mittel nicht nur die scheinbar notwendige Folge, sondern auch Ursache des vielerorts beklagten Sättigungseffekts des Marktes sind, eines Effektes, der auch in den Mediensparten Fernsehen und Tonträgerindustrie festzustellen ist.

Die Klangästhetik des kommerziellen Sounds ist mittlerweile auch in der Musikproduktion verbreitet, obgleich diese hier am ehesten vermieden werden könnte: Im Gegensatz zu Hörfunk- oder Fernsehprogrammen sind die Audio-Produkte der Musikindustrie in

---

[9] Der Spielraum der Dynamikkontrolle wird auch durch die bestehende – in der Regel hohe – Lautheit zu sendender Werbespots bestimmt.
[10] Die Bedeutung der Lautheit kann als Indiz für eine erhöhte Lärmbelastung im Alltag interpretiert werden, sei es als Beitrag zur oder als Reaktion auf die Lärmbelastung.

erster Linie für die hochqualitative Übertragung via Compact Disc und HiFi-Anlage bestimmt. Kritische Übertragungs- oder Rezeptionsbedingungen, die eine starke dynamische Einengung rechtfertigen, treten dabei nur zu einem geringen Teil auf. Die Situation direkter Konkurrenz von Produktionen entfällt ebenfalls weitgehend.[11] Häufiger, wenngleich nicht die Regel, sind kritische Übertragungs- oder Rezeptionsbedingungen, wenn die Musik über Hörfunk oder Fernsehen gehört wird. Diesen Bedingungen werden jedoch die verwertenden Medien gerecht: Insbesondere Sender, die Programme mit hohem Popmusikanteil ausstrahlen, setzen grundsätzlich Multibandkompressoren ein.[12] Auf Dynamikkompression, die nicht durch im Rahmen einer spezifischen Produktion angestellte künstlerische Überlegungen motiviert ist, sondern pauschal auf die Erlangung maximaler Lautheit abzielt, kann und sollte daher in der Musikproduktion verzichtet werden.

Der Versuch, die Wirkung des selbstwerbenden Produkts Popmusik durch die Schaffung klanglicher Eigenschaften zu erhöhen, die im besonderen Maße auf eine physiologische Stimulation des Hörers hinauslaufen, stellt jedoch einen eher nebensächlichen Aspekt klanggestalterischer Zielsetzungen dar (vgl. 2.4). In jedem Falle wesentlich ist hingegen die musikalische Funktionalisierung der eingesetzten klanggestalterischen Mittel: Produktionsseitig konnte festgestellt werden, daß der Einsatz ebendieser Mittel in Abhängigkeit von dem Musikstück, der bearbeiteten Instrumentalgruppe und der künstlerischen Persönlichkeit des Tonmeisters bzw. Produzenten erfolgte (vgl. Kapitel 10). Von einem spezifischen Musikstück hängt auch ab, welche Kriterien Laienhörer zu seiner Beurteilung heranziehen (vgl. 1.2.1 und 11.2). Ungeachtet der unter 2.3 angesprochenen wechselseitigen Abhängigkeit von Parametern der Klangwahrnehmung verhindert allein diese Variabilität der Bedeutsamkeit von Beurteilungsmerkmalen eine direkte Zuordnung von Klangeigenschaften zu bestimmten Beurteilungen, Bedeutungen oder Hörerreaktionen im Sinne des Abhängigkeitssatzes. Bezüglich der Untersuchung klangästhetischer Fragestellungen ist der psychophysikalische Ansatz, der bis heute als latentes Paradigma die Klangwahrnehmungs- und -ästhetikforschung beeinflußt,[13] somit als untauglich einzustufen. Die Gestaltung und die Wahrnehmung klanglicher Qualitäten lassen sich am ehesten gestalttheoretisch erklären, wenngleich dies mangelnde ursächliche Begründbarkeit und Indeterminierbarkeit nach sich zieht. Demnach ist der vieldiskutierte ‚gute Sound' nicht als festgefügtes Set klanglicher Eigenschaften zu verstehen, sondern als musikalische Adäquanz dieser Eigenschaften gemäß den Prinzipien der Gestalterkennung (vgl. 2.4): Die wichtigste Funktion der Klanggestaltung besteht in der Gewichtung der Prägnanz musikalischer Gestalten. Aus der Anforderung, die Klanggestaltung – in der Popmusik wie in der Kunstmusik – in den Dienst des musikalischen Inhalts zu stellen, ergeben sich unmittelbar Anforderungen an die mit der Klanggestaltung befaßten Berufe: Das Verstehen von musikalischen Zusammenhängen und grundlegenden rezeptionspsychologischen Wirkungsmechanismen ist von entscheidender Bedeutung für die klanggestalterische Arbeit, *ebenso* wie das gleichfalls benötigte Verständnis technischer, raumakustischer und psychoakustischer

---

[11] Eine Ausnahme stellen Kompilationen dar.
[12] Wagner (1997) behandelt diese Thematik ausführlicher. Er plädiert dafür, anstelle der generellen senderseitigen Lautheitsbeeinflussung eine variable empfängerseitige Dynamikkontrolle einzusetzen. Wagenaars et al. (1986) halten die Kompression von Musik zur Verbesserung der empfundenen Klangqualität nur in geräuschvoller Umgebung für angebracht. Zur Kompression im Rundfunk vgl. auch Theile (1995).
[13] Schon Nitsche (1978) hielt es für nötig anzumerken, daß „physikalische Erklärbarkeit kein Kriterium für wahrnehmungspsychologische Modelle sein kann" (S.10).

Zusammenhänge. Insofern bedeutet klanggestalterische Kompetenz immer auch musikalische Kompetenz. Reine ‚Sound'-„Spezialisten"[14] ohne musikalischen Hintergrund arbeiten hier bestenfalls uneffektiv. Gerade die Klanggestaltung wird häufig noch als weitgehend technisch-akustische Aufgabe angesehen und infolgedessen die hierfür unabdingbare musikalische Kompetenz unterbewertet.

Daß der Mensch prinzipiell nichtlinear und komplex auf Reize reagiert, d.h. daß im Falle von Kunstobjekten bestimmte Konstellationen von Eigenschaften gleichsam wie sorgfältig aufeinander abgestimmte Resonatoren eine überproportional starke Wirkung auf den Rezipienten ausüben können, setzt der Zugänglichkeit ästhetischer Wahrnehmung mit dem zur Verfügung stehenden wissenschaftlichen Instrumentarium relativ enge Grenzen. Diese Grenzen gelten allerdings nicht für das, was rein theoretisch zu leisten wäre. So sind im Hinblick auf Klang oder ‚Sound' Bemühungen zu Begriffsfindungen mit dem Ziel der Verringerung des bestehenden Definitionsdefizits (vgl. 1.2.3) unabdingbar. Ein weiterer Schritt auf dem Wege zu einem Verständnis der Bedeutung von Klang in der Musik mag die Anerkennung der Tatsache sein, daß Klang hier nicht selbständig und unabhängig von den musikalisch-strukturellen Komponenten existiert (vgl. 2.1.1). Dies anzuerkennen beinhaltet natürlich, Klang und vor allem den popmusikalischen ‚Sound' dahingehend zu entmystifizieren, daß er keinen unabhängigen musikalischen Bedeutungsträger darstellt, sondern als Teil des größeren musikalischen Bezugssystems begriffen werden muß.

Zu entmystifizieren ist auch die Musiktechnologie, zu der eine wissenschaftliche Distanz gewahrt werden sollte. Musiktechnologie ist lediglich Mittel zum Zweck, wenngleich die Musikgeräteindustrie dies aus verständlichem Interesse zu verschleiern sucht: Der Besitz des richtigen, neuesten Equipments oder die Anwendung bestimmter technischer Übertragungsverfahren werden mit guter Musik, emotionaler Intensität und Erfolg gleichgesetzt. Über dem Angebot mehr oder weniger nützlicher Musiktechnologie wird oft das Fundament vergessen, auf dem ebendiese Musiktechnologie ruht: die musikalischen Funktionsgefüge, die für den Hörer Bedeutung tragen, und ihre adäquate Vermittlung. Unter Nichtberücksichtigung dieses Fundaments wird der Nutzer moderner Musiktechnologie mit Aufgaben konfrontiert, die auf immer höheren Metaebenen angesiedelt sind und die ihm zunehmend weniger Kapazitäten belassen, sich konkreten musikalischen oder klanggestalterischen Problemstellungen der Musikproduktion zu widmen: So wurden der bestehenden Ebene *Geräte zur Erzeugung oder Bearbeitung musikalischer Klänge* im Zuge umfassender Digitalisierung (Stichwort Virtualisierung) die softwarebedingten Metaebenen *Simulation von Geräten zur Erzeugung oder Bearbeitung musikalischer Klänge* und *Verwaltung der Simulation von Geräten zur Erzeugung oder Bearbeitung musikalischer Klänge* übergeordnet, abgesehen von den nicht vorgesehenen, aber durchaus existenten Metaebenen *Problembehebung bei der Verwaltung der Simulation von Geräten zur Erzeugung oder Bearbeitung musikalischer Klänge* usw. Möglicherweise kann der seit einigen Jahren bestehende Trend zu analogem und quasi-analogem Equipment bzw. entsprechenden Produktionsweisen nicht nur auf klangästhetische Vorstellungen zurückgeführt, sondern auch als Reaktion auf die Entfremdung von der musikalischen Substanz

---

[14] Diedrichsen (1996), S.53.

bzw. die zunehmende Notwendigkeit selbstreferentieller logistischer Tätigkeiten verstanden werden.[15]

Inwieweit trifft nun die in der Literatur mitunter anzutreffende Diagnose einer ‚klanglichen Ähnlichkeit' (vgl. 1.2.2 und 1.3.4) von Popmusikproduktionen zu? Abgesehen davon, daß nicht klar ist, was vor dem Hintergrund des Prinzips der Inhärenz (vgl. 2.1.1) im Zusammenhang mit verschiedenen Musikstücken unter ‚ähnlich' verstanden werden soll, ist diese Frage anhand der durch die Expertenhörer bestimmten Klangeigenschaften nicht zu beantworten, denn im Gegensatz zu den verwendeten klanggestalterischen Mitteln, die unter anderem nachweislich stilabhängig eingesetzt wurden (vgl. 10.3), konnten die mittleren komplexen Klangeigenschaften der diesbezüglich untersuchten Musikstücke „Lemon Tree" und „Sonic Empire" nicht inferenzstatistisch bewertet werden und weisen dem Augenschein nach weder eindeutige Ähnlichkeiten noch eindeutige Unähnlichkeiten auf (vgl. 6.2.5). Die Beantwortung der Frage, ob *verschiedene* Musikstücke *ähnlich* abgemischt werden, bleibt also nach wie vor der subjektiven Bewertung des Urteilers überlassen. Der Einschätzung, daß die angefertigten Klanggestaltungen *desselben* Musikstücks deutliche Unterschiede aufweisen, wird sich nach dem Abhören der beigelegten CDs (vgl. 13.9) hingegen wohl jeder Urteiler anschließen (vgl. auch 6.2.4). Diese deutlichen interindividuellen Differenzen klanglicher Gestaltung sprechen gegen die These eines ‚Einheitssounds'.

Im Rahmen der Literaturaufarbeitung kristallisierte sich die Frage, warum sich die (häufig musikpädagogisch motivierte) Popularmusikforschung von vornherein anderen Problemstellungen zuwendet und andere Methoden anwendet als die übrige Musikforschung (bzw. umgekehrt). Während etwa Werke zeitgenössischer Kunstmusik detaillierten Analysen unterzogen werden, zielt die Popularmusikforschung unter weitgehender Nichtberücksichtigung der differenzierten musikimmanenten Eigenschaften auf sekundäre Determinanten des Hörerverhaltens ab (vgl. 1.2.1). Es scheint, als würde das Hören von Popmusik als Krankheit betrachtet, und der Patient wird untersucht. In der vorliegenden Arbeit wurde deutlich, daß junge Hörer sehr offen über ihre Motivationen zur Musikauswahl Auskunft geben und ihre Affinität zu bestimmten Musiken zum weitaus größten Teil auf musikalisch-strukturelle Merkmale zurückführen – in dem Sinne, daß sie gerne die Melodie mitsingen können wollen usw. –,[16] weniger auf den Klang oder gar sozialpsychologische Faktoren (vgl. 5.3). Generell konnte man im Verlauf der verschiedenen Erhebungen bzw. Experimente den Eindruck gewinnen, daß junge Hörer ‚ihre Musik' nicht instrumentalisieren, sondern vielmehr durchaus natürlich und unvermittelt auf musikalische Reize reagieren, eine Fähigkeit, die viele Rezipienten gehobenen Alters möglicherweise schon verloren haben. Dies bedeutet nicht, daß hier Ergebnisse von Untersuchungen, die Peergruppeneffekte nachweisen konnten,[17] in Frage gestellt werden sollen. Man könnte aber fragen, ob bei älterem, der Kunstmusik zugewandtem Konzertpublikum nicht in gleichem oder sogar höherem Maße ‚Peergruppeneffekte' zu beobachten wären, was im positiven Falle die Bedeutsamkeit dieses Effekts in bezug auf jugendliche Hörer relativieren würde.

---

[15] Die Problematik betrifft naturgemäß vor allem Equipment des Mittel- und Niedrigpreissegments.
[16] Vgl. auch die unter 1.2.1 referierte Untersuchung von Boyle et al. (1981).
[17] Vgl. etwa Alpert (1982), Batel (1985) und Shuter-Dyson (1993).

Der prinzipielle Unterschied zwischen Kunst- und Popmusik (im Sinne von ‚Mainstream' bzw. gegenwärtig hauptsächlich rezipierter Musik) besteht in dem umgekehrten Verhältnis der Variabilität von musikalisch-strukturellen und klanglichen Eigenschaften: Im Falle von Kunstmusik sind die klanglichen Qualitäten relativ invariabel,[18] im Falle von Popmusik hingegen die Ausprägungen der musikalisch-strukturellen Merkmale. Insofern erfordert das Hören von Popmusik weniger musikalische Vorbildung nach traditionellem Verständnis, Abstraktionsvermögen und Aufmerksamkeit – jedoch nicht weniger Empfindungs-, Emotions- und Begeisterungsfähigkeit. Daß Jugendliche mehrheitlich für Pop- bzw. Rockmusik zugänglich sind und sich diese deswegen partiell als Unterrichtsgegenstand empfiehlt, liegt auf der Hand.[19] Gerade bei dem Versuch, Schülern den Weg zur Kunstmusik zu ebnen, sollte jedoch der klangliche Aspekt berücksichtigt werden: Musikalische Sinnlichkeit im engsten Sinne bedeutet das Empfinden anregender und angenehmer klanglicher Qualitäten, unmittelbare Wahrnehmung bei geringer kognitiver Beanspruchung. Auf diese Qualitäten wird in der Popmusikproduktion großer Wert gelegt, und sie werden vom Popmusikhörer in der Regel – bewußt oder unbewußt – erwartet. Kaum Wert auf derartige Qualitäten gelegt wird hingegen immer noch häufig im Zusammenhang mit der technischen Musikreproduktion im Schulunterricht. Schlechten Abhörbedingungen, wie sie etwa dort auftreten können, wird im Bereich Popmusik (nicht jedoch im Bereich Kunstmusik) bereits bei der klanglichen Gestaltung Rechnung getragen (vgl. 2.4). Insofern könnte ein wiedergabeseitiges klangqualitatives Gegensteuern Pop- und Kunstmusik auf klangästhetischer Ebene wenigstens ein Stück weit zusammenrücken: Um Schülern Kunstmusik nahezubringen, sollten nur klangästhetisch hochkarätige Aufnahmen über hervorragende Wiedergabeanlagen in ausreichend schallabsorbierenden (‚trockenen') Räumen mit ausreichend hoher Lautstärke vorgeführt werden. Für die Vorführung von Popmusik hingegen genügen mittel- und minderqualitative Geräte, die überdies in ungünstigeren akustischen Umgebungen, z.B. normalen Klassenräumen zum Einsatz kommen können.

In der vorliegenden Arbeit wurde eine Vielzahl von Umständen deutlich, die einen wissenschaftlichen Zugang zu dem Wahrnehmungsphänomen *Klang* erheblich erschweren. Die wichtigsten dieser Umstände sind die Unselbständigkeit des Klangs, die komplexen Zusammenhänge, die zwischen physikalischen Schallmaßen und klangästhetischen Eindrücken bestehen, die Variabilität der Relevanz von Beurteilungskriterien sowie die Beschreibung der unmittelbar erfolgenden Klangwahrnehmung durch Sprache, die einen erheblichen Informationsverlust mit sich bringt und die von Laien und Experten in anderer Weise vorgenommen wird. Generell ist zwar nach wie vor eine valide Ermittlung genereller probabilistischer Zusammenhänge zwischen einzelnen Klangeigenschaften und Laienhörerurteilen sinnvoll (etwa unter Verwendung einer Vielzahl von Beurteilungsobjekten), diese wird aber an Grenzen stoßen (vgl. 2.1.1). Gleichwohl sind einige klangästhetische Fragestellungen denkbar, die empirisch angegangen werden können. Um die potentielle Komplexität der Klangwahrnehmung abschätzen zu können, wäre von Interesse, wieviele Dimensionen sich bei der Beurteilung der Klangeigenschaften hochkomplexer Reize

---

[18] Der Eindruck beruht unter anderem aufgrund der meistens möglichen Identifizierung von Schallquellen bzw. Objekterkennung, z.B. „Oboe" sowie der an dem Aufführungsoriginal orientierten Klangästhetik (vgl. 2.4), die etwa eine vergleichsweise große Halligkeit erforderlich macht.
[19] Vgl. etwa Sommerer (1995).

durch Expertenhörer ausprägen können; im vorliegenden Fall wurden immerhin fünf interpretierbare Beurteilungsdimensionen gefunden (vgl. 6.2.4). Dies könnte unter Verwendung einer großen Anzahl verschiedenster Stimuli und Beurteilungsmerkmale untersucht werden. Zu der unter 11.2 anhand der Urteile von Laienhörern festgestellten Variabilität von Beurteilungsmerkmalen ist zu bemerken, daß diese auch in Fachkreisen beobachtbar ist, und zwar zum Teil in einem gemessen an der hier erforderlichen Präzision der Klangbeschreibung kaum mehr nachvollziehbaren Maße: Häufig scheitern Diskussionen über klangästhetische Beurteilungen daran, daß plötzlich willkürliche Beurteilungsmerkmale zur Klangbeschreibung herangezogen werden, die sonst äußerst selten zur Anwendung kommen, etwa ‚rauchig' oder ‚als ob keiner da wäre'. Derartige Termini können zwar sinnvoll sein – da sie der atmosphärischen Klangbeschreibung dienen –, sollten aber stets ergänzend-differenzierend neben für alle einigermaßen verbindlichen Merkmalen gebraucht werden. Insofern bedarf es einer zuverlässigen Zusammenstellung derjenigen klangbeschreibenden Merkmale, die in der Musikproduktion mit nicht vernachlässigbarer Häufigkeit Verwendung finden. Im Gegensatz zu Untersuchungen mit Laienhörern kann im Bereich der Musikproduktion immerhin schon auf eine gewisse Menge quasi-verbindlicher und interindividuell verständlicher Beurteilungsmerkmale gebaut werden. Diese gilt es zu ergänzen (z.B. durch die inhaltsanalytische Auswertung von Experten-Statements), hierarchisch zu klassifizieren (vgl. 2.1.2) und auf ihre Eignung im Sinne von Testgütekriterien zu untersuchen, wobei wenigstens zwischen grundlegenden musikalischen Gattungen bzw. Stilrichtungen zu unterscheiden wäre. Eine Etablierung einigermaßen fester gattungs- bzw. stilbezogener Beurteilungskriterien käme den entsprechenden Berufsausbildungen sowie der klangästhetischen Forschung dahingehend zugute, daß z.B. adäquate Indikatoren für psychometrische Instrumente zur Verfügung ständen. Weiterhin könnte die Wirkung differenzierterer Einflußfaktoren als der hier untersuchten Größe *Klanggestaltung* ermittelt werden. Denkbar wären bestimmte Klangparameter, aber auch verschiedene Produktionsschritte oder Qualitäten eingesetzter Musiktechnologie. Als Kontrollvariablen bieten sich hierbei Persönlichkeitsmerkmale wie z.B. die Sensibilität der Versuchspersonen an. Spezifizierungen der Effekte sollten in jedem Falle getrennt für verschiedene Gattungs- bzw. Stilkategorien vorgenommen werden. Als besonders fruchtbar im Sinne der Theoriebildung dürften sich Untersuchungen erweisen, die den Zusammenhang zwischen klanglicher Gestaltung und musikalisch-strukturellen Eigenschaften zum Gegenstand haben. So könnten insbesondere Experimente zur Erkennbarkeit musikalischer Gestalten in Abhängigkeit von ihren relativen klanglichen Eigenschaften zu einem besseren Verständnis der Musikwahrnehmung beitragen.

Zusammenfassung

Popmusik prägt in hohem Maße die musikalische Alltagskultur. Gleichwohl liegen nur wenige Untersuchungen zu Popmusik vor, und diese befassen sich fast ausnahmslos nicht mit den musikimmanenten Eigenschaften der Musikstücke. Zu den Parametern eines Popmusikstücks, die geeignet erscheinen, seine Beurteilung zu beeinflussen, gehört seine Klanggestaltung, welche in den Produktionsschritten *Abmischung* und *Nachbearbeitung* vorgenommen wird. Es wurde die Hypothese geprüft, daß die Klanggestaltung das Hörerurteil beeinflussen kann. Zu diesem Zwecke wurden jugendlichen Hörern verschiedene Abmischungen derselben Musikstücke zur Beurteilung vorgespielt. Dabei wurde auch die Darbietungsform (auditiv vs. audiovisuell mit Videoclip) variiert. Die abhängige Variable *Hörerurteil* wurde durch 13 Merkmale komplex operationalisiert. Die Auswahl der Merkmale basiert auf Beurteilungskriterien für Popmusik, die zuvor inhaltsanalytisch aus Niederschriften Jugendlicher zum Thema extrahiert wurden. Als Hörbeispiele wurden aus einer größeren Anzahl von Abmischungen, welche von verschiedenen Tonmeistern angefertigt wurden, diejenigen ausgewählt, die bezüglich ihrer komplexen Klangeigenschaften maximal divergieren, zugleich jedoch professionellem Mindeststandard genügen; die Klangeigenschaften und die Professionalität wurden zuvor im Expertenhörversuch bestimmt. In der multivariaten Auswertung der erhobenen Daten zeigte sich der Haupteffekt *Darbietungsform* für die beiden bekannten Musikstücke (Top-Ten-Hits) signifikant, die Klanggestaltung übte keinen signifikanten Einfluß auf das Hörerurteil aus. In einem zweiten Experiment, in dem ein unbekanntes Musikstück zum Einsatz kam, ergab sich hingegen eine hochsignifikante Beeinflussung der Beurteilung durch die Klanggestaltung. Das statistisch nicht bedeutsame Ergebnis des ersten Experiments wird auf einen ‚Effekt des gefestigten Urteils' infolge der hohen Bekanntheit und Vertrautheit der Musikstücke zurückgeführt. Beim Vergleich aller Hörbeispiele in bezug auf die Mittelwerte der Gefallensurteile und der zusätzlich erhobenen Kaufbereitschaften wurden in Abhängigkeit der spezifischen Klanggestaltungen Rangfolgenänderungen der Musikstücke beobachtet. Eine Relativierung und Hochrechnung der angegebenen Kaufbereitschaften auf der Grundlage der tatsächlichen Verkaufszahlen der bekannten Musikstücke ergab, daß je nach Klanggestaltung einer Popmusikproduktion mit Absatzdifferenzen von bis zu mehreren hunderttausend Einheiten gerechnet werden muß. Ergänzende Analysen zeigten, daß die Häufigkeit des Einsatzes von Geräten zur Klanggestaltung durch die Tonmeister sowohl interindividuell differiert als auch von dem Musikstil und der bearbeiteten Instrumentalgruppe abhängt. Außerdem wurde bei den jugendlichen Hörern eine stilabhängige Variabilität der Bedeutsamkeit von Beurteilungsmerkmalen ermittelt. In den Analysen wird durchgängig die enge Verquickung von Klang und musikalischer Struktur deutlich. Das auf diese Weise in der Untersuchung zutage tretende Prinzip der Inhärenz verhindert die Vorhersage der Wirkung von Klangeigenschaften im Sinne des Abhängigkeitssatzes ohne die Berücksichtigung musikalischer Struktur und erklärt die stark konzeptabhängigen Ergebnisse bisheriger Untersuchungen zur musikalischen Klangwahrnehmung.

English Abstract

Pop music is a pervasive element of everyday musical life. There exist, however, only few studies dealing with pop music, and these almost exclusively are not concerned with the intrinsic properties of the pieces of music themselves. One of the properties of a piece of pop music apt to influence its evaluation by listeners is its sound design, which is controlled in the production stages *mixdown* and *mastering*. The hypothesis tested was that sound design can influence music evaluation by listeners. To this end, different mixes of the same pieces of music were played to adolescent listeners, who were asked to evaluate them. The mode of presentation (audio vs. audiovisual with music video) was also varied. The dependent variable *listeners' evaluation* was complexly operationalized using 13 different items. The choice of items was based on evaluation criteria for pop music which had been extracted by content-analysis from written statements of adolescents on this topic. The musical stimuli were selected from a number of mixes produced by different tonmeisters; criteria for selection were maximum divergence of complex sound properties coupled with a compliance with minimum standards of professionality. Sound properties and professionality had previously been determined in a rating by expert listeners. In the multivariate analysis of the collected data, the main effect *mode of presentation* was found to be significant for the two well-known pieces (top-ten hits), the sound design did not show any significant influence on listeners' evaluation. In a second experiment, however, in which an unknown piece was used, a highly significant influence of sound design on listeners' evaluation was observed. The fact that the results of the first experiment were of no statistical significance is attributed to an 'effect of rigidified judgment' due to the high degree of familiarity of the listeners with the pieces. When comparing the mean values for *liking* for all musical stimuli as well as the respective values for *inclination to buy*, which were also collected, changes in ranking of the pieces relative to the sound design could be observed. The relativization and projection of the values for *inclination to buy*, based on the actual sales figures for the well-known pieces, indicated that differences in sound design of a given pop music production may entail variations in sales volume of up to several hundreds of thousands of units. Additional analyses of the data showed that the extent to which sound-design appliances were employed by the tonmeisters differed from one tonmeister to another and varied with musical style and the group of instruments treated. Also, among adolescents, a style-dependent variability of the importance of items used in evaluating music was found. The analyses consistently bear out the close interconnection between sound and musical structure. The principle of inherence thus emerging from this study precludes any prediction of the response shown to sound properties taken separately – i.e. not taking into account the musical structure of the pieces concerned –, and explains the strongly concept-dependent results of previous studies dealing with sound perception in music.

13. Anhang

13.1 Fragebogen

13.1.1 Protokollvorlage zur Abmischung

<u>Allgemeines</u>
Testmischer Nr. ___
Titel: _____
Datum: _____   (der Fertigstellung)
Studio: _____   (Name und Adresse)
Zeitaufwand: _____   (nach Möglichkeit auf ¼ Std. genau)

<u>Verwendete Geräte</u>   (Bitte jeweils Hersteller und Typ angeben)
Mischpult: _____
Anzahl Kanäle: ___   (ohne Returns; Stereokanäle doppelt zählen)
Dynamics im Pult ☐   (auch ankreuzen, wenn nicht verwendet)
Automation vorh. ☐
Mehrspurmaschine: _____
Mastermaschine: _____
Abhörlautsprecher: _____   (Angabe mehrerer Paare möglich)

Effekt*geräte*[1]:   (gleiche Exemplare mehrfach aufführen)

Hersteller (z.B. Yamaha)	Typ (z.B. SPX1000)	Funktionsbezeichnung (z.B. Multieffekt)

<u>Verwendete Einstellungen</u>

Einsatz der Automation: ☐ Fader   ☐ Mutes   ☐ _____
☐ Summe komprimiert
☐ Summe equalisiert

---

[1] Als Effektgeräte im engeren Sinne sollen hier alle Geräte bezeichnet werden, die in Abhängigkeit des Eingangssignals zusätzliche Effekt-Signale in einem anderen Zeit- oder Frequenzbereich erzeugen können (als additive Komponente), also z.B. Hallgeräte, Delays, Harmonizer, Verzerrer, oder Exciter. Nicht zu den Effektgeräten gehören nach dieser Definition z.B. Regelverstärker, Equalizer, Filter und alle herkömmlichen Mischpultfunktionen wie Pegelsteller oder Panpots, da sie die zeitlichen und spektralen Komponenten des Eingangssignals zwar im Pegel verändern, nicht aber auf der Zeit- bzw. Frequenzachse verschieben oder erweitern.

Effekt*programme*:

Nr.	Effektart	Effektgerät	Programmname	modifiz. (ja/nein)	INS/ AUX[2]	PAN-Pos. der FX-Returns[3]
1.						
2.						
3.						
4.						
5.						
6.						
7.						
8.						
9.						
10.						

Pulteinstellungen:
- Kreuze in der Zeile EQ die Spuren an, die mit Equalizern oder Filtern bearbeitet wurden.
- Kreuze in der Zeile DY die Spuren an, die mit Dynamics bearbeitet wurden.
- Trage in die Zeilen FX für die mit Effekten bearbeiteten Spuren die Effektprogramm-Nummern aus der ersten Spalte der oberen Tabelle ein.
- Trage in der Zeile Pan für jede Spur die Stellung des Pan-Pots in Teilstrichen + Richtung
- ein (z.B. 3,5L).

Einträge sollen auch dann erfolgen, wenn eine Spur nur zeitweise bearbeitet wurde.
Wichtig ist, daß sich die Numerierung in der Zeile *Sp.* auf die tatsächlichen Bandspuren und nicht auf die Kanäle bezieht. Beim eventuellen Umstecken bitte berücksichtigen!

Sp.	1a	2a	3	4	5a	6a	7	8a	9	10	11	12	13	14	15	16	17a	18a
EQ																		
DY																		
FX																		
FX																		
FX																		
FX																		
Pan																		

---

[2] INS steht hier als Kürzel für eingeschliffene, also mit Hin- und Rückweg direkt in den Kanalzug gesteckte Effekte, AUX steht für zugemischte, also zumindest in der Rückführung auf separate Kanäle gelegte Effekte.

[3] Angabe in Teilstrichen + Richtung (also z.B. 3,5L). Beim Einschleifen eines Effekts (Insert) ist als PAN-Position des Effektreturns die PAN-Position der entsprechenden Spur anzugeben.

Sp.	19	20	21	22a	23	1b	2b	5b	6b	8b	17b	18b	22b	22c
EQ														
DY														
FX														
FX														
FX														
FX														
Pan														

Eventuelle besondere Effekte, Schaltungen oder Vorgehensweisen: _____

_____
_____
_____
_____
_____

13.1.2 Protokollvorlage zur Nachbearbeitung

Allgemeines
Testmischer Nr.   ___
Titel: _____
Datum: _____   (der Fertigstellung)
Studio: _____ (Name und Adresse)
Zeitaufwand: _____   (nach Möglichkeit auf ¼ Std. genau)

Verwendete Geräte   (Bitte jeweils Hersteller und Typ angeben)
Abhörlautsprecher: _____ (Angabe mehrerer Paare möglich)
Zuspieler: _____
Mastermaschine: _____

Nachbearbeitungsgeräte oder -systeme:

Hersteller (z.B. TC el.)	Typ (z.B.Finalizer+)	Funktionsbezeichnung (z.B. Finalizer)

Verwendete Prozeduren

☐ Equalisation

☐ einfache Kompression

☐ frequenzabhängige Kompression

☐ Multiband-Kompression

☐ Korrelationskorrektur

☐ _____

☐ _____

Eventuelle besondere Einstellungen, Schaltungen oder Vorgehensweisen:_____
_____
_____
_____
_____

13.1.3 Fragebogen zum Expertenrating

Expertenhörer Nr. ___   Titel: _____   Testbeispiel Nr. ___

1. Lautstärke	klein	☐ 1	☐ 2	☐ 3	☐ 4	☐ 5	groß
2. Dynamik	klein	☐ 1	☐ 2	☐ 3	☐ 4	☐ 5	groß
3. spektrale Verteilung	Tiefen	☐ +2 ☐ +1 ☐ 0 ☐ -1 ☐ -2	0	☐ +2 ☐ +1 ☐ 0 ☐ -1 ☐ -2			Höhen
4. Abbildungsbreite	klein	☐ 0%	☐ 25%	☐ 50%	☐ 75%	☐ 100%	groß
5. Tiefenausdehnung	klein	☐ 1	☐ 2	☐ 3	☐ 4	☐ 5	groß
6. Effektanteil	klein	☐ 1	☐ 2	☐ 3	☐ 4	☐ 5	groß
7. Raumgröße	klein	☐ 1	☐ 2	☐ 3	☐ 4	☐ 5	groß
8. Gesangsorientiertheit	klein	☐ 1	☐ 2	☐ 3	☐ 4	☐ 5	groß
9. Rhythmusorientiertheit	klein	☐ 1	☐ 2	☐ 3	☐ 4	☐ 5	groß
10. Musikalität	klein	☐ 1	☐ 2	☐ 3	☐ 4	☐ 5	groß
11. Mix als eigener musikalischer Faktor	unbedeutend	☐ 1	☐ 2	☐ 3	☐ 4	☐ 5	bedeutend
12. Abwechslungsreichtum	klein	☐ 1	☐ 2	☐ 3	☐ 4	☐ 5	groß
13. klangliche Komplexität	klein	☐ 1	☐ 2	☐ 3	☐ 4	☐ 5	groß
14. Experimenteller Charakter	nicht ausgeprägt	☐ 1	☐ 2	☐ 3	☐ 4	☐ 5	stark ausgeprägt
15. Stilechtheit	klein	☐ 1	☐ 2	☐ 3	☐ 4	☐ 5	groß
16. Gesamturteil	schlecht	☐ 1	☐ 2	☐ 3	☐ 4	☐ 5	gut

17. Genügt professionellem Mindeststandard   ☐ ja   ☐ nein

18. Anmerkungen: _____

13.1.4 Fragebogen zur Voruntersuchung

Beantworte die Fragen bitte der Reihenfolge nach und möglichst ehrlich. Es kommt nur auf Deine ganz persönliche Meinung an. Wenn Du mit einer Frage nichts anfangen kannst, melde Dich bitte.

Geburtsdatum: _____

Geschlecht: ☐ männlich
 ☐ weiblich

Wie beschäftigst Du Dich mit Musik? ☐ Musik hören oder sehen
 ☐ Musik spielen
Du kannst auch mehrere Begriffe ankreuzen. ☐ _____

Mit welcher Musik beschäftigst Du Dich? ☐ Klassik
 ☐ Jazz
 ☐ Pop
 ☐ Rock
Du kannst auch mehrere Begriffe ankreuzen. ☐ _____

Hörst Du gerne Popmusik? ☐ ja
(Popmusik im weitesten Sinne, ☐ teilweise
also auch Rock, Dance, Techno, ☐ nein
HipHop, Soul, Rap, Trance, usw.)

Kaufst (oder überspielst) Du Dir Popmusik? ☐ ja, manchmal oder häufig
 ☐ nein, eigentlich nie

Wenn ja, wie oft hörst Du einen Popmusiktitel, bevor Du ihn Dir kaufst oder aufnimmst? ☐ keinmal
 ☐ 1 bis 2 mal
 ☐ 3 bis 4 mal
 ☐ 5 mal oder öfter

Wie wichtig sind Dir diese Elemente in einem Popmusiktitel?

Mache bitte in jeder Zeile nur ein Kreuz.

	völlig unwichtig	eher unwichtig	eher wichtig	sehr wichtig
Text	☐	☐	☐	☐
Melodie und Akkorde	☐	☐	☐	☐
Klang	☐	☐	☐	☐
Rhythmus	☐	☐	☐	☐
Stimmung (des Stücks)	☐	☐	☐	☐
Gesang	☐	☐	☐	☐
Videoclip	☐	☐	☐	☐

In welchen Situationen hörst Du Popmusik?

☐ neben einer anderen Tätigkeit (z.B. Hausaufgaben, Essen, Lesen, Quatschen mit Freunden, usw.)

☐ bewußt und ohne Nebentätigkeit (allein oder mit Freunden)

☐ zum Tanzen (in Discos oder zu Hause)

☐ außer Haus (z.B. mit Walkman, Kassettenrekorder, o.ä.)

Du kannst auch mehrere Möglichkeiten ankreuzen.

☐ _____

Verändert sich Deine Stimmung, wenn Du einen guten Popmusiktitel hörst?

☐ ja
☐ nein

Wenn ja, *wie* verändert sich Deine Stimmung?

Du kannst auch mehrere Möglichkeiten aufschreiben.

_____
_____
_____
_____

Wie sollte ein Popmusiktitel Deiner Meinung nach *klingen*?
Versuche, den Klang (den Sound) in ganzen Sätzen zu beschreiben.
_____
_____
_____
_____
_____

Vielen Dank für Deine Mitarbeit!

13.1.5 Fragebogen zum Hörversuch I und II

Person Nr. ____   **Fragebogen**   Stück Nr. 1
Klasse Nr. ____   Stichprobe Nr.____

Entscheide bitte in jeder Zeile, ob eher der linke oder eher der rechte Begriff für das Stück zutrifft. Kreuze je nachdem eines der fünf Kästchen an.

gefällt mir	☐	☐	☐	☐	☐	gefällt mir nicht
eintönig	☐	☐	☐	☐	☐	abwechslungsreich
hart	☐	☐	☐	☐	☐	weich
melodisch	☐	☐	☐	☐	☐	unmelodisch
rhythmisch	☐	☐	☐	☐	☐	unrhythmisch
langsam	☐	☐	☐	☐	☐	schnell
laut	☐	☐	☐	☐	☐	leise
dumpf	☐	☐	☐	☐	☐	hell
leiser Baß	☐	☐	☐	☐	☐	lauter Baß
deutlicher Gesang	☐	☐	☐	☐	☐	undeutlicher Gesang
macht schlechte Laune	☐	☐	☐	☐	☐	macht gute Laune
gut zum Tanzen	☐	☐	☐	☐	☐	nicht gut zum Tanzen
gut zum Träumen	☐	☐	☐	☐	☐	nicht gut zum Träumen

Würdest Du das Stück kaufen?   ☐ ja   ☐ nein
(Egal, ob Du es früher mal gekauft hast)

Kanntest Du das Stück bereits?   ☐ ja   ☐ nein

Bemerkungen:_____
(Ausfüllen freigestellt)

13.2 Instruktionen und Informationen

13.2.1 Hinweise zur Mischung

Aufgabe:
Fertige bitte von den beiden auf Mehrspurband beiliegenden Titeln je eine möglichst gute Mischung (inklusive Nachbearbeitung) an, die professionellem Standard genügt. Stelle Dir vor, die Produktionen seien zur kommerziellen Verwertung bestimmt. Wie groß Dein kreativer Spielraum ist, entscheidest Du selbst. Nutze diesen Spielraum aus.
Da es sich um bekannte, schon vermarktete Titel handelt, muß allerdings eine Anmerkung gemacht werden: Deine Mischungen sollten keine „Remixes" in dem Sinne sein, daß sie auf die schon bekannten kommerziellen Mischungen gezielt Bezug nehmen, indem z.B. Effekte bewußt völlig anders gestaltet werden, um mit der Erwartungshaltung des Hörers zu spielen. Vielmehr sollst Du möglichst unbeeinflußt Deine eigenen Entscheidungen treffen. Höre am besten die kommerziellen Mischungen bis zum Abschluß Deiner Arbeit nicht an und stelle Dir vor, sie existierten nicht, und Deine Mischungen seien die ersten des jeweiligen Titels.
Dir ist ebenfalls überlassen, wieviel Zeit Du Dir für die Mischungen und die Nachbearbeitungen nimmst. Kalkuliere für die Anfertigung des Protokolls und das zusätzliche Kopieren der einzelnen Instrumentalgruppen (s.u.) aber pro Titel noch etwa eine Stunde Zeitaufwand über die eigentliche Mischung hinaus ein.

Mischung:
Unter „Mischung" sind alle an Mischpult und Peripheriegeräten möglichen klangbearbeitenden Maßnahmen zu verstehen: Der statische und dynamische Einsatz von Regelverstärkern, Filtern, Equalizern, Effektgeräten, Korrelationsänderungen, Pegelstellern, Panoramareglern, Solo- und Mute-Funktionen. Nicht zur Mischung gehören der Einsatz von Klangerzeugern wie Samplern, Synthesizern, Mikrofonen oder sonstigen zusätzlichen Zuspielern, sofern sie nicht lediglich klangbearbeitend eingesetzt werden. Die Klangerzeuger sollen auch nicht zu Modulationszwecken eingesetzt werden (z.B. Vocoder-Effekt).
Ferner ist nichts gestattet, was die musikalische Struktur, die als aufgezeichnete Information auf dem Mehrspurband manifest ist, zeitlich verändert. Einzelne Schallereignisse oder musikalische Einheiten dürfen also nicht durch Schnitt vertauscht oder entfernt oder unter Verwendung der DA-88-Funktionen gegeneinander verschoben oder im Tempo verändert werden. Die Verzögerung mittels Delay zur Erzeugung eines zumischbaren Effekts beispielsweise ist selbstverständlich erlaubt, solange das Originalsignal (mit welcher Lautstärke auch immer) weiterhin bestehen bleibt.

Nachbearbeitung:
Die Nachbearbeitung der Mischung sollst Du ebenfalls selbst durchführen. Dies muß (oder sollte aus Gründen der Hörermüdung nach Möglichkeit sogar) nicht direkt im Anschluß an die Mischung geschehen. Für die Nachbearbeitung gelten die gleichen Abgrenzungskriterien wie für die Mischung (s.o.). Allerdings sollen Effekte, die hörbar zeitversetzte Zusatzsignale produzieren, wie Hall- und Delayeffekte, nach Möglichkeit nicht verwendet werden.*

Master-Medium:
Die Mischung soll in doppelter Ausfertigung auf zwei DATs aufgezeichnet werden (Original und Sicherheitskopie), und zwar mit digitaler Vollaussteuerung (kein Headroom). Die Aussteuerung wird einmal für die Gesamtmischung vorgenommen und darf für die weiteren Versionen nicht mehr verändert werden. DATs liegen bei.

Speed:
Bei „Lemon Tree" +2,4% Varispeed an der MTR-Maschine (bzw. Master-DA-88) einstellen!

Zusätzliche Arbeiten:
1. Notiere bitte die Arbeitszeiten für Mischung und Nachbearbeitung.
2. Zeichne bitte nach der eigentlichen Gesamtmischung auch noch die drei Instrumentalgruppen Gesang, Rhythmus und Begleitung mit unveränderter Klangeinstellung (auch Nachbearbeitungseinstellung) und Aussteuerung auf DAT auf, indem Du die nicht benötigten Spuren stummschaltest. Welche Spuren im einzelnen zu welcher Instrumentalgruppe gehören, kann dem beiliegenden Spurenplan entnommen werden. Die Gesamtmischung und die drei Instrumentalgruppen sollen außerdem jeweils noch einmal ohne zugemischte Effekte (also mit ausgeschalteten Effekt-Returns oder entsprechend verwendeten Kanälen) aufgezeichnet werden.
3. Fülle bitte zum Schluß den beiliegenden Protokollierungsbogen aus.

* Werden solche Effekte doch verwendet, sind sie bei Punkt 21. (siehe Checkliste) während der Versionen ohne Effekte auszuschalten.

13.2.2 Checkliste

Mischung:
1. Uhrzeit notieren
2. Nur bei „Lemon Tree": MTR bzw. Master-DA-88 auf +2,4% Varispeed einstellen
3. Gesamtmischung anfertigen
4. Beide DAT-Rekorder voll aussteuern (kein Headroom)
5. Klangeinstellung und Aussteuerung ab jetzt nicht mehr verändern
6. Mischung auf DATs aufzeichnen   ID Nr.___
7. Uhrzeit notieren
8. Gesamtmischung ohne Effekt-Returns auf DATs aufzeichnen   ID Nr.___
9. Instrumentalgruppe „Gesang" auf DATs aufzeichnen   ID Nr.___
10. Instrumentalgruppe „Gesang" ohne Effekt-Returns auf DATs aufzeichnen   ID Nr.___
11. Instrumentalgruppe „Rhythmus" auf DATs aufzeichnen   ID Nr.___
12. Instrumentalgruppe „Rhythmus" ohne Effekt-Returns auf DATs aufzeichnen   ID Nr.___
13. Instrumentalgruppe „Begleitung" auf DATs aufzeichnen   ID Nr.___
14. Instrumentalgruppe „Begleitung" ohne Effekt-Returns auf DATs aufzeichnen   ID Nr.___
15. Protokollierungsbogen zur Mischung ausfüllen

Nachbearbeitung:
16. Uhrzeit notieren
17. Nachbearbeitungseinstellung anfertigen
18. Beide DAT-Rekorder voll aussteuern (kein Headroom)
19. Nachbearbeitungseinstellung und Aussteuerung ab jetzt nicht mehr verändern
20. Uhrzeit notieren
21. Mischband mit allen Versionen durchlaufen lassen und nachbearbeitet auf DATs aufzeichnen
22. Protokollierungsbogen zur Nachbearbeitung ausfüllen

Rückfragen unter Tel. _____

Anlagen:
- 24-Spur-Medium (drei DA-88-Kassetten oder ein 2″-analog-Band) mit den Mehrspurversionen beider Titel
- Vier DATs
- Spurenplan für jeden Titel
- Je zwei Fragebogen zur Protokollierung von Mischung und Nachbearbeitung

13.2.3 Informationen zum Expertenrating

Zum Fragebogen

Die Auswahl bzw. Konstruktion der Merkmalsskalen erfolgte auf der Grundlage von Informationen aus der Fachliteratur, Erfahrungen aus der Produktionspraxis sowie von Ergebnissen einer Expertenbefragung. Die Merkmale beziehen sich nicht auf das musikalische Material, sondern auf seine klangliche Gestaltung, also auf die Abmischung und Nachbearbeitung

Die Merkmale sind in drei Gruppen eingeteilt (auf dem Fragebogen durch durchgehende Linien getrennt). Die erste Gruppe enthält ‚klassische' tonmeisterliche Bewertungsmerkmale, die die Klanggestaltung auf einer relativ technischen Ebene beschreiben. Häufig ändern sich während eines Testbeispiels die Ausprägungen dieser Merkmale. In einem solchen Falle soll versucht werden, die Ausprägungen im zeitlichen Mittel zu beurteilen. Es geht also um die Grundtendenz des Testbeispiels auf den jeweiligen Skalen.

Die zweite Gruppe enthält Merkmale, die versuchen, komplexere Zusammenhänge in der Klanggestaltung sowie ihre Verbindung zum musikalischen Material zu erfassen. Daß dabei auch in größerem Maße der persönliche Geschmack jedes Urteilers in die Bewertung einfließt, ist unvermeidbar, aber nicht von vornherein problematisch. Die Einbeziehung dieser Merkmale, die bislang noch nicht in Hörtests verwendet wurden, stellt auch den Versuch dar, ihre Tauglichkeit einzuschätzen.

Die dritte Gruppe wird nicht zur Ermittlung der Unterschiedlichkeit der Testbeispiele herangezogen, sondern liefert ergänzende Informationen, die eine ggf. nötige Interpretation der Ergebnisse erleichtern sollen (Items *Gesamturteil* und *Anmerkungen*), sowie eine entscheidende Information zur Aussonderung unprofessioneller Mischungen (Item *Genügt professionellem Mindeststandard*).

Während des Hörens sollen die Gruppen im großen und ganzen nacheinander abgearbeitet werden. Am wichtigsten sind die Merkmale der ersten Gruppe und *Genügt professionellem Mindeststandard*.

Erklärung der Merkmale

Insbesondere die Merkmale der zweiten Gruppe verstehen sich nicht von selbst und sind teilweise schlecht voneinander abzugrenzen. Hier können Erklärungen die Bedeutung der Begriffe schärfen.

Gruppe 1

Lautstärke
Hier soll die absolute Lautstärkeempfindung beurteilt werden, die trotz gleichen Maximalpegels aller Testbeispiele schwanken kann. Dabei wird man sich wohl vor allem am vorangehenden Ankerreiz orientieren müssen. Es empfiehlt sich, dieses zuerst aufgeführte Merkmal auch wirklich zuerst anzukreuzen, da man sich schnell an die Lautstärke gewöhnt.

Dynamik
Die empfundene Größe der Differenz zwischen lauten und leisen Stellen.

Spektrale Verteilung
Das Lautstärkeverhältnis dreier Frequenzbänder: Tiefen, Mitten, Höhen. Es soll an den Mitten normiert werden. Das heißt, daß z.B. bei starker Überrepräsentierung der Mitten -2, 0, -2 anzukreuzen ist. Auch die Beurteilung dieses Merkmals ist stark einem Gewöhnungseffekt unterworfen (siehe *Lautstärke*).

Abbildungsbreite
Hier soll beurteilt werden, inwieweit das Klangbild die Lautsprecherbasis ausfüllt. Wird die Basisbreite vollständig ausgefüllt, ist 100% anzukreuzen, bei einem Mono-Eindruck 0%. Die Prozentangaben beziehen sich also auf die gedachte Strecke zwischen den Lautsprechern, und zwar symmetrisch von der Mitte ausgehend.

Tiefenausdehnung
Die Entfernung von der nächsten zur entferntesten Schallquelle, unabhängig vom absoluten Distanzeindruck.

Effektanteil (erstes Expertenrating: bekannte Musikstücke „Lemon Tree" und „Sonic Empire")
Da in der Popmusik nicht nur Hall, sondern auch diverse andere Effekte - meist auf der Basis von Delays (z.b. Chorus, Echo) - verwendet werden, wurde dieses Merkmal nicht *Hallanteil* oder *Halligkeit* sondern *Effektanteil* genannt. Die erwähnten anderen Effekte sollen bei der Bewertung berücksichtigt werden. Als Effekte sollen hier alle Prozesse bezeichnet werden, die in Abhängigkeit des Originalsignals zusätzliche Nutzsignale (also additive Komponenten) in einem anderen Zeit- oder Frequenzbereich erzeugen, also z.b. Halleffekte, Delays, Harmonizer, Verzerrer oder Exciter. Nicht zu den Effekten im engeren Sinne gehören nach dieser Definition z.b. Regelverstärker, Equalizer und Filter sowie Lautstärke- und Panoramaregler.

Effektanteil (zweites Expertenrating: unbekanntes Musikstück „Love Song")
Dieses Merkmal wurde eingeführt, da in der Popmusik nicht nur Hall, sondern auch diverse andere Effekte – meist auf der Basis von Delays (z.B. Echo und Chorus) – verwendet werden. Der Anteil dieser anderen Effekte soll hier beurteilt werden; also der Anteil aller Effekte außer der Hall- und Raumeffekte. Als Effekte sollen hier alle Prozesse bezeichnet werden, die in Abhängigkeit des Originalsignals zusätzliche Nutzsignale (also additive Komponenten) in einem anderen Zeit- oder Frequenzbereich erzeugen, also z.b. Delays, Harmonizer, Verzerrer oder Exciter. Nicht zu den Effekten gehören nach dieser Definition z.b. der Einsatz von Regelverstärkern, Equalizern und Filtern sowie Lautstärke- und Panoramaänderungen.

Hallanteil (nur in zweitem Expertenrating: unbekanntes Musikstück „Love Song")
Hier soll der Hall- bzw. Raumanteil des Testbeispiels beurteilt werden, d.h. nur die Menge, nicht die empfundene Raumgröße. Nicht in die Bewertung einfließen sollen Delayeffekte wie z.b. Echo, Dopplung, und Chorus, auch wenn sie unter Umständen den Eindruck von Räumlichkeit vermitteln können.

Raumgröße
Hier soll die Größe des Raums geschätzt werden, in dem sich die Musik abspielt. Da bei der Abmischung von Popmusik häufig mehrere unterschiedlich große Räume verwendet werden, ist die Bewertung dieses Merkmals teilweise nur schwer möglich. Trotzdem soll versucht werden, eine Grundtendenz, z.B. gestützt auf den dominierendsten der verschiedenen Räume, zu bestimmen.

Gruppe 2

Gesangsorientiertheit
Ob ein Testbeispiel gesangsorientiert ist oder nicht, wird vor allem von der relativen Lautstärke des Gesangs abhängen. Aber auch die Verwendung besonders reichhaltiger Effekte, durch die dem Gesang ein besonderes Gewicht verliehen wird, oder eine auffällige Equalisation können zur Gesangsorientiertheit eines Testbeispiels beitragen. Zweite Stimme und Chöre zählen zur Gesangsgruppe und sollen in die Bewertung einbezogen werden.

Rhythmusorientiertheit
Wie Merkmal *Gesangsorientiertheit*, nur bezogen auf den Rhythmus. Zur Rhythmusgruppe gehören alle perkussiven Instrumente und Sounds, die keine definierte Tonhöhe besitzen. Außer der Lautstärke sowie auffälliger Effekte oder Equalisation kann auch eine gelungene Abstimmung der einzelnen Instrumente und Sounds, die dazu führt, daß die Rhythmusgruppe ‚groovt', zur Rhythmusorientiertheit eines Testbeispiels beitragen.

Musikalität
Hier soll beurteilt werden, inwieweit die Mischung die musikalische Struktur und den musikalischen Ablauf unterstützt. Dazu gehören z.B. eine grundsätzlich musikalisch adäquate Gewichtung der einzelnen Instrumente bzw. Instrumentalgruppen untereinander, das angemessene Herausheben (oder Einbetten) einer zweiten Stimme, die Art und Weise, wie mit Spannungsbögen oder Höhepunkten umgegangen wurde, sowie die unter *Rhythmusorientiertheit* angedeutete Frage, ob der Rhythmus ‚groovt'. Letztlich geht es darum, wie gut das gegebene Testbeispiel als Musikstück ‚funktioniert'.

Mix als eigener musikalischer Faktor
Eine Mischung kann unauffällig sein oder als eigener musikalischer Faktor in den Vordergrund treten. Letzteres kann der Fall sein, wenn auf die musikalische Struktur verändernder Einfluß genommen wurde, z.B. durch das Muten von Spuren (Verlust musikalischer Information) oder den gezielten Einsatz von Delays zur Erzeugung neuer rhythmischer Strukturen (Erzeugung zusätzlicher musikalischer Information). Auch ein besonders üppiger oder sonstwie auffälliger Klang kann dazu führen, daß die Aufmerksamkeit des Hörers von dem musikalischen Prozeß abgelenkt und auf den klanglichen Aspekt gezogen wird und so eine Mischung *quasi* eine eigene musikalische Bedeutung erlangt.

Abwechslungsreichtum
Hier soll beurteilt werden, inwieweit die Klanggestaltung im zeitlichen Ablauf gestalterisch motivierten Veränderungen unterworfen ist. Diese können sich auf alle Merkmale der Gruppe 1 beziehen. Nicht einbezogen werden sollen Veränderungen, die vermutlich auf handwerkliche Ungenauigkeiten und Fehler zurückzuführen sind, z.B. wenn der Anschluß einer Gesangsspur in Lautstärke oder Klangfarbe nicht stimmig ist und dies aufgrund geringer Deutlichkeit nicht als gewollt erscheint.

Klangliche Komplexität (nur erstes Expertenrating: bekannte Musikstücke „Lemon Tree" u. „Sonic Emp.")
Zugegebenermaßen ein schwer zu fassender Begriff. Auf dieser Skala sollen global die Menge der Informationen, die dem musikalischen Material durch die Mischungen hinzugefügt wurden, sowie die Stärke ihrer Verbindungen untereinander beurteilt werden. Das heißt, daß in diese Bewertung viele andere Merkmale einfließen (mindestens *spektrale Verteilung, Abbildungsbreite, Effektanteil, Gesangsorientiertheit, Rhythmusorientiertheit* und *Abwechslungsreichtum*). Beispiele: Zu einer hohen klanglichen Komplexität tragen bei: eine ausgeglichene spektrale Verteilung, eine große Abbildungsbreite, ein großer Effektanteil; ebenso eine ausgewogene Mischung, in der alle Instrumente und Sounds gut hörbar sind, ohne daß einzelne untergehen oder stark dominieren. Auch ein großer Abwechslungsreichtum erhöht die klangliche Komplexität.

Experimenteller Charakter
Hier soll beurteilt werden, inwieweit bei der Mischung unübliche, neuartige, experimentelle Mittel auch auf die Gefahr hin (oder sogar mit der Absicht) eingesetzt wurden, daß das Ergebnis kommerziellen Ansprüchen oder stilistischen Konventionen weniger entspricht.

Stilechtheit
Zusammen mit verschiedenen Musikstilen haben sich häufig auch verschiedene Klangvorstellungen etabliert. Inwieweit das Testbeispiel diesen Vorstellungen entspricht, soll hier bewertet werden. Diese Klangvorstellungen müssen nicht immer starr definiert sein. So ist z.B. denkbar, daß für die Klangvorstellungen bestimmter Musikstile gerade eine große Unbestimmtheit, Offenheit und Kreativität charakteristisch sind.

Gruppe 3

Gesamturteil
Dieses Merkmal ist wahrscheinlich am einfachsten zu bewerten. In dieses Urteil sollen nicht nur tonmeisterlich-handwerkliche, sondern auch eigene ästhetische Kriterien einfließen. Subjektivität erwünscht!

Genügt professionellem Mindeststandard
Dieses Merkmal ist für das Aussortieren unprofessioneller Mischungen äußerst wichtig und sollte unbedingt eindeutig mit *ja* oder *nein* bewertet werden. Im Gegensatz zum Merkmal *Gesamturteil* soll hier unabhängig vom eigenen Geschmack möglichst objektiv beurteilt werden, ob professionelle Mindeststandards tonmeisterlicher Arbeit wie z.B. technische Sauberkeit, Lautstärkeverhältnisse, Musikalität und Ästhetik vom jeweiligen Testbeispiel unterschritten werden. Beispiele: Sind z.B. unvertretbare Störgeräusche während des Stücks hörbar (nicht davor und danach), sind die Lautstärkeverhältnisse nicht mehr vertretbar, funktioniert das Stück musikalisch überhaupt nicht mehr, oder ist die Wahl der Effekte ästhetisch zu gewagt, so sollte *nein* angekreuzt werden.
Das Kriterium *technische Sauberkeit* sollte hier allerdings nicht zu streng angelegt werden, da es sich bei den zugrunde liegenden Mehrspurbändern um Kopien der dritten Generation handelte und so ein erhöhter Rausch- und Brummanteil unvermeidbar war. Allerdings sollte sich die Professionalität der Testbeispiele auch daran messen lassen, inwieweit versucht wurde, in der Mischung diese Störgeräusche wenigstens einigermaßen zu kaschieren. Letztlich geht es um die Frage, ob das jeweilige Testbeispiel in dieser Form auch auf einer vermarkteten CD denkbar wäre.

Anmerkungen
Hier können stichwortartig Anmerkungen zu besonderen Beobachtungen oder Auffälligkeiten gemacht werden oder das Testbeispiel mit eigenen Worten treffender charakterisiert werden, als es die vorgegebenen Merkmale erlauben. Diese Angaben sind zwar durchaus erwünscht, aber nicht obligatorisch.

13.2.4 Instruktionen zum Hörversuch I und II

(Nur Hauptuntersuchung I   Nur Hauptuntersuchung II)

„Hat jeder eine Unterlage mit Fragebogen?

Ok, dann tragt bitte zuerst oben links die Nummer ein, die auf Eurem Kärtchen steht.

Ich werde Euch jetzt zwei drei Stücke vorspielen, eins davon mit Videoclip. Ihr sollt bitte jedes Stück auf dem Fragebogen beurteilen.

Wir können ja mal einen Blick auf den Fragebogen werfen. Ihr sollt in jeder Zeile eines der fünf Kästchen ankreuzen. Wenn der Bogen ausgefüllt ist, soll er ungefähr so aussehen:"

(Beispiel zeigen)

„Das ist soweit klar, oder?

Beim Ausfüllen solltet Ihr spontan sein und nicht zu lange nachdenken. Es gibt kein *Falsch* oder *Richtig*. Es kommt auf Eure ganz persönliche Meinung an.

Es kann sein, daß Ihr das eine oder andere Stück kennt.
Wenn Ihr ein Stück kennt, versucht bitte, Eure bisherige Meinung darüber beiseite zu lassen und ganz neu zuzuhören. Ihr sollt also nur das beurteilen, was *hier* vorgespielt wird.

Noch eine wichtige Sache: Legt bitte nicht gleich beim ersten Ton mit dem Ausfüllen los, auch dann nicht, wenn Ihr das Stück kennt. Hört erst mal ein Weilchen zu und laßt die Musik auf Euch wirken.

Ok? Noch irgendwelche Fragen?"

(1. Stück vorspielen)

„Alle fertig?

Ok, dann bitte mal umblättern zu Seite 2 und wir hören das zweite Stück."

(2. Stück vorspielen)

„Und Nummer drei."

(3. Stück vorspielen)

„Alle fertig?

So, dann kontrolliert bitte nochmal, ob Ihr auch alles angekreuzt habt.

Ok, das war's schon, Vielen Dank. Dann gehen wir wieder hoch. Laßt einfach alles liegen."

13.3 Meßwerte

13.3.1 Protokollierte klanggestalterische Maßnahmen

Protokollierte klanggestalterische Maßnahmen: Abmischung

Musikstück	"Lemon Tree"										"Sonic Empire"									"Love Song"				
Mix Nummer	1	2	3	4	5	6	7	8	9	10	1	2	3	4	5	6	7	8	9	1	2	3	4	5
Testmischer Nummer	1	2	3	4	5	6	7	8	10	11	1	2	3	4	5	6	7	8	9	2	3	4	5	7
Anzahl der Spuren	32	32	32	32	32	32	32	32	32	32	21	21	21	21	21	21	21	21	21	34	34	34	34	34
Zeitaufwand																								
Zeitaufw. Mischung (h)	5,5	6,5	7	11	7	5,25	6	7	7	2,25	5,75	5	5,5	13	5,5	6,5	5,25	20	7,5	8	8	7,75	6	8
Zeitaufw. Nachbearb. (h)	0,75	1,75	0,5	3,5	1,5	1,25	0	3,25	2,25	0	1,25	1,75	0,25	2,75	0,5	2	0	6	2,75	1,75	0,75	2,25	0,5	0
Automatisierte Parameter																								
Fader-Automat. verw.	•	•	•	•	•	•	•	•	•	•	•	•	•	•	•	•	•	•	•	•	•	•	•	•
Mute-Automation verw.	•	•	•	•	•	•	•	•	•	•	•	•	•	•	•	•	•	•	•	•	•	•	•	•
EQ-Automation verw.																			•					
Pan.-Automation verw.																			•					
Summenbearbeitung																								
Summe komprimiert		•		•		•	•		•										•					•
Summe equalisiert																								
Anzahl der verwendeten Effektprogramme																								
Anzahl der Halleffekte	4	2	3	4	2	4	4	4	2	1	1	1	2	2	2	3	4	4	2	2	3	3	2	3
Anzahl der Delayeffekte	0	1	1	3	2	1	1	1	1	2	2	2	0	2	1	2	3	3	1	3	2	2	2	2
Anzahl d. sonst. Effekte	0	4	0	0	2	1	2	0	2	1	1	0	2	1	1	0	0	2	2	2	1	0	0	2
Anzahl aller Effekte	4	7	4	7	6	6	7	5	5	3	4	3	4	5	4	5	7	9	5	7	6	5	4	7
Regelverstärker: Häufigkeiten der bearbeiteten Spuren																								
Alle Spuren	0	5	2	16	11	2	11	6	3	4	0	5	12	7	6	0	14	2	-	2	7	16	3	-
Instrumentalgr. Begleitg.	0	0	1	7	3	1	7	3	0	0	0	4	3	3	3	0	8	0	-	1	4	3	1	-
Instrumentalgr. Rhythm.	0	2	0	5	2	0	3	0	0	0	0	1	7	2	3	0	4	2	-	0	3	7	1	-
Instrumentalgr. Gesang	0	3	1	4	6	1	1	3	3	4	0	0	2	2	0	0	2	0	-	1	0	6	0	-
Equalizer/Filter: Häufigkeiten der bearbeiteten Spuren																								
Alle Spuren	24	22	26	32	24	20	23	19	26	15	17	17	21	17	14	19	17	17	-	25	32	26	15	-
Instrumentalgr. Begleitg.	16	12	15	16	12	11	10	14	15	5	7	9	10	9	6	10	8	6	-	13	16	9	4	-
Instrumentalgr. Rhythm.	3	7	5	10	6	3	7	4	5	6	8	9	6	8	7	7	9	4	-	6	12	11	8	-
Instrumentalgr. Gesang	5	3	6	6	6	6	6	1	6	4	2	0	2	2	0	2	2	2	-	6	4	6	3	-
Halleffekte: Häufigkeiten der bearbeiteten Spuren																								
Alle Spuren	39	20	53	29	14	35	39	26	21	1	10	1	5	6	19	16	21	11	-	12	55	20	6	-
Instrumentalgr. Begleitg.	13	4	26	16	10	12	18	14	11	1	5	0	5	4	10	9	17	4	-	4	25	9	4	-
Instrumentalgr. Rhythm.	16	11	17	8	0	12	10	4	4	0	3	1	0	2	5	3	4	1	-	4	21	4	0	-
Instrumentalgr. Gesang	10	5	10	5	4	11	11	8	6	0	2	0	0	0	4	4	0	6	-	4	9	7	2	-
Delayeffekte: Häufigkeiten der bearbeiteten Spuren																								
Alle Spuren	0	8	2	10	16	4	4	2	5	1	15	14	0	6	11	4	18	5	-	17	5	8	7	-
Instrumentalgr. Begleitg.	0	1	2	3	10	0	2	0	0	9	8	0	3	7	1	12	2	-	5	2	1	3	-	
Instrumentalgr. Rhythm.	0	3	0	1	2	0	2	0	0	0	4	2	0	3	2	1	2	1	-	8	1	6	2	-
Instrumentalgr. Gesang	0	4	0	6	4	4	2	0	5	1	2	4	0	0	2	1	4	2	-	4	2	1	2	-
Sonstige Effekte: Häufigkeiten der bearbeiteten Spuren																								
Alle Spuren	0	27	0	0	3	5	3	0	3	4	6	0	2	9	0	0	3	-	5	1	0	0	-	
Instrumentalgr. Begleitg.	0	12	0	0	1	0	2	0	3	0	4	0	2	0	4	0	0	1	-	5	1	0	0	-
Instrumentalgr. Rhythm.	0	10	0	0	1	0	0	0	0	0	0	0	0	2	3	0	0	2	-	0	0	0	0	-
Instrumentalgr. Gesang	0	5	0	0	1	5	1	0	0	4	2	0	0	0	2	0	0	0	-	0	0	0	0	-
Panorama: Häufigkeiten der positionierten Spuren																								
L 5,0	11	11	8	11	5	6	8	9	11	11	4	4	4	6	4	0	2	-	-	7	7	7	7	-
L 4,5	0	0	0	0	0	0	0	0	0	0	0	0	0	0	0	1	0	-	-	0	0	0	0	-
L 4,0	0	0	0	0	0	2	0	0	0	0	0	0	0	0	0	0	1	-	-	0	2	0	0	-
L 3,5	0	0	0	2	0	1	0	0	0	0	0	0	0	0	0	0	0	-	-	1	0	0	0	-
L 3,0	0	0	4	0	0	5	1	0	0	2	1	0	1	0	0	1	0	-	-	2	2	1	0	-
L 2,5	0	0	0	0	0	0	1	0	0	0	0	0	0	0	0	1	1	-	-	0	0	0	0	-
L 2,0	1	0	1	3	2	3	0	0	1	0	1	1	1	1	1	3	1	-	-	0	1	1	1	-
L 1,5	0	0	0	0	0	0	0	1	0	0	0	0	0	0	0	1	0	-	-	0	1	0	0	-
L 1,0	0	0	0	1	0	4	1	2	0	0	1	0	0	1	0	0	0	-	-	4	1	1	0	-
L 0,5	1	0	0	0	0	2	0	0	0	0	0	0	0	0	0	0	0	-	-	0	0	0	0	-
Mitte	8	10	6	2	6	2	4	4	8	9	9	9	4	10	5	5	-	7	6	6	10	-		
R 0,5	0	0	0	0	0	2	0	0	0	0	0	0	0	0	0	0	0	-	-	0	1	0	0	-
R 1,0	1	0	0	1	0	3	0	1	0	0	1	0	0	2	0	0	0	-	-	0	1	1	1	-
R 1,5	0	0	0	0	0	0	0	1	0	0	0	0	0	0	0	0	0	-	-	0	0	2	0	-
R 2,0	0	0	1	0	2	0	0	1	1	0	0	0	1	0	3	0	-	-	1	2	2	2	-	
R 2,5	0	0	0	0	0	0	0	0	0	0	2	0	0	0	2	0	0	-	-	0	1	0	0	-
R 3,0	0	0	3	1	0	2	4	1	0	1	0	0	1	0	0	1	2	-	-	1	2	1	0	-
R 3,5	0	0	0	0	0	0	0	0	0	0	0	0	0	0	1	1	-	-	2	1	1	0	-	
R 4,0	0	0	0	0	0	1	1	0	0	0	0	0	0	0	0	1	0	-	-	0	1	0	0	-
R 4,5	0	0	0	0	0	4	0	0	0	0	0	0	0	0	0	0	0	-	-	0	0	0	0	-
R 5,0	11	11	8	11	5	6	8	9	11	11	4	4	5	6	4	0	2	-	-	7	7	7	7	-

Tabelle 47

Protokollierte klanggestalterische Maßnahmen: Nachbearbeitung

Musikstück	"Lemon Tree"										"Sonic Empire"									"Love Song"				
Mix Nummer	1	2	3	4	5	6	7	8	9	10	1	2	3	4	5	6	7	8	9	1	2	3	4	5
Testmischer Nummer	1	2	3	4	5	6	7	8	10	11	1	2	3	4	5	6	7	8	9	2	3	4	5	7
Angewandte Processings																								
Equalizer/Filter	•	•	•	•	•	•		•	•		•	•				•		•	•	•			•	
Einfache Kompression																								
Frequenzabh. Kompression					•	•		•							•							•		
Multiband-Kompression	•	•	•	•		•		•	•		•	•		•		•		•	•	•	•	•		
Korrelationskorrektur				•																		•		
Bandsättigungssimulation	•	•	•					•			•	•		•		•				•	•			
Sonstige Processings																								

Tabelle 48

13.3.2 Verwendete Mischpulte und Charakteristiken ihrer Panoramaregler

Verwendete Mischpulte

Abkürzung	Standort	Hersteller und Typ des Mischpults
NN	HdK Innenhofstudio	Solid State Logic SL 4000E
ABS	HdK Altbaustudio	Soundtracs Jade
AT	A-Trane-Studio	Amek BIG by Langley
SP	Sound Planet	Yamaha 02R
BS	Beat Studio	Soundcraft 3B
WW	White Wall Studio	Behringer Eurodesk MX-8000

Tabelle 49

Charakteristiken der Panoramaregler
- Vergleich der Studios* -

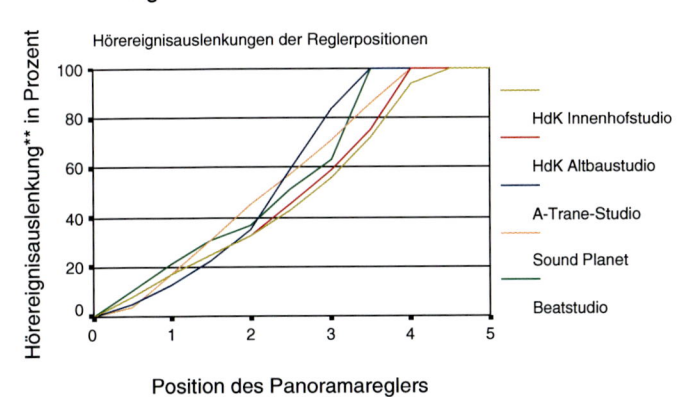

Hörereignisauslenkungen der Reglerpositionen

(Diagramm: Hörereignisauslenkung** in Prozent vs. Position des Panoramareglers; Kurven für HdK Innenhofstudio, HdK Altbaustudio, A-Trane-Studio, Sound Planet, Beatstudio)

* Daten aus WW wurden nicht erhoben, da Protokolle ohne Panoramaangaben
** Unter Zugrundelegung der Kurve von Sengpiel (1993)

Abbildung 60

13.3.3 Klangeigenschaften der Abmischungen

Klangeigenschaften der Abmischungen: Sämtliche Musikstücke
Mittelwerte der Expertenurteile

Musikstück	"Lemon Tree"										"Sonic Empire"									"Love Song"				
Mischung Nummer	1	2	3	4	5	6	7	8	9	10	1	2	3	4	5	6	7	8	9	1	2	3	4	5
Lautstärke	2,19	2,94	3,69	3,50	3,25	4,63	3,31	4,25	4,31	3,00	4,06	3,75	4,38	4,19	3,56	4,88	3,75	3,94	3,31	4,00	4,25	4,88	4,50	3,00
Dynamik	2,69	3,44	4,25	3,69	2,63	2,00	2,81	3,00	2,81	3,19	2,81	3,06	2,80	2,31	3,43	1,94	2,62	4,25	2,44	2,50	2,50		4,25	2,25
Tiefen	3,60	1,94	3,56	3,25	3,06	2,93	3,00	3,93	3,13	2,53	4,47	3,87	3,93	4,07	4,75	3,31	3,20	4,00	2,69	2,25	3,25	4,00	4,75	2,75
Höhen	4,13	3,81	3,50	3,60	2,69	3,81	3,53	3,50	3,63	3,31	4,75	4,13	4,25	4,13	3,33	3,88	3,79	3,69	2,73	3,00	4,00	3,50	3,75	3,50
Abbildungsbreite	4,79	4,63	4,81	4,94	4,40	4,88	4,75	4,44	4,88	4,75	4,94	4,80	4,81	4,94	4,67	4,88	4,81	4,69	4,50	4,75	4,75	4,25
Tiefenausdehnung	2,87	2,88	3,00	3,88	3,44	2,56	3,31	3,25	2,94	2,53	3,13	2,00	2,93	3,13	3,00	2,93	3,81	2,73	2,75	3,00	3,75	3,00
Effektanteil	3,40	4,69	3,33	4,06	4,75	3,00	4,63	3,31	2,63	3,62	3,25	4,19	2,50	3,44	4,87	3,38	4,42	2,50	4,19	4,25	3,25	3,25	3,75	2,50
Hallanteil	Nicht erhoben										Nicht erhoben									2,00	4,25	3,25	2,75	2,25
Raumgröße	4,00	3,00	2,87	4,44	3,94	3,38	3,44	4,31	2,88	2,13	2,88	3,13	2,13	3,25	3,93	3,63	4,20	1,94	3,50	2,25	3,75	3,00	2,75	3,00

Gruppe 1

Gesangsorientiertheit	3,13	3,44	4,31	3,37	2,88	3,50	3,25	3,63	3,25	4,00	3,64	3,88	3,14	4,71	3,36	2,64	2,86	4,00	2,14	4,25	4,75	3,75	3,75	4,00
Rhythmusorientiertheit	3,25	3,56	3,69	3,31	3,63	3,69	3,25	3,06	4,12	2,64	4,06	3,94	3,88	3,75	3,75	3,88	3,31	4,38	3,25	3,00	3,00	4,50	2,50
Musikalität	2,56	2,00	3,75	3,38	2,06	2,69	1,94	3,56	2,50	3,37	3,13	2,63	3,44	4,31	2,88	3,00	3,81	2,44	3,00	2,75	3,25	3,25
Mix als eigener musikalischer Faktor	2,31	4,56	3,00	3,56	4,37	2,06	3,88	2,87	2,44	2,67	3,31	3,13	2,63	3,44	4,37	2,75	3,88	3,94	3,81	4,25	2,50	4,25	2,25
Abwechslungsreichtum	2,31	4,31	3,69	3,50	3,87	2,25	3,37	3,13	2,56	3,19	3,12	3,69	2,94	4,00	3,00	3,19	4,19	2,94	3,00	4,00	2,25
Komplexität	2,75	3,37	3,75	4,00	3,13	3,25	3,56	3,31	3,06	3,63	3,50	3,19	3,63	4,13	3,27	3,50	3,94	3,38	Nicht erhoben				

Gruppe 2

Experimenteller Charakter	2,06	4,63	2,19	3,50	4,56	1,75	4,44	2,06	1,63	2,88	2,31	3,88	2,56	2,13	4,31	2,00	3,56	3,37	3,19	4,50	2,00	4,00	4,50	2,00
Stilechtheit	2,80	1,44	3,69	3,13	1,69	3,27	1,81	3,06	4,13	2,81	3,50	2,94	3,00	4,00	2,75	3,56	3,06	4,00	2,19	2,25	3,25	3,00	3,50
Gesamturteil	2,19	1,81	3,63	3,56	2,25	2,94	2,25	2,38	3,38	2,56	3,06	2,40	3,50	3,31	3,06	3,13	3,31	4,00	2,44	1,50	2,75	3,25	3,75	3,00
Genügt professionellem Mindeststandard	0,50	0,31	0,69	0,81	0,37	0,75	0,63	0,56	0,81	0,37	0,81	0,75	0,31	1,00	0,75	0,75	0,81	0,94	0,44	0,25	1,00	1,00	0,75	1,00

Gruppe 3

Tabelle 50

13.3.4 Beurteilung der Testbeispiele im Hörversuch I

Beurteilung der Testbeispiele im Hörversuch I
- „Lemon Tree" -

Mittelwert	ohne Videoclip				mit Videoclip				Total			
	Mix 7	Mix 6	Mix 3	Total	Mix 7	Mix 6	Mix 3	Total	Mix 7	Mix 6	Mix 3	Total
Gefallen	,14	,27	,39	,26	-,04	,30	-,08	,06	,06	,29	,14	,16
Abwechslung	,36	,36	,13	,29	-,30	,13	,31	,06	,06	,25	,22	,18
Härte	-1,13	-,88	-,74	-,93	-1,17	-,57	-1,04	-,93	-1,15	-,73	-,90	-,93
Melodie	,57	,81	,87	,74	,77	1,00	1,00	,93	,66	,90	,94	,83
Rhythmus	1,00	,92	,96	,96	1,00	1,35	1,12	1,15	1,00	1,12	1,04	1,05
Tempo	-,39	,15	-,13	-,13	,04	,00	,15	,07	-,20	,08	,02	-,03
Lautstärke	-,14	,38	,17	,13	-,17	,09	-,12	-,07	-,16	,24	,02	,03
Helligkeit	,61	,94	,22	,60	,52	,35	,42	,43	,57	,66	,33	,52
Baß	-,83	-,12	-,22	-,41	-,39	-,17	-,27	-,28	-,63	-,14	-,24	-,34
Deutlichkeit	1,61	1,62	1,57	1,60	1,83	1,61	1,65	1,69	1,71	1,61	1,61	1,64
Laune	,75	,65	,52	,65	,43	,74	,69	,63	,61	,69	,61	,64
Tanzen	-,41	-,85	-,78	-,67	-,57	-,39	-,35	-,43	-,48	-,63	-,55	-,55
Träumen	,28	-,19	,78	,27	-,26	,13	,00	-,04	,03	-,04	,37	,12
Kaufen	,18	,42	,43	,34	,35	,35	,23	,31	,25	,39	,33	,32
Kennen	,96	,92	,96	,95	1,00	1,00	1,00	1,00	,98	,96	,98	,97

Tabelle 51

Beurteilung der Testbeispiele im Hörversuch I
- „Lemon Tree" -

Standardabweichung	ohne Videoclip				mit Videoclip				Total			
	Mix 7	Mix 6	Mix 3	Total	Mix 7	Mix 6	Mix 3	Total	Mix 7	Mix 6	Mix 3	Total
Gefallen	,97	1,37	1,20	1,17	1,26	1,26	1,47	1,33	1,10	1,31	1,35	1,25
Abwechslung	1,19	1,23	1,01	1,15	1,06	1,10	,97	1,06	1,17	1,16	,98	1,11
Härte	,79	,77	,92	,83	,65	,90	,72	,79	,72	,84	,82	,81
Melodie	,96	,94	,81	,91	,73	1,09	,75	,86	,86	1,01	,77	,89
Rhythmus	,82	,89	,98	,88	,67	,88	,95	,85	,75	,90	,96	,87
Tempo	1,17	,92	1,06	1,07	,64	,80	,78	,74	,98	,86	,92	,93
Lautstärke	,89	,80	,98	,91	,94	,67	,86	,83	,90	,75	,92	,87
Helligkeit	,83	,67	,95	,86	,95	1,03	,99	,98	,88	,90	,97	,92
Baß	1,01	1,28	1,28	1,22	1,12	,83	1,19	1,05	1,07	1,08	1,22	1,14
Deutlichkeit	,74	,98	,95	,88	,39	,72	,49	,55	,61	,86	,73	,74
Laune	,93	1,20	1,08	1,06	1,08	1,14	1,26	1,16	1,00	1,16	1,17	1,10
Tanzen	1,24	1,26	1,04	1,19	1,31	1,31	1,20	1,25	1,26	1,29	1,14	1,22
Träumen	1,22	1,36	,90	1,23	1,21	1,39	1,23	1,27	1,23	1,37	1,15	1,26
Kaufen	,39	,50	,51	,48	,49	,49	,43	,46	,44	,49	,47	,47
Kennen	,19	,27	,21	,22	,00	,00	,00	,00	,14	,20	,14	,16

Tabelle 52

Beurteilung der Testbeispiele im Hörversuch I
- „Sonic Empire" -

Mittelwert	ohne Videoclip				mit Videoclip				Total			
	Mix 4	Mix 5	Mix 7	Total	Mix 4	Mix 5	Mix 7	Total	Mix 4	Mix 5	Mix 7	Total
Gefallen	-,09	,17	,31	,14	1,25	,58	,70	,86	,65	,39	,49	,51
Abwechslung	-,26	,30	,42	,17	,53	,08	-,04	,20	,17	,18	,20	,19
Härte	1,04	,87	,54	,81	,82	1,19	,58	,88	,92	1,04	,56	,84
Melodie	,00	,00	,08	,03	,25	-,19	,04	,04	,14	-,10	,06	,03
Rhythmus	1,26	1,22	1,27	1,25	1,21	1,00	1,39	1,19	1,24	1,10	1,33	1,22
Tempo	1,65	1,35	1,35	1,44	1,54	1,50	1,30	1,45	1,59	1,43	1,33	1,45
Lautstärke	1,04	,57	,81	,81	1,30	1,12	,78	1,08	1,19	,86	,80	,95
Helligkeit	-,30	-,26	,00	-,18	-,11	-,15	,17	-,04	-,20	-,20	,08	-,11
Baß	,96	,70	1,00	,89	,79	1,00	,74	,84	,86	,86	,88	,87
Laune	,43	,43	,38	,42	1,14	1,08	,83	1,03	,82	,78	,59	,73
Tanzen	,43	,96	,92	,78	1,32	,85	,87	1,03	,92	,90	,90	,91
Träumen	-1,61	-1,26	-1,12	-1,32	-1,11	-,88	-,96	-,99	-1,33	-1,06	-1,04	-1,15
Kaufen	,23	,30	,38	,31	,71	,46	,61	,60	,50	,39	,49	,46
Kennen	,83	,96	,88	,89	,93	,92	,95	,93	,88	,94	,92	,91

Tabelle 53

Beurteilung der Testbeispiele im Hörversuch I
- „Sonic Empire" -

Standard-abweichung	ohne Videoclip				mit Videoclip				Total			
	Mix 4	Mix 5	Mix 7	Total	Mix 4	Mix 5	Mix 7	Total	Mix 4	Mix 5	Mix 7	Total
Gefallen	1,28	1,37	1,49	1,38	1,14	1,45	1,49	1,37	1,37	1,41	1,49	1,42
Abwechslung	1,14	1,22	1,30	1,24	1,19	1,29	1,46	1,32	1,22	1,25	1,38	1,28
Härte	,71	,69	,86	,78	,86	,63	1,07	,89	,80	,68	,96	,84
Melodie	1,35	1,04	1,32	1,23	1,21	1,20	1,07	1,16	1,27	1,12	1,20	1,19
Rhythmus	,86	,90	,83	,85	,96	,94	,84	,92	,91	,92	,83	,88
Tempo	,57	,65	,69	,65	,64	,58	,88	,70	,61	,61	,77	,67
Lautstärke	,93	1,16	,69	,94	,99	,86	1,04	,98	,96	1,04	,87	,97
Helligkeit	,97	,69	,89	,86	,99	1,08	,89	,99	,98	,91	,89	,93
Baß	,93	1,02	,85	,93	1,10	1,13	1,25	1,15	1,02	1,08	1,05	1,04
Laune	1,34	1,16	1,17	1,21	1,01	1,13	1,23	1,11	1,21	1,18	1,21	1,19
Tanzen	1,62	1,30	1,02	1,32	,94	1,52	1,18	1,24	1,35	1,40	1,08	1,28
Träumen	,72	1,18	1,11	1,03	1,29	1,37	1,30	1,30	1,09	1,28	1,19	1,19
Kaufen	,43	,47	,50	,47	,46	,51	,50	,49	,51	,49	,51	,50
Kennen	,39	,21	,33	,32	,26	,27	,21	,25	,33	,24	,28	,28

Tabelle 54

13.3.5 Beurteilung der Testbeispiele im Hörversuch II

Beurteilung der Testbeispiele im Hörversuch II

Mittelwert	„Love Song"			„Sonic Empire"			„Lemon Tree"		
	Mix 2	Mix 4	Total	Mix 3	Mix 8	Total	Mix 2	Mix 4	Total
Gefallen	,55	,16	,35	,11	,56	,34	-,35	,36	,01
Abwechslung	,13	,20	,16	-,07	,44	,18	,13	,36	,25
Härte	-1,31	-,80	-1,05	1,11	1,07	1,09	-,80	-1,00	-,90
Melodie	,98	,84	,91	-,69	-,07	-,38	,59	1,05	,82
Rhythmus	,96	1,16	1,06	1,00	1,38	1,19	1,02	,98	1,00
Tempo	-,76	-,78	-,77	1,47	1,40	1,44	-,04	-,20	-,12
Lautstärke	-,18	-,24	-,21	1,00	1,18	1,09	-,20	-,20	-,20
Helligkeit	,38	,07	,23	-,44	-,35	-,39	,60	,69	,65
Baß	-,05	,80	,37	,67	,67	,67	-,62	-,74	-,68
Deutlichkeit	1,73	1,44	1,58	Nicht erhoben			1,45	1,56	1,51
Laune	,49	,13	,31	,62	,80	,71	,47	,75	,61
Tanzen	,33	-,31	,01	,58	,73	,65	-,42	-,56	-,49
Träumen	1,36	,65	1,01	-1,29	-1,18	-1,24	-,33	,20	-,06
Kaufen	,42	,31	,36	,31	,49	,40	,19	,35	,27
Kennen	,02	,02	,02	,91	,84	,87	,96	,98	,97

Tabelle 55

Beurteilung der Testbeispiele im Hörversuch II

Standard-abweichung	„Love Song"			„Sonic Empire"			„Lemon Tree"		
	Mix 2	Mix 4	Total	Mix 3	Mix 8	Total	Mix 2	Mix 4	Total
Gefallen	1,18	1,15	1,18	1,51	1,40	1,47	1,31	1,44	1,42
Abwechslung	1,23	1,19	1,21	1,33	1,32	1,34	1,06	1,21	1,13
Härte	,81	,76	,82	,76	,77	,76	,76	,69	,73
Melodie	,80	,94	,87	1,05	1,20	1,17	,93	1,06	1,02
Rhythmus	,86	,90	,88	1,11	,91	1,03	,85	1,01	,93
Tempo	,84	,69	,76	,54	,81	,68	,69	,68	,69
Lautstärke	,70	,82	,76	,72	,67	,70	,73	,68	,70
Helligkeit	,89	,84	,87	,88	,87	,87	,85	,72	,79
Baß	1,01	1,06	1,12	1,09	1,16	1,12	,95	,98	,97
Deutlichkeit	,53	,81	,70	Nicht erhoben			,81	,74	,78
Laune	,84	,94	,91	1,13	1,16	1,14	,96	1,06	1,01
Tanzen	1,20	1,23	1,25	1,15	1,38	1,27	1,23	1,33	1,28
Träumen	,80	1,28	1,12	1,15	1,11	1,12	1,19	1,27	1,25
Kaufen	,50	,47	,48	,47	,50	,49	,39	,48	,44
Kennen	,13	,13	,13	,29	,37	,33	,19	,13	,16

Tabelle 56

13.4 Statistische Auswertungen

13.4.1 Multivariate Varianzanalysen des Hörversuchs I

„Lemon Tree"

```
* * * * * A n a l y s i s   o f   V a r i a n c e -- design  1 * * * * * *
EFFECT .. DARBIETUNGSFORM BY KLANGGESTALTUNG
Multivariate Tests of Significance (S = 2, M = 5 , N = 62 )
```

Test Name	Value	Approx. F	Hypoth. DF	Error DF	Sig. of F
Pillais	,28760	1,64073	26,00	254,00	,029
Hotellings	,34073	1,63812	26,00	250,00	,030
Wilks	,73157	1,63951	26,00	252,00	,029
Roys	,18270				

Note.. F statistic for WILKS' Lambda is exact.

- -

Multivariate Effect Size and Observed Power at ,0500 Level

TEST NAME	Effect Size	Noncent.	Power
Pillais	,144	42,659	,98
Hotellings	,146	42,591	,98
Wilks	,145	42,627	,98

- -

Univariate F-tests with (2;138) D. F.

Variable	Hypoth. SS	Error SS	Hypoth. MS	Error MS	F	Sig. of F
GEFALLEN	2,20470	197,96170	1,10235	1,43451	,76845	,466
ABWECHSLUNG	4,17895	157,87708	2,08947	1,14404	1,82641	,165
HÄRTE	3,78613	71,08778	1,89306	,51513	3,67493	,028
MELODIE	,14450	108,19998	,07225	,78406	,09215	,912
RHYTHMUS	1,99766	96,68535	,99883	,70062	1,42564	,244
TEMPO	1,68304	104,62653	,84152	,75816	1,10994	,333
LAUTSTAERKE	1,14057	87,87257	,57028	,63676	,89561	,411
HELLIGKEIT	4,44884	115,17359	2,22442	,83459	2,66528	,073
BASS	2,17728	170,76073	1,08864	1,23740	,87978	,417
DEUTLICHKEIT	,43143	73,81587	,21572	,53490	,40329	,669
LAUNE	1,85068	152,69559	,92534	1,10649	,83629	,436
TANZEN	3,20968	203,34849	1,60484	1,47354	1,08911	,339
TRAEUMEN	5,55560	196,18382	2,77780	1,42162	1,95397	,146

Variable	ETA Square	Noncent.	Power
GEFALLEN	,01101	1,53690	,17933
ABWECHSLUNG	,02579	3,65281	,37509
HÄRTE	,05057	7,34987	,66764
MELODIE	,00133	,18430	,06568
RHYTHMUS	,02024	2,85128	,30006
TEMPO	,01583	2,21989	,24079
LAUTSTAERKE	,01281	1,79121	,20170
HELLIGKEIT	,03719	5,33056	,52134
BASS	,01259	1,75957	,19888
DEUTLICHKEIT	,00581	,80657	,11797
LAUNE	,01197	1,67257	,19118
TANZEN	,01554	2,17821	,23693
TRAEUMEN	,02754	3,90793	,39847

- -

```
* * * * * * A n a l y s i s   o f   V a r i a n c e -- design   1 * * * * * *
EFFECT .. KLANGGESTALTUNG

Multivariate Tests of Significance (S = 2, M = 5 , N = 62 )

Test Name       Value    Approx. F Hypoth. DF    Error DF  Sig. of F

Pillais         ,19213   1,03822     26,00       254,00     ,418
Hotellings      ,21510   1,03412     26,00       250,00     ,423
Wilks           ,81616   1,03622     26,00       252,00     ,420
Roys            ,12672
Note.. F statistic for WILKS' Lambda is exact.

- - - - - - - - - - - - - - - - - - - - - - - - - - - - - - - - - - - - -
Multivariate Effect Size and Observed Power at ,0500 Level

TEST NAME    Effect Size   Noncent.      Power

Pillais          ,096       26,994        ,84
Hotellings       ,097       26,887        ,84
Wilks            ,097       26,942        ,84

- - - - - - - - - - - - - - - - - - - - - - - - - - - - - - - - - - - - -
Univariate F-tests with (2;138) D. F.

Variable     Hypoth. SS   Error SS  Hypoth. MS    Error MS       F   Sig. of F

GEFALLEN      1,15245    197,96170    ,57623      1,43451    ,40169    ,670
ABWECHSLUNG   1,41073    157,87708    ,70537      1,14404    ,61656    ,541
HÄRTE         4,14588     71,08778   2,07294       ,51513   4,02411    ,020
MELODIE       2,30040    108,19998   1,15020       ,78406   1,46699    ,234
RHYTHMUS       ,31529     96,68535    ,15765       ,70062    ,22501    ,799
TEMPO         1,56902    104,62653    ,78451       ,75816   1,03475    ,358
LAUTSTAERKE   4,44069     87,87257   2,22035       ,63676   3,48696    ,033
HELLIGKEIT    1,83383    115,17359    ,91692       ,83459   1,09864    ,336
BASS          5,71779    170,76073   2,85890      1,23740   2,31041    ,103
DEUTLICHKEIT   ,27436     73,81587    ,13718       ,53490    ,25646    ,774
LAUNE          ,26071    152,69559    ,13036      1,10649    ,11781    ,889
TANZEN         ,39220    203,34849    ,19610      1,47354    ,13308    ,876
TRAEUMEN      5,74319    196,18382   2,87159      1,42162   2,01994    ,137

Variable     ETA Square   Noncent.     Power

GEFALLEN        ,00579      ,80338     ,11770
ABWECHSLUNG     ,00886     1,23312     ,15348
HÄRTE           ,05511     8,04823     ,70986
MELODIE         ,02082     2,93397     ,30786
RHYTHMUS        ,00325      ,45002     ,08783
TEMPO           ,01477     2,06950     ,22691
LAUTSTAERKE     ,04810     6,97391     ,64312
HELLIGKEIT      ,01567     2,19728     ,23870
BASS            ,03240     4,62083     ,46182
DEUTLICHKEIT    ,00370      ,51292     ,09317
LAUNE           ,00170      ,23562     ,06987
TANZEN          ,00192      ,26616     ,07239
TRAEUMEN        ,02844     4,03988     ,41043

- - - - - - - - - - - - - - - - - - - - - - - - - - - - - - - - - - - - -
```

```
* * * * * * A n a l y s i s   o f   V a r i a n c e -- design   1 * * * * * *
EFFECT .. DARBIETUNGSFORM

Multivariate Tests of Significance (S = 1, M = 5 1/2, N = 62 )

Test Name        Value       Exact F  Hypoth. DF   Error DF   Sig. of F

Pillais         ,17418      2,04428      13,00      126,00       ,022
Hotellings      ,21092      2,04428      13,00      126,00       ,022
Wilks           ,82582      2,04428      13,00      126,00       ,022
Roys            ,17418
Note.. F statistics are exact.

- - - - - - - - - - - - - - - - - - - - - - - - - - - - - - - - - - - - -
Multivariate Effect Size and Observed Power at ,0500 Level

TEST NAME    Effect Size   Noncent.      Power

 (All)            ,174      26,576        ,93

- - - - - - - - - - - - - - - - - - - - - - - - - - - - - - - - - - - - -
Univariate F-tests with (1;138) D. F.

Variable    Hypoth. SS   Error SS  Hypoth. MS    Error MS        F   Sig. of F

GEFALLEN       2,53504   197,96170    2,53504     1,43451    1,76719    ,186
ABWECHSLUNG    2,19902   157,87708    2,19902     1,14404    1,92215    ,168
HÄRTE           ,01404    71,08778     ,01404      ,51513     ,02726    ,869
MELODIE         ,68058   108,19998     ,68058      ,78406     ,86802    ,353
RHYTHMUS       1,25266    96,68535    1,25266      ,70062    1,78793    ,183
TEMPO           ,89412   104,62653     ,89412      ,75816    1,17932    ,279
LAUTSTAERKE    1,70186    87,87257    1,70186      ,63676    2,67270    ,104
HELLIGKEIT      ,89124   115,17359     ,89124      ,83459    1,06788    ,303
BASS            ,33873   170,76073     ,33873     1,23740     ,27374    ,602
DEUTLICHKEIT    ,03814    73,81587     ,03814      ,53490     ,07131    ,790
LAUNE           ,08264   152,69559     ,08264     1,10649     ,07469    ,785
TANZEN         1,23038   203,34849    1,23038     1,47354     ,83498    ,362
TRAEUMEN       5,56508   196,18382    5,56508     1,42162    3,91460    ,050

Variable    ETA Square   Noncent.      Power

GEFALLEN        ,01264    1,76719     ,25991
ABWECHSLUNG     ,01374    1,92215     ,27914
HÄRTE           ,00020     ,02726     ,03730
MELODIE         ,00625     ,86802     ,17189
RHYTHMUS        ,01279    1,78793     ,26250
TEMPO           ,00847    1,17932     ,18951
LAUTSTAERKE     ,01900    2,67270     ,36813
HELLIGKEIT      ,00768    1,06788     ,17976
BASS            ,00198     ,27374     ,04094
DEUTLICHKEIT    ,00052     ,07131     ,04428
LAUNE           ,00054     ,07469     ,04470
TANZEN          ,00601     ,83498     ,17193
TRAEUMEN        ,02758    3,91460     ,50009

- - - - - - - - - - - - - - - - - - - - - - - - - - - - - - - - - - - - -
```

„Sonic Empire"

```
* * * * * * A n a l y s i s   o f   V a r i a n c e -- design  1 * * * * * *
EFFECT .. DARBIETUNGSFORM BY KLANGGESTALTUNG

Multivariate Tests of Significance (S = 2, M = 4 1/2, N = 62 )

 Test Name          Value    Approx. F Hypoth. DF   Error DF  Sig. of F

 Pillais           ,12138      ,68381     24,00      254,00      ,866
 Hotellings        ,13131      ,68390     24,00      250,00      ,866
 Wilks             ,88144      ,68390     24,00      252,00      ,866
 Roys              ,09008
 Note.. F statistic for WILKS' Lambda is exact.

- - - - - - - - - - - - - - - - - - - - - - - - - - - - - - - - - - - - - -
Multivariate Effect Size and Observed Power at ,0500 Level

 TEST NAME     Effect Size   Noncent.      Power

 Pillais           ,061       16,411        ,58
 Hotellings        ,062       16,414        ,58
 Wilks             ,061       16,414        ,58

- - - - - - - - - - - - - - - - - - - - - - - - - - - - - - - - - - - - - -
Univariate F-tests with (2;137) D. F.

 Variable      Hypoth. SS    Error SS  Hypoth. MS    Error MS        F   Sig. of F

 GEFALLEN        5,94482   255,39885     2,97241     1,86423    1,59445     ,207
 ABWECHSLUNG     7,38153   201,84707     3,69077     1,47334    2,50504     ,085
 HÄRTE           1,62027    84,57229      ,81014      ,61732    1,31235     ,273
 MELODIE          ,81861   186,49477      ,40931     1,36128     ,30068     ,741
 RHYTHMUS         ,46062   111,22544      ,23031      ,81186     ,28368     ,753
 TEMPO            ,38792    60,24688      ,19396      ,43976     ,44106     ,644
 LAUTSTAERKE      ,75767   104,68617      ,37883      ,76413     ,49577     ,610
 HELLIGKEIT       ,02028   122,69937      ,01014      ,89562     ,01132     ,989
 BASS            1,76900   143,81175      ,88450     1,04972     ,84261     ,433
 LAUNE            ,11539   175,77152      ,05769     1,28300     ,04497     ,956
 TANZEN          6,94626   215,81213     3,47313     1,57527    2,20478     ,114
 TRAEUMEN        1,72692   186,32271      ,86346     1,36002     ,63489     ,532

 Variable      ETA Square    Noncent.      Power

 GEFALLEN         ,02275     3,18890      ,33182
 ABWECHSLUNG      ,03528     5,01008      ,49488
 HÄRTE            ,01880     2,62470      ,27865
 MELODIE          ,00437      ,60136      ,10066
 RHYTHMUS         ,00412      ,56736      ,09778
 TEMPO            ,00640      ,88211      ,12426
 LAUTSTAERKE      ,00719      ,99154      ,13336
 HELLIGKEIT       ,00017      ,02265      ,05287
 BASS             ,01215     1,68521      ,19227
 LAUNE            ,00066      ,08994      ,05812
 TANZEN           ,03118     4,40956      ,44333
 TRAEUMEN         ,00918     1,26978      ,15654

- - - - - - - - - - - - - - - - - - - - - - - - - - - - - - - - - - - - - -
```

```
* * * * * * A n a l y s i s   o f   V a r i a n c e  --  design   1 * * * * * *
EFFECT .. KLANGGESTALTUNG

Multivariate Tests of Significance (S = 2, M = 4 1/2, N = 62 )

Test Name         Value     Approx. F  Hypoth. DF   Error DF   Sig. of F

Pillais          ,22176      1,31985     24,00       254,00      ,150
Hotellings       ,25153      1,31003     24,00       250,00      ,157
Wilks            ,78979      1,31498     24,00       252,00      ,154
Roys             ,13807
Note.. F statistic for WILKS' Lambda is exact.

- - - - - - - - - - - - - - - - - - - - - - - - - - - - - - - - - - - - - -
Multivariate Effect Size and Observed Power at ,0500 Level

TEST NAME     Effect Size     Noncent.        Power

Pillais           ,111        31,676          ,92
Hotellings        ,112        31,441          ,92
Wilks             ,111        31,560          ,92

- - - - - - - - - - - - - - - - - - - - - - - - - - - - - - - - - - - - - -
Univariate F-tests with (2;137) D. F.

Variable      Hypoth. SS   Error SS   Hypoth. MS    Error MS         F     Sig. of F

GEFALLEN       1,49962    255,39885      ,74981     1,86423      ,40221      ,670
ABWECHSLUNG     ,37964    201,84707      ,18982     1,47334      ,12884      ,879
HÄRTE          6,67812     84,57229     3,33906      ,61732     5,40900      ,005
MELODIE        1,27557    186,49477      ,63779     1,36128      ,46852      ,627
RHYTHMUS       1,48243    111,22544      ,74121      ,81186      ,91298      ,404
TEMPO          2,02191     60,24688     1,01095      ,43976     2,29888      ,104
LAUTSTAERKE    5,39218    104,68617     2,69609      ,76413     3,52830      ,032
HELLIGKEIT     2,32979    122,69937     1,16490      ,89562     1,30066      ,276
BASS            ,14598    143,81175      ,07299     1,04972      ,06953      ,933
LAUNE           ,95112    175,77152      ,47556     1,28300      ,37066      ,691
TANZEN          ,13872    215,81213      ,06936     1,57527      ,04403      ,957
TRAEUMEN       2,87973    186,32271     1,43987     1,36002     1,05871      ,350

Variable     ETA Square     Noncent.        Power

GEFALLEN         ,00584        ,80442      ,11777
ABWECHSLUNG      ,00188        ,25767      ,07168
HÄRTE            ,07318      10,81800      ,83753
MELODIE          ,00679        ,93704      ,12883
RHYTHMUS         ,01315       1,82595      ,20478
TEMPO            ,03247       4,59777      ,45976
LAUTSTAERKE      ,04898       7,05661      ,64855
HELLIGKEIT       ,01863       2,60133      ,27645
BASS             ,00101        ,13906      ,06203
LAUNE            ,00538        ,74132      ,11248
TANZEN           ,00064        ,08806      ,05797
TRAEUMEN         ,01522       2,11742      ,23129

- - - - - - - - - - - - - - - - - - - - - - - - - - - - - - - - - - - - - -
```

```
* * * * * *  A n a l y s i s   o f   V a r i a n c e -- design  1 * * * * * *
```

EFFECT .. DARBIETUNGSFORM

Multivariate Tests of Significance (S = 1, M = 5 , N = 62)

Test Name	Value	Exact F	Hypoth. DF	Error DF	Sig. of F
Pillais	,15353	1,90447	12,00	126,00	,040
Hotellings	,18138	1,90447	12,00	126,00	,040
Wilks	,84647	1,90447	12,00	126,00	,040
Roys	,15353				

Note.. F statistics are exact.

- -

Multivariate Effect Size and Observed Power at ,0500 Level

TEST NAME	Effect Size	Noncent.	Power
(All)	,154	22,854	,89

- -

Univariate F-tests with (1;137) D. F.

Variable	Hypoth. SS	Error SS	Hypoth. MS	Error MS	F	Sig. of F
GEFALLEN	16,28529	255,39885	16,28529	1,86423	8,73569	,004
ABWECHSLUNG	,00171	201,84707	,00171	1,47334	,00116	,973
HÄRTE	,10632	84,57229	,10632	,61732	,17222	,679
MELODIE	,34526	186,49477	,34526	1,36128	,25363	,615
RHYTHMUS	,04287	111,22544	,04287	,81186	,05280	,819
TEMPO	,00013	60,24688	,00013	,43976	,00030	,986
LAUTSTAERKE	3,04415	104,68617	3,04415	,76413	3,98380	,048
HELLIGKEIT	,54578	122,69937	,54578	,89562	,60940	,436
BASS	,00698	143,81175	,00698	1,04972	,00665	,935
LAUNE	13,04432	175,77152	13,04432	1,28300	10,16701	,002
TANZEN	1,72594	215,81213	1,72594	1,57527	1,09565	,297
TRAEUMEN	3,09093	186,32271	3,09093	1,36002	2,27271	,134

Variable	ETA Square	Noncent.	Power
GEFALLEN	,05994	8,73569	,83340
ABWECHSLUNG	,00001	,00116	,03271
HÄRTE	,00126	,17222	,04869
MELODIE	,00185	,25363	,04240
RHYTHMUS	,00039	,05280	,04167
TEMPO	,00000	,00030	,03257
LAUTSTAERKE	,02826	3,98380	,50685
HELLIGKEIT	,00443	,60940	,15931
BASS	,00005	,00665	,03361
LAUNE	,06908	10,16701	,88488
TANZEN	,00793	1,09565	,18190
TRAEUMEN	,01632	2,27271	,32157

- -

13.4.2 Multivariate Varianzanalysen des Hörversuchs II

„Love Song"

```
* * * * * A n a l y s i s    o f    V a r i a n c e -- design   1 * * * * * *
EFFECT .. KLANGGESTALTUNG
Multivariate Tests of Significance (S = 1, M = 5 1/2, N = 45 1/2)

Test Name        Value     Exact F  Hypoth. DF   Error DF   Sig. of F

Pillais         ,38228     4,42725     13,00      93,00       ,000
Hotellings      ,61886     4,42725     13,00      93,00       ,000
Wilks           ,61772     4,42725     13,00      93,00       ,000
Roys            ,38228
Note.. F statistics are exact.
```

- -

```
Multivariate Effect Size and Observed Power at ,0500 Level

TEST NAME    Effect Size   Noncent.     Power

 (All)           ,382      57,554       1,00
```

- -

```
Univariate F-tests with (1;105) D. F.

Variable     Hypoth. SS   Error SS  Hypoth. MS    Error MS         F   Sig. of F

GEFALLEN        5,09832   123,48949    5,09832     1,17609     4,33497     ,040
ABWECHSLUNG      ,10564   145,81646     ,10564     1,38873      ,07607     ,783
HÄRTE           7,05476    64,36291    7,05476      ,61298    11,50895     ,001
MELODIE          ,77240    79,99667     ,77240      ,76187     1,01382     ,316
RHYTHMUS         ,70998    77,13077     ,70998      ,73458      ,96652     ,328
TEMPO            ,00595    59,13925     ,00595      ,56323      ,01057     ,918
LAUTSTAERKE      ,14001    59,97751     ,14001      ,57121      ,24510     ,622
HELLIGKEIT      3,27722    76,20309    3,27722      ,72574     4,51568     ,036
BASS           17,80357   107,62262   17,80357     1,02498    17,36972     ,000
DEUTLICHKEIT    2,42626    49,81602    2,42626      ,47444     5,11397     ,026
LAUNE           3,88836    81,43128    3,88836      ,77554     5,01377     ,027
TANZEN         11,24495   155,18877   11,24495     1,47799     7,60828     ,007
TRAEUMEN       13,95077   118,41250   13,95077     1,12774    12,37058     ,001

Variable     ETA Square   Noncent.     Power

GEFALLEN         ,03965    4,33497     ,53874
ABWECHSLUNG      ,00072     ,07607     ,04535
HÄRTE            ,09878   11,50895     ,91852
MELODIE          ,00956    1,01382     ,17560
RHYTHMUS         ,00912     ,96652     ,17328
TEMPO            ,00010     ,01057     ,03485
LAUTSTAERKE      ,00233     ,24510     ,04443
HELLIGKEIT       ,04123    4,51568     ,55541
BASS             ,14194   17,36972     ,98479
DEUTLICHKEIT     ,04644    5,11397     ,60767
LAUNE            ,04557    5,01377     ,59923
TANZEN           ,06756    7,60828     ,77792
TRAEUMEN         ,10540   12,37058     ,93558
```

- -

"Sonic Empire"

```
* * * * * * A n a l y s i s   o f   V a r i a n c e -- design   1 * * * * * *
```
EFFECT .. KLANGGESTALTUNG

Multivariate Tests of Significance (S = 1, M = 5 , N = 46)

Test Name	Value	Exact F	Hypoth. DF	Error DF	Sig. of F
Pillais	,18910	1,82668	12,00	94,00	,055
Hotellings	,23319	1,82668	12,00	94,00	,055
Wilks	,81090	1,82668	12,00	94,00	,055
Roys	,18910				

Note.. F statistics are exact.

- -

Multivariate Effect Size and Observed Power at ,0500 Level

TEST NAME	Effect Size	Noncent.	Power
(All)	,189	21,920	,86

- -

Univariate F-tests with (1;105) D. F.

Variable	Hypoth. SS	Error SS	Hypoth. MS	Error MS	F	Sig. of F
GEFALLEN	10,36398	188,35444	10,36398	1,79385	5,77750	,018
ABWECHSLUNG	6,19779	182,13761	6,19779	1,73464	3,57294	,061
HÄRTE	,01036	61,45436	,01036	,58528	,01770	,894
MELODIE	13,56843	125,03471	13,56843	1,19081	11,39431	,001
RHYTHMUS	4,58341	101,94616	4,58341	,97092	4,72071	,032
TEMPO	,13774	46,92279	,13774	,44688	,30822	,580
LAUTSTAERKE	1,23292	50,56324	1,23292	,48155	2,56029	,113
HELLIGKEIT	,33603	80,09294	,33603	,76279	,44053	,508
BASS	,00419	133,57125	,00419	1,27211	,00330	,954
LAUNE	1,73731	134,26977	1,73731	1,27876	1,35859	,246
TANZEN	,99779	164,05776	,99779	1,56245	,63860	,426
TRAEUMEN	1,07624	117,83122	1,07624	1,12220	,95904	,330

Variable	ETA Square	Noncent.	Power
GEFALLEN	,05215	5,77750	,66037
ABWECHSLUNG	,03291	3,57294	,46406
HÄRTE	,00017	,01770	,03612
MELODIE	,09789	11,39431	,91596
RHYTHMUS	,04302	4,72071	,57382
TEMPO	,00293	,30822	,04230
LAUTSTAERKE	,02380	2,56029	,35399
HELLIGKEIT	,00418	,44053	,08304
BASS	,00003	,00330	,03362
LAUNE	,01277	1,35859	,20865
TANZEN	,00605	,63860	,16416
TRAEUMEN	,00905	,95904	,17299

- -

"Lemon Tree"

```
* * * * * * A n a l y s i s    o f    V a r i a n c e -- design   1 * * * * * *
EFFECT .. KLANGGESTALTUNG

Multivariate Tests of Significance (S = 1, M = 5 1/2, N = 45 1/2)

Test Name         Value      Exact F Hypoth. DF    Error DF   Sig. of F

Pillais          ,19415      1,72358     13,00      93,00       ,069
Hotellings       ,24093      1,72358     13,00      93,00       ,069
Wilks            ,80585      1,72358     13,00      93,00       ,069
Roys             ,19415
Note.. F statistics are exact.

- - - - - - - - - - - - - - - - - - - - - - - - - - - - - - - - - - - - - - -
Multivariate Effect Size and Observed Power at ,0500 Level

TEST NAME     Effect Size    Noncent.       Power

  (All)           ,194       22,407          ,85

- - - - - - - - - - - - - - - - - - - - - - - - - - - - - - - - - - - - - - -
Univariate F-tests with (1;105) D. F.

Variable      Hypoth. SS   Error SS  Hypoth. MS   Error MS       F    Sig. of F

GEFALLEN       13,00720   201,24216   13,00720    1,91659    6,78663     ,011
ABWECHSLUNG     1,92398   135,35541    1,92398    1,28910    1,49250     ,225
HÄRTE            ,92656    54,85095     ,92656     ,52239    1,77370     ,186
MELODIE         5,07304    97,00260    5,07304     ,92383    5,49128     ,021
RHYTHMUS         ,07926    89,12376     ,07926     ,84880     ,09338     ,761
TEMPO            ,89993    45,78004     ,89993     ,43600    2,06405     ,154
LAUTSTAERKE      ,01120    49,67282     ,01120     ,47307     ,02368     ,878
HELLIGKEIT       ,24500    66,35388     ,24500     ,63194     ,38769     ,535
BASS             ,30283    98,29570     ,30283     ,93615     ,32349     ,571
DEUTLICHKEIT     ,10682    57,00470     ,10682     ,54290     ,19676     ,658
LAUNE           1,65082   106,81803    1,65082    1,01731    1,62273     ,206
TANZEN          1,43230   157,64087    1,43230    1,50134     ,95401     ,331
TRAEUMEN        8,47576   160,14788    8,47576    1,52522    5,55708     ,020

Variable      ETA Square   Noncent.       Power

GEFALLEN         ,06071    6,78663      ,73006
ABWECHSLUNG      ,01402    1,49250      ,22486
HÄRTE            ,01661    1,77370      ,25982
MELODIE          ,04970    5,49128      ,63831
RHYTHMUS         ,00089     ,09338      ,04718
TEMPO            ,01928    2,06405      ,29546
LAUTSTAERKE      ,00023     ,02368      ,03719
HELLIGKEIT       ,00368     ,38769      ,05857
BASS             ,00307     ,32349      ,04339
DEUTLICHKEIT     ,00187     ,19676      ,04822
LAUNE            ,01522    1,62273      ,24102
TANZEN           ,00900     ,95401      ,17281
TRAEUMEN         ,05026    5,55708      ,64348

- - - - - - - - - - - - - - - - - - - - - - - - - - - - - - - - - - - - - - -
```

13.5 Spurenpläne

13.5.1 „Lemon Tree"

Titel: „Lemon Tree" (Fool's Garden)

DA-88-Medium:
Tape Position: ca. 20'00"- 23'20" (ABS)

2"-Medium:
Tape Position: ca. 10'00"- 13'20" (TC)
Tape Speed: 76 cm/s
Noise Reduction: Dolby SR

Sp.	St.	Instrument	Gesamt	Begleitung	Rhythmus	Gesang
1	↑	a) Drums[1] b) Bottle Crash[30L]	●●		●●	
2	↓	a) Drums[2] b) Bottle Crash[30R]	●●		●●	
3		Tuba[3]	●	●		
4		Double-Bass[4]	●	●		
5	↑	a) Clean Guitar 1[5] b) Timpani[29L]	●●	●	●	●
6	↓	a) Clean Guitar 2[6] b) Timpani[29R]	●●	●	●	●
7		Dirty Guitar[7]	●	●		
8		a) Tambourine[8] b) Triangle Effect[24]	●●		●●	
9	↑	Pizzicato Strings[9]	●	●		
10	↓	Pizzicato Strings[10]	●	●		
11	↑	Piano+Harmonium[1]	●	●		
12	↓	Piano+Harmonium[12]	●	●		
13	↑	Strings+Pling[13]	●	●		
14	↓	Strings+Pling[14]	●	●		
15	↑	Psycho Strings[15]	●	●		
16	↓	Psycho Strings[16]	●	●		
17	↑	a) Choir[25] b) Reverse Effect[31L]	●●		●	●
18	↓	a) Choir[26] b) Reverse Effect[31R]	●●		●	●
19	↑	Strings[19]	●	●		
20	↓	Strings[20]	●	●		
21		Lead Vocals[21]	●			●
22		a) Lead V dub[22] b) Back V[17] c) FX V[18]	●●●			●●●
23		Clarinet[23]	●	●		
24		Timecode (2"-Medium): EBU 25 F/s				

[x] Zugeordneter Kanal am SSL 4000E im NN-Studio bei Übernahme der vorbereiteten Cuts

Tabelle 57

13.5.2 „Sonic Empire"

Titel: „Sonic Empire" (Members of Mayday)

DA-88-Medium:
Tape Position: ca. 10'00"- 14'00" (ABS)

2"-Medium:
Tape Position: ca. 0'20"- 4'20" (TC)
Tape Speed: 76 cm/s
Noise Reduction: Dolby SR

				Instrumentalgruppen		
Sp.	St.	Instrument	Gesamt	Begleitung	Rhythmus	Gesang
1		Bass Drum I	●		●	
2		Bass Drum II (808)	●		●	
3		Snare Drum (808)	●		●	
4		HiHat (909)	●		●	
5		Rimshot (909)	●		●	
6		Shaker	●		●	
7		Clap (909)	●		●	
8		Tom (808)	●	●		
9		Closed HiHat (808)	●		●	
10		Open HiHat (808)	●		●	
11		Deep Bass	●	●		
12		Analog Synth	●	●		
13		Sweep Effect	●	●		
14		/				
15	↑	Vocoder Loop	●	●		
16	↓	Vocoder Loop	●	●		
17	↑	Hi Sequence	●	●		
18	↓	Hi Sequence	●	●		
19	↑	Vocoder Voice	●			●
20	↓	Vocoder Voice	●			●
21	↑	Orchester Hit	●	●		
22	↓	Orchester Hit	●	●		
23		/				
24		Timecode (2"-Medium): EBU 25 F/s				

Tabelle 58

13.5.3 „Love Song"

Titel: „Love Song" (C'est Lina)

DA-88-Medium:
Tape Position: ca. 5'00"- 8'50" (ABS)

2"-Medium:
Tape Position: ca. 5'00"- 8'50" (TC)
Tape Speed: 76 cm/s
Noise Reduction: Dolby SR

Sp.	St.	Instrument	Gesamt	Begleitung	Rhythmus	Gesang
1		Bass Drum	●		●	
2	↑	Snare Drum	●		●	
3	↓	Snare Drum	●		●	
4		a) Shaker b) Pling	●●		●●	
5		Triangle	●		●	
6		Tambourine	●		●	
7		Effects	●		●	
8		Cashbox	●		●	
9		a) Reverse Drums b) Chimes	●●		●●	
10		Bass	●	●		
11	↑	a) Breathe b) Space c) Synth Strings	●●●	●●●		
12	↓	a) Breathe b) Space c) Synth Strings	●●●	●●●		
13	↑	Pad (Juno 60)	●	●		
14	↓	Pad (Juno 60)	●	●		
15	↑	Sample Strings (Akai S1000)	●	●		
16	↓	Sample Strings (Akai S1000)	●	●		
17	↑	Synth Strings	●	●		
18	↓	Synth Strings	●	●		
19	↑	Choir	●			●
20	↓	Choir	●			●
21		Classical Guitar	●	●		
22		Lead Vocals	●			●
23		/				
24		Timecode (2"-Medium): EBU 25 F/s				
25		Ad lib. Vocals 1	●			●
26		Ad lib. Vocals 2	●			●
27		Backing Vocals	●			●
28		Electric Guitar	●	●		
29	↑	HiHat	●		●	
30	↓	HiHat	●		●	
31		/				
32		/				

Spuren 1-24 auf 2"- oder DA-88-Medium, Spuren 25-32 auf DA-88-Medium (synchronisiert, kein Offset).

Tabelle 59

13.6 Abbildungsverzeichnis

Abbildung 1: Umsatzanteile der einzelnen Repertoiresegmente
1999 in Deutschland am Gesamtumsatz 2
Abbildung 2: Untersuchungsverlauf.. 48
Abbildung 3: Stilpräferenzen 63
Abbildung 4: Hörhäufigkeit vor Kaufentscheidung 63
Abbildung 5: Bedeutsamkeit reizbezogener Parameter... 64
Abbildung 6: Hörsituationen.. 64
Abbildung 7: Merkmal *Genügt professionellem Mindeststandard*
– „Lemon Tree": Vergleich der Abmischungen –... 100
Abbildung 8: Merkmal *Genügt professionellem Mindeststandard*
– „Sonic Empire": Vergleich der Abmischungen – 100
Abbildung 9: Klangeigenschaften der Testbeispiele – „Lemon Tree" –................................. 101
Abbildung 10: Klangeigenschaften der Testbeispiele – „Sonic Empire" –............................... 101
Abbildung 11: Klangeigenschaften der Testbeispiele – Vergleich der Musikstücke –............. 102
Abbildung 12: Versuchsraum (Hörversuch I) 110
Abbildung 13: Technischer Versuchsaufbau (Hörversuch I).. 113
Abbildung 14: Beurteilung der Testbeispiele (Hörversuch I)
– „Lemon Tree": Vergleich der Abmischungen –... 116
Abbildung 15: Beurteilung der Testbeispiele (Hörversuch I)
– „Lemon Tree": Vergleich der Darbietungsformen –.. 116
Abbildung 16: Beurteilung der Testbeispiele (Hörversuch I)
– „Sonic Empire": Vergleich der Abmischungen – 117
Abbildung 17: Beurteilung der Testbeispiele (Hörversuch I)
– „Sonic Empire": Vergleich der Darbietungsformen –...................................... 117
Abbildung 18: Beurteilung der Testbeispiele (Hörversuch I) – Vergleich der Musikstücke –...... 118
Abbildung 19: Interaktion der Haupteffekte (Hörversuch I) – Vergleich der Musikstücke –....... 121
Abbildung 20: Merkmal *Genügt professionellem Mindeststandard*
– „Love Song": Vergleich der Abmischungen –... 136
Abbildung 21: Klangeigenschaften der Testbeispiele – „Love Song" –.................................. 137
Abbildung 22: Eigenschaften der Gesamtstichprobe (Hörversuch II): Altersverteilung 141
Abbildung 23: Beurteilung der Testbeispiele (Hörversuch II)
– „Love Song": Vergleich der Abmischungen –... 145
Abbildung 24: Beurteilung der Testbeispiele (Hörversuch II)
– „Sonic Empire": Vergleich der Abmischungen – 145
Abbildung 25: Beurteilung der Testbeispiele (Hörversuch II)
– „Lemon Tree": Vergleich der Abmischungen –... 146
Abbildung 26: Beurteilung der Testbeispiele (Hörversuch II) – Vergleich der Musikstücke –.... 146
Abbildung 27: Gefallen – Vergleich sämtlicher Testbeispiele –.. 150
Abbildung 28: Kaufbereitschaft – Vergleich sämtlicher Testbeispiele –................................. 152
Abbildung 29: Zeitaufwand für die Abmischung – Vergleich der Testmischer – 161
Abbildung 30: Zeitaufwand für die Abmischung – Vergleich der Musikstücke – 162
Abbildung 31: Zeitaufwand für die Nachbearbeitung – Vergleich der Musikstücke –............ 163
Abbildung 32: Klanggestalterische Mittel in der Abmischung – Rangfolge – 168
Abbildung 33: Klanggestalterische Mittel in der Abmischung – Vergleich der Musikstücke –.... 170
Abbildung 34: Klanggestalterische Mittel in der Abmischung
– Vergleich der Instrumentalgruppen –... 170
Abbildung 35: Klanggestalterische Mittel in der Abmischung – „Love Song": Mischung 2 –.... 171
Abbildung 36: Klanggestalterische Mittel in der Abmischung – „Love Song": Mischung 4 –.... 171
Abbildung 37: Diversifikation der Effekte – Vergleich der Musikstücke –............................. 172
Abbildung 38: Panoramaverteilung – Vergleich von Mono- und Stereospuren – 175

Abbildung 39: Panoramaverteilung – Vergleich der Musikstücke – (Spurenpositionierung) 175
Abbildung 40: Panoramaverteilung – Vergleich der Instrumentalgruppen –
(Spurenpositionierung) 176
Abbildung 41: Panoramaverteilung – Vergleich der Musikstücke – (Verteilungsindex P) 177
Abbildung 42: Panoramaverteilung – Vergleich der Instrumentalgruppen –
(Verteilungsindex P) 178
Abbildung 43: Panoramaverteilung – „Love Song": Vergleich der Testbeispiele –
(Verteilungsindex P) 179
Abbildung 44: Veranschaulichung von Lautheitsunterschieden
– „Lemon Tree": Mischung 5 und 6 – 182
Abbildung 45: Klanggestalterische Mittel in der Nachbearbeitung
– Vergleich der Musikstücke – 183
Abbildung 46: Einfluß des Alters auf das Gefallensurteil – Vergleich der Musikstücke – 189
Abbildung 47: Einfluß des Geschlechts auf das Gefallensurteil – Vergleich der Musikstücke –. 190
Abbildung 48: Trendtest (*Gefallen* über *Lautstärke*) 196
Abbildung 49: Trendtest (*Gefallen* über *Tiefen*) 196
Abbildung 50: Trendtest (*Gefallen* über *Musikalität*) 197
Abbildung 51: Trendtest (*Gefallen* über *Stilechtheit*) 197
Abbildung 52: Trendtest (*Gefallen* über *Professionalität*) 198
Abbildung 53: Trendtest (*Abwechslung* über *Höhen*) 198
Abbildung 54: Trendtest (*Melodie* über *Effekt- und Hallanteil*) 199
Abbildung 55: Trendtest (*Melodie* über *Gesangsorientiertheit*) 199
Abbildung 56: Trendtest (*Helligkeit* über *Tiefen*) 200
Abbildung 57: Trendtest (*Baß* über *Tiefen*) 200
Abbildung 58: Trendtest (*Kaufen* über *Stilechtheit*) 201
Abbildung 59: Trendtest (*Kaufen* über *Gesamturteil*) 201
Abbildung 60: Charakteristiken der Panoramaregler – Vergleich der Studios – 237

13.7 Tabellenverzeichnis

Tabelle 1: Produktionsablauf.. 29
Tabelle 2: Klangbeeinflussungsmöglichkeiten in der Abmischung.. 40
Tabelle 3: Verwendete Arten von Klangquellen in der Popmusikproduktion 52
Tabelle 4: Beurteilungsobjekte (*Textaufgabe*) 60
Tabelle 5: Beurteilungsqualitäten (*Textaufgabe*) 60
Tabelle 6: Kombinationen von Beurteilungsobjekten und Beurteilungsqualitäten (Auswahl)
(*Textaufgabe*) 61
Tabelle 7: Stimmungsveränderung beim Hören von Popmusik 66
Tabelle 8: Beurteilungsobjekte (*Frage nach klanglichen Vorstellungen*).................................. 67
Tabelle 9: Beurteilungsqualitäten (*Frage nach klanglichen Vorstellungen*) 68
Tabelle 10: Kombinationen von Beurteilungsobjekten und Beurteilungsqualitäten (Auswahl)
(*Frage nach klanglichen Vorstellungen*).. 69
Tabelle 11: Operationalisierung der komplexen Variable *Hörerurteil* 73
Tabelle 12: Variierte Eigenschaften der Testbeispiele 75
Tabelle 13: Angefertigte Abmischungen von „Lemon Tree" und „Sonic Empire" 89
Tabelle 14: Faktorenanalyse der Klangmerkmale 95
Tabelle 15: Versuchsdesign des Expertenratings 96
Tabelle 16: Klangeigenschaften der Abmischungen: „Lemon Tree" und „Sonic Empire" 98
Tabelle 17: Faktorenanalyse der Abmischungen – „Lemon Tree" – 99
Tabelle 18: Faktorenanalyse der Abmischungen – „Sonic Empire" – 99
Tabelle 19: Versuchsdesign des Hörversuchs I.. 107

Tabelle 20: Eigenschaften der Gesamtstichprobe (Hörversuch I): Kontrollvariablen 108
Tabelle 21: Verwendete Geräte (Hörversuch I) 112
Tabelle 22: Multivariate Signifikanztests (Hörversuch I) – „Lemon Tree" – 119
Tabelle 23: Multivariate Signifikanztests (Hörversuch I) – „Sonic Empire" – 120
Tabelle 24: Kaufbereitschaft (Hörversuch I) – Vergleich der Musikstücke und Faktorstufen – .. 122
Tabelle 25: Varianzanalyse der Kaufbereitschaft (Hörversuch I) – „Lemon Tree" – 123
Tabelle 26: Varianzanalyse der Kaufbereitschaft (Hörversuch I) – „Sonic Empire" – 123
Tabelle 27: Angefertigte Abmischungen von „Love Song" 133
Tabelle 28: Klangeigenschaften der Abmischungen: „Love Song" 135
Tabelle 29: Faktorenanalyse der Abmischungen – „Love Song" – 136
Tabelle 30: Versuchsdesign des Hörversuchs II 140
Tabelle 31: Verwendete Geräte (Hörversuch II) 143
Tabelle 32: Multivariate Signifikanztests (Hörversuch II) – „Love Song" – 147
Tabelle 33: Multivariate Signifikanztests (Hörversuch II) – „Sonic Empire" – 147
Tabelle 34: Multivariate Signifikanztests (Hörversuch II) – „Lemon Tree" – 148
Tabelle 35: Rangfolgenänderung bezüglich des Merkmals *Gefallen*
infolge unterschiedlicher Klanggestaltung 149
Tabelle 36: Kaufbereitschaft (Hörversuch II) – Vergleich der Musikstücke und Stichproben – .. 150
Tabelle 37: Varianzanalyse der Kaufbereitschaft (Hörversuch II) – „Love Song" – 151
Tabelle 38: Varianzanalyse der Kaufbereitschaft (Hörversuch II) – „Sonic Empire" – 151
Tabelle 39: Varianzanalyse der Kaufbereitschaft (Hörversuch II) – „Lemon Tree" – 152
Tabelle 40: Hochrechnung der Kaufbereitschaft 157
Tabelle 41: Klangbearbeitung von Effektprogrammen 180
Tabelle 42: Klanggestalterische Mittel in der Nachbearbeitung – Rangfolge – 182
Tabelle 43: Einfluß der Kontrollvariablen 188
Tabelle 44: Bedeutsamkeit der Beurteilungsmerkmale
für die multivariaten Stichprobenunterschiede 193
Tabelle 45: Faktorenanalyse der Beurteilungsmerkmale 206
Tabelle 46: Zusammenhang zwischen Kaufbereitschaft
und Beurteilungs- sowie persönlichen Merkmalen 208
Tabelle 47: Protokollierte klanggestalterische Maßnahmen: Abmischung 236
Tabelle 48: Protokollierte klanggestalterische Maßnahmen: Nachbearbeitung 237
Tabelle 49: Verwendete Mischpulte 237
Tabelle 50: Klangeigenschaften der Abmischungen: Sämtliche Musikstücke 238
Tabelle 51: Beurteilung der Testbeispiele im Hörversuch I – „Lemon Tree" –
(Mittelwert) 239
Tabelle 52: Beurteilung der Testbeispiele im Hörversuch I – „Lemon Tree" –
(Standardabweichung) 239
Tabelle 53: Beurteilung der Testbeispiele im Hörversuch I – „Sonic Empire" –
(Mittelwert) 240
Tabelle 54: Beurteilung der Testbeispiele im Hörversuch I – „Sonic Empire" –
(Standardabweichung) 240
Tabelle 55: Beurteilung der Testbeispiele im Hörversuch II (Mittelwert) 241
Tabelle 56: Beurteilung der Testbeispiele im Hörversuch II (Standardabweichung) 241
Tabelle 57: Spurenplan „Lemon Tree" 251
Tabelle 58: Spurenplan „Sonic Empire" 252
Tabelle 59: Spurenplan „Love Song" 253

13.8 Literaturverzeichnis

Nicht eingeklammerte Ziffern hinter den Titeln von Periodika geben in der Regel den Band bzw. den Jahrgang oder ausnahmsweise die fortlaufend numerierte Ausgabe an, in Klammern gesetzte Ziffern beziehen sich auf die Ausgabe innerhalb eines Bandes bzw. Jahres.

Abel-Struth, S. (1974). „Musikalische Sozialisation. Musikalische Aspekte". In: *Musik und Bildung* 6. S.487-493.
Abgarjan, T. und K. D. Linsmeier (1997). „Digitale Klangerzeugung". In: *Spektrum der Wissenschaft* (11). S.74-84.
Ackermann, P. (1991). *Computer und Musik. Eine Einführung in die digitale Klang- und Musikverarbeitung*. Wien, New York: Springer.
Allesch, C. G. (1982). „Das Musikerleben als personaler Gestaltungsprozeß". In: *Musikpädagogische Forschung 3: Gefühl als Erlebnis - Ausdruck als Sinn*. Laaber: Laaber. S.47-66.
Alpert, Judith (1982). „The Effect of Disc Jockey, Peer and Music Teacher Approval of Music on Music Selection and Preference". In: *Journal of Research in Music Education* 30 (3). S.173-186.
Arbeitsgemeinschaft Media-Analyse e.V. (Hrsg.) (1997): Media-Analyse 1997. Frankfurt am Main: Arbeitsgem. Media-Analyse.
Arkes, Hal R. et al. (1986). „The Effect of Concurrent Task Complexity and Music Experience on Preference for Simple and Complex Music". In: *Psychomusicology* 6 (1/2). S.51-60.
Attenborough, Keith (1985). „Science and Aesthetics in Sound and Hearing - Comment". In: *Impact of Science on Society* 35 (2/3). S.85-89.
Aufderheide, P. (1986). „Music Videos. The Look of the Sound". In: *Journal of Communication* 1. S.57-78.
Aures, W. (1985a). „Der sensorische Wohlklang als Funktion psychoakustischer Empfindungsgrößen". In: *Acustica* 58. S.282-290.
Baacke, Dieter (1985). „ ‚An den Zauber glauben, der die Freiheit bringt'. Pop- und Rockmusik und Jugendkulturen. Fünfzehn kondensierte Aussagen". In: *Musikpädagogische Forschung* 6: *Umgang mit Musik*. Laaber: Laaber. S.17-34.
Baacke, Dieter (1993). „Freizeit ist Medienzeit. Des Immergleichen heimliche Veränderung". In: *Medien Praktisch* 17 (4). S.4-8.
Backhaus, K. et al. (1990). *Multivariate Analysemethoden. Eine anwendungsorientierte Einführung.* 6. überarb. Aufl. Berlin, Heidelberg: Springer.
Bastian, Hans G. (1980). „Die sozialpsychologische Bedingtheit des musikalischen Urteils". In: Arbeitskreis Musikpädagogische Forschung e.V. (Hrsg.) *Musikpädagogische Forschung* 1. Laaber: Laaber. S.61-83.
Batel, Günther (1984). *Musikverhalten und Medienkonsum*. Wolfenbüttel, Zürich: Möseler.
Batel, Günther (1985). „Gruppenbezogenes Musikverhalten bei Kindern und Jugendlichen". In: Arbeitskreis Musikpädagogische Forschung e.V. (Hrsg.) *Musikpädagogische Forschung* 6: *Umgang mit Musik*. Laaber: Laaber. S.177-191.
Bech, Soeren (1997). „The Influence of Stereophonic Width on the Perceived Quality of an Audio-Visual Presentation Using a Multichannel Sound System". In: *Journal of the Audio Engineering Society* 46 (4). S.314-322.
Bech, Soeren et al. (1995). „Interaction between Audio-Visual Factors in a Home Theater System: Experimental Results". In: *99th AES-Convention, New York, 1995 (Preprint 4096)*.
Bech, Soeren et al. (1998). „Spatial Aspects of Reproduced Sound in Small Rooms". In: *Journal of the Acoustical Society of America* 103 (1). S.434-445.
Behne, Klaus-Ernst (1986a). „Die Benutzung von Musik". In: K.-E. Behne (Hrsg.) *Musikpsychologie*. Wilhelmshaven: Noetzel. S.11-31.
Behne, Klaus-Ernst (1986b). *Hörertypologien. Zur Psychologie des jugendlichen Musikgeschmacks*. (Perspektiven zur Musikpädagogik und Musikwissenschaft; 10). Regensburg: Bosse.
Behne, Klaus-Ernst (1987a). „Urteile und Vorurteile: Die Alltagsmusiktheorien jugendlicher Hörer". In: Helga de la Motte-Haber (Hrsg.) *Psychologische Grundlagen des Musiklernens*. (Handbuch der Musikpädagogik; 4). Kassel et al.: Bärenreiter. S.221-272.

Behne, Klaus-Ernst (1987b). „Zur Rezeptionspsychologie kommerzieller Videoclips". In: Behne, Klaus-Ernst (Hrsg.) *Film-Musik-Video. Oder die Konkurrenz von Auge und Ohr.* (Perspektiven zur Musikpädagogik und Musikwissenschaft; 12). Regensburg: Bosse. S.113-126.

Behne, Klaus-Ernst (1988a). „Bewertungen von Musik". In: *Musik und Bildung* 20 (9). S.669-673.

Behne, Klaus-Ernst (1990). „Musik im Fernsehen - Leiden oder Lernen? Auditives und audiovisuelles Musikerleben im experimentellen Vergleich". In: *Rundfunk und Fernsehen* 38 (2). S.222-241.

Behne, Klaus-Ernst (1993). „Musikpräferenzen und Musikgeschmack". In: Herbert Bruhn et al. (Hrsg.) *Musikpsychologie. Ein Handbuch.* (Rowohlts Enzyklopädie; 526). Reinbek bei Hamburg: Rowohlt. S.339-353.

Belayeva, Alexandra V. und V. N. Nosulenko (1983). „Estimation and Verbalization of Differences in Complex Acoustic Signals". In: *Studia Psychologica* 25 (1). S.41-45.

Beranek, Leo L. (1996). *Concert and Opera Halls: How They Sound.* Woodbury/NY: Acoustical Soc. of America.

Berlyne, Daniel E. (1971). *Aesthetics and Psychobiology.* (The Century Psychology Series). New York: Appleton-Century-Crofts.

Berlyne, Daniel E. (1974a). „Concluding Observations". In: Daniel E. Berlyne (Hrsg.) *Studies in the New Experimental Aesthetics. Steps toward an Objective Psychology of Aesthetic Appreciation.* Washington: Hemisphere. S.305-332.

Berlyne, Daniel E. (1974b). „Novelty, Complexity, and Interestingness". In: Daniel E. Berlyne (Hrsg.) *Studies in the New Experimental Aesthetics. Steps toward an Objective Psychology of Aesthetic Appreciation.* Washington: Hemisphere. S.175-180.

Berlyne, Daniel E. (1974c). „The New Experimental Aesthetics". In: Daniel E. Berlyne (Hrsg.) *Studies in the New Experimental Aesthetics. Steps toward an Objective Psychology of Aesthetic Appreciation.* Washington: Hemisphere. S.1-26.

Bertoni, Alain und Reinhold Geiling (1997). „Funktion der Musik in der Werbung". In: *Handbuch der Musikwirtschaft.* 4., vollst. überarb. Aufl. Starnberg, München: Keller. S.415-428.

Bickel, Peter (1992). *Musik aus der Maschine: computervermittelte Musik zwischen synthetischer Produktion und Reproduktion.* (Sigma-Medienwissenschaft; 14). Berlin: Ed. Sigma.

Bigand, Emmanuel (1993). „Contributions of Music to Research on Human Auditory Cognition". In: *Thinking in Sound. The Cognitive Psychology of Human Audition.* Oxford, New York: Oxford University Press. S.231-277.

Blame, Steve (1997). „Programmstruktur und Zielpublikum". In: *Handbuch der Musikwirtschaft.* 4., vollst. überarb. Aufl. Starnberg, München: Keller. S.335-343.

Blauert, Jens (1974). *Räumliches Hören.* (Monographien der Nachrichtentechnik). Stuttgart: Hirzel.

Blauert, Jens (1985). *Räumliches Hören - Nachschrift: Neue Ergebnisse und Trends seit 1972.* (Monographien der Nachrichtentechnik). Stuttgart: Hirzel.

Bloss, Monika (1990). *Popularität: Aspekte zum Funktions- und Wirkungszusammenhang populärer Musik.* Diss. 2 Bde. Berlin: Humboldt-Univ.

Boer, K. de (1940). „Plastische Klangwiedergabe" In : *Philips' technische Rundschau* (5). S.107-115.

Börja, Svein E. (1978). „Die Wirkung der Hörsamkeit in der Tonregie auf die Abmischung eines mehrspurigen Bandes oder einer Tonmischung". In: Verband Deutscher Tonmeister e.V. (Hrsg.) *Bericht der 11. Tonmeistertagung Berlin 1978.* o.O.: o.V. S.54-66.

Bonfadelli, H. et al. (1986). *Jugend und Medien.* (Schriftenreihe Media-Perspektiven; 6). Frankfurt am Main: Metzner.

Bornstein, Robert F. (1989). „Exposure and Affect: Overview and Meta-Analysis of Research 1968-1987". In: *Psychological Bulletin* 106 (2). S.265-289.

Bortz, Jürgen (1993). *Statistik für Sozialwissenschaftler.* 4., vollst. überarb. Aufl. Berlin et al.: Springer.

Bortz, Jürgen und Nicola Döring (1995). *Forschungsmethoden und Evaluation.* 2., vollst. überarb. u. aktual. Aufl. Berlin et al.: Springer.

Boss, Gidi (1995). „ ‚Das Medium ist die Botschaft' (Marshall McLuhan) - zur Frage der Interpretation auf Tonträgern". In: Bildungswerk des VDT (Hrsg.) *Bericht der 18. Tonmeistertagung Karlsruhe 1994.* München et al.: Saur. S.215-234.

Boyle, David et al. (1981). „Factors Influencing Pop Music Preferences of Young People". In: *Journal of Research in Music Education* 29 (1). S.47-55.

Bradley, Ian L. (1971). „Repetition as a Factor in the Development of Musical Preferences". In: *Journal of Research in Music Education* 19 (3). S.295-298.

Bradley, John S. und Gilbert A. Soulodre (1995). „The Influence of Late Arriving Energy on Spatial Impression". In: *The Journal of the Acoustical Society of America* 97 (4). S.2263-2271.

Braun, Dieter und Gunther Rose (1999): „Klangästhetik von Jazzaufnahmen". In: Bildungswerk des VDT (Hrsg.) *Bericht der 20. Tonmeistertagung Karlsruhe 1998*. München: Saur. S.617-630.

Bregman, Albert S. (1990). *Auditory Scene Analysis: The Perceptual Organization of Sound*. Cambridge/MA.: MIT Press.

Bressel, Andrea (1991). *Ästhetische und psychologische Aspekte der Musikrezeption über das Massenmedium Rundfunk: eine Untersuchung unter Berücksichtigung der Präsentation von Musik durch den Rundfunk*. Diss. Leipzig: Univ.

Brudny, W. (1984). „Überlegungen zum Musikkonsum Jugendlicher". In: *Medien und Erziehung* 28 (4). S.202-206.

Büchler, Markus (1987). *Musik und ihre Psychologien*. Eschborn bei Frankfurt: Fachbuchhandl. f. Psychologie, Verl.-Abt.

Bundesverband der Phonographischen Wirtschaft e.V. et al. (Hrsg.) (2000). *Phonographische Wirtschaft Jahrbuch 2000*. Starnberg: Keller.

Burke, Michael J. und Mark C. Gridley (1990). „Musical Preferences as a Function of Stimulus Complexity and Listeners' Sophistication". In: *Perceptual and Motor Skills* 71 (2). S.687-690.

Burkowitz, Peter K. (1969). „Tendenzen in der Musikaufnahme". In: Pressestelle des Westdeutschen Rundfunks (Hrsg.) *8. Tonmeistertagung 19.-22. November 1969 Hamburg*. o.O.: o.V. S.23-26.

Buss, Arthur R. (1971): *The Development and Investigation of a Semantic Differential Instrument for Use with Music*. Diss. East Lansing/MI: Michigan State University.

Carterette, Edward C. und Roger A. Kendall (1989). „Human Music Perception". In: Robert J. Dooling et al. (Hrsg.) *The Comparative Psychology of Audition: Perceiving Complex Sounds*. Hillsdale/NJ: Erlbaum. S.131-172.

Cary, Tristram (1980). „Synthesized Music". In: *Sound Recording Practice*. 2. Aufl. London et al.: Oxford University Press. S.296-308.

Cassells, Annette und Patrick Green (1995): „Wahrnehmung". In: Jochen Gerstenmaier (Hrsg.) *Einführung in die Kognitionspsychologie*. (UTB für Wissenschaft; Große Reihe: Psychologie). München, Basel: Reinhardt. S.41-90.

CCIR (1986): „Recommendation 562-2: Subjective assessment of sound quality". In: ITU/CCIR (Hrsg.) *16th Plenary Assembly: Recommendations and Reports of the CCIR* 10 (1). S.275-279.

Chan, C. (1993). „Digital Audio Effects". In: *Broadcast Engineering* 35 (8). S.26-31.

Chowning, J. (1999). „Perceptual Fusion and Auditory Perspective". In: P. R. Cook et al. (Hrsg.) *Music, Cognition, and Computerized Sound: An Introduction to Psychoacoustics*. Cambridge/MA: MIT Press. S.261-275.

Conen, Michael (1995). *Tonträgermarketing: Marktdynamik und Anpassungsmanagement*. (DUV: Wirtschaftswissenschaft). Wiesbaden: Dt. Universitätsverl. Zugl. Diss. (1994) Wuppertal: Univ.

Conley, Joyce K. (1981). „Physical Correlates of the Judged Complexity of Music by Subjects Differing in Musical Background". In: *British Journal of Psychology* 72 (4). S.451-464.

Conrad, Jan-Friedrich (1997). *Musik-Elektronik-Taschenlexikon*. Bergkirchen: Presse-Projekt-Verl.-GmbH.

Crickmore, Leon (1983). „Eine Methode zur Messung der Musikeinschätzung". In: Helmut Rösing (Hrsg.) *Rezeptionsforschung in der Musikwissenschaft*. (Wege der Forschung; 67). Darmstadt: Wiss. Buchges. S.257-294.

Crocker, Malcom J. (1998). *Handbook of Acoustics*. New York: Wiley.

Crowder, Robert G. (1993). „Auditory Memory". In: Stephen McAdams und Emmanuel Bigand (Hrsg.) *Thinking in Sound. The Cognitive Psychology of Human Audition*. Oxford, New York: Oxford University Press. S.113-145.

Crozier (1974). „Verbal and Exploratory Responses to Sound Sequences Varying in Uncertainty Level". In: Berlyne, D. E. (Hrsg.) *Studies in the New Experimental Aesthetics. Steps toward an Objective Psychology of Aesthetic Appreciation.* Washington/DC: Hemisphere. S.27-90.
Culshaw, John (1980). „The Role of the Producer". In: John Borwick (Hrsg.) *Sound Recording Practice.* 2. Aufl. London et al.: Oxford University Press. S.320-326.
Cunningham, Mark et al. (1996). *Good Vibrations. A History of Record Production.* Chessington/Surrey: Castle Communications.
Daehn, Hans-Georg (1975). „Verhalten des Musikhörers - Aufgabe für den Musikproduzenten". In: Verband Deutscher Tonmeister e.V. (Hrsg.) *10. Tonmeistertagung 19.-22. November 1975 Köln.* o.O.: o.V. S.18-24.
Danilenko, Leo (1989). „Wie künstlich ist der künstliche Nachhall? - Vergleiche der Nachhallzeitverlängerung ‚vor' und ‚hinter' dem Mikrofon". In: Bildungswerk des VDT (Hrsg.) *Bericht der 15. Tonmeistertagung Mainz 1988.* München et al.: Saur. S.71-77.
Dattorro, J. (1997). „Effect Design. 1. Reverberator and Other Filters". In: *Journal of the Audio Engineering Society* 45 (9). S.660-684.
Dattorro, J. (1997). „Effect Design. 2. Delay-Line Modulation and Chorus". In: *Journal of the Audio Engineering Society* 45 (10). S.764-788.
Deutsch, Diana (1994). „Die Wahrnehmung auditiver Muster". In: Wolfgang Prinz und Bruce Bridgeman (Hrsg.) *Wahrnehmung.* (Enzyklopädie der Psychologie/Themenbereich C; 2: Kognition; 1). Göttingen et al.: Hogrefe. S.339-389.
Deutsch, Werner A. et al. (1996). „Klangfarbe". In: Ludwig Finscher (Hrsg.) *Die Musik in Geschichte und Gegenwart.* Sachteil (Bd.5). 2., neubearb. Aufl. Kassel et al.: Bärenreiter, Metzner. Sp.138-170.
DeWitt, Lucinda A. und Arthur G. Samuel (1990): „The Role of Knowledge-Based Expectations in Music Perception: Evidence From Musical Restoration". In: *Journal of Experimental Psychology/General* 119 (2). S.123-144.
Dickreiter, Michael (1987). *Handbuch der Tonstudiotechnik.* (Bd.1). 5., völlig neubearb. u. erg. Aufl. München et al.: Saur.
Dickreiter, Michael (1995). *Mikrofon-Aufnahmetechnik.* 2., neubearb. u. erw. Aufl. Stuttgart: Hirzel.
Dickreiter, Michael (1997a). *Handbuch der Tonstudiotechnik.* (Bd.1). 6., verb. Aufl. München: Saur.
Dickreiter, Michael (1997b). *Handbuch der Tonstudiotechnik.* (Bd.2). 6., verb. Aufl. München: Saur.
Diedrichsen, Diedrich (1996). „Technologie und Popmusik". In: Helga de la Motte-Haber (Hrsg.) *Musik und Technik: fünf Kongreßbeiträge und vier Seminarberichte.* (Veröffentlichungen des Instituts für Neue Musik und Musikerziehung Darmstadt; 36). Mainz: Schott. S.49-62.
Dollinger, Stephen J. (1993). „Personality and Music Preference: Extraversion and Excitement Seeking or Openness to Experience?". In: *Psychology of Music* 21 (1). S.73-77.
Doyle, Tom (1990): „Der Mix macht's. Hits aus dem Hinterzimmer". In: *Musik Express/Sounds* (6). S.10-16.
Eargle, John und Ron Streicher (1990). „Acoustical Perpectives in Commercial Two-Channel Stereophonic Recording". In: *The AES 8th International Conference, Audio Engineering Society, Washington, USA, 1990.* New York. S.153-159.
Eckhardt, J. (1986). „Musik im Hörfunk: Für wen?". In: *Rundfunk und Fernsehen* 34 (1). S.87-103.
Ehlers, R. (1985). „Zur Rezeption des Musikangebots der Massenmedien". In: *Rundfunk und Fernsehen* 33 (2). S.171-186.
Ehlers, R. (1989). „Musik im Alltagsleben. Ergebnisse einer Studie im Auftrag des Süddeutschen Rundfunks". In: M. Kase und W. Schulz (Hrsg.) *Massenkommunikation. Theorien, Methoden, Befunde.* Opladen: Westdt. Verl. S.379-391.
Eimeren, Birgit van und Walter Klingler (1995). „Elektronische Medien im Tagesablauf von Jugendlichen. Nutzungsdaten 14-19jähriger zu Fernsehen, Video, Hörfunk und Tonträger". In: *Media Perspektiven* (5). S.210-219.
Eimert, Herbert und Hans-Ulrich Humpert (1981). *Das Lexikon der elektronischen Musik.* (Bosse-Musik-Paperback; 2). 3., unveränd. Aufl. Regensburg: Bosse.

Einbrodt, Uli und Winfried Pape (1992). „Die Entwicklung des Sounds in der Rockmusik". In: Bernd Hoffmann et al. (Hrsg.) *Rock, Pop, Jazz im musikwissenschaftlichen Diskurs: ausgewählte Beiträge zur Popularmusikforschung.* Hamburg: Arbeitskreis Studium Populärer Musik e.V. S.114-134.

Einbrodt, Ulrich D. (1997). *Experimentelle Untersuchungen zum Gitarrensound in der Rockmusik.* (Europäische Hochschulschriften; 36: Musikwissenschaft; 168). Frankfurt am Main et al.: Lang. Zugl. Diss. (1996) Gießen: Univ.

Elste, Martin (1989). *Kleines Tonträger-Lexicon. Von der Walze zur Compact Disc.* Kassel, Basel: Bärenreiter.

Elste, Martin (1991). „Die ‚geregelte' Illusion - von der kreativen Allmacht des Tonmeisters". In: Bildungswerk des VDT (Hrsg.) *Bericht der 16. Tonmeistertagung Karlsruhe 1990.* München et al.: Saur. S.48-60.

Enders, Bernd (1983). „Substantielle Auswirkungen elektronischen Instrumentariums auf Stil und Struktur der aktuellen Popularmusik". In: Arbeitskreis Musikpädagogische Forschung e.V. (Hrsg.) *Musikpädagogische Forschung 4: Musikalische Teilkulturen.* Laaber: Laaber. S.265-294.

Enders, Bernd (Hrsg.) (1993): *Neue Musiktechnologie.* (Schott Musikwissenschaft). Mainz et al.: Schott.

Enders, Bernd und Christoph Rocholl (1992). „Musik und neue Technologien. Instrumentalmusik im Zeichen der Elektronik". In: Bernd Hoffmann et al. (Hrsg.) *Rock, Pop, Jazz im musikwissenschaftlichen Diskurs: ausgewählte Beiträge zur Popularmusikforschung.* Hamburg: Arbeitskreis Studium Populärer Musik e.V. S.95-113.

Enders, Bernd (1997). *Lexikon Musikelektronik.* (Serie Musik Atlantis, Schott; 8352). 3. Aufl., überarb. u. erw. Neuausg. Zürich: Atlantis.

Erbring, Lutz (Hrsg.) (1990): *Videoclips als Indikator für den Wandel jugendlicher Lebens- und Wahrnehmungswelten.* DFG-Forschungsprojekt. Berlin: Freie Univ. Berlin, Inst. f. Kommunikationssoziologie und -psychologie.

Erdmann, Helmut W. (1978). „Klangproduktion mit technischen Medien". In: *Musica* 32 (3). S.270-273.

Ertel, Suitbert (1964). „Die emotionale Struktur des ‚semantischen' Raumes". In: *Psychologische Forschung* 28 (1). S.1-32.

Ertel, Suitbert (1965a). „Standardisierung eines Eindrucksdifferentials". In: *Zeitschrift für experimentelle und angewandte Psychologie* 12 (1). S.22-58.

Ertel, Suitbert (1965b). „Weitere Untersuchungen zur Standardisierung eines Eindrucksdifferentials". In: *Zeitschrift für experimentelle und angewandte Psychologie* 12 (2). S.177-208.

Eska, Georg (1997). *Schall und Klang. Wie und was wir hören.* Basel et al.: Birkhaeuser.

Espinoza-Varas, Blas und Charles S. Watson (1989). „Perception of Complex Auditory Patterns by Humans". In: Robert J. Dooling (Hrsg.) *The Comparative Psychology of Audition: Perceiving Complex Sounds.* Hillsdale/NJ: Erlbaum. S.67-94.

Essens, Peter (1995). „Structuring Temporal Sequences: Comparison of Models and Factors of Complexity". In: *Perception and Psychophysics* 57 (4). S.519-532.

Fähndrich, A. (1996). „Sampling und Sequencing - digitale Audio-Collage". In: *M+K Computermarkt* 18 (10). S.7-11.

Fasold, Wolfgang und Wolfgang Kraak (Hrsg.) (1984): *Taschenbuch Akustik.* Berlin: Verl. Technik.

Fastl, Hugo (1990). „Gehörbezogene Lautstärke-Meßverfahren in der Musik". In: *Das Orchester* 38 (1). S.1-6.

Fastl, Hugo (1997). „The Psychoacoustics of Sound-Quality Evaluation". In: *Acustica* 83 (5). S.754-764.

Faust, Karl (1978). „Musik auf Tonträgern zwischen Weltklang und Studio-Sound. Produktion als eigenständige Kunstform?". In: *Streitobjekt Schallplatte. Ein Kulturträger im Spiegel der Meinungen.* (Schriftenreihe der Deutschen Phono-Akademie, Hamburg). Wiesbaden: Breitkopf und Härtel. S.91-98.

Feilitzen, Cecilia von und Keith Roe (1992). „Eavesdropping on Adolescence. An Exploratory Study of Music Listening Among Children". In: *Communications* 17 (2). S.225-243.

Felchlin, I. und B. W. Hohmann (1997). „Gehörgefährdung durch Walkman-Geräte". In: *DAGA 97, Fortschritte der Akustik, Plenarvorträge und Fachbeiträge der 23. Deutschen Jahrestagung für Akustik, Kiel*. Oldenburg: Dt. Ges. f. Akustik. S.493-494.

Festinger, Leon (1957). *A Theory of Cognitive Dissonance*. Stanford/Calif.: Stanford University Press.

Finnäs, L. (1989). „A Comparison between Young People's Privately and Publicly Expressed Musical Preferences". In: *Psychology of Music* 17 (2). S.132-145.

Fischer, Arthur et al. (2000). *Jugend 2000. 13. Shell Jugendstudie*. 2 Bde. Opladen: Leske und Budrich.

Fischetti, A. et al. (1993). „Differences Between Headphones and Loudspeakers Listening in Spatial Properties of Sound Perception". In: *Applied Acoustics* (London) 39 (4). S.291-305.

Fiske, Harold E. (1996). *Selected Theories of Music Perception*. Lewiston/NY, Queenston/Ontario: Mellen Press.

Flath-Becker, Sigrid (1987). *Musikpräferenzen in Situationen psychischer Anspannung*. (Schriften zur Musikpsychologie und Musikästhetik; 2). Frankfurt am Main et al.: Lang. Zugl. Diss. Berlin: Techn. Univ.

Flender, Reinhard und Hermann Rauhe (1989). *Pop-Musik. Geschichte, Funktion, Wirkung und Ästhetik*. Darmstadt: Wiss. Buchges.

Fouqué, Martin (1984). „Qualitätskriterien für die Beurteilung stereofonischer Musikreproduktion". In: *Script zur Vorlesung „Musikübertragung"*. Berlin: Hochsch. d. Künste.

Frank, Merlin W. (1985). „Im Anfang war der Ton. Ein geschichtlicher Abriß über die Entwicklung in der Studiotechnik". In: *Musik Spezial Sonderheft: Home Recording und Effekte* (2). S.16-18.

Frego, R. J. (1999). „Effects of Aural and Visual Conditions on Response to Perceived Artistic Tension in Music and Dance". In: *Journal of Research in Music Education* 47 (1). S.31-43.

Frielingsdorf, Britta und Sabine Haas (1995). „Fernsehen zum Musikhören". In: *Media Perspektiven* (7). S.331-339.

Früh, Werner (1991). *Inhaltsanalyse: Theorie und Praxis*. 3., überarb. Aufl. München: Ölschläger.

Fucci, D. et al. (1998). „Factors Related to Magnitude Estimation Scaling of Complex Auditory Stimuli: Aging". In: *Perceptual and Motor Skills* 87 (3.1). S.836-838.

Fuchs, Albert (1975). „Das Eindrucksdifferential als Instrument zur Erfassung emotionaler Bedeutungsprozesse". In: Reinhold Bergler (Hrsg.) *Das Eindrucksdifferential*. (Beiträge zur empirischen Sozialforschung). Bern et al.: Huber. S.69-100.

Furman, Charles E. und Robert A. Duke (1988). „Effect of Majority Consensus on Preferences for Recorded Orchestral and Popular Music". In: *Journal of Research in Music Education* 36 (4). S.220-231.

Furmann, Anna et al. (1990). „On the Correlation between the Subjective Evaluation of Sound and the Objective Evaluation of Acoustic Parameters for a Selected Source". In: *Journal of the Audio Engineering Society* 38 (11). S.837-844.

Gabrielsson, Alf et al. (1974). „Judgments and Dimension Analyses of Perceived Sound Quality of Sound-Reproducing Systems". In: *The Journal of the Acoustical Society of America* 55 (4). S.854-861.

Gebhardt, Gerd (1997). „Repertoirebereiche und Konsumenten". In: Rolf Moser und Andreas Scheuermann (Hrsg.) *Handbuch der Musikwirtschaft*. 4., vollst. überarb. Aufl. Starnberg, München: Keller. S.95-102.

Gembris, Heiner (1982). „Experimentelle Untersuchungen, Musik und Emotionen betreffend". In: Arbeitskreis Musikpädagogische Forschung e.V. (Hrsg.) *Musikpädagogische Forschung* 3: *Gefühl als Erlebnis - Ausdruck als Sinn*. Laaber: Laaber. S.146-163.

Gembris, Heiner (1991). „Situationsbezogene Präferenzen und erwünschte Wirkungen von Musik". In: *Musikpsychologie: empirische Forschungen, ästhetische Experimente. Jahrbuch der Deutschen Gesellschaft für Musikpsychologie* 7 (1990). Wilhelmshaven: Noetzel, Heinrichshofen. S.73-95.

Geringer, John M. (1982). „Verbal and Operant Music Listening Preferences in Relationship to Age and Musical Training". In: *Psychology of Music* Special Issue. S. 47-50.

Geringer, John M. (1995). „Continuous Loudness Judgments of Dynamics in Recorded Music Excerpts". In: *Journal of Research in Music Education* 43 (1). S.22-35.

Geringer, John M. (1996). „Effects of Music with Video on Responses of Nonmusic Majors: An Exploratory Study". In: *Journal of Research in Music Education* 44 (3). S.240-251.
Gernemann, Andreas (1995). *Meßtechnische Untersuchung der akustischen Vorgänge beim natürlichen Hören im Vergleich zu den Vorgängen bei der Laufzeit- und ‚Intensitäts'-Stereophonie.* (Berichte aus der Elektrotechnik). Aachen: Shaker. Zugl. Dipl.-Arb. (1995) Düsseldorf: Fachhochsch.
Gernemann, Andreas (1999). „Die stereofone Perspektive". In: Bildungswerk des VDT (Hrsg.) *Bericht der 20. Tonmeistertagung Karlsruhe 1998.* München: Saur. S.392-410.
Gershon, Peter R. (1991). *Music Videos and Television Commercials: A Comparison of Production Styles (MTV).* Diss. Indiana: Univ.
Gleich, Uli (1995). „Kognitive und emotionale Verarbeitung von Werbung". In: *Media Perspektiven* (6). S.290-295.
Gleich, Uli (1995). „Musik in Videoclips und Werbespots des Fernsehens". In: *Media Perspektiven* (7). S.348-353.
Goebel, Johannes (1994). „Zuhören - Ziel der Medientechnologie". In: *Welt auf tönernen Füßen: Die Töne und das Hören.* (Schriftenreihe Forum; 2). Göttingen: Steidl. S.347-361.
Green, David M. (1993). „Auditory Intensity Discrimination". In: William A. Yost et al. (Hrsg.) *Human Psychophysics.* (Springer Handbook of Auditory Research; 3). New York et al.: Springer. S.13-55.
Grey, John (1977). „Multidimensional Perceptual Scaling of Musical Timbre". In: *Journal of the Acoustical Society of America* 61. S.1270-1277.
Griefahn, B. und G. Jansen (1994). „Schallwirkungen beim Menschen und Fragen des Gehörschutzes". In: Manfred Heckl und Helmut A. Müller (Hrsg.) *Taschenbuch der technischen Akustik.* 2. Aufl. Berlin et al.: Springer. S.69-85.
Griesinger, David (1986). „Spaciousness and Localization in Listening Rooms and their Effects on the Recording Technique". In: *Journal of the Audio Engineering Society* 34 (4). S.255-268.
Guski, Rainer (1996). *Wahrnehmen - ein Lehrbuch.* Stuttgart et al.: Kohlhammer.
Guski, Rainer (1997). „Psychological Methods for Evaluating Sound Quality and Assessing Acoustic Information". In: *Acustica* 83 (5). S.765-774.
Haack, Stefan et al. (1990). „Wirkungen übertragungstechnischer Faktoren". In: Helga de la Motte-Haber und Günther Rötter (Hrsg.) *Musikhören beim Autofahren: 8 Forschungsberichte.* (Schriften zur Musikpsychologie und Musikästhetik; 4). Frankfurt am Main et al.: Lang. S.94-125.
Haas, Hans-Joachim (1987). „Die Kongruenz zwischen Bild und Ton bei Stereophonie im Fernsehen". In: Bildungswerk des VDT (Hrsg.) *Bericht der 14. Tonmeistertagung München 1996.* München et al.: Saur. S.294-300.
Hafen, Roland (1987). „Zur Eskapismus-Funktion in der Rockmusik-Rezeption. Ergebnisse einer Befragung jugendlicher Rockkonzertbesucher". In: Helmut Rösing (Hrsg.) *Zur Tradition, Rezeption und Produktion von populärer Musik: sechs Referate zu einem Seminar des Arbeitskreises Studium Populärer Musik, veranstaltet am 24. und 25. April 1987 im Hans-Breuer-Hof, Inzmühlen.* (Beiträge zur Popularmusikforschung; 2). Hamburg: Arbeitskreis Studium Populärer Musik e.V. S.30-46.
Hagemann, Hans W. und Paul Schürmann (1988). „Der Einfluß musikalischer Untermalung von Hörfunkwerbung auf Erinnerungswirkung und Produktbeurteilung. Ergebnisse einer experimentellen Untersuchung". In: *Marketing* 10 (4). S.271-276.
Hargreaves, David J. (1984). „The Effects of Repetition on Liking for Music". In: *Journal of Research in Music Education* 32 (1). S.35-47.
Hargreaves, David J. et al. (1980). „Musical Preference and Evaluation". In: *Psychology of Music* 8 (1). S.13-18.
Hargreaves, David J. und Andrew M. Colman (1981). „The Dimensions of Aesthetic Reactions to Music". In: *Psychology of Music* 9. S.15-20.
Harrer, Gerhart (1993). „Beziehung zwischen Musikwahrnehmung und Emotion". In: Herbert Bruhn et al. (Hrsg.) *Musikpsychologie. Ein Handbuch.* (Rowohlts Enzyklopädie; 526). Reinbek bei Hamburg: Rowohlt. S.588-599.
Hartmann, W. M. (1996). „Pitch, Periodicity, and Auditory Organization". In: *Journal of the Acoustical Society of America* 100 (6). S.3491-3502.

Hayes, Nicky (1995). „Kognitive Prozesse - eine Einführung". In: Jochen Gerstenmaier (Hrsg.) *Einführung in die Kognitionspsychologie.* (UTB für Wissenschaft: Große Reihe). München, Basel: Reinhardt. S.11-40.
Heister, Hanns-Werner (1985). *Ästhetik der Compact Disc.* (Musikalische Zeitfragen; 15). Kassel: Bärenreiter.
Hellstroem, P. A. et al. (1998). „Temporary Threshold Shift after Exposure to Pop Music". In: *Scandinavian Audiology Supplement Special Issue: Advances in Noise Induced Hearing* 27. S.87-94.
Helms, Siegmund (1981). *Musik in der Werbung.* (Materialien zur Didaktik und Methodik des Musikunterrichts; 10). Wiesbaden: Breitkopf und Härtel.
Helson, H. (1964): *Adaptation Level Theory. An Experimental and Systematic Approach to Behaviour.* New York: Harper and Row.
Henle, Hubert (1993). *Das Tonstudio-Handbuch. Praktische Einführung in die professionelle Aufnahmetechnik.* (Factfinder-Serie). 3., kompl. überarb. Ausg. München: Carstensen.
Heyduk, Ronald G. (1975): „Rated Preference for Musical Compositions as it Relates to Complexity and Exposure Frequency". In: *Perception and Psychophysics* 17 (1). S.84-90.
Hilgefort, Ulrich (1986). *Untersuchung zum Zusammenhang von Studiotechnologie und Musikproduktion im Bereich der Popularmusik. Eine Darstellung der im Produktionsstudio verwendeten Technik und ihrer Anwendung.* Mag.-Arb. Osnabrück: Univ.
Höge, Holger (1984). *Emotionale Grundlagen ästhetischen Urteilens. Ein experimenteller Beitrag zur Psychologie der Ästhetik.* (Europäische Hochschulschriften; 6: Psychologie; 137). Frankfurt am Main et al.: Lang.
Hörmann, Karl und Manfred Kaiser (1982). *Effekte in der Rock- und Popmusik. Funktion, Klang, Einsatz; eine Einführung für Selbststudium und Unterricht.* Regensburg: Bosse.
Holbrook, Morris B. und Robert M. Schindler (1989). „Some Exploratory Findings on the Development of Musical Tastes". In: *Journal of Consumer Research* 16 (1). S. 119-124.
Holman, Tomlinson (1988). „Postproduction Systems and Editing". In: K. Blair Benson (Hrsg.) *Audio Engineering Handbook.* New York et al.: McGraw-Hill. S.14.1-14.39.
Hourdin, C. et al. (1997). „A Multidimensional Scaling Analysis of Musical Instruments' Time-Varying Spectra". In: *Computer Music Journal* 21 (2). S.40-55.
Houtsma, A. J. (1997). „Pitch and Timbre: Definition, Meaning and Use." In: *Journal of New Music Research* 26 (2). S.103-115.
Iwamiya, Shin-ichiro (1994). „Interaction Between Auditory and Visual Processing When Listening to Music in an Audio Visual Context: 1. Matching 2. Audio Quality". In: *Psychomusicology* 13 (1/2). S.133-153.
Iwanaga, M. und Y. Moroki (1999). „Subjective and Physiological Responses to Music Stimuli Controlled over Activity and Preference." In: *Journal of Music Therapy* 36 (1). S.26-38.
Jansen, Gerd und Helmut Hoffmann (1965). „Lärmbedingte Änderungen der Feinmotorik und Lästigkeitsempfindungen in Abhängigkeit von bestimmten Persönlichkeitsdimensionen". In: *Zeitschrift für experimentelle und angewandte Psychologie* 12. S.594-613.
Jauk, Werner (1982). *Komplexität und hedonische Empfindung von Liedern verschiedener musikalischer Epochen.* (Dissertationen der Karl-Franzens-Universität Graz; 57). Graz: dbv-Verl. Zugl. Diss. Graz: Univ.
Jauk, Werner (1995). „Die Veränderung des emotionalen Empfindens von Musik durch audiovisuelle Präsentation". In: *Musikpsychologie: empirische Forschungen, ästhetische Experimente. Jahrbuch der Deutschen Gesellschaft für Musikpsychologie* 11 (1994). Wilhelmshaven: Noetzel, Heinrichshofen. S.29-51.
Jecklin, Jürg (1984). *Musikaufnahmen: Grundlagen, Technik, Praxis.* (Franzis-Unterhaltungs-Elektronik). 2., erw. Aufl. München: Franzis.
Jerrentrup, Ansgar (1992): „TECHNO - vom Reiz einer reizlosen Musik". In: Helmut Rösing (Hrsg.) *Aspekte zur Geschichte populärer Musik. Referate der ASPM-Jahrestagung vom 6. bis 8. November 1992 in Leipzig (Teil 2), veranstaltet in Zusammenarbeit mit der Friedrich-Ebert-Stiftung.* (Beiträge zur Popularmusikforschung; 12). Baden-Baden: CODA. S.46-84.
Jessel, Maurice (1985). „Sound Recording and Reproducing". In: *Impact of Science on Society* 35 (2/3). S.91-109.
Jones, Mari R. und William Yee (1993). „Attending to Auditory Events: The Role of Temporal Organization". In: Stephen McAdams und Emmanuel Bigand (Hrsg.) *Thinking in Sound. The*

Cognitive Psychology of Human Audition. Oxford, New York: Oxford University Press. S.69-112.

Jones, Steven G. (1987). *Rock Formation: Popular Music and the Technology of Sound Recording.* Diss. Urbana-Champaign: Univ. of Illinois.

Jost, Ekkehard (1967). *Akustische und psychometrische Untersuchungen an Klarinettenklängen.* (Veröffentlichungen des Staatlichen Instituts für Musikforschung Preußischer Kulturbesitz; 1). Köln: Gerig. Zugl. Diss. (1966) Hamburg: Univ.

Jost, Ekkehard (1976). *Sozialpsychologische Faktoren der Popmusik-Rezeption.* (Musikpädagogik; 11). Mainz: Schott.

Jost, Ekkehard (1982). „Sozialpsychologische Dimensionen des musikalischen Geschmacks". In: Carl Dahlhaus und Helga de la Motte-Haber (Hrsg.) *Systematische Musikwissenschaft.* (Neues Handbuch der Musikwissenschaft; 10). Wiesbaden: Akad. Verlagsges. Athenaion. S.245-268.

Kaczmarek, Marcin et al. (1999). „Influence of the Sound Effects on the Sound Quality". In: *106th AES-Convention, Munich, 1999 (Preprint 4902).*

Kaiser, Herrmann-J. (1983). „Zum Verhältnis von Alltagswelt und jugendlicher Musikkultur". In: Arbeitskreis Musikpädagogische Forschung e.V. (Hrsg.) *Musikpädagogische Forschung* 4: *Musikalische Teilkulturen.* Laaber: Laaber. S.35-55.

Kamenetsky, Stuart B. et al. (1997). „Effect of Tempo and Dynamics on the Perception of Emotion in Music". In: *Psychology of Music* 25 (2). S.149-160.

Kaminski, Peter (1991). „Popmusik-Produktion mit Sound Sampler". In: Bildungswerk des VDT (Hrsg.) *Bericht der 16. Tonmeistertagung Karlsruhe 1990.* München et al.: Saur. S.304-312.

Karbusicky, Vladimir (1986). *Grundriß der musikalischen Semantik.* (Grundrisse; 7). Darmstadt: Wiss. Buchges.

Keating, John (1980). „Popular Electronic Music". In: John Borwick (Hrsg.) *Sound Recording Practice.* 2. Aufl. London et al.: Oxford University Press. S.341-354.

Kebeck, Günther (1994). *Wahrnehmung: Theorien, Methoden und Forschungsergebnisse der Wahrnehmungspsychologie.* (Grundlagentexte Psychologie). Weinheim, München: Juventa.

Kellaris, James J. und Ronald C. Rice (1993). „The Influence of Tempo, Loudness, and Gender of Listener on Responses to Music". In: *Psychology and Marketing* 10 (1). S.15-29.

Kendall, Roger A. und Edward C. Carterette (1991). „Perceptual Scaling of Simultaneous Wind Instrument Timbres". In: *Music Perception* 8. S.369-404.

Kendall, Roger A. und Edward C. Carterette (1993a). „Verbal Attributes of Simultaneous Wind Instrument Timbres: I. von Bismarck's Adjectives". In: *Music Perception* 10 (4). S.445-468.

Kendall, Roger A. und Edward C. Carterette (1993b). „Verbal Attributes of Simultaneous Wind Instrument Timbres: II. Adjectives Induced from Piston's Orchestration". In: *Music Perception* 10 (4). S.469-502.

Keuler, J. (1997). „Problems of Shape and Background in Sounds with Inharmonic Spectra". In: M. Leman (Hrsg.) *Music, Gestalt, and Computing. Studies in Cognitive and Systematic Musicology.* Berlin: Springer. S.214-224.

Kleinen, Günter (1975). *Zur Psychologie musikalischen Verhaltens.* (Schriftenreihe zur Musikpädagogik). Frankfurt am Main: Diesterweg.

Kleinen, Günter (1985). „Über die Durchdringung des täglichen Lebens mit Musik". In: Arbeitskreis Musikpädagogische Forschung e.V. (Hrsg.) *Musikpädagogische Forschung* 6: *Umgang mit Musik.* Laaber: Laaber. S.35-57.

Kleinen, Günter (1986). „Funktionen der Musik und implizite ästhetische Theorien der Hörer". In: *Musikpsychologie: empirische Forschungen, ästhetische Experimente. Jahrbuch der Deutschen Gesellschaft für Musikpsychologie* 3 (1986). Wilhelmshaven: Noetzel, Heinrichshofen. S.73-90.

Klingler, Walter (1994). „Was Kinder hören. Eine Analyse der Hörfunk- und Tonträgernutzung von 6- bis 13-jährigen". In: *Media Perspektiven* (1). S.14-20.

Kloppenburg, Josef (1987). „Soziale Determinanten des Musikgeschmacks Jugendlicher". In: Helga de la Motte-Haber (Hrsg.) *Psychologische Grundlagen des Musiklernens.* (Handbuch der Musikpädagogik; 4). Kassel et al.: Bärenreiter. S.186-220.

Kopiez, Reinhard (1998): „The most wanted song/The most unwanted song - Klangfarbe als wahrnehmungsästhetische Kategorie". In: *Internationaler Kongreß der Gesellschaft für Musikforschung „Musikkonzepte - Konzepte der Musikwissenschaft"* 29.9.1998-4.10.1998 Halle (Saale). *Abstracts der Kolloquien und Symposien.* S.7.

Kopiez, Reinhard (im Druck). „The most wanted song/The most unwanted song - Die Bedeutung der Klangfarbe als wahrnehmungsästhetische Kategorie". Ersch. vorauss. 2000 in: Kathrin Eberl und Wolfgang Ruf (Hrsg.) *Musikkonzepte - Konzepte der Musikwissenschaft. Bericht über den Internationalen Kongreß Gesellschaft für Musikforschung Halle (Saale) 1998.* Kassel. (Manuskript liegt vor; dem Autor sei gedankt.)

Kreitler, Hans und Shulamith Kreitler (1986). „Psychologische Aspekte der Popmusik". In: *Musikpsychologie: empirische Forschungen, ästhetische Experimente. Jahrbuch der Deutschen Gesellschaft für Musikpsychologie* 3 (1986). Wilhelmshaven: Noetzel, Heinrichshofen. S.107-127.

Krommes, Ralph (1996). „Musik in der Fernseh- und Rundfunkwerbung. ‚Phantasie ist wichtiger als Wissen' ". In: *Jahrbuch der Absatz- und Verbrauchsforschung* 42 (4). S.406-434.

Kuhl, W. (1978). „Räumlichkeit als Komponente des Raumeindrucks". In: *Acustica* 40 (3). S.167-181.

Kuhl, W. und R. Plantz (1978). „Die Bedeutung des von Lautsprechern abgestrahlten diffusen Schalls für das Hörereignis". In: *Acustica* 40 (3). S.182-191.

Kuhn, Terry L. und Gregory D. Booth (1988). „The Effect of Melodic Activity, Tempo Change, and Audible Beat on Tempo Perception of Elementary School Students". In: *Journal of Research in Music Education* 36 (3). S.140-155.

Kuttruff, H. (1994). „Raumakustik". In: Manfred Heckl und Helmut A. Müller (Hrsg.) *Taschenbuch der technischen Akustik.* 2. Aufl. Berlin et al.: Springer. S.596-624.

Landesinstitut für Schule und Weiterbildung (Hrsg.) (1990). *Computer-Musik. Computer verändern Musikproduktion und Musikkonsum.* Soest: Soester Verl.-Kontor.

Langenbach, Christof (1994). *Musikverhalten und Persönlichkeit 16- bis 18jähriger Schüler.* (Studien zur Musik; 7). Frakfurt am Main et al.: Lang. Zugl. Diss. (1993) Köln: Univ.

Larson, P. (1971). „The Effect of Musical and Extramusical Information upon Musical Preference". In: *Journal of Research in Music Education* 19 (3). S.350-354.

LeBlanc, Albert (1980). „Outline of a Proposed Model of Sources of Variation in Musical Taste". In: *Bulletin of the Council for Research in Music Education* 61 (4). S.29-34.

LeBlanc, Albert (1981). „Effects of Style, Tempo, and Performance Medium on Children's Music Preference". In: *Journal of Research in Music Education* 29 (2). S.143-156.

LeBlanc, Albert et al. (1988). „Tempo Preferences of Different Age Music Listeners". In: *Journal of Research in Music Education* 36 (3). S.156-168.

Lehmann, Andreas C. (1994). *Habituelle und situative Rezeptionsweisen beim Musikhören: eine einstellungstheoretische Untersuchung.* (Schriften zur Musikpsychologie und Musikästhetik; 6). Frankfurt am Main et al.: Lang. Zugl. Diss. (1992) Hannover: Hochsch. f. Musik u. Theater.

Leman, Marc (1995). *Music and Schema Theory - Cognitive Foundations of Systematic Musicology.* (Springer Series in Information Sciences; 31). Berlin et al.: Springer.

Letowski, Tomasz R. (1992). „Anchor Effect in an Optimum Timbre Adjustment". In: *Journal of the Audio Engineering Society* 40 (9). S.706-710.

Letowski, Tomasz R. (1995). „Sound Quality Scales and Systems". In: *6th Symposium on Tonmeistering and Sound Engeneering, Warsaw, October 26-28, 1995.* Warschau: o.V. S.90-101.

Leuchtmann, Horst (1998). *Dictionary of Terms in Music.* 5., überarb. u. erw. Aufl. Stuttgart: Metzler.

Levitt, H. et al. (1981). „In Search for the Optimum Frequency Gain Characteristic". In: *ASHA Annual Conference, Los Angeles, CA, 1981 Oct.*

Liedtke, Rüdiger (1994). „Kalkulierte Tonwelten". In: *Welt auf tönernen Füßen: Die Töne und das Hören.* (Schriftenreihe Forum; 2). Göttingen: Steidl. S.217-219.

Linsmeier, K. D. (1997). „Elektronenmusik. Trends in der Musiktechnik II". In: *Spektrum der Wissenschaft* (12). S.54-65.

Lobe, Sabine (1991). „Geschlechtsspezifische Musikpräferenzen. Jugendliches Hörverhalten und seine Akzeptanz in der Klasse". In: *Musik und Unterricht* 2. S.13-15.

Lukesch, Helmut et al. (1994). *Jugendmedienstudie. Verbreitung, Nutzung und ausgewählte Wirkungen von Massenmedien bei Kindern und Jugendlichen; eine Multi-Medien-Untersuchung über Fernsehen, Video, Kino, Video- und Computerspiele sowie Printprodukte.* (Medienforschung; 1). 3. Aufl. Regensburg: Roderer.

Madsen, C. K. und J. M. Geringer (1990). „Differential Patterns of Music Listening: Focus of Attention of Musicians versus Nonmusicians". In: *Bulletin of the Council for Research in Music Education* 105 (2). S.45-57.

Maempel, Hans-Joachim (1999). „Quantitativer Klangbildvergleich am Beispiel zweier Popmusik-Titel". In: Bildungswerk des VDT (Hrsg.) *Bericht der 20. Tonmeistertagung Karlsruhe 1998.* München: Saur. S.631-646.

Mahlmann, Carl (1997). „Strukturen des deutschen Tonträgermarktes". In: Rolf Moser und Andreas Scheuermann (Hrsg.) *Handbuch der Musikwirtschaft.* 4., vollst. überarb. Aufl. Starnberg, München: Keller. S.161-184.

Makita, Y. (1962). „On the Directional Localization of Sound in the Stereophonic Sound Field". In: *EBU Review/A (Technical)* 73. S.102-108.

Mathews, M. (1999). „Introduction to Timbre". In: P. R. Cook et al. (Hrsg.) *Music, Cognition, and Computerized Sound: An Introduction to Psychoacoustics.* Cambridge/MA: MIT Press. S.79-87.

McAdams, Stephen (1993). „Introduction to Auditory Cognition". In: Stephen McAdams und Emmanuel Bigand (Hrsg.) *Thinking in Sound: The Cognitive Psychology of Human Audition.* Oxford, New York: Oxford University Press. S.1-9.

McAdams, Stephen (1993): „Recognition of Sound Sources and Events". In: Stephen McAdams und Emmanuel Bigand (Hrsg.) *Thinking in Sound: The Cognitive Psychology of Human Audition.* Oxford, New York: Oxford University Press. S.146-198.

McNamara, L. und M. E. Ballard (1999). „Resting Arousal, Sensation Seeking, and Musical Preference". In: *Genetic, Social, & General Psychology Monographs* 125 (3). S.229-250.

Melara, Robert D. und Lawrence E. Marks (1990). „Interaction Among Auditory Dimensions: Timbre, Pitch, and Loudness". In: *Perception and Psychophysics* 48 (2). S.169-178.

Mende, Annette (1991). „Musik und Alter. Ergebnisse zum Stellenwert von Musik im biographischen Lebenslauf". In: *Rundfunk und Fernsehen* 39 (3). S.381-392.

Mercier, V. et al. (1998). „Gehörgefährdung Jugendlicher durch überlauten Musikkonsum". In: *Zeitschrift für Lärmbekämpfung* 45 (1). S.17-21.

Merino, Mariano J. (1998a). „Complexity of Pitch and Timbre Concepts". In: *Physics Education* 33 (2). S.105-109.

Merino, Mariano J. (1998b). „Some Difficulties in Teaching the Properties of Sounds". In: *Physics Education* 33 (2). S.101-104.

Merten, Klaus (1983). *Inhaltsanalyse: Einführung in Theorie, Methode und Praxis.* Opladen: Westdt. Verl.

Mertens, H. (1965). „Directional Hearing in Stereophony. Theory and Experimental Verification". In: *EBU Review/A (Technical)* 92. S.1-14.

Meyer, Andreas F. (1972). „Betrachtungen zum Klangbild unter besonderer Berücksichtigung des Nachhalles (Gemeinschaftsarbeit der Studenten der Tonmeisterausbildung an der Nordwestdeutschen Musikakademie Detmold)". In: Verband Deutscher Tonmeister (Hrsg.) *9. Tonmeistertagung 26.-29. Oktober 1972 Köln.* o.O: o.V.

Meyer, Jürgen (1995). *Akustik und musikalische Aufführungspraxis. Ein Leitfaden für Akustiker, Tonmeister, Musiker, Instrumentenbauer und Architekten.* (Fachbuchreihe das Musikinstrument; 24). 3., vollst. überarb. u. erw. Aufl. Frankfurt am Main: Bochinsky.

Meyer, Wulf-Uwe et al. (1993). *Einführung in die Emotionspsychologie.* (Bd.1). (Psychologie Lehrbuch). Bern et al.: Huber.

Meyer, Wulf-Uwe et al. (1997). *Einführung in die Emotionspsychologie.* (Bd.2). (Psychologie Lehrbuch). Bern et al.: Huber.

Meyer-Eppler, W. (1969). *Grundlagen und Anwendungen der Informationstheorie.* (Kommunikation und Kybernetik in Einzeldarstellungen; 1). 2., neubearb. u. erw. Aufl. Berlin et al.: Springer.

Michelsen, Joergen und Per Rubak (1997): „Parameters of Distance Perception in Stereo Loudspeaker Scenario". In: *102nd AES-Convention, Munich, 1997 (Preprint 4472).*

Middlebrooks, J. C. und D. M. Green (1991). „Sound Localization by Human Listeners". In: *Annual Review of Psychology* 42. S.135-159.

Miskiewicz, Andrzej (1992). „Timbre Solfege: A Course in Technical Listening for Sound Engineers". In: *Journal of the Audio Engineering Society* 40 (7/8). S.621-625.

Moore, Brian C. (1993). „Frequency Analysis and Pitch Perception". In: William A. Yost et al. (Hrsg.) *Human Psychophysics*. (Springer Handbook of Auditory Research; 3). New York et al.: Springer. S.56-115.

Moore, Brian C. (1997). *An Introduction to the Psychology of Hearing*. 4. Aufl. London, San Diego/Calif.: Academic Press.

Morgan, B. J. und O. R. Lindsley (1966). „Operant Preference for Stereophonic over Monophonic Music". In: *Journal of Music Therapy* 3. S.135-143.

Morguet, Monika und Jutta Moser-Hauck (1991). „Beurteilung von Musik - Gibt es Unterschiede zwischen Musikexperten und Laien?". In: Rudolf-Dieter Kraemer (Hrsg.) *Musikpädagogische Forschung* 12: *Musiklehrer. Beruf, Berufsfeld, Berufsverlauf*. Essen: Die blaue Eule. S.189-199.

Motte-Haber, Helga de la (1973). „Der Einfluß psychologischer Variablen auf das ästhetische Urteil". In: *Jahrbuch des Staatlichen Instituts für Musikforschung Preußischer Kulturbesitz 1972*. Berlin: Merseberger. S.163-174.

Motte-Haber, Helga de la (1991). „Aspekte musikalischer Raumwahrnehmung". In: *Positionen* 8: *Musik und Raum I*. S.2-6.

Motte-Haber, Helga de la (Hrsg.) (1995). *Der Hörer als Interpret*. (Schriften zur Musikpsychologie und Musikästhetik; 7). Frankfurt am Main et al.: Lang.

Motte-Haber, Helga de la (1996a). „Die Entwicklung der kognitiven Musikpsychologie seit 1984". In: Helga de la Motte-Haber (Hrsg.) *Handbuch der Musikpsychologie*. 2., erg. Aufl. Laaber: Laaber. S.455-482.

Motte-Haber, Helga de la (1996b). „Urteil, Vorurteil, Vorlieben: Einstellungen zu Musik". In: Helga de la Motte-Haber (Hrsg.) *Handbuch der Musikpsychologie*. 2., erg. Aufl. Laaber: Laaber. S.150-214.

Moulton, David (1990). „The Creation of Musical Sounds for Playback through Loudspeakers". In: *The AES 8th International Conference, Audio Engineering Society, Washington, USA, 1990*. New York. S.161-169.

Müller, Christiane (1993). *Jugendalter und populäre Musik: theoretische Aspekte und empirische Studie zur Bedeutung und Funktion des Musikgebrauchs für die Identitätsbildung am Beispiel einer Gruppe 14jähriger Mädchen*. Diss. Berlin: Humboldt-Univ.

Müller, Renate (1990). *Soziale Bedingungen der Umgehensweisen Jugendlicher mit Musik: theoretische und empirisch-statistische Untersuchung zur Musikpädagogik*. (Musikwissenschaft, Musikpädagogik in der Blauen Eule; 5). Essen: Verl. Die Blaue Eule. Zugl. Diss. Hamburg: Univ.

Müller, Renate (1991). „Musikalische Rezeptionsstrategien und Differenziertheit des musikalischen Urteils in verschiedenen sozialen Situationen". In: *Musikpsychologie: empirische Forschungen, ästhetische Experimente. Jahrbuch der Deutschen Gesellschaft für Musikpsychologie* 7 (1990). Wilhelmshaven: Noetzel, Heinrichshofen. S.129-146.

Müller-Limmoth, Wolf (1972). „Die psychophysischen Belastungen eines Menschen bei bevorzugter akustischer Afferenz". In: Verband Deutscher Tonmeister (Hrsg.) *9. Tonmeistertagung 26.-29. Oktober 1972 Köln*. o.O: o.V. S.31-33.

Münch, Thomas (1993). „Konsumverhalten in der Musik". In: Herbert Bruhn et al. (Hrsg.) *Musikpsychologie. Ein Handbuch*. (Rowohlts Enzyklopädie; 526). Reinbek bei Hamburg: Rowohlt. S.243-250.

Musikmarkt, Der 39 (1) (1997) bis 40 (5) (1998).

Neumann, A. C. (1998). „The Effect of Compression Ratio and Release Time on the Categorical Rating of Sound Quality". In: *Journal of the Acoustical Society of America* 103 (5.1). S. 2273-2281.

Neumann-Braun, Klaus (Hrsg.) (1999): *VIVA MTV! Popmusik im Fernsehen*. (Edition Suhrkamp; 2090). Frankfurt am Main: Suhrkamp.

Nielzen, Soeren (Hrsg.) (1989). *Structure and Perception of Electroacoustic Sound and Music*. (Excerpta medica: International congress series; 846: Publication/Royal Swedish Academy of Music; 60). Amsterdam: Excerpta Medica.

Nielzen, Soeren und Zvonimir Cesarec (1982). „Emotional Experience of Music as a Function of Musical Structure". In: *Psychology of Music* 10 (2). S.7-17.

Niewiarowicz, M. et al. (1998). „Subjective Evaluation of Sound Emitted by a Loudspeaker System in Correlation with its Steady-State and Transient Responses". In: *Archives of Acoustics* 23 (1). S.39-49.

Niketta, Reiner (1985). „Skalierung der Komplexität von Rockmusikstücken". In: Arbeitskreis Musikpädagogische Forschung e.V. (Hrsg.) *Musikpädagogische Forschung 6: Umgang mit Musik*. Laaber: Laaber. S.235-252.

Niketta, Reiner (1989). *Zum Zusammenhang zwischen Prototypikalität, Komplexität und ästhetischem Urteil*. (Bielefelder Arbeiten zur Sozialpsychologie; 147). Bielefeld: Mummendey.

Niketta, Reiner (1991). „Was ist prototypische Rockmusik? Zum Zusammenhang zwischen Prototypikalität, Komplexität und ästhetischem Urteil". In: *Musikpsychologie: empirische Forschungen, ästhetische Experimente. Jahrbuch der Deutschen Gesellschaft für Musikpsychologie* 7 (1990). Wilhelmshaven: Noetzel, Heinrichshofen. S.35-60.

Niketta, Reiner (1993). „Urteils- und Meinungsbildung". In: Herbert Bruhn et al. (Hrsg.) *Musikpsychologie. Ein Handbuch*. (Rowohlts Enzyklopädie; 526). Reinbek bei Hamburg: Rowohlt. S.329-339.

Nisbett, Alec (1995). *The sound studio*. 6. Aufl. Oxford: Focal Press.

Nitsche, Peter (1978). *Klangfarbe und Schwingungsform*. (Berliner musikwissenschaftliche Arbeiten; 13). München, Salzburg: Katzbichler. Zugl. Diss. (1974) Berlin: Techn. Univ.

Nordbrock, Judith (1999). „Vergleich von Hauptmikrofonverfahren in der Kölner Philharmonie". In: Bildungswerk des VDT (Hrsg.) *Bericht der 20. Tonmeistertagung Karlsruhe 1998*. München: Saur. S.586-603.

North, Adrian C. und David. J. Hargreaves (1995). „Subjective Complexity, Familiarity, and Liking for Popular Music". In: *Psychomusicology* 14 (1). S.77-93.

North, Adrian C. und David. J. Hargreaves (1997a). „Experimental Aesthetics and Everyday Music Listening". In: David J. Hargreaves et al. (Hrsg.) *The Social Psychology of Music*. Oxford: Oxford University Press. S.84-103.

North, Adrian C. und David. J. Hargreaves (1997b). „Music and Consumer Behaviour". In: David J. Hargreaves et al. (Hrsg.) *The Social Psychology of Music*. Oxford: Oxford University Press. S.268-289.

North, Adrian C. und David. J. Hargreaves (1997c). „The Effect of Physical Attractiveness on Responses to Pop Music Performers and their Music". In: *Empirical Studies of the Arts* 15 (1). S.75-89.

Oldendorf, Armin (1997). „Tendenzen im Verbraucherverhalten". In : Rolf Moser und Andreas Scheuermann (Hrsg.) *Handbuch der Musikwirtschaft*. 4., vollst. überarb. Aufl. Starnberg, München: Keller. S.67-81.

Opaschowski, Horst W. (1993). „Medienfreizeit: Abwählen statt auswählen. Die stille Revolution einer neuen Generation". In: *Medien Praktisch* 17 (4). S.9-12.

Osgood, Charles E. et al. (1978). *The measurement of meaning*. 4. Aufl. d. Paperback-Ausg. Urbana/IL et al.: University of Illinois Press.

Pape, W. (1987). „Populäre Musik und Jugend, Notizen zu aktuellen Studien". In: Helmut Rösing (Hrsg.) *Zur Tradition, Rezeption und Produktion von populärer Musik: sechs Referate zu einem Seminar des Arbeitskreises Studium Populärer Musik, veranstaltet am 24. und 25. April 1987 im Hans-Breuer-Hof, Inzmühlen*. (Beiträge zur Popularmusikforschung; 2). Hamburg: Arbeitskreis Studium Populärer Musik e.V. S.21-29.

Peiser, Wolfram (1996). *Die Fernsehgeneration: eine empirische Untersuchung ihrer Mediennutzung und Medienbewertung*. (Studien zur Kommunikationswissenschaft; 17). Opladen: Westdeutscher Verlag.

Perrig, Walter et al. (1993). *Unbewußte Informationsverarbeitung*. (Psychologie Lehrbuch). Bern et al.: Huber.

Pfeiler, Heide (1992). „ ‚Zwischen Bits und Brummton'. Zum Wandel der Musiktechnologie in der Popularmusik". In: Helmut Rösing (Hrsg.) *Aspekte zur Geschichte populärer Musik. Referate der ASPM-Jahrestagung vom 6. bis 8. November 1992 in Leipzig (Teil 2), veranstaltet in Zusammenarbeit mit der Friedrich-Ebert-Stiftung*. (Beiträge zur Popularmusikforschung; 12). Baden-Baden: CODA. S.36-45.

Pierce, John R. (1989). *Klang. Musik mit den Ohren der Physik*. (Spektrum-Bibliothek; 7). 2. Aufl. Heidelberg: Spektrum d. Wiss.

Platel, H. et al. (1997). „The Structural Components of Music Perception: A Functional Anatomical Study". In: *Brain* 120 (2). S.229-234.

Plenge, Georg (1968). *Die Sicherheit von Urteilen bei Vergleichung musikalischer Kurzbeispiele: die Ermittlung geeigneter Beurteiler für den Vergleich unterschiedlicher Hörsamkeiten von Konzertsälen und Theatern.* Diss. Berlin: Techn. Univ.

Pokropp, Fritz (1994). *Lineare Regression und Varianzanalyse.* (Lehr- und Handbücher der Statistik). München, Wien: Oldenbourg.

Porcello, Thomas G. (1996). *Sonic Artistry: Music, Discourse, and Technology in the Sound Recording Studio.* Diss. Austin/TX: Univ.

Preis, Douglas (1988). „Audio Spectrum". In: K. Blair Benson (Hrsg.) *Audio Engineering Handbook.* New York et al.: McGraw-Hill. S.2.1-2.38.

Prigent, C. (1982). „Eye-Ear. Semiotic and Aesthetic Aspects of Sound and Image". In: *Revue des Sciences Humaines* 188 (4). S.139-145.

Queen, Daniel (1988). „Standards and Recommended Practices". In: K. Blair Benson (Hrsg.) *Audio Engineering Handbook.* New York et al.: McGraw-Hill. S.17.1-17.25.

Raab, Erich und Harald Ebner (1982). „Rhythmus und musikalisches Erleben. Der affektive Eindruck einstimmiger rhythmischer Strukturen von variierender Komplexität". In: *Zeitschrift für experimentelle und angewandte Psychologie* 29 (2). S.315-342.

Rahlfs, V. (1966). *Psychometrische Untersuchungen zur Wahrnehmung musikalischer Klänge.* Diss. Hamburg: Univ.

Rauhe, Herrmann (1974). *Popularität in der Musik. Interdisziplinäre Aspekte musikalischer Kommunikation.* (Musik und Gesellschaft; 13/14). Karlsruhe: Braun.

Rawlings, D. und V. Ciancarelli (1997). „Music Preference and the Five-Factor Model of the NEO Personality Inventory". In: *Psychology of Music* 25 (2). S.120-132.

Reetze, Jan (1989). „Videoclips im Meinungsbild von Schülern. Ergebnisse einer Befragung in Hamburg". In: *Media Perspektiven* (2). S.99-105.

Reichardt, Walter (1968). *Grundlagen der technischen Akustik.* Leipzig: Geest und Portig.

Reichardt, Walter und U. Lehmann (1978). „Raumeindruck als Oberbegriff von Räumlichkeit und Halligkeit, Erläuterungen des Raumeindruckmaßes R". In: *Acustica* 40 (5). S.277-290.

Reinboth, Michael (1987). „Ohne Mix läuft nix. DJs und Studio-Tüftler mischen sich in die Hitparade". In: *Musik Express/Sounds* (7). S.34-38.

Repp, B. H. (1997). „The Aesthetic Quality of a Quantitatively Average Music Performance: Two Preliminary Experiments". In: *Music Perception* 14 (4). S.419-444.

Riesman, David (1980). „Über das Hören Populärer Musik". In: Arbeitskreis Musikpädagogische Forschung e.V. (Hrsg.) *Musikpädagogische Forschung* 1: *Einzeluntersuchungen.* Laaber: Laaber. S.284-297.

Robinson, John P. und Paul Hirsch (1969). „It's the Sound that Does it". In: *Psychology Today* 3 (5). S.42-45.

Rösing, Helmut (1972). *Die Bedeutung der Klangfarbe in traditioneller und elektronischer Musik. Eine sonagraphische Untersuchung.* (Schriften zur Musik; 12). München: Katzbichler.

Rösing, Helmut (1976). „Zur Rezeption technisch vermittelter Musik. Psychologische, ästhetische und musikalisch-funktionsbezogene Aspekte". In: H.-C. Schmidt (Hrsg.) *Musik in den Massenmedien Rundfunk und Fernsehen.* Mainz. S.44-66.

Rösing, Helmut (1985). „Musik und Massenmedien". In: Herbert Bruhn et al. (Hrsg.) *Musikpsychologie. Ein Handbuch in Schlüsselbegriffen.* München et al.: Urban und Schwarzenberg. S.293-301.

Rösing, Helmut (1993a). „Musik im Alltag". In: Herbert Bruhn et al. (Hrsg.) *Musikpsychologie. Ein Handbuch.* (Rowohlts Enzyklopädie; 526). Reinbek bei Hamburg: Rowohlt. S.113-130.

Rösing, Helmut (1993b). „Musikalische Ausdrucksmodelle". In: Herbert Bruhn et al. (Hrsg.) *Musikpsychologie. Ein Handbuch.* (Rowohlts Enzyklopädie; 526). Reinbek bei Hamburg: Rowohlt. S.579-588.

Rösing, Helmut (1994). „Aspekte der Rezeption von populärer Musik". In: Helmut Rösing (Hrsg.) *Arbeitskreis Studium Populärer Musik: Grundlagen, Theorien, Perspektiven.* (Beiträge zur Popularmusikforschung; 14). Baden-Baden: CODA. S.63-79.

Rösing, Helmut und Herbert Bruhn (1997). „Musikpsychologie". In: Ludwig Finscher (Hrsg.) *Die Musik in Geschichte und Gegenwart.* Sachteil (Bd.6). 2., neubearb. Aufl. Kassel et al.: Bärenreiter, Metzler. Sp.1551-1601.

Rösing, Helmut und Thomas Münch (1993). „Hörfunk". In: Herbert Bruhn et al. (Hrsg.) *Musikpsychologie. Ein Handbuch*. (Rowohlts Enzyklopädie; 526). Reinbek bei Hamburg: Rowohlt. S.187-195.

Rötter, Günther (1996). „Zeit- und Rhythmuswahrnehmung". In: Helga de la Motte-Haber (Hrsg.) *Handbuch der Musikpsychologie*. 2., erg. Aufl. Laaber: Laaber. S.483-503.

Rohner, Stephen J. (1985). „Cognitive-Emotional Response to Music as a Function of Music and Cognitive Complexity". In: *Psychomusicology* 5 (1/2). S.25-38.

Rohrmann, B. (1978). „Empirische Studie zur Entwicklung von Antwortskalen für die sozialwissenschaftliche Forschung". In: *Zeitschrift für Sozialpsychologie* 9. S.222-245.

Rolle, Christian (1994). „ ‚Der Rhythmus, daß ein Jeder mitmuß' - Zur Leiblichkeit Ästhetischer Erfahrung". In: Helmut Rösing (Hrsg.) *Arbeitskreis Studium Populärer Musik: Grundlagen, Theorien, Perspektiven*. (Beiträge zur Popularmusikforschung; 14). Baden-Baden: CODA. S.20-33.

Rosenstiel, Lutz van (1993). „Musik und Arbeit". In: Herbert Bruhn et al. (Hrsg.) *Musikpsychologie. Ein Handbuch*. (Rowohlts Enzyklopädie; 526). Reinbek bei Hamburg: Rowohlt. S.157-168.

Russell, Philip A. (1982). „Relationships between Judgement of the Complexity, Pleasingness and Interestingness of Music". In: *Current Psychological Research* 2. S.195-202.

Russell, Philip A. (1986). „Experimental Aesthetics of Popular Music Recordings: Pleasingness, Familiarity and Chart Performance". In: *Psychology of Music* 14 (1). S.33-43.

Russell, Philip A. (1987). „Effects of Repetition on the Familiarity and Likeability of Popular Music Recordings". In: *Psychology of Music* 15 (2). S.187-197.

Samson, S. et al. (1997). „Multidimensional Scaling of Synthetic Musical Timbre: Perception of Spectral and Temporal Characteristics". In: *Canadian Journal of Experimental Psychology* 51 (4). S.307-315.

Sandner, Wolfgang (1977). „Sound and Equipment". In: Wolfgang Sandner (Hrsg.) *Rockmusik. Aspekte zur Geschichte, Ästhetik, Produktion*. Mainz: Schott's Söhne. S.81-99.

Sarris, Viktor und Hans-Peter Musahl (1984). „Zur Skalierung von ‚Lautheit' - Ein meßmethodischer und bezugssystemtheoretischer Beitrag". In: August Schick und Klaus P. Walcher (Hrsg.) *Beiträge zur Bedeutungslehre des Schalls: Ergebnisse des 3. Oldenburger Symposions zur psychologischen Akustik*. (Europäische Hochschulschriften; 39: Interdisziplinäre Kongressberichte; 1). Bern et al.: Lang. S.99-114.

Schädler, Stefan: (1986). „Das Zyklische und das Repetitive. Zur Struktur populärer Musik". In: Dieter Prokop (Hrsg.) *Medienforschung, Bd. 3: Analysen, Kritiken, Ästhetik*. (Fischer Taschenbücher; 6553). Frankfurt am Main: Fischer. S.302-331.

Schäfer, Bernd (1983). „Semantische Differential Technik". In: H. Feger und J. Bredenkamp (Hrsg.) *Datenerhebung*. (Enzyklopädie der Psychologie/Themenbereich B; 1: Forschungsmethoden der Psychologie; 2). Göttingen et al.: Hogrefe. S.154-221.

Schäfer, Bernd und Albert Fuchs (1975). „Kriterien und Techniken der Merkmalsselektion bei der Konstruktion eines Eindrucksdifferentials". In: Reinhold Bergler (Hrsg.) *Das Eindrucksdifferential*. (Beiträge zur empirischen Sozialforschung). Bern et al.: Huber. S.119-137.

Schaffrath, H. (1978). *Der Einfluß von Information auf das Musikurteil. Eine Kontextstudie am Beispiel fünfzehnjähriger Gymnasiasten*. Herrenberg: Döring.

Schick, August (1984). „Zum Reizbegriff der psychologischen Akustik: einige Grundannahmen". In: August Schick und Klaus P. Walcher (Hrsg.) *Beiträge zur Bedeutungslehre des Schalls: Ergebnisse des 3. Oldenburger Symposions zur psychologischen Akustik* (Europäische Hochschulschriften; 39: Interdisziplinäre Kongressberichte; 1). Bern, Frankfurt am Main, Nancy, New York: Lang. S.71-86.

Schiffner, Wolfgang (1991). *Einflüsse der Technik auf die Entwicklung von Rock/Pop-Musik*. Diss. Hamburg: Univ.

Schiffner, Wolfgang (1994). *Rock und Pop und Ihre Sounds: Technik - Thesen – Titel*. Aachen: Elektor.

Schiffner, Wolfgang (1995). *Lexikon Tontechnik*. Kassel et al.: Bärenreiter.

Schlemm, Wilhelm (1970). *Zur Problematik der künstlerischen Gestaltung bei der elektroakustischen Übertragung von Musik*. Diss. Berlin: Freie Univ.

Schlemm, Wilhelm (1997). „Musikproduktion". In: Ludwig Finscher (Hrsg.) *Die Musik in Geschichte und Gegenwart.* Sachteil (Bd.6). 2., neubearb. Aufl. Kassel et al.: Bärenreiter, Metzler. Sp.1534-1551.

Schmidbauer, Michael und Paul Löhr (1996). „Das Programm für Jugendliche. Musikvideos in MTV Europe und VIVA". In: *Televizion* 9 (2). S.6-32.

Schmidt, Hans-Christian (1976). „Auditive und audiovisuelle musikalische Wahrnehmung im experimentellen Vergleich". In: R. Stephan (Hrsg.) *Schulfach Musik.* (Veröffentlichungen des Instituts für Neue Musik und Musikerziehung Darmstadt; 16). Mainz: Schott. S.79-105.

Schmidt, Hans-Christian (1993). „Fernsehen". In: Herbert Bruhn et al. (Hrsg.) *Musikpsychologie. Ein Handbuch.* (Rowohlts Enzyklopädie; 526). Reinbek bei Hamburg: Rowohlt. S.195-203.

Schmidt-Atzert, Lothar (1982). „Emotionspsychologie und Musik". In: Arbeitskreis Musikpädagogische Forschung e.V. (Hrsg.) *Musikpädagogische Forschung 3: Gefühl als Erlebnis - Ausdruck als Sinn.* Laaber: Laaber. S.26-46.

Schneider, Albrecht (1988). „ ‚Der Sound, der tierisch reinhaut'. Anmerkungen zur medialen Vermittlung und Rezeption von Popmusik". In: *Communications* 14 (1). S.55-67.

Schneider, Albrecht (1997). *Tonhöhe, Skala, Klang. Akustische, tonometrische und psychoakustische Studien auf vergleichender Grundlage.* (Orpheus-Schriftenreihe zu Grundfragen der Musik; 89). Bonn: Orpheus-Verl.

Schönbach, Klaus (1993). „Hörmedien Kinder und Jugendliche: Ein zusammenfassender Bericht aus medienwissenschaftlicher Sicht über neue empirische Untersuchungen". In: *Rundfunk und Fernsehen* 41 (2). S.232-242.

Schoenebeck, Mechthild von (1987). *Was macht Musik populär? Untersuchungen zur Theorie und Geschichte populärer Musik.* (Europäische Hochschulschriften; 36: Musikwissenschaft; 31). Frankfurt am Main et al.: Lang.

Schönhammer, Rainer (1993). „Walkman". In: Herbert Bruhn et al. (Hrsg.) *Musikpsychologie. Ein Handbuch.* (Rowohlts Enzyklopädie; 526). Reinbek bei Hamburg: Rowohlt. S.181-187.

Schönpflug, Wolfgang (1969): „Vorgänge psychophysiologischer Aktivierung und drei Ansätze zu ihrer Untersuchung". In: Wolfgang Schönpflug (Hrsg.) *Methoden der Aktivierungsforschung.* (Psychologisches Kolloquium; 6). Bern et al.: Huber. S.11-25.

Schulten, Marie-Luise (1981). „Zur Entwicklung musikalischer Präferenzen". In: *Musikpädagogische Forschung 2: Musikalische Sozialisation.* Laaber: Laaber. S.86-93.

Schwarzer, Ralf (1983). „Befragung". In: Hubert Feger und Jürgen Bredenkamp (Hrsg.) *Datenerhebung.* (Enzyklopädie der Psychologie/Themenbereich B; 1: Forschungsmethoden der Psychologie; 2). Göttingen et al.: Hogrefe. S.302-320.

Sengpiel, Eberhard (1993). „Intensitätsstereophonie bei Lautsprecherwiedergabe in Standardaufstellung. Hörereignisrichtung durch Pegeldifferenz ΔL von Interchannel-Signalen". In: *Skript zur Vorlesung „Musikübertragung"* (5). Berlin: Hochsch. d. Künste.

Shanon, Benny (1984). „Asymmetries in Musical Aesthetic Judgments". In: *Cortex* 20 (4). S.567-573.

Shea, William F. (1990). *The Role and Function of Technology in American Popular Music: 1945-1964.* Diss. Ann Arbor/MI: Univ.

Shepard R. (1999). „Cognitive Psychology and Music". In: P. R. Cook et al. (Hrsg.) *Music, Cognition, and Computerized Sound: An Introduction to Psychoacoustics.* Cambridge/MA: MIT Press. S.21-35.

Sherman, B. L. und L. W. Etling (1991). „Perceiving and Processing Music Television". In: J. Bryant und D. Zillmann (Hrsg.) *Responding to the Screen. Reception and Reaction Processes.* Hillsdale/NJ. S.373-388.

Shuter-Dyson, Rosamund (1993). „Einfluß von Peers, Elternhaus, Schule und Medien". In: Herbert Bruhn et al. (Hrsg.) *Musikpsychologie. Ein Handbuch.* (Rowohlts Enzyklopädie; 526). Reinbek bei Hamburg: Rowohlt. S.305-316.

Sieber, Markus (1984). „Videoclips, Ökonomie, Ästhetik und soziale Bewertung". In: *Medien und Erziehung* 28 (4). S.194-201.

Sirius, George und Eric F. Clarke (1994). „The Perception of Audiovisual Relationships: A Preliminary Study". In: *Psychomusicology* 13 (1/2). S.119-132.

Six, Ulrike et al. (1995). *Hörmedien: eine Analyse zur Hörkultur Jugendlicher.* (Landauer Universitätsschriften: Forschungsberichte aus dem Institut für Kommunikationspsychologie/Medienpädagogik; 1). Landau: Knecht.

Sixtl, Friedrich (1996). *Einführung in die Exakte Psychologie*. München, Wien: Oldenbourg.
Sloboda, John A. (1991). „Music Structure and Emotional Response: Some Empirical Findings". In: *Psychology of Music* 19. S.110-120.
Smets, Gerda (1973). *Aesthetic Judgment and Arousal; an Experimental Contribution to Psycho-Aesthetics*. (Studia Psychologica). Leuven: Leuven University Press.
Smith, J. David und Robert J. Melara (1990). „Aesthetic Preference and Syntactic Prototypicality in Music: 'tis the Gift to be Simple". In: *Cognition* 34 (3). S.279-298.
Solomon, M. R. et al. (1984). „Taste versus Fashion: The Inferred Objectivity of Aesthetic Judgments". In: *Empirical Studies of the Arts* 2 (2). S.113-125.
Sommerer, Heinz (1995). „Das Musikurteil in Abhängigkeit von Bekanntheit und Vertrautheit". In: *Musikpsychologie: empirische Forschungen, ästhetische Experimente. Jahrbuch der Deutschen Gesellschaft für Musikpsychologie* 11 (1994). Wilhelmshaven: Noetzel, Heinrichshofen. S.138-153.
Spahliger-Ditzig, U. (1981). „Sozialisation und kompensatorisches Musikverhalten Jugendlicher". In: *Musik und Kommunikation* 8. S.27-30.
Spikofski, Gerhard (1995). „Digitaler Rundfunk und Signalkompression - eine Studie zum Aspekt ‚CD-Qualität' ". In: Bildungswerk des VDT (Hrsg.) *Bericht der 18. Tonmeistertagung Karlsruhe 1994*. München et al.: Saur. S.57-71.
Springsklee, Holger (1985). *Video-Clips und Poprezeption bei Jugendlichen*. Zul.-Arb. Hannover: Hochsch. f. Musik u. Theater. Zit. in Reetze, Jan (1989). „Videoclips im Meinungsbild von Schülern. Ergebnisse einer Befragung in Hamburg". In: *Media Perspektiven* (2). S.99-105.
Springsklee, Holger (1987). „Videoclips - Typen und Auswirkungen". In: Klaus-Ernst Behne (Hrsg.) *Film-Musik-Video. Oder die Konkurrenz von Auge und Ohr*. (Perspektiven zur Musikpädagogik und Musikwissenschaft; 12). Regensburg: Bosse. S.127-154.
Stadler, Reto (1990). „Medienfunktionen bei Kindern und Jugendlichen im ländlichen Raum". In: *Rundfunk und Fernsehen* 38 (4). S.550-564.
Stange, Joachim (1989). *Die Bedeutung der elektroakustischen Medien für die Musik im 20. Jahrhundert*. (Musikwissenschaftliche Studien; 10). Pfaffenweiler: Centaurus-Verl.-Ges. Zugl. Diss. (1988) Freiburg: Univ.
Steck, Loren und Pavel Machotka (1975). „Preference for Musical Complexity: Effects of Context". In: *Journal of Experimental Psychology: Human Perception and Performance* 104 (1/2). S.170-174.
Stein, Thomas M. (1998). „Vom Mauerblümchen zum Milliardengeschäft". In: *Bertelsmann-Briefe* 139. S.30-32.
Steinke, Gerhard (2001): „Surround-Sound: Wieviel Kanäle/Signale braucht der Mensch? Plädoyer für die Standard-3/2-Stereo-Hierarchie und ihre Optimierung im Heim? Versuch einer Systematisierung". In: Bildungswerk des VDT (Hrsg.) *Bericht der 21. Tonmeistertagung Hannover 2000*. München: Saur. S.283-328.
Stelzer, C. (1988). „Musik im Kopf. Der Walkman verändert Hörgewohnheiten". In: *Medien und Erziehung* 1. S.68-74.
Stevens, Catherine und Cyril Latimer (1991). „Judgments of Complexity and Pleasingness in Music: The Effect of Structure, Repetition and Training". In: *Australian Journal of Psychology* 43 (1). S.17-22.
Stolla, Jochen (1995a). „Klangbild und Interpretation". In: Bildungswerk des VDT (Hrsg.) *Bericht der 18. Tonmeistertagung Karlsruhe 1994*. München et al.: Saur. S.235-240.
Stolla, Jochen (1995b). „Problems of Sound Description". In: *6th Symposium on Tonmeistering and Sound Engeneering, Warsaw, October 26-28, 1995*. Warschau: o.V. S.152-158.
Stolla, Jochen (1997). „Kein Wandel in der Klangästhetik? - Die Beurteilung alter und neuer Musikaufnahmen". In: Bildungswerk des VDT (Hrsg.) *Bericht der 19. Tonmeistertagung Karlsruhe 1996*. München: Saur. S.827-842.
Stolla, Jochen (2001). „Verschwindet die Aura? - Walter Benjamins Aufsatz ‚Das Kunstwerk im Zeitalter seiner technischen Reproduzierbarkeit' und seine Bedeutung für die Musikaufzeichnung". In: Bildungswerk des VDT (Hrsg.) *Bericht der 21. Tonmeistertagung Hannover 2000*. München: Saur. S.916-930.
Stumpner, R. und H. Lamparter (1999). „Berechnung des Schallfeldes im Studio". In: *Rundfunktechnische Mitteilungen* 43 (1). S.11-17.

Szmal, Cecylia (1996). „Subjective Evaluation of Sound Recordings versus Sound Spectra". In: *100th AES-Convention, Copenhagen, 1996 (Preprint 4239).* S.159-164.
Tan, S. L. (1998). „Listeners' Judgments and Conceptions of Musical Unity". In: *Dissertation Abstracts International/B* 59 (3-B). S.1387.
Tattersall, Peter (1980). „Popular Music". In: John Borwick (Hrsg.) *Sound Recording Practice.* 2. Aufl. London et al.: Oxford University Press. S.327-340.
Tauchnitz, Jürgen (1990). *Werbung mit Musik: theoretische Grundlagen und experimentelle Studien zur Wirkung von Hintergrundmusik in der Rundfunk- und Fernsehwerbung.* (Konsum und Verhalten; 24). Heidelberg: Physica. Zugl. Diss. (1989) Berlin: Techn. Univ.
Tauchnitz, Jürgen (1993). „Musik in der Werbung". In: Herbert Bruhn et al. (Hrsg.) *Musikpsychologie. Ein Handbuch.* (Rowohlts Enzyklopädie; 526). Reinbek bei Hamburg: Rowohlt. S.168-174.
Televizion 9 (2) (1996). „ ‚Ich steh auf Techno'. Interview mit Daniela (15), Philipp (16) und Christian (16)." S.39-44.
Terhag, Jürgen (1988). „ ‚Einfach und gut …' - Zur Funktion des Werturteils bei Schülerinnen und Schülern". In: *Musik und Bildung* 20 (9). S.673-682.
Terhardt, Ernst (1986). „Gestalt Principles and Music Perception". In: *Perception of Complex Auditory Stimuli.* Hillsdale/NJ: Erlbaum. S.157-166.
Theberge, Paul (1993). *Consumers of Technology: Musical Instrument Innovations and the Musicians' Market.* Diss. Portland/Canada: Concordia Univ.
Theile, Günther (1980). *Über die Lokalisation im überlagerten Schallfeld.* Diss. Berlin: Techn. Univ.
Theile, Günther (1981). „Zur Theorie der optimalen Wiedergabe von stereofonen Signalen über Lautsprecher und Kopfhörer". In: *Rundfunktechnische Mitteilungen* 25 (4). S.155-170.
Theile, Günther (1991a). „On the Naturalness of Two-Channel Stereo Sound". In: *Journal of the Audio Engineering Society* 39 (10). S.761-767.
Theile, Günther (1991b). „The Natural Rendering of Sound Images in Broadcasting". In: *EBU Review/Technical* 39 (10). S.95-116.
Theile, Günther (1995). „Signalkompression für den Rundfunk und für den Hörer". In: Bildungswerk des VDT (Hrsg.) *Bericht der 18. Tonmeistertagung Karlsruhe 1994.* München et al.: Saur. S.48-56.
Thiemel, Matthias (1995). „Dynamik". In: Ludwig Finscher (Hrsg.) *Die Musik in Geschichte und Gegenwart.* Sachteil (Bd.2). 2., neubearb. Aufl. Kassel et al.: Bärenreiter, Metzler. Sp.1608-1622.
Thies, Wolfgang (1982). *Grundlagen einer Typologie der Klänge.* (Schriftenreihe zur Musik; 20). Hamburg: Wagner.
Tomlyn, B. und S. Leonard (1988). *Electronic Music Dictionary. A Glossary of the Specialized Terms Relating to the Music and Sound Technology Today.* Milwaukee/WI: Hal Leonard Books.
Toole, Floyd E. (1988). „Principles of Sound and Hearing". In: K. Blair Benson (Hrsg.) *Audio Engineering Handbook.* New York et al.: McGraw-Hill. S.1.1-1.71.
Tränkle, Ulrich (1983). „Fragebogenkonstruktion". In: Hubert Feger und Jürgen Bredenkamp (Hrsg.) *Datenerhebung.* (Enzyklopädie der Psychologie/Themenbereich B; 1: Forschungsmethoden der Psychologie; 2). Göttingen et al.: Hogrefe. S.222-301.
Vernallis, Carol S. (1994). *The Aesthetics of Music Video: The Relation of Music and Image.* Diss. San Diego/CA: Univ.
Viemeister, Neal F. und Christopher J. Plack (1993). „Time Analysis". In: William A. Yost et al. (Hrsg.) *Human Psychophysics.* (Springer Handbook of Auditory Research; 3). New York et al.: Springer. S.116-154.
Vinh, Alexander-Long (1994). *Die Wirkungen von Musik in der Fernsehwerbung.* Diss. St. Gallen: Hochsch. f. Wirtsch.-, Rechts- u. Sozialwissenschaften.
Voelker, Ernst-Joachim (1987). „Schallfelder bei tiefen Frequenzen für Aufnahme und Wiedergabe in Studios, Regieräumen und Wohnungen". In: Bildungswerk des VDT (Hrsg.) *Bericht der 14. Tonmeistertagung München 1986.* München et al.: Saur. S.183-191.
Voelker, Ernst-Joachim (1988). „Studio Production Systems". In: K. Blair Benson (Hrsg.) *Audio Engineering Handbook.* New York et al.: McGraw-Hill. S.13.1-13.59.

Volkwein, Barbara (1993). *Bild- und Tonsynchronität beim Videoclip*. Mag.-Arb. Berlin: Techn. Univ.
Voullieme, Helmut (1987). *Die Faszination der Rockmusik. Überlegungen aus bildungstheoretischer Perspektive*. (Schriftenreihe des Instituts Jugend Film Fernsehen). Opladen: Leske und Budrich.
Wagenaars, W. M. et al. (1986). „Subjective Evaluation of Dynamic Compression in Music". In: *Journal of the Audio Engineering Society* 34 (1/2). S.10-18.
Wagner, K. (1997). „Zur Lautheit von Rundfunkprogrammen". In: *Radio, Fernsehen, Elektronik: die Zeitschrift der Unterhaltungselektronik* 46 (3). S.42-46.
Wallbott, H. G. (1989). „Die ‚euphorisierende' Wirkung von Musik-Videos: Eine Untersuchung zur Rezeption von bebilderter Musik". In: *Zeitschrift für experimentelle und angewandte Psychologie* 1. S.138-161.
Wapnick, Joel et al. (1998). „Effects of Performer Attractiveness, Stage Behaviour, and Dress on Violin Performance Evaluation". In: *Journal of Research in Music Education* 46 (4). S.510-521.
Webers, Johannes (1999). *Tonstudiotechnik: analoges und digitales Audio Recording bei Fernsehen, Film und Rundfunk*. 7., neubearb. u. erw. Aufl. Poing: Franzis.
Wedin, Lage (1983). „Eine multidimensionale Untersuchung über Wahrnehmungsqualitäten in der Musik". In: Helmut Rösing (Hrsg.) *Rezeptionsforschung in der Musikwissenschaft*. (Wege der Forschung; 67). Darmstadt: Wiss. Buchges. S.329-360.
Wehmeier, Rolf (1995). *Handbuch Musik im Fernsehen: Praxis und Praktiken bei deutschsprachigen Sendern*. Regensburg: ConBrio-Verl.-Ges.
Weinberger, N. M. (1999). „Music and the Auditory System". In: Diana Deutsch et al. (Hrsg.) *The Psychology of Music*. 2. Aufl. San Diego/CA: Academic Press. S.47-87.
Wells, A. und E. Hakanen (1991). „The Emotional Use of Popular Music by Adolescents". In: *Journalism Quarterly* 68 (3). S.445-454.
Wendt, K. (1964). „Das Richtungshören bei Zweikanal-Stereophonie". In: *Rundfunktechnische Mitteilungen* 8. S.171-179.
Westerkamp, Hildegard (1990). „Listening and Soundmaking: A Study of Music-as-Environment". In: Dan Lander und Micah Lexier (Hrsg.) *Sound by Artists*. Toronto, Banff: Art Metropole, Walter Phillips Gallery. S.227-234.
Weyrauch, Jan (1997*). Boygroups. Das Teenie-FANomen der 90er*. Berlin: Extent.
Wheeler, Barbara L. (1985). „Relationship of Characteristics to Mood and Enjoyment after Hearing Live and Recorded Music and to Musical Taste". In: *Psychology of Music* 13 (2). S.81-92.
Wicke, Peter (1992). „Jazz, Rock und Popmusik". In: Doris Stockmann (Hrsg.) *Volks- und Popularmusik in Europa*. (Neues Handbuch der Musikwissenschaft; 12). Wiesbaden: Akad. Verlagsges. Athenaion. S.445-477.
Wicke, Peter (1993). *Vom Umgang mit Popmusik*. Berlin: Volk und Wissen.
Wicke, Peter (1997a). „Popmusik". In: Ludwig Finscher (Hrsg.) *Die Musik in Geschichte und Gegenwart*. Sachteil (Bd.7). 2., neubearb. Aufl. Kassel et al.: Bärenreiter, Metzler. Sp.1692-1694.
Wicke, Peter (1997b). „Populäre Musik". In: Ludwig Finscher (Hrsg.) *Die Musik in Geschichte und Gegenwart*. Sachteil (Bd.7). 2., neubearb. Aufl. Kassel et al.: Bärenreiter, Metzler. Sp.1694-1704.
Wicke, Peter et al. (1997). *Handbuch der populären Musik*. (Serie Musik; 8362). 3., überarb. u. erw. Aufl. Mainz: Atlantis/Schott.
Wightman, Frederic L. und Doris J. Kistler (1993). „Sound Localization". In: William A. Yost et al. (Hrsg.) *Human Psychophysics*. (Springer Handbook of Auditory Research; 3). New York et al.: Springer. S.155-192.
Wilkens, Henning (1978). „Vergleich der subjektiven Beurteilung von Lautsprechern aus Paarvergleichen und Einzelbeurteilungen". In: Verband Deutscher Tonmeister e.V. (Hrsg.) *Bericht der 11. Tonmeistertagung Berlin 1978*. o.O.: o.V. S.215-220.
Willander, Arne (1996). „Als es Rock und Pop und die Jugend noch gab". In: *Televizion* 9 (2). S.4-6.
Wilson, Peter (1984). *Empirische Untersuchungen zur Wahrnehmung von Geräuschstrukturen*. (Schriftenreihe zur Musik; 23). Hamburg: Wagner.
Windschmitt, Peter (1995). „Real Expectations for Reel Sound: Assessing the Aesthetic Implications of New Sound Technologies". In: *98th AES-Convention, Paris, 1995 (Preprint 3986)*.

Winter, Rainer und H. Jürgen Kagelmann (1993). „Videoclip". In: Herbert Bruhn et al. (Hrsg.) *Musikpsychologie. Ein Handbuch.* (Rowohlts Enzyklopädie; 526). Reinbek bei Hamburg: Rowohlt. S.208-220.

Yost, William und Stanley Sheft (1993a): „Auditory Perception". In: William A. Yost et al. (Hrsg.) *Human Psychophysics.* (Springer Handbook of Auditory Research; 3). New York et al.: Springer. S.193-236.

Yost, William und Stanley Sheft (1993b): „Overview: Psychoacoustics". In: William A. Yost et al. (Hrsg.) *Human Psychophysics.* (Springer Handbook of Auditory Research; 3). New York et al.: Springer. S.1-12.

Zehner, Markus (1996). „Würzereien und Zauber. Grundwissen Signalprozessoren". In: *Workshop* 8 (12). S.23-27.

Zehner, Markus (1997a). „Die Sache mit der Würze. Signalbearbeitung - Einführung und Allgemeines". In: *Workshop* 9 (5). S.38-41.

Zehner, Markus (1997b). „Stereos Tod. Fakten und Betrachtungen zur digitalen Audio-Zukunft". In: *Workshop* 9 (12). S.42-45.

Zehner, Markus (1997c). „Überall Hall. Signalbearbeitung 6. Teil - Hall". In: *Workshop* 9 (1/2). S.46-49.

Ziegenrücker, Wieland und Peter Wicke (1987). *Sachlexikon Popularmusik.* Mainz: Schott.

Zillmann, D. und S. L. Gan (1997). „Musical Taste in Adolescence". In: *The Social Psychology of Music.* Oxford: Oxford University Press. S.161-187.

Zollner, Manfred und Eberhard Zwicker (1993). *Elektroakustik.* (Springer-Lehrbuch). 3., verb. u. erw. Aufl. Berlin et al.: Springer.

Zombik, Peter (1997). „Die Bedeutung der Charts für die Musikwirtschaft". In: Rolf Moser und Andreas Scheuermann (Hrsg.) *Handbuch der Musikwirtschaft.* 4., vollst. überarb. Aufl. Starnberg, München: Keller. S.138-146.

Zwicker, Eberhard (1982). *Psychoakustik.* (Hochschultext). Berlin et al.: Springer.

Zwicker, Eberhard und H. Fastl (1990). *Psychoacoustics: Facts and Models.* (Springer Series in Information Sciences; 22). Berlin et al.: Springer.

Zwicker, Eberhard und R. Feldtkeller (1967). *Das Ohr als Nachrichtenempfänger.* (Monographien der elektrischen Nachrichtentechnik; 19). 2., neubearb. Aufl. Stuttgart: Hirzel.

Zwicker, Eberhard und U. Tilmann Zwicker (1991). „Audio Engineering and Psychoacoustics: Matching Signals to the Final Receiver, the Human Auditory System". In: *Journal of the Audio Engineering Society* 39 (3). S.115-126.